Von 1965 bis 1993 hat Teddy Kollek als Bürgermeister die Geschicke Jerusalems gelenkt und Tag für Tag die Erfahrung gemacht, »daß es in Jerusalem grundsätzlich keine normalen Probleme gibt, die Aufschub dulden. Alle Probleme brennen unter den Nägeln. Alle Nöte sind akut.« Eindringlich, ernst und temperamentvoll schildert er in seiner Rückschau viele Stationen und Episoden, die erkennen lassen, wie schwierig es ist, an diesem Brennpunkt politischer und religiöser Auseinandersetzungen, immer neu aufflammender Konflikte den alltäglichen praktischen Erfordernissen einer großen Stadt gerecht zu werden.

Seit dem Sechs-Tage-Krieg im Jahr 1967 ist Jerusalem, die Hauptstadt Israels, wieder vereint. Teddy Kollek hat unermüdlich daran gearbeitet, zwischen der jüdischen Bevölkerung und den arabischen Bewohnern des Ostteils der Stadt Brücken des Verständnisses zu schlagen, Fanatismus und Haß abzubauen, damit ein Zusammenleben allen Gegensätzen zum Trotz möglich wird.

Teddy Kollek hat dieses Buch einen Rechenschaftsbericht genannt. Es ist mehr: es ist die Summe seiner menschlichen und politischen Erfahrungen und Überzeugungen, es ist ein leidenschaftliches Plädoyer für Toleranz und Frieden – nicht nur in Jerusalem.

Teddy Kollek, 1911 in Wien geboren, übersiedelte 1935 nach Palästina, wo er zunächst in einem Kibbuz arbeitete. Verschiedene, auch geheime Missionen führten ihn in die USA; von 1950 an war er Mitglied der israelischen Botschaft in Washington. Seit 1952 leitete er das Büro des Ministerpräsidenten David Ben Gurion. 1965 wurde er zum Bürgermeister von Jerusalem gewählt. – Neben vielen anderen Auszeichnungen erhielt Teddy Kollek 1985 den Friedenspreis des Deutschen Buchhandels. 1980 erschien die gemeinsam mit seinem Sohn Amos geschriebene Autobiographie ›Ein Leben für Jerusalem‹ (Fischer Taschenbuch Band-Nr. 11269); 1990 sein Bildband ›Jerusalem. Der Bürgermeister führt durch seine Stadt‹.

Dov Goldstein, von 1954 bis 1992 Redakteur der israelischen Tageszeitung ›Ma'ariv‹, wurde vielfach für seine Interviews und Reportagen ausgezeichnet. Er ist Mitautor unter anderem der Autobiographie von Yitzhak Rabin.

Teddy Kollek
mit Dov Goldstein

Jerusalem und ich

Memoiren

Aus dem Hebräischen
von Vera Loos
und Naomi Nir-Bleimling

Fischer Taschenbuch Verlag

Ungekürzte Ausgabe
Veröffentlicht im Fischer Taschenbuch Verlag GmbH,
Frankfurt am Main, April 1998

Lizenzausgabe mit freundlicher Genehmigung des
S. Fischer Verlags GmbH, Frankfurt am Main
Titel der Originalausgabe: ›Yerushalajim shel Teddy‹
erschienen bei Ma'ariv Book Guild, Or Yehuda, Israel

Mit freundlicher Genehmigung von: Lia van Leer, Jerusalem Foundation,
Archiv der Stadt Jerusalem, Auslandsabteilung der Stadtverwaltung,
Israel-Museum, Archiv Ma'ariv, Teddy und Tamar Kollek
Druck und Bindung: Clausen & Bosse, Leck
Printed in Germany
ISBN 3-596-13864-7

Inhalt

Für Tamar, Amos und Osnat

Vorwort

Dein Jerusalem, mein Jerusalem, unser Jerusalem

Ich sehe meinen Freund Teddy vor mir, wie er mir in die Augen schaut und in seiner direkten, offenen Sprache (die ihm die Zuneigung und Unterstützung vieler Menschen einbrachte, aber auch die Ablehnung derer, die Höflichkeitsfloskeln und eine ausweichende Ausdrucksweise vorziehen) sagt: »Yitzhak, du bist doch alles andere als ein Mensch, der sich zu großen Worten hinreißen läßt. Wie kommst du dazu, mich bei der Einweihungsfeier des neuen Rathauses und des Safra-Platzes einen zweiten Herodes zu nennen?«

Sollte es zwischen uns ein Mißverständnis gegeben haben, so ist dies eine hervorragende Gelegenheit, es aus der Welt zu schaffen. Für Herodes – so hast du mir erklärt – standen Prunkbauten und Gebäude für militärische Zwecke im Vordergrund. Für dich war die äußere Pracht nicht das Wesentliche. Dein Wunsch war es immer, ein Netz von Beziehungen zu schaffen, das Brücken des Verständnisses zwischen den verschiedenartigen Bevölkerungsgruppen Jerusalems schlagen sollte, zwischen ultraorthodoxen und nichtreligiösen Juden, zwischen Einwanderern aus den unterschiedlichsten Diasporaländern, zwischen Aschkenasim und Sephardim, zwischen Juden und Moslems, zwischen Juden und Christen. Dieser bunte Regenbogen kultureller, geistiger und religiöser Gegensätze – das ist dein Jerusalem. Das ist auch mein Jerusalem. Als Generalstabschef im Sechs-Tage-Krieg im Jahre 1967 habe ich die Streitkräfte befehligt, die die beiden Teile der Stadt vereinigten. In meiner Funktion als Ministerpräsident und Verteidigungsminister am Ende des Jahres

1993, beim Abschluß deines Buches, möchte ich dein Partner sein bei dem großen Unterfangen, zwischen allen Schichten dieser Stadt Brücken zu errichten und gegenseitiges Verständnis zu erwirken.

Es gab Wegstrecken, auf denen wir Schulter an Schulter marschierten. Mitglieder einer Bewegung. Es gab andere Etappen, in denen zeitweilige Krisen uns auseinanderbrachten und in gegensätzliche Parteien führten. Von dem Augenblick an, da du im Jahre 1965 zum Bürgermeister von Jerusalem gewählt wurdest, hast du dieser Stadt dein ganzes Leben gewidmet – mit einer Hingabe, die nur deine Generation kannte, mit einer Loyalität, zu der nur eigensinnige Menschen wie du fähig sind, und mit einer Weltanschauung, die sich durch Großmut und Weitblick auszeichnet.

Über die Museen, die Kunstschätze, die kulturellen Einrichtungen, die Parks und Gärten, über die Schulen und Ausbildungsstätten, über die Bürgerzentren und über »Itzteddy« (Jerusalemer Fußballstadion, Anm. d. Übs.), über die Straßen und Gehwege, über dein seltenes Talent, die Geldnot Jerusalems durch das Sammeln gewaltiger Summen aus den Taschen von Spendern, von Wohltätern und Liebhabern Jerusalems, von Juden wie Nichtjuden, wettzumachen – darüber berichten die Realität und die konkreten Tatsachen vor Ort besser als Worte.

Ich will über das sprechen, was noch Zukunftsmusik ist, über das, was bislang in den Bereich des Traumes, der Hoffnung und des Herzenswunsches gehört. Als erster, als Anführer, Pionier und Wegbereiter in Wort und Tat gingst du uns allen voran und hast uns gelehrt, daß nicht nur wir uns vor den Arabern, sondern die Araber sich auch vor uns fürchten. Es gibt keinen objektiven Maßstab, so schreibst du in deinem Buch, für nationale Sensibilität. Es fiel mir nicht leicht, in Washington die Hand von Yassir Arafat zu schütteln. Auf meinem Herzen ruhte eine schwere Last, die sich in Jahrzehnten des Blutvergießens angehäuft hat. Ich schöpfte Kraft aus der Unerläßlichkeit, aus der Hoffnung, den Kreislauf des Blutvergießens zu durchbrechen. Aus dem Traum, daß zwei Völker in Frieden und gegenseitigem Verständnis auf demselben Fleck Erde miteinander leben können.

Und wieder werden wir uns Schulter an Schulter stellen, absolut solidarisch, um jeglichen Vorstoß, von welcher Seite auch immer, Israel die Souveränität über das wiedervereinigte Jerusalem zu entziehen oder Jerusalem in zwei Hauptstädte zu teilen, im Keim zu ersticken. Diese gesegnete Zusammenarbeit zwischen dem Bürgermeister von Jerusalem und mir – der ich im Unabhängigkeitskrieg das Kommando über die *Palmah*-Einheiten (Abk. für Sturmtruppen, Paramilitärische Organisation vor der Staatsgründung, Anm. d. Übs.) und die Konvois hatte, deren Aufgabe es war, die Blockade Jerusalems zu durchbrechen und die belagerten Einwohner mit Lebensmitteln, Wasser und Waffen zu versorgen – birgt eine vielversprechende Chance.

In diesem harten Kampf kann ich mir keinen besseren Partner vorstellen als dich.

Jerusalem, den 8. Oktober 1993 *Yitzhak Rabin*

Einleitung

Wahlen 1993: Weshalb ich den Entschluß faßte zu kandidieren

Im Jahre 1989, kurze Zeit nach meiner Wiederwahl zum Bürgermeister von Jerusalem, stimmte ich dem Vorschlag des Verlages Ma'ariv zu, die Geschichte Jerusalems während meiner Amtszeit schriftlich zu dokumentieren. Meiner Zustimmung ging ein langer innerer Konflikt voraus. Ich meine, daß das Museum, das Fußballstadion, die Parks und Promenaden, die Theater, die Künstler-Workshops in Mishkenot Sha'ananim, die Restaurierung des Jüdischen Viertels, die neuen Stadtteile, Straßen und Gehwege, der Abbau von Spannungen zwischen nichtreligiösen und ultraorthodoxen Juden, der ständige, problembeladene Versuch, Brücken der Toleranz zu den Arabern im östlichen Teil der Stadt zu schlagen, die Behutsamkeit, die Zurückhaltung und das Verständnis in den Beziehungen zu den Moslems und Christen, – daß all dies und noch viele andere Beispiele aus dem gesellschaftlichen Bereich, daß Taten und Werke mehr aussagen als das geschriebene Wort; daran glaube ich heute wie damals.

Aber Freunde bedrängten mich nach altbewährter Manier: »Hast du etwas geleistet und kein Wort darüber verloren – heißt es, du hast nichts geleistet.« Die Folgerung: »Hast du nichts geleistet, aber viele Worte gemacht – heißt es, du hast etwas geleistet«, weise ich angewidert von mir. Von der ersten Aussage ließ ich mich überzeugen. Ich wünsche mir, daß die Erfahrungen, die ich gesammelt habe, den künftigen Stadtoberhäuptern von Nutzen sein werden.

Die Arbeit des Schreibens zog sich maßlos in die Länge. Der

Journalist Dov Goldstein verwandelte etwa zwei Millionen aufgezeichneter Worte, deren gemeinsamer Nenner Jerusalem war, in die hunderttausend Worte des Buches. Zu Beginn jedes Treffens – und später im Verlauf der Gespräche – sagte ich ihm immer wieder: »Geh! Laß mir meine Ruhe! In meinem Büro erwarten mich Ingenieure, Beamte, verzweifelte Bürger, Spender, Bauunternehmer, Außenminister, Regierungschefs, Priester, Kirchenoberhäupter, Schuldirektoren, moslemische und christliche Geistliche. Überall brennt es. Nichts duldet Aufschub. Ich habe keine Zeit. Ich weiß nicht, wo mir der Kopf steht. Was willst du von mir?!«

Äußerst hartnäckig ist er, dieser Journalist. Er schluckte, schwieg – und ließ nicht locker. Und er kann bezeugen, daß ich ihm im Januar 1991, vor etwa drei Jahren, im Verlauf des längsten Gesprächs, das wir je führten und das sich von neun Uhr morgens bis elf Uhr abends hinzog, unter anderem mitteilte, daß ich mich definitiv dazu entschlossen hätte, im November 1993 mein Amt als Bürgermeister von Jerusalem niederzulegen. Kurz nachdem wir uns getrennt hatten, fielen die ersten irakischen Scud-Raketen auf den A-Sektor – Ramat Gan und Tel Aviv. Als ich nach Jerusalem zurückkam, sagte ich zu Tamar, meiner Frau: »Es könnte sein, daß sich nun das Blatt wendet. Jerusalemer werden nicht mehr vor der Intifada nach Tel Aviv fliehen, sondern Tel Aviver vor den Scud-Raketen nach Jerusalem.« Nach zwei, drei Tagen war die Strecke nach Jerusalem voller Leben. Die Tel Aviver kamen.

Im Januar 1991 stand die Sache für mich fest – und so wurde auf Band aufgezeichnet: »Es ist genug! Es war eine lange Zeit. Was ich geschafft habe – habe ich geschafft. Freunde und Förderer aus allen Parteien, jeder Couleur des politischen Regenbogens, werden sagen: Er hat viel geleistet. Ich danke ihnen. Die politischen Gegner werden behaupten, man hätte mehr tun können. Ich verstehe sie. In ihrer kleinen Welt, weit ab vom tatsächlichen Geschehen, vom Bauen, vom Gestalten, von der wunderbaren Befriedigung, die man bei der Einweihung einer Straße, eines Gehsteigs, eines Theaters, eines Museums, eines Parks, eines Gartens, einer Synagoge, einer Schule oder einer neuen Fabrik erfährt – was bleibt diesen frustrierten Menschen anderes als Worte der Kritik? Ich habe einen einzigen, gar nicht so unbedeutenden Trost: Kein Wort kann ausradieren, was ich, gemeinsam mit anderen Menschen, Jerusalem gegeben habe. Vieles wird für immer bestehen bleiben. Taten und Leistungen, die in Stein gemeißelt sind, haben eine höhere Überlebenschance als belanglose Worte in Zeitungen oder Pamphleten. Ich habe das Meinige getan. Nun ist die Zeit gekommen, daß andere weitermachen.«

In jenem Gespräch hatte ich beschrieben, auf welche Weise ich mich zurückziehen wollte: Ohne Zeremonien, ohne Abschiedsfeiern, ohne große Worte. Ohne Auszeichnungen und Ehrungen. Und ich bat, mich nicht zu verewigen, indem man Institutionen und Gebäude, zu deren Gründung ich im Laufe der Jahre beigetragen habe, nach mir benenne. Eine Verewigung dieser Art ist bereits Teil des normalen Sprachgebrauchs: »Itzteddy« – das Fußballstadion. Nur aufgrund der entschiedenen Forderung der Stifterin habe ich sie halbherzig gebilligt.

Damals glaubte ich, daß mein Abschied vom kommunalpolitischen Leben endgültig sein würde, das heißt, daß ich nicht mehr für den Stadtrat kandidieren würde. Wenn der neugewählte Bürgermeister der Stadt der Meinung wäre, daß es hin und wieder, in Angelegenheiten, in denen ich über reiche Erfahrungen und Kenntnisse oder besondere Beziehungen zu internationalen Organisationen und bestimmten Personen in der Welt verfüge, fruchtbar für uns und für die Stadt sein könnte, daß er sich mit mir berät und sich meine Erfahrungen zunutze macht, so könnte er sicher sein, daß ich mein Bestes tun würde.

In den letzten Jahren hielt ich meinen Stellvertreter – Amos Mar Haim – für den geeigneten Kandidaten für das Amt des Bürgermeisters in der nächsten Amtsperiode. Amos war von der Firma Klal zu uns gekommen und hatte sehr wichtige Kenntnisse und Fähigkeiten mitgebracht in einem Bereich, in dem ich unerfahren war. Er ist Wirtschaftswissenschaftler, hat als Topmanager in der Industrie gearbeitet und mit seiner Arbeit in der Stadtverwaltung beachtliche Erfolge erzielt. Ich hatte die Absicht, sechs, vielleicht auch neun Monate vor dem Wahltermin dem Stadtrat meinen Rücktritt mitzuteilen und Amos Mar Haim als meinen Nachfolger zu empfehlen. Ich ging davon aus, daß ein solcher Schachzug gute Aussichten auf

Erfolg hätte und daß der Rat meinem Vorschlag zustimmen würde. In der Zeit bis zur Wahl hätte Mar Haim, mit meinem vollen Beistand und der Hilfe einiger anderer Freunde und Mitglieder der Arbeiterpartei, seine Stellung innerhalb der Bevölkerung festigen sollen. Am Tag der Wahl, so glaubte ich, würde er genügend Unterstützung und Sympathien gesammelt haben, um gegen den Kandidaten des *Likud* (wörtl. Einheit, Zusammenschluß von Parteien, darunter die von Menahem Begin gegründete Partei *Herut*, Anm. d. Übs.) zu gewinnen.

Aber während ich diesen Plan gemeinsam mit Amos Mar Haim entwickelte, ereilte uns die Plage der Meinungsumfragen, eine Plage, die sich nur schwer beschreiben läßt. Wenn dieser Wahnsinn der Popularitätsermittlung fortgesetzt und weiterentwickelt wird, wählt man in zehn Jahren nicht mehr denjenigen zum Ministerpräsidenten, der erfahren und glaubwürdig ist, Führungs- und Entscheidungsqualitäten aufweist, sondern den, dessen Erscheinung im Fernsehen die Herzen der Wähler erobert. Das wird dann auch das Ende der Parteien als ideologischer Rahmen und vermittelndes Organ für politische Entscheidungen zwischen den Wahlkämpfen bedeuten. Auch die Knesset wird Stück für Stück an Macht verlieren. Ein solcher Machthaber wird sich nicht den Institutionen seiner Partei verpflichtet fühlen, und seine Kontrolle durch die Knesset wird begrenzt sein. Er wird die gefährliche Idee eines »starken Staatsmannes« verkörpern, dessen Macht von den Massen getragen wird und dessen Fernsehpopularität seine Unzulänglichkeit und Profillosigkeit tarnt.

Diese Schreckensvision ist nicht so abwegig, wie es scheinen mag. Bereits jetzt wurde die Überlegung, wer die besten Eigenschaften aufweist, um mit Erfolg und Talent ein öffentliches Amt zu bekleiden, von der Frage verdrängt, wer die höheren Chancen hat, gewählt zu werden. Hätten sich die Mitglieder der Arbeiterpartei auf ihrem Parteitag bei der Benennung ihres Spitzenkandidaten von der Frage nach Fähigkeit und Kompetenz lenken lassen, hätte es nahegelegen, sich für Shimon Peres zu entscheiden. Von all den Kandidaten, die in Frage kamen, war keiner so geeignet wie er. Er ist ein Mann mit Weitsicht, Zuversicht, Idealen, mit Führungsqualitäten und Durchsetzungsvermögen. Aber die Parteimitglieder waren der Meinung, mit Peres als Spitzenkandidaten der Arbeiterpartei würde bei der Ministerpräsidentenwahl der *Likud* trotz seiner schweren Fehlschläge an der Regierung bleiben. Auch ich, um die Wahrheit zu sagen, dachte nicht anders. Mit all meiner Kraft habe ich Yitzhak Rabin unterstützt, denn ich war überzeugt, daß er allein der Partei erneut zum Sieg verhelfen, der Regierung des *Likud* ein Ende setzen und den Friedensverhandlungen realistische Erfolgschancen verschaffen könnte. Ich vermute, daß Peres mir dies übelnimmt, was ich außerordentlich bedaure. Ich half Rabin, so gut ich konnte. Beispielsweise begleitete ich ihn auf seinem Rundgang durch den Mahane-Yehuda-Markt, dessen politisches Milieu den Vertretern der Arbeiterpartei noch nie wohlgesonnen war. Ich jedoch habe dort Freunde und Anhänger. Man hieß uns willkommen, Rabin und mich.

Von dem Augenblick an, in dem sowohl in den Köpfen meiner Anhänger als auch in denen führender Parteigenossen der Arbeiterpartei der Zweifel zu nagen begann, daß Mar Haim die Wahl vielleicht nicht gewinnen würde, trat eine Wende ein. Sein Name wurde gemeinsam mit den Namen anderer Kandidaten Gegenstand von Umfragen und Erhebungen. Das Resultat war niederschmetternd: Er kam bei der Bevölkerung nicht an, zumindest nicht in dieser Phase. Ich wußte, welch großes Unrecht ihm durch die Umfragen widerfuhr, einem Mann auf dem Höhepunkt seiner Leistungsfähigkeit, mit einer großen Vielfalt positiver Eigenschaften: Er ist gebildet und aufrichtig, loyal, bewandert in jüdischer Tradition, seine Äußerungen und Handlungen sind bestimmt von Toleranz und Mäßigung, er zeichnet sich aus durch tiefen Respekt vor dem Nächsten, vor der Andersartigkeit, vor dem Andersdenkenden. Er achtet die arabischen Bürger und ist überzeugt, daß Israel nur dann seine Souveränität über Jerusalem behaupten kann, wenn es streng die Rechte der Araber und ihre religiöse und kulturelle Beziehung zu der Stadt respektiert. Ich hatte nicht den geringsten Zweifel daran, daß der, der Bürgermeister von Jerusalem sein wird und dem man die Stadt anvertrauen kann, eine solche Kombination von Eigenschaften und Fähigkeiten braucht.

Aber die Statistiker erhoben Statistiken, und die Forscher forschten, und die Computer resümierten: Amos Mar Haim – nicht populär. Er würde nicht gewählt werden. Der Kandidat des *Likud* würde ihn überrunden.

Diese Möglichkeit hat auch mich beunruhigt, ebenso wie die Menschen, die mir nahestehen. Die Gefahr, daß die Stadt in die Hände des *Likud* fallen könnte, erschien mir umso bedrohlicher in Tagen, in denen schicksalhafte Entscheidungen über den Status der Stadt bevorstanden. In solch einer Zeit durfte es nicht geschehen, daß Jerusalem von Menschen mit extremen Anschauungen regiert würde. Wenn die Stadtführung die die letzten Jahrzehnte prägende gemäßigte und vernünftige Linie aufgäbe, würden die Chancen, daß die Welt sich mit unserer Souveränität über Jerusalem abfindet, auf den Nullpunkt sinken.

Das Bestreben des *Likud,* die Wahlen in Jerusalem zu gewinnen, wurde stärker und wuchs über ein normales Maß hinaus, da die Partei die Regierung des Landes verloren hatte und durch die absolute Mehrheit Rabins in der Knesset in eine mißliche Lage geraten war, die jede Hoffnung auf einen Regierungswechsel ohne Neuwahlen zunichte machte. Es bestand kein Zweifel, daß der *Likud* alle Kräfte für den Ansturm auf Jerusalem mobilisieren würde. Man muß sich dazu ins Gedächtnis rufen, daß Jerusalem noch nie eine Hochburg der Arbeiterpartei gewesen ist. Aufgrund der sozialen Struktur, der Herkunftsländer und der Religiosität der Jerusalemer Bevölkerung war die Arbeiterpartei, verglichen mit ihrem Wählerpotential auf nationaler Ebene, in Jerusalem immer eine Minderheitspartei gewesen, der es nie gelungen war, die Stimmen von mehr als zwanzig Prozent der Wähler auf sich zu vereinigen.

Und genau damit haben diejenigen argumentiert, die gekommen waren, um mich zu beschwören, für eine weitere Legislaturperiode zu kandidieren, obgleich ich eindeutig meine Absicht erklärt hatte, mein Amt niederzulegen. »Du«, sagten sie, »du hast eine Sonderstellung. All die Jahre hindurch warst du der Puffer zwischen einer gemäßigten, vernünftigen Regierung und dem Jerusalem des *Likud* und der Religiösen. Dein Abtreten hat nur eine einzige Konsequenz: Die Stadt wird wie eine reife Frucht in die Hände des *Likud* und der Ultraorthodoxen fallen. Deine Pflicht, diese gefährliche Entwicklung zu verhindern, ist um ein Vielfaches größer als deine Verpflichtung gegenüber deiner Erklärung, dein Amt niederzulegen.«

Der Regierungschef Yitzhak Rabin und der Minister für Tourismus, Uzi Baram, ein Mann, den ich sehr schätze, gehörten zu denen, die mich bedrängten. Ich habe ihrer Meinung das gebührende Gewicht beigemessen, aber letztendlich traf ich die Entscheidung ausschließlich nach meinen persönlichen Überlegungen. Ich hatte keine geheimen Informationen. Eine innere Stimme sagte mir jedoch, daß sich in dem politischen Prozeß eine neue Entwicklung anbahnte, die vielleicht den Durchbruch bedeuten würde. Seit Jahren rede ich über diese Prüfung, die über das politische Schicksal Jerusalems entscheiden wird. Es scheint mir, daß selbst meine entschiedensten politischen Gegner nicht leugnen können, daß das Ansehen, das ich weltweit genieße, die Beziehungen, die ich im Laufe der Jahre mit hohen Politikern in Europa und den USA pflegte, und meine gesammelten Erfahrungen in solch einer schicksalhaften Zeit von Nutzen sein könnten.

Ebenso wichtig ist es in meinen Augen, bei den komplizierten und verworrenen Relationen auf die innere Balance zwischen den ethnischen und religiösen Gruppen innerhalb Jerusalems zu achten. Mit äußerster Mühe ist es uns gelungen, eine gewisse Beruhigung und einen erheblichen Abbau der Spannungen zu erreichen. Vor allem während einer harten internationalen Debatte über das Schicksal Jerusalems wird ein ruhiges Leben in der Stadt trotz ihrer heterogenen Zusammensetzung besondere Bedeutung haben. Im Laufe der Jahre habe ich einiges zur Beruhigung der Gemüter und zur Reduzierung der Spannungen beitragen können, und es scheint mir, daß ich in dieser Richtung mehr bewirken kann als ein Mann, der das Amt neu antritt.

Der Regierungschef Yitzhak Rabin und der Minister für Tourismus, Uzi Baram, verfolgen auf nationaler Ebene die gleiche Linie. Die Übereinstimmung zwischen ihnen und mir – und nicht nur die politische als Mitglieder der Arbeiterpartei – hat uns mit den Jahren einander nähergebracht. Die Behauptung, die man immer wieder aus der Bevölkerung hören kann, die Arbeiterpartei habe mich zu einer weiteren Kandidatur gezwungen, um ihre Machtposition in Jerusalem nicht einzubüßen, hat keinerlei Grundlage. Ich bin zwar Parteimitglied seit meiner Einwanderung in Israel – abgesehen von einer kurzen Zeitspanne, in der ich Ben Gurion zur *Rafi* (Abk. für Arbeiterliste Israels, von Ben Gurion gegründete Splitterpartei, Anm. d. Übs.) gefolgt bin –, aber all die Jahre hindurch ist es nicht ein einziges Mal vorgekommen, daß die Partei mich dazu gezwungen hätte, etwas zu tun oder zu lassen.

Eine zweite Überlegung kam hinzu: Wir haben vor nicht allzu langer Zeit vielversprechende Projekte für eine beschleunigte Bebauung und großangelegte Initiativen zur wirtschaftlichen Entwicklung Jerusalems eingeleitet. Ich wollte diese Initiativen zu Ende führen – und hätte es auch geschafft –, um die beiden wichtigsten Elemente, Wohnungen und Arbeitsplätze für junge Menschen, für Neueinwanderer und für all diejenigen, die in Jerusalem leben und arbeiten wollen, miteinander zu verknüpfen.

Der *Likud* hat, das muß man zugeben, geschickt gehandelt. Er hat seinen Kandidaten, Ehud Olmert, als einen gemäßigten Mann eingeführt, der gewillt sei, in meine Fußstapfen zu treten. Seine Werbeleute ergänzten, daß er mehr als dreißig Jahre jünger sei als ich und deshalb alles besser mache. Die Partei von Ehud Olmert ist jedoch eine Partei mit einer extremen Weltanschauung. Darüber hinaus wird sie nie eine Mehrheit im Stadtrat erhalten, ohne eine Koalition mit den extrem rechten Parteien einzugehen. Selbst wenn Olmert die Absicht haben sollte, als Bürgermeister von Jerusalem eine gemäßigtere Linie als sonst bei seiner Partei üblich einzuschlagen, wird man ihn nicht gewähren lassen. Die Parteispitze wird massiven Druck auf ihn ausüben, und es wird ihm nichts anderes übrigbleiben, als deren Anweisungen zu respektieren. Die Abhängigkeit Olmerts von seiner Partei ist unübersehbar. Darin unterscheidet er sich ein wenig von mir. Schon vor langer Zeit habe ich mich von parteipolitischen Fesseln befreit.

Ich respektiere gewisse Politiker des *Likud*. Dan Meridor zum Beispiel, der als Justizminister in der Regierung Shamir amtierte, ist ein in jeder Hinsicht kultivierter Mensch. Es ist durchaus nicht auszuschließen, daß er die törichte Unterstützung der Hausbesetzungen im Stadtteil Silwan durch die Regierung, in der er einen hohen Ministerposten bekleidete, sowie die schweren Übergriffe auf Araber im Moslemischen Viertel mißbilligte. Aber er blieb stumm. Nicht einmal seine gefestigte Position gegenüber dem Regierungschef und die gute Beziehung zwischen beiden haben Meridor dazu veranlaßt, für seine Meinung zu kämpfen und den extremistischen Machenschaften seiner Partei einen Riegel vorzuschieben, Machenschaften, die sich als illegal herausstellten. Nach den Verlusten bei den Wahlen zur Knesset zeigt der *Likud* mehr und mehr sein wahres Gesicht. Der *Likud* ist längst nicht mehr eine Partei der Mitte (in meinen Augen war er das noch nie), sondern gerät zunehmend in die Fänge extremistischer Rechtsparteien, ultraorthodoxer *Talmud*-Schulen oder von *Gush emunim* (wörtl. Block der Getreuen, radikale Siedlungsbewegung, Anm. d. Übs.). Andere Partner hat er nicht. Jerusalems Schicksal den Händen einer extremen Führung zu überlassen, dies ist für mich ein großer Alptraum, der mir keine Ruhe läßt, vor allem wegen der Gefahr, die damit für Jerusalems internationalen Status als vereinigte Hauptstadt Israels verbunden ist.

Als ich die Arbeiterpartei verließ und mit Ben Gurion zur *Rafi* überwechselte, wurde ich nicht von parteipolitischen Argumenten geleitet, sondern allein von meiner Loyalität zu Ben Gurion, den ich sehr bewunderte. In meiner Tätigkeit in der Jerusalemer Stadtverwaltung habe ich zu keiner Zeit ein Sprungbrett für höhere Ämter gesehen oder für Posten, die in den Augen anderer als lukrativer gelten. Man schlug mir vor, mich zum Staatspräsidenten wählen zu lassen. Manche sahen in mir einen geeigneten Kandidaten für den Vorstandsvorsitz der Jewish Agency, um meine internationalen Verbindungen zu wichtigen Persönlichkeiten, jüdisch oder nichtjüdisch, zu nutzen und somit die Position dieser Organisation zu stärken, deren Ansehen mit der Zeit gelitten hatte. Andere schlugen mir vor, die Präsidentschaft des Weizmann-Instituts zu übernehmen. Immer wieder boten mir Regierungschefs Ministerposten in ihren Regierungen an. Einzelne meiner Anhänger gingen gar so weit, mich zu einer Kandidatur für das Amt des Regierungschefs zu drängen. Sie

»versicherten« mir, ich hätte gute Chancen, gewählt zu werden und erfolgreich zu sein.

Solche Möglichkeiten habe ich nie in Erwägung gezogen. Ich bin nicht zum Bürgermeister von Jerusalem gewählt worden, um dadurch meine politische Position zu konsolidieren und mir einen Weg zu anderen Ämtern zu bahnen. Jerusalem war und ist alles für mich. Es war für mich immer beschlossene Sache: Nach Niederlegung meines Amtes als Bürgermeister von Jerusalem werde ich nach Hause gehen. Schon vor Monaten haben wir, Tamar und ich, uns ein kleines Appartement in einem Wohnkomplex in Jerusalem gekauft. In einer Art betreutem Seniorenheim, das alle Dienstleistungen bietet.

Je stärker der Druck wurde, desto mehr spürte ich, wie mein Widerstand schmolz, wenn ich auch einige Monate zuvor behauptet hatte, daß ich selbst keinen Menschen zum Bürgermeister wählen würde, der zweiundachtzig Jahre alt ist. Ein Satz, den meine Gegner sicher ausschlachten würden, bis die Auszählung der abgegebenen Wählerstimmen abgeschlossen wäre. Die Wahrheit ist, daß ich diese Aussage während einer Krankheit gemacht hatte. Ich war geschwächt durch eine schwere Operation. Ich bin genesen. Ich fühle mich ausgezeichnet.

Ich konnte die Argumente derer, die mich bedrängten, nicht widerlegen. Schweren Herzens gab ich meine Zustimmung. Damit rückte ich von allen Prinzipien ab, an die ich glaubte und die ich all die Jahre hindurch gepredigt hatte. Noch nie zuvor hatte ich ein einmal gegebenes Wort gebrochen. Ich fühlte mich miserabel, denn ich mußte mein persönliches Versprechen, das ich meinem Stellvertreter Amos Mar Haim gegeben hatte, vor den Wahlen zurückzutreten und seine Kandidatur für das Amt des Bürgermeisters zu unterstützen, zurücknehmen. Ich hatte die gegenüber der Öffentlichkeit abgegebene Erklärung, nicht mehr zu kandidieren, nicht wahrgemacht. Ich ging hart mit mir ins Gericht. Mir war auch klar, daß meine politischen Gegner sich auf mich stürzen würden.

Aber ich war überzeugt, daß mein Entschluß, weiterzumachen, richtig war, und war mir sicher, daß er in der aktuellen Situation – im Hinblick darauf, daß Jerusalem auch künftig in einer vernünftigen, stabilen und ausgeglichenen Weise geleitet würde – sogar zwingend war.

Am 2. November 1993, kurz bevor die Wahllokale schlossen, wußte ich, daß Jerusalem sich einen anderen Bürgermeister gewählt hatte. Ich ging nach Hause.

Ich hatte gehofft, daß die Bürger Jerusalems für mich stimmen würden. Ich hatte geglaubt und glaube immer noch, daß ich trotz meines Alters etwas zu geben habe. Ich war davon ausgegangen, daß Jerusalem mich noch brauchte. Weniger sicher war ich mir, ob die Liste »Ein Jerusalem«, an deren Spitze ich stehe, genug Wählerstimmen erhalten würde, um die Politik zu realisieren, von der ich überzeugt bin. Ich male mir den vorstellbaren Zustand aus, daß ich für eine weitere Periode als Bürgermeister gewählt worden wäre, »Ein Jerusalem« jedoch starke Verluste erlitten, während der *Likud* erheblich an Stärke gewonnen hätte. Ein solcher Zustand hätte die Beschlußfähigkeit des Stadtrates und meine Handlungsfreiheit empfindlich eingeschränkt. Der Bürgermeister wird zwar direkt von der Bevölkerung gewählt, aber eine Mehrheit von Abgeordneten anderer Fraktionen kann ihm das Leben schwer machen und ihm die Hände binden, insbesondere was den Haushaltsplan anbelangt.

In keinem der vorausgehenden Wahlkämpfe hatte mir die Führung meiner Partei, der Arbeiterpartei, geholfen. Ich hatte auch nicht um ihre Hilfe gebeten. Ich wußte, daß die Parteimitglieder für mich stimmen würden. Daran bestand für mich kein Zweifel. Sie hatten keine andere Wahl, auch wenn ich oft mit ihnen streite. Sie hatten keinen besseren als mich. Auf mir ruhte die Verantwortung, und von mir erwartete man, daß ich Stimmen von außerhalb der Partei auf mich konzentrieren könnte – von Wählern, die aufgrund ihrer Weltanschauung oder aus Gewohnheit die Arbeiterpartei nicht für die Knesset wählen, aber bereit sein würden, in Jerusalem mir ihr Vertrauen zu schenken.

Eine zentrale Frage war, ob es möglich sei, Unterstützung von den in Jerusalem lebenden Arabern zu erhalten, um sie in das Stadtgeschehen zu integrieren. Es gab hier zwei plausible Hypothesen; angesichts der Realität waren beide jedoch so gut wie ausgeschlossen.

Die erste Hypothese war, daß man nach gesundem Menschenverstand davon ausgehen müßte, daß sich die Araber von Ostjerusalem an den Kommunalwahlen beteiligen würden. Unzählige Male habe ich betont: Die Araber leben in Jerusalem. Es müßte ihr wichtigstes Anliegen sein, am politischen Geschehen der Stadt, in der sie leben, teilzunehmen. Nur ein solches Engagement und die Ausschöpfung ihres Wählerpotentials würden ihnen eine Möglichkeit zur Gestaltung ihres Schicksals eröffnen. Eine starke, gewichtige Fraktion im Stadtrat kann Einfluß auf eine ganze Reihe von Angelegenheiten nehmen, die im alltäglichen Leben von primärer Bedeutung sind: Haushaltsplan, Stadtplanung, Kindergärten und Schulen, Straßen, Parks, Abwassersysteme, kulturelle Einrichtungen usw. Immer wieder aufs neue stellte ich meinen arabischen Gesprächspartnern eine grundlegende Frage, auf die sie mir bis heute eine schlüssige Antwort schuldig geblieben sind: »Warum sollten ich und die Ratsmitglieder als Juden euren Angelegenheiten, eurem Wohlstand und eurem Alltagsleben mehr verpflichtet sein als ihr selbst? Warum erwartet ihr, daß wir, die wir eure Lage verstehen und offen sind für eure Schwierigkeiten, eure Rechte, hier als gleichgestellte Einwohner zu leben, wahrnehmen, daß wir angewidert den Gedanken verwerfen, ihr müßtet euch mit einem unbedeutenden Happen vom Budget begnügen, daß wir euren Kampf kämpfen sollen ohne eure Hilfe? Haben denn nur wir Pflichten, und seid ihr von allem enthoben?« Man kann diese Frage tausendmal stellen, wobei man annehmen muß, daß es nur eine einzige logische Antwort darauf gibt. Das überzeugt die Araber allerdings nicht im geringsten. In ihren Augen hieße eine Teilnahme an den Kommunalwahlen, sich abzufinden mit der Herrschaft Israels – und für sie gibt es nichts Schlimmeres. Abba Eban hat bekanntlich bereits folgenden Spruch geprägt: »Die Araber versäumen keine Gelegenheit, eine Gelegenheit zu versäumen.«

Die zweite Hypothese: Wenn eine große Anzahl Araber in Jerusalem an den Wahlen teilnehmen würde, würde ich mit großer Mehrheit zum Bürgermeister gewählt, und unsere Partei würde ihre Stärke im Stadtrat behaupten oder zumindest nicht in dem Maß an Sitzen verlieren wie bei den Wahlen 1988. Damals war die Zahl der

Abgeordneten von siebzehn (der absoluten Mehrheit) auf elf geschrumpft – ein weitaus größerer Verlust, als ich befürchtet hatte. Die Araber hatten sich fast nicht an den Wahlen beteiligt. Es gibt kein anderes Beispiel in der Welt für eine Situation, in der es einem Menschen, der nicht Bürger des Landes ist, in dem er lebt, erlaubt ist, dort an Kommunalwahlen teilzunehmen. Doch eine Tatsache darf man nicht übersehen: Die Zurückhaltung der Araber, von ihrem Wahlrecht Gebrauch zu machen, liegt nicht allein an ihrer Opposition gegen die israelische Staatsführung. Die Terrororganisationen drohten die ganzen Jahre hindurch jedem Araber, der zur Wahl gehen wollte, und auch seiner Familie, daß ihr Ende bitter sein würde. Darin lag nur ein Grund für den Kräfteverlust unserer Partei. Das Auftauchen von *Meretz* (wörtl. Tatkraft, Parteienbündnis von *Mapam*, zionistisch-sozialistische Arbeiterpartei, *Ratz*, Partei für Frieden und Bürgerrechte, und *Shinui*, liberale Partei, Anm. d. Übs.) war der zweite Grund. *Meretz* ritt auf der Welle irrationaler Angst. *Meretz* war es gelungen, eine große Anzahl von Wählern davon zu überzeugen, daß die jüdische Ultraorthodoxie in erschrekkendem Maße zunehmen und schließlich Jerusalem und seinen nichtreligiösen Bürgern ihren Willen und ihre Lebensweise aufzwingen werde. Nur eine einzige Barriere – so behaupteten die Leute von *Meretz* – könne diese schreckliche Gefahr aufhalten, nämlich ihre Partei, die nicht ruhen und nicht schweigen werde, bis sie den Ultraorthodoxen Einhalt geboten habe.

Zwischen dieser Mutmaßung und der Realität liegt ein Abgrund, aber solche Abgründe durch das Ignorieren der Tatsachen zu überbrücken, ist ein wohlbekanntes Talent von *Meretz*. Es stimmt, daß die Zahl der Ultraorthodoxen in Jerusalem mit den Jahren immer mehr angestiegen ist. Generation für Generation klammern sie sich an ihre Häuser und Stadtteile und lassen sich auch nicht von noch so verlockenden Angeboten dazu bringen, Jerusalem zu verlassen und in nahegelegene Orte umzuziehen. In Jerusalem zu leben, repräsentiert nach ihrem Glauben einen heiligen Wert, und kein Mensch opfert Heiligkeit für die Verbesserung seiner Wohnsituation. Die enormen Anstrengungen, die die streng Religiösen im Bereich des Bildungswesens unternehmen, und die außerordentlichen Konditionen, die ihre Institutionen den Schülern anbieten, haben großen Erfolg. Bereits in diesem Jahr besuchen etwa fünfzig Prozent der Jerusalemer Kinder ultraorthodoxe Schulen. Es ist nicht auszuschließen, daß in ein oder zwei Generationen die Ultraorthodoxen die absolute Mehrheit innerhalb der Jerusalemer Bevölkerung stellen, aber man darf nicht zulassen, daß dadurch die Lebensweise der nichtreligiösen Bevölkerung und von Angehörigen anderer Religionen angetastet wird.

Ich trete den Ultraorthodoxen mit Höflichkeit entgegen, und ich denke, daß wir ihnen zu Dank verpflichtet sind. Bis vor einigen Generationen waren sie die einzigen Juden, die Jerusalem bewohnten und als jüdische Stadt hüteten. Aber über Äußerungen von Engstirnigkeit kann ich nicht hinwegsehen. Anfang Juli 1993 war Frau Olga Haykob von arabischen Terroristen ermordet worden. Ich ging in das Haus der Familie Haykob, um den Trauernden mein Beileid auszusprechen. Eine wunderbare Familie. Ich habe sie ins Herz geschlossen. Kurz bevor Frau Haykob begraben werden sollte, erhielt ich einen anonymen Anruf, bei dem Zweifel daran erhoben wurden, daß die Ermordete Jüdin war. Man beschloß, sie nicht in dem für Juden reservierten Teil des Friedhofs zu beerdigen. Ich geriet außer mir vor Zorn. Dies ist ein weitgehendes Beispiel für die extreme Sturheit. Die Frau wurde als Jüdin umgebracht. Nach schweren Debatten wurde sie wie eine Jüdin, und zwar ohne Einschränkungen, begraben.

Wenn die Ultraorthodoxen irgendwann einmal die absolute Mehrheit innerhalb der Einwohner Jerusalems darstellten, aufgrund ihres Wählerpotentials die Mehrheit im Stadtrat erhielten und den Bürgermeister stellten, würde sich die Lebensweise in der Stadt grundlegend verändern. Diesen Prozeß, falls es einen solchen geben würde, könnten auch das Gebrüll und die Grobheiten von *Meretz* nicht aufhalten. Die bisherige Entwicklung beweist, daß man auf dem Weg über Gespräche mit den Ultraorthodoxen durchaus ein akzeptables Maß an Verständnis und gegenseitiger Rücksichtnahme erzielen kann. Noch bevor die Richterin Prokatjia entschieden hatte, daß das Gesetz über Ladenschluß und Öffnungszeiten von Kinos und Vergnügungsstätten in die Rechtsetzungsbefugnis des nationalen Gesetzgebers, der Knesset, fällt und daß eine kommunale Gesetzgebung nicht rechtskräftig ist, solange es an einer Ermächtigung für den kommunalen Gesetzgeber fehlt, (es geht um das sogenannte »Übertragungsgesetz«, wonach der Gesetzgeber – die Knesset – den kommunalen Behörden das Recht überträgt, Ladenschlußgesetze zu erlassen), hatten wir in Jerusalem bereits einen Teil des Problems gelöst. Wir hatten auch am Vorabend des Schabbat eine geöffnete Cinemathek, über den Umweg von Mitgliedschaften in diesem Filmhaus. In einer späteren Phase haben wir die Stadt geographisch unterteilt, in Bezirke, in denen Kinos und kulturelle Einrichtungen an diesem Abend geöffnet sein dürfen, und in Bezirke, in denen dies verboten ist. Entscheidend für die Unterteilung war die Identität der Bürger. In einem Viertel, das überwiegend von ultraorthodoxen oder religiösen Juden besiedelt ist, bleiben Kinos und Geschäfte geschlossen, um die Gefühle der Einwohner nicht zu verletzen. In Gegenden, die von nichtreligiösen Juden bewohnt sind, sind die Kinos und kulturellen Einrichtungen geöffnet.

In diesem Zusammenhang möchte ich ein gutes Wort für die Häupter der ultraorthodoxen Juden einlegen: Sie haben eine aufgeklärte Einstellung gezeigt. Sie kamen zu mir und sagten: »Wissen Sie, Sodom und Gomorrah wurden nicht deshalb zerstört, weil ihre Bürger mehr sündigten als anderswo. Alle waren gleich. Auch in anderen Städten benahmen sich die Bürger genauso. Der einzige Unterschied bestand darin: In Sodom und Gomorrah waren Bosheit und Sünde gesetzlich erlaubt. Jeder, der eine schlimme Sünde beging, war gesetzlich geschützt, denn er handelte legal. In anderen Städten gab es keine Gesetze, auf die ein Sünder sich hätte stützen können, und darum wurden diese Städte von der Zerstörung verschont. Laßt uns Jerusalem sein und nicht Sodom und Gomorrah. Wir werden kein Gesetz akzeptieren, das eine Entweihung des Schabbat legalisiert. Laßt uns die Stadt in verschiedene Zonen teilen, und wir werden in gegenseitigem Einvernehmen leben.« Und wir leben in Einvernehmen. Die Unterteilung in Zonen wird sehr genau eingehalten. Dies entspricht durch und durch meiner Einstellung: Leben ohne religiösen Zwang und ohne Provokation durch die

Nichtreligiösen. Nur wenn beide Seiten sich diesen Grundsätzen gleichermaßen verpflichtet fühlen, kann man miteinander und in Frieden leben. Die Ultraorthodoxen zwingen uns nicht ihre Lebensweise auf, und wir provozieren sie nicht in den Gebieten, die sie bewohnen. Ich muß nicht unbedingt Kinos und Vergnügungszentren am Schabbat öffnen in Gegenden, in denen die Mehrheit der Bürger jüdisch-religiös ist. Dort wird sowieso keine Nachfrage dafür bestehen. Die Voraussetzung ist allerdings, daß Kinos und Lokale dort geöffnet sein dürfen, wo die Mehrheit der Bürger nichtreligiös ist.

Die Leute von *Meretz,* die an dieser Übereinkunft und ihrer Durchführung keinerlei Anteil hatten, beeilten sich, deren Früchte zu ernten. Es ist ihnen gelungen, die Errungenschaften ihrem Konto gutzuschreiben, und sie wurden von zahlreichen Wählern als Politiker angesehen, die ihre Versprechen einhalten. So haben sie es erreicht, vier Mandate im Stadtrat zu erhalten – im Verhältnis doppelt so viele, wie es ihrer Bedeutung in der Bevölkerung entspricht. Eine Fraktion ohne Selbstdisziplin, laut und schrill, die mehr Schaden als Nutzen bringt.

Ich gehöre nicht der Bewegung »*Shalom ahshav*« (wörtl. Frieden jetzt, israelische Friedensbewegung, Anm. d. Übs.) an. Vor der Unterzeichnung des Abkommens zwischen Israel und den Palästinensern ging ich nicht mit dieser Bewegung konform, und auch jetzt identifiziere ich mich nicht mit ihr. Die Anhänger von »*Shalom ahshav*« haben keine Geduld. Sie wollen schnelle Lösungen. Nach ihrer Darstellung liegt alle Schuld für die Kriege und das Blutvergießen in mehr als einhundert Jahren, und erst recht seit der Staatsgründung, bei uns. Wir haben die Araber enteignet, benachteiligen sie, ignorieren ihre Rechte völlig und haben Leid über sie gebracht. Und die Araber sind nach diesem verschobenen Bild die ewigen Opfer, die ihre Hände in Unschuld waschen. Wenn es noch keinen vollständigen Frieden im Nahen Osten gibt – so liegt die Schuld allein bei uns. Die Araber, wie wir wissen, hofften immer nur auf Frieden, haben unser Existenzrecht anerkannt und Terror vermieden. Was für eine grobe Lüge.

Auch jetzt, im September 1993, nachdem die Prinzipienerklärung mit der PLO unterzeichnet ist und Briefe über die gegenseitige Anerkennung hin- und hergehen, besteht kein Anlaß zur Euphorie. Die große Prüfung liegt noch vor uns: Haben die Araber ernsthaft die Absicht, einen Schlußstrich zu ziehen unter die Kriege, die blutigen Kämpfe, Terrorakte und Ausschreitungen, und sind sie ernsthaft bereit, in Frieden mit Israel und in anerkannten Grenzen zu leben? Dieses Fragezeichen wird nicht verschwinden, wenn wir uns nicht gedulden. Wir dürfen uns, der Welt und den Arabern nie eingestehen, daß wir des Kampfes müde sind. Diesen Kampf wird nur derjenige gewinnen, der sich in Geduld übt. Wer Ermüdungserscheinungen zeigt und Signale der Erschöpfung und Schwäche aussendet, wird die Schlacht verlieren. Ich glaube nicht, daß man mit den Syrern und Palästinensern zu den gleichen Bedingungen Frieden schließen kann wie mit den Ägyptern. Die geographischen Gegebenheiten sind von Grund auf verschieden.

Ich habe mich nie für die *Mapam* erwärmen können, die der ältere Teil von *Meretz* ist. Meiner Meinung nach wird die zweite zu dem Bündnis gehörige Partei, *Ratz,* nicht lange existieren. Ich schätzte den früheren Anführer der *Mapam,* Yakov Hazan, sehr. Er hat sich außerordentlich für die Belange Jerusalems interessiert. Wir führten stürmische Debatten über die verschiedensten politischen Fragen, aber über Jerusalem waren wir uns nach langem Hin und Her einig: Die Stadt wird für immer und ewig Israels vereinigte Hauptstadt sein. Die Mehrheit der Leute von *Meretz* stimmt dieser Ansicht mittlerweile zu.

Ich erinnere mich an ein Fernsehinterview mit Hazan anläßlich seines dreiundachtzigsten Geburtstages. Er wurde gefragt: »Was haben Sie falsch gemacht?« Er antwortete: »In zwei Punkten haben wir uns geirrt. Erstens: Lange Zeit glaubten wir, wir könnten eine zweifache Heimat haben, Israel und die UdSSR. Zu lange ignorierten wir die brutale Diktatur, das Zertreten der Menschenrechte und die Freiheitsberaubung in den Ländern des Ostblocks. Zu spät kam die Ernüchterung nach der Verehrung Stalins. Zweitens: Wir haben Fehler gemacht im Bereich der Erziehung. Wir bauten die beste und fortschrittlichste Schule der Welt. Die Schule in Mishmar

Ha'emek – und nach ihrem Beispiel noch Dutzende weiterer Schulen in anderen Kibbuzim – war ein pädagogisches Meisterwerk, was ihr Konzept und die Beziehungen zwischen Lehrern und Schülern anbelangt. Unsere Schulen erzielten ausgezeichnete Ergebnisse. Aber wir vermittelten den Kindern keine jüdischen Inhalte. Wir haben sie von ihren Wurzeln getrennt. Dutzende von Absolventen der ausgezeichneten Schule in Mishmar Ha'emek leben in den USA und nicht hier.«

Aus dem Munde eines Menschen wie Yakov Hazan hat das Eingeständnis dieser beiden Fehler große Bedeutung. Wie viele andere hatte auch ich keinen Anteil an diesen Fehlern. Ich war noch nie vom Kommunismus überzeugt – weder als einem gesellschaftlichen System noch als einer politischen Ideologie. Aber ich stimme mit Hazan überein, was die jüdische Erziehung betrifft. Ich habe immer daran geglaubt, daß wir den Kindern eine jüdische Erziehung geben müssen. Keine religiöse Erziehung, aber ein Vermitteln der jüdischen Tradition und ihrer Reichtümer. Meine Frau Tamar pflegte zwar Schabbatkerzen anzuzünden, und diese Erlebnisse haben sich in den Herzen unserer Kinder bewahrt. Aber das war nicht genug. In breiten Teilen der israelischen Gesellschaft vollzieht sich zur Zeit ein segensreicher Wandel: Es entsteht ein Bewußtsein für das Bedürfnis, den Kindern jüdische Bildung zu vermitteln und die Wurzeln zu pflegen, die in dem ewig jüdischen Schatz verborgen liegen.

Ebenso wie die Gefahr eines Übergewichtes der Ultraorthodoxen mir keine Sorge bereitet, so raubt mir auch das Phänomen, daß Menschen sich der Religion zuwenden, nicht den Schlaf. Das ist eine vorübergehende Erscheinung, bescheiden in ihrem Ausmaß, von den Medien oft über Gebühr betont. Ich bin überzeugt, eine genaue Aufrechnung würde ergeben, daß jedem Atheisten, der plötzlich in der Religion eine Antwort sieht, weitaus mehr Gläubige gegenüberstehen, die die Religion plötzlich in Frage stellen und sich von ihr abwenden.

Über einen dieser Bekehrten, Uri Zohar, einen der berühmtesten und deshalb auch umstrittensten unter ihnen, kam mir eine interessante Geschichte zu Ohren. Haim Topol besuchte mich. Er pflegt zu sagen, er habe in Jerusalem zwei gute Freunde, den Rabbi Uri Zohar und mich. Ich danke Topol für seine Freundschaft. Topol erzählte mir, daß er auch seinen Freund Uri Zohar besucht habe. Ihre Welten hatten sich naturgemäß weit voneinander entfernt. Topol schätzt Zohar. Sein Bekenntnis zur Religion ist tief und ernsthaft, mit Leib und Seele. Topol, ein durch und durch atheistischer Mensch, genießt es hin und wieder, eine Seite der *Gemara* (Teil des *Talmud*, Anm. d. Übs.) zu studieren. Er wurde in einem *Heder* (wörtl. Zimmer, *Talmud*-Thoraschulen für Kleinkinder, Anm. d. Übs.) erzogen und hat die aramäische Sprache gelernt. Ein Erlebnis würde der Rabbi Uri Zohar gerne mit seinem Freund Topol teilen, nämlich gemeinsam eine Seite der *Gemara* zu studieren. Aber dazu ist er nicht in der Lage. Er beherrscht die aramäische Sprache nicht. Und wenn mein Ohr mich nicht getäuscht hat, so empfand Topol ein klein wenig Genugtuung über diesen geringfügigen Vorteil gegenüber seinem Freund, dem Rabbiner.

I. Jerusalem und ich

Keine Gedenktafel für mich

Anläßlich meines achtzigsten Geburtstages überschüttete man mich mit grenzenlosem Lob. Mir fiel dazu eine kluge Bemerkung eines weisen Mannes ein. Als dieser siebzig oder achtzig Jahre alt wurde und auf ein Leben reich an Leistungen und Erfolgen zurückblickte, versammelten sich Menschen um ihn, die voll des Lobes waren und auch nicht mit Übertreibungen sparten. Er erhob sich, um ihnen zu antworten: »Ich bedaure, daß es zwei Menschen nicht vergönnt war, dieses Ereignis zu erleben – meinem Vater und meiner Mutter. Mein Vater hätte euch gescholten, daß ihr übertrieben und das Maß allzusehr überschritten habt. Meine Mutter hätte euch beschimpft, daß ihr nicht einmal zu solch einem feierlichen Anlaß in der Lage wart, all das Lob auszusprechen, das ich verdiene.«

Lob verursacht mir Unbehagen. Ein so hohes Alter sollte nicht als Leistung angesehen werden. Man erreicht es ohne eigenes Zutun... Was in meinen Augen zählte, war die Tatsache, daß das private Ereignis, an dem viele persönliche Bekannte und ausländische Freunde der Jerusalem Foundation teilnahmen, die Möglichkeit bot, die Anwesenden für neue Projekte in Jerusalem zu gewinnen. Mich interessieren Geburtstage und Feierlichkeiten nur unter dem einen Aspekt: Sind sie gut für Jerusalem? Bringen sie der Stadt etwas? Veranlassen sie die Spender dazu, ihre Taschen zu öffnen? Zu Freunden aus aller Welt hatte ich gesagt: »Bringt mir keine privaten Geschenke. Ich brauche gar nichts. Aber wenn ihr unbedingt euer Geld loswerden wollt – bitte schön. Ich werde jeden einzelnen Betrag an die Jerusalem Foundation überweisen, die sich im Laufe der Jahre unter der Leitung von Ruth Heshin zu einem maßgeblichen Faktor beim Ausbau der Stadt entwickelt hat; dies ist die Gelegenheit, sie auf aktive Weise zu fördern.«

Und die Freunde öffneten die Taschen. Insgesamt haben sie sich meinen Geburtstag einige Millionen Dollar kosten lassen. Nicht schlecht für einen alten Juden.

Wer in der Tat eine Anerkennung verdient hätte, ist meine Frau Tamar. Sie hatte unter meiner Arbeit für die Öffentlichkeit zu leiden, wie auch unser Heim und die Kinder, denen ich nie genug Zeit widmen konnte. Tamar hat die entstandenen Lücken ausgefüllt und war während all der Jahre zudem meine beste Beraterin.

Ein Freund, der reich an Verstand, jedoch arm an Vermögen ist (ich habe auch solche Freunde, nach denen keine eindrucksvollen Projekte in Jerusalem benannt werden), wollte wissen: »Wenn man dir in vierzig Jahren, anläßlich deines einhundertundzwanzigsten Geburtstags, das Recht gewährte oder dich gar darum bäte, auf einem der zahlreichen Gebäude, zu dessen Entstehung du beigetragen, für das du Geld organisiert, das du mit viel Liebe gehegt und gepflegt und um dessen Bedürfnisse du dich gekümmert hast, eine kleine Messingtafel zu befestigen mit der bescheidenen Aufschrift: ›Erbaut unter Teddy Kollek, dank seiner Initiative und Hilfe‹ – wo würdest du diese Tafel anbringen?«

»Nirgends«, gab ich ihm zur Antwort. »Es wird keine Tafeln geben. Es wird keine Straßen geben. Es wird keine öffentlichen Stätten, keine Gebäude, keine Plätze und auch keine Institutionen geben, die nach mir benannt sind. Ich möchte das nicht.« Ich befinde mich in erbittertem Streit mit Personen, die mir nahestehen. Wie ich in diesem Buch schildere, habe ich einiges für das neue Fußballstadion in Jerusalem getan. Aber ich war nicht dafür, daß man es »Itzteddy« nannte, obgleich die Wortschöpfung an sich gelungen und amüsant ist (*Itztadion*, hebr. Stadion, Anm. d. Übs.). Ich brauche keine Denkmäler. Mir fehlt es an der nötigen Phantasie, die mich beflügelt und mir eine Vorstellung vom Leben im Jenseits erlauben würde. Wie fühlt man sich dort? Worüber denkt man nach? Was genießt man? Handelt es sich um eine gleichberechtigte oder um eine Klassengesellschaft? Wer besetzt dort die privilegierten Plätze an der Ostmauer? Und wer ist würdig, den Gelehrten das Wasser zu reichen? Ich möchte das, was ich getan habe, hier und jetzt genießen. Nach diesen Worten muß ich allerdings zugeben, daß ich just im Falle des Fußballstadions nachgegeben habe. Ich bin kein Fußballfan, aber ich weiß, was Fußball der Mehrzahl der Jugendlichen und auch vielen Erwachsenen bedeutet. Als schließlich eine gute Freundin eine riesige Geldsumme spendete, die nach zwanzig Jahren Kampf mit den Ultraorthodoxen und den verschiedenen Regierungen den Bau des Stadions ermöglichte, sie jedoch die Bedingung daran knüpfte, daß mein Name in seinem Zusammenhang genannt werde – gab ich auf. Aber dies ist der einzige Fall und wird es, wie ich hoffe, bleiben.

Ich gehe kreuz und quer durch Jerusalem – und meine Augen können sich nicht satt sehen. Ich liebe die Schönheit. Nicht nur die einer schönen Frau. Auch ein schönes Gemälde, auch einen schönen Baum und einen grünen Garten liebe ich. Ich durchquere die Stadt – und das Herz geht mir auf.

Es war schwierig, die Bewohner Jerusalems von der Lebensnotwendigkeit, dem Wert und der Bedeutung der Schönheit zu überzeugen. Aus ihren Herkunftsländern brachten die meisten Bürger Jerusalems keine Tradition von Ästhetik, von gepflegten Gärten und öffentlichen Grünanlagen mit. In den Städten und Dörfern, aus denen die meisten Juden stammen, ob in Europa, Afrika oder Asien – existierte eine solche Tradition nicht. In düsteren, verwahrlosten Wohnvierteln und Wohngegenden sind Bäume, Rasen, Gärten und Kinderspielplätze vernachlässigte, zweitrangige Details in Anbetracht der wahren Belastungen des Alltags, der Arbeit und des Überlebenskampfes.

Als Folge davon waren die ersten Bemühungen, Grünflächen in den ultraorthodoxen Stadtteilen anzulegen, ein Dorn im Auge der Bewohner. Die ultraorthodoxe Lebensweise zieht die Geschlossenheit im häuslichen Bereich, die Versammlung im Kreis der Familie und die Zurückgezogenheit bis an die Grenzen des Möglichen außerhäuslichen Zusammenkünften, die üble Folgen haben könnten, vor. Kinder sollen möglichst unter dem wachsamen Auge der Eltern weilen. Die Gefahr, die ein Zusammentreffen von Mädchen und

Jungen in öffentlichen Grünanlagen birgt, wird aus Angst vor unguten Auswirkungen vermieden.

Und in der Tat brachten mir meine ersten Bemühungen, in Jerusalem Grünanlagen zu schaffen, und zwar sowohl in den nichtreligiösen als auch in den ultraorthodoxen Vierteln, nicht nur den Widerstand der Bewohner, sondern auch ein erstauntes Hochziehen der Augenbrauen ein: »Ist das Ihre Prioritätenskala? Fehlt es uns denn an nichts mehr außer an diesen albernen Grünflächen?«

Ich hatte Verständnis dafür. An einem Ort, an dem das Einkommen niedrig und das Wohnen beengt ist und wo viele Mäuler über eine erbärmliche Haushaltskasse herfallen, kann man schwerlich erwarten, daß die Ästhetik Hauptanliegen ist. Mit Geduld, ohne Zorn und ohne die Bürger wegen ihrer Ablehnung zu verurteilen, aber mit Hartnäckigkeit und Ausdauer, ist es mir gelungen, die Herzen der Bürger in den besagten Stadtteilen für den Genuß, den Schönheit bereitet, für die Freude an einem Park, an allem, was grünt und blüht, zu öffnen. Heute gibt es kaum ein Wohnviertel in Jerusalem ohne blühende Anlagen, ohne Bäume an den Straßenrändern und Plätze zum Spielen. Und wenn ich dort meine Runden drehe und den Bürgern zusehe, wie sie sich an ihren Parks erfreuen, auch die Ultraorthodoxen und besonders die Kinder – dann brauche ich keine Gedenktafeln. Die jauchzenden Stimmen der dort tobenden Kinder klingen wie herrliche Musik in meinen Ohren.

In den letzten fünfundzwanzig Jahren hat Jerusalem sein Gesicht verändert. Ich kann einen persönlichen Anteil an dieser Veränderung nicht leugnen. Selbst diejenigen, die mich liebevoll den »Erbauer Jerusalems« nennen – es wurde ohnehin von vielen Generationen erbaut –, wissen, daß dieser Ausdruck stark übertrieben ist. Nicht ein einzelner Mensch erbaut Jerusalem. Ich habe dem kulturellen Leben Jerusalems etwas hinzugefügt. Ich habe mich sehr dafür engagiert, das Israel-Museum zu gründen und zu unterhalten. Es hat mehr Besucher, darunter auch Kinder, als zahlreiche andere renommierte Museen. Und es nimmt heute einen ehrenvollen Rang in der Welt ein. Ich habe Jerusalem um ein paar Parks, Promenaden, Schulen, Synagogen, Straßenbeleuchtungen, Bürgerbegegnungsstätten, kulturelle Einrichtungen und anderes mehr bereichert.

Mein Problem besteht darin, daß ich mich in einem ewigen Zustand der Schwangerschaft befinde. Ein Kind hat das Licht der Welt noch nicht erblickt – und es dauert hin und wieder zehn bis fünfzehn Jahre, bis man das nötige Geld zusammen hat und ein Projekt alle Höllenkammern der bürokratischen Genehmigungsverfahren, der detaillierten Planung und des Widerstandes von allen Seiten durchlaufen hat – und schon haben sich zehn neue Ideen in meinem Herzen eingenistet, die gegeneinander um den Vorrang kämpfen.

Muß ich erwähnen, daß ich nicht alles schaffen werde? Natürlich werde ich nicht alles schaffen. Genau darin liegt der Grund dafür, daß ich ständig voller Unrast bin, immer in dem Gefühl lebe, heute nicht genug geleistet, meine Zeit mit belanglosen Angelegenheiten vertan zu haben, mich durch schlechte Berater und meinen schwierigen Charakter von meinem Ziel ablenken lassen zu haben. Manchmal ist dies die Ursache für Zorn, Erregtheit und Wutausbrüche, und zwar nicht immer an der richtigen Stelle, und ich kann nur hoffen, daß man nachsichtig mit mir ist.

Vor allem während meiner letzten Amtsperiode hat sich diese Unrast noch verstärkt. Die Annahme, daß ich nun in meinem hohen Alter, nach einer ziemlich ernsten Operation, den Streß etwas lokkern, die Belastung geringer halten und die Arbeitsstunden reduzieren würde, beinhaltet eine gewisse Logik. Das Gegenteil ist jedoch der Fall: Je knapper die Zeit wird, desto stärker werden der Druck und das Gefühl ihrer Begrenztheit. Früher konnte ich sagen: Wenn nicht in dieser Amtsperiode, dann eben in der nächsten. Aber jetzt?

Die wahren Prüfungen des Menschen werden ihm nicht durch seine Worte auferlegt. Propheten, Philosophen, Denker und Schriftsteller beeinflussen das Weltgeschehen durch die Kraft der Sprache und des geschriebenen Wortes. Bürgermeister (und meiner Meinung nach auch Ministerpräsidenten ...) tun dies allein durch die Kraft ihrer Taten. Kein Bürgermeister und keine andere Persönlichkeit des öffentlichen Lebens – wenn ich darüber nachdenke, so gilt dies vermutlich ausnahmslos für jedermann – darf sich auf seinen Lorbeeren ausruhen. Selbstgefälligkeit ist der Schlüssel für ein träges Leben, für Arroganz und Verlust an Motivation. Wer den Willen verliert, mehr und mehr zu leisten, unentwegt und ohne Einschränkung, wer diesen quälenden Hunger nach neuen Zielen einbüßt, wird schnell gewahr werden, daß er seiner Aufgabe nicht gerecht wird.

Dieser Hunger beherrscht mich seit sechsundzwanzig Jahren. (Bewußt schließe ich zwei Jahre meiner achtundzwanzigjährigen Amtszeit als Bürgermeister aus, da die ersten beiden Jahre bis zum Ausbruch des Sechs-Tage-Krieges in diese Reihe nicht hineingehören. Diese beiden Jahre entsprachen so wenig meinen Vorstellungen, daß ich fest entschlossen war, lediglich die laufende Amtsperiode abzuschließen und mich nicht mehr zur Wiederwahl zu stellen. Aber dann kam der Krieg, und die Stadt wurde wiedervereinigt – und seit Juni 1967 ist nichts mehr so, wie es früher einmal war). In Begriffen von Lebensspannen kann ich, so scheint es mir, behaupten, daß ich mein ganzes Leben lang diesen Hunger verspürt habe. Der Hunger nach neuen Taten hat mich auch in der letzten Amtsperiode nicht verlassen. Die Last der Jahre hat ihn nicht gestillt.

»Aber die Jahre hinterlassen ihre Spuren«, werden Eingeweihte aus eigener Erfahrung, aufgrund von Angelesenem oder dem, was sie im Fernsehen gesehen haben, sagen. Zweifellos hinterlassen die Jahre ihre Spuren. Auch die meinen. Es fällt mir etwas schwerer, den ganzen Tag über in Bereitschaft zu sein. Es fällt mir ein wenig schwerer, kontinuierlich durch die Stadtviertel zu laufen. Es strengt mich mehr an als in früheren Jahren, dauernd die Bürde der öffentlichen Auseinandersetzung mit politischen Gegnern, sowohl innerhalb der Mauern der Stadtverwaltung als auch außerhalb, zu tragen.

Die Allgemeinheit gewährt Ministerpräsidenten, die sich zurückziehen oder nicht mehr gewählt werden, gewisse Privilegien (nur Ben Gurion hat sie nicht erhalten; die Privilegien wurden erst nach ihm eingeführt): ein offizielles Büro, eine oder zwei Sekretärinnen, ein Auto mit Chauffeur. Bürgermeister sind nicht gleichrangig. Derartige Privilegien gewährt man ihnen nach ihrem Ausscheiden nicht. Wenn man es nicht als eine unverzeihliche Anmaßung ansieht, so wünsche ich mir, nach meinem Ausscheiden aus dem Amt als Bürgermeister Mitglied des Stadtrates bleiben zu dürfen. Ich denke, daß ich zu einigen Bereichen einen Beitrag leisten und der Stadt von Nutzen sein könnte.

»Ich habe keine Zeit für ein Privatleben«, wird oft von Politikern behauptet, und ich möchte nicht mit ihnen in einen Topf geworfen werden. Schließlich wird jeder Anfänger in der Politik keine Mühe scheuen, seine Wählerschaft davon zu überzeugen, daß er ihr sein Leben opfert und ihm nicht eine Minute für private Angelegenheiten bleibt. Und dennoch – es ist tatsächlich so. Vierundzwanzig Stunden pro Tag, und das Tag für Tag, spiele ich meine Rolle als Bürgermeister von Jerusalem, ob im Büro, zu Hause, bei Feierlichkeiten, im Auto, bei Grundsteinlegungen, Hauseinweihungen, an Wochentagen, am Schabbat, an Feiertagen, bei Tag und bei Nacht, ohne Einschränkungen.

In der *Tzahal* (Abk. für Israelische Verteidigungsarmee, Anm. d. Übs.) gilt das »Nach-mir-Prinzip«. Die Häupter der Offiziere, die allen voranschreiten, werden mit Lorbeer gekrönt. Im Zivilleben scheint mir der Begriff »gemeinsam« besser geeignet, um das Verhältnis zum Vorgesetzten zu charakterisieren. Ich schreite den Beamten im Rathaus nicht voran. Ich erwarte nicht, daß sie hinter mir gehen. Ich gehe mit ihnen gemeinsam. Wir sind Partner in der Verantwortung und im Handeln. Für mich bedeutet es kein Opfer, wenn ich an ihren Feiern und Trauertagen teilnehme. Die Partnerschaft verlangt solche wechselseitigen Beziehungen.

Mit den Jahren wurde die Last immer drückender. Bisweilen fällt es mir schwer. Manchmal bin ich müde. Immer – meine Bekannten wissen das – bin ich ungeduldig und den Menschen gegenüber ungehalten, es kommt vor, daß ich schimpfe, tadele und beleidige, aber immer – und auch das wissen alle meine Bekannten – nehme ich voll aufrichtiger Freude an den Festlichkeiten meiner Mitarbeiter teil, und ich rechne es ihnen hoch an, daß sie mich mit Nachsicht behandeln und mir meine schlechten Eigenschaften verzeihen.

Mit den Einwohnern Jerusalems gestaltet sich das »Gemeinsam« komplizierter, schwieriger und verworrener. Eine ungemeine Vielfalt an Kulturen, Herkunftsländern, Gewohnheiten, Weltanschauungen, Glaubensrichtungen, Überlegenheits- und Minderwertigkeitsgefühlen macht Jerusalem zu der problematischsten Stadt der

Welt. Arme und Reiche, natürlich sehr viele Arme und sehr wenige Reiche, extrem Religiöse, die sich in ihren Stadtteilen verbarrikadieren, die Existenz des Staates Israel nicht anerkennen und offen mit seinen größten Feinden kollaborieren, auf der anderen Seite Atheisten, nicht minder extrem, die bereit sind, ihre Seelen zu verkaufen für das zweifelhafte Recht, alle Werte und Traditionen, die der jüdischen Religion heilig sind, mit den Füßen zu treten; Einwanderer, Siedler aus einhundertundfünfzig verschiedenen Kulturkreisen der ganzen Welt und eine absolute Mehrheit orientalischer Gruppen innerhalb der jüdischen Bevölkerung, all dies macht das Regieren von Jerusalem, unter Ausschöpfung der Gemeinsamkeiten und konsequenter Reduzierung der Gegensätze, außerordentlich schwierig. Hin und wieder scheint es, daß die Brücken zwischen den verschiedenen Bevölkerungsgruppen so wackelig sind, daß jeder Versuch, sie zu betreten, ihr Einstürzen zur Folge haben muß.

Ein Bürgermeister, der sich in seinem Büro verschanzt, der einen begrenzten Zeitplan für seine Arbeit festlegt und private Stunden für persönliche Angelegenheiten einplant, hat keine Aussicht auf Kooperationsbereitschaft von seiten der Bürger. Gelangweilt und an seinen Trott gewöhnt, wird er auf die Worte seiner Ratgeber hören, die ihm in der Regel nur das berichten werden, was er ihrer Meinung nach hören möchte, oder er ist auf Berichte von hohen Beamten des Stadtrates oder der Regierung angewiesen. Das alles wird ihm jedoch kaum weiterhelfen. Die wirklichen Empfindungen der Bevölkerung in ihren unterschiedlichen Schattierungen und ihre Nöte werden ihm verschlossen bleiben. Seine Lösungsvorschläge werden künstlich und bürokratisch sein und wenig Aussicht auf Erfolg haben. Permanente Mißerfolge werden ihn zermürben. Die ewig leeren Kassen werden ihn zur Verzweiflung bringen. Seine Beschlüsse werden nur theoretisch existieren und meist so wertvoll sein wie das Papier, auf dem sie geschrieben stehen. Er wird sich der Illusion hingeben, daß die Verwaltung sich um das Makro kümmern kann, ohne sich mit dem Mikro zu beschäftigen – nämlich dem Individuum, dem Menschen in dem Stadtteil, dessen Denkweise, dessen Frustrationen, dessen Wünschen und auch dessen kleinen, nervenaufreibenden Launen. Nichts Konstruktives wird geschehen, und kein Problem wird gelöst werden.

Ein solcher Bürgermeister wird von den Bürgern seiner Stadt isoliert sein. Sie werden in ihrer Welt leben und er in der seinen. Und genau in dieser fatalen Distanz liegt das Problem des politischen Lebens in Israel. Einen Monat vor den Wahlen stürmen die Parteifunktionäre, wichtige Minister eingeschlossen, die Städte und Wohnviertel, rollen ihre frömmelnden Augen in Richtung Firmament, murmeln ein paar schöne Worte, versprechen das Blaue vom Himmel, quellen über vor Liebe und Fürsorge, um das Vertrauen der Wähler zu gewinnen und gewählt zu werden, und einen Tag nach der Wahl verschanzen sie sich in ihren klimatisierten Dienstzimmern und genießen die Weihen der Regierung.

Das Hinaustreten an die Front, hin zu den Bürgern, zwanglose Zusammenkünfte, ohne Mittelsmänner, dafür mit aufrichtigen menschlichen Gefühlen, darin besteht das Wesen der »Gemeinsamkeit«. Bisweilen gestaltet es sich nicht einfach. Ständig kommen von seiten der Bürger schwerwiegende Vorwürfe. In ihren Augen repräsentiert jedes noch so geringe Versäumnis ein ganzes Universum. Nur in den seltensten Fällen erkennen sie an, was du für sie getan hast, aber immer prangern sie dich für ihre enttäuschten Erwartungen über nicht rechtzeitig eingehaltene Versprechen an und gehen außerordentlich streng mit dir ins Gericht nach dem Motto: »Warum denn ausgerechnet der andere Stadtteil . . . ?« Denn immer ist der Rasen des Nachbarn grüner, und nie ist das, was wirklich zählt, der Fortschritt und die Errungenschaft des eigenen Viertels, sondern allein der Vergleich zwischen dem eigenen und dem anderen Stadtteil.

Jerusalem muß man mit eigenen Beinen erkunden und nicht mit Papieren, Statistiken, Protokollen und umständlichen Gutachten. Ich bemühe mich zu Fuß von Stadtteil zu Stadtteil. Ich ermutige die Menschen, aufrichtig zu sprechen, ohne ein Blatt vor den Mund zu nehmen, ohne Höflichkeitsfloskeln gegenüber dem Bürgermeister, ohne künstliche Ehrfurcht. Ich möchte verstehen und noch mehr als das, ich möchte fühlen, woran es tatsächlich fehlt, wo der Schuh drückt, was die Bürger bekümmert. Als ein erfahrener Mensch kann ich nur jedem Bürgermeister, jedem Minister, vielleicht sogar jedem Knessetmitglied empfehlen, sich unter das Volk zu mischen. Ohne das Fernsehen, ohne Presse, ohne Fotografen, ohne große Delegationen. Allein, mit ein, zwei Begleitern. Was ich bei meinen Gängen durch die Stadtteile erfahren habe, hätte ich keinem Gutachten entnehmen können, und wenn es auch von noch so einem kompetenten Experten verfaßt worden wäre und tatsächlich all die Fakten enthalten hätte, von denen er sich überzeugen konnte.

Eins greift ins andere. Nicht nur, daß ich keine Freizeit habe. Auch ein privates Haus habe ich nicht, in der eigentlichen Bedeutung des Wortes. Auch hier gehen Berufsleben und Privatsphäre ineinander über. Ich habe keine geheime Telefonnummer. Jeder Bürger kann mich vierundzwanzig Stunden am Tag erreichen. Hin und wieder braucht man Nerven aus Drahtseilen, und bisweilen würden selbst die nicht genügen, um die Auswirkungen, die die Auslegung dieses Privilegs durch manche Bürger nach sich zieht, zu bewältigen. Nun gut, ein leckes Rohr, nun gut, ein Stromausfall oder Dachziegel, die der Wind wegfegte – alles Angelegenheiten, die par excellence in den Verantwortungsbereich des Bürgermeisters fallen, – aber der Sohn, der ausging und noch nicht heimgekehrt ist, und seine besorgte Mutter oder der familiäre Zwist, in dem die Parteien sich darauf einigten, den Bürgermeister entscheiden zu lassen, oder auch das Unverständnis des Bankbeamten? – Die ganze Welt und all ihre Probleme und Beschwerlichkeiten. Der Bürgermeister ist das Geheimrezept für alle Lösungen, als ob er der Allmächtige sei, und das zu jeder Tages- und Nachtzeit. Die Belästigung ist bisweilen unerträglich. Zu der Zeit, in der jüdische Stadtteile als Folge von Pannen der arabischen Elektrizitätsgesellschaft im östlichen Teil Jerusalems häufig unter Stromausfall litten, pflegten erboste Bürger um ein, zwei Uhr morgens vor meinem Haus zu demonstrieren und ihr Geschrei mit Hupkonzerten zu begleiten. Sie waren überzeugt, die arabische Gesellschaft schikaniere sie mit Absicht. Ich bat die Demonstranten gewöhnlich in mein Haus und bot ihnen eine Tasse Kaffee an. Ich erklärte ihnen, die Jerusalemer Firma habe technische Probleme, aber die Störungen seien nicht mutwillig herbeigeführt. Nach einem harten Arbeitstag war es nicht immer einfach, sich mitten in der Nacht mit solchen Vorkommnissen auseinanderzusetzen.

Meine Frau Tamar, meine Jugendliebe, haßt es, in den Medien in Erscheinung zu treten, und sie hält sich peinlichst davon fern. Ich tue ihr bereits dadurch Unrecht, daß ich überhaupt ihren Namen erwähne. Als Frau des Bürgermeisters hat sie zahlreiche Aufgaben übernommen. Die wichtigste bestand darin, daß sie es – dem Himmel sei Dank – all die Jahre hindurch vermieden hat, mir zur Last zu fallen. Niemals hielt sie mir Vorträge. Sie weiß, daß es keinen Sinn hat, mich zu bedrängen, ich solle mein Tempo etwas drosseln, Zeit zur Erholung einplanen, auf meine Gesundheit achten, mich meinem Alter entsprechend verhalten, denn ich kann nicht anders.

In den Augen unzähliger Bürger und immer wieder auch in den Augen städtischer Angestellter ist Tamar die höchste Instanz für öffentliche Beschwerden, ohne Titel, ohne Ernennungsurkunde und selbstverständlich völlig ehrenamtlich. Jeder, der bei mir zu Hause anruft, kann ihre weiche, beruhigende Stimme hören. Sie wird zuhören, sich Notizen machen. Wenn sie dazu in der Lage ist, wird sie gute Ratschläge erteilen und wenn nicht, wird sie versprechen, alles an den Bürgermeister weiterzuleiten, ein Versprechen, das sie unter allen Umständen einhalten wird. Gegebenenfalls wendet sie sich mit den Klagen oder Bitten behutsam und rücksichtsvoll sowie mit äußerster Höflichkeit und großem Taktgefühl an den zuständigen Beamten der Stadtverwaltung.

Ich habe aus den Gesuchen, die Tamar mir unterbreitet, viel gelernt. Sie begnügt sich nicht mit bloßem Zuhören und mit Notizen. Sie ist gleichermaßen emotional und rational bei der Sache. Sie geht dem Anliegen des Bürgers nach und verlangt von mir eine Stellungnahme zu den unternommenen Schritten. Die Bürger, die sie schätzen lernten, bezogen sie ein in die Verantwortung, die ich ihnen gegenüber übernommen habe, und sie erfüllt loyal ihre Aufgabe. Für mich ist Tamar ein notwendiges Verbindungsglied zu den Bürgern. Morgens früh um sechs, wenn wir in der Küche gemeinsam Kaffee trinken und an einem Beigel knabbern (an den meisten Tagen ist dies die einzige Gelegenheit, uns zu unterhalten, denn tagsüber treffen wir uns selten, und nachts komme ich völlig erschöpft sehr spät nach Hause), nutze ich diese Gnadenstunde, um Tamar Gehör zu schenken. Sie berichtet von den Bürgern, die angerufen haben, unterbreitet Vorschläge. Und ich lasse sie eine Idee beurteilen, die mir in der Nacht durch den Kopf ging. Ich brauche ihren Rat.

Auch unser Heim ist betroffen. Unsere Wohnung ist nicht groß und war zunächst nur als Wohnraum für die Familie gedacht. Politiker aller Couleur, die große Häuser benötigen, um ihre Aufgaben zu erfüllen, sind mir zuwider. In Israel, das arm an Mitteln und reich an Bedürfnissen ist, sollte jeder, der im öffentlichen Leben steht, bescheiden wohnen und genügsam leben. In unserem Haus verbringen wir nur wenige private Stunden. Mitarbeiter werden – zuweilen sogar nachts oder am Schabbat – zu Besprechungen eingeladen, damit Probleme ihre Lösung finden. Politiker aus dem In- und Ausland sind stets willkommene Gäste. Wohltäter Jerusalems besuchen uns und rücken in dem kleinen Wohnzimmer zusammen. Die Atmosphäre ist gewöhnlich entspannt, frei von protokollarischen Höflichkeiten und Ehrenbezeugungen. Das vertrauliche Klima reißt trennende Mauern ein und bringt die Herzen einander näher. Probleme, die lange Zeit unlösbar schienen, werden bei solchen Gelegenheiten bisweilen aus dem Weg geräumt.

Auch zum Mittag- und Abendessen ziehe ich es vor, Gäste in unserem Haus zu bewirten. Zwar legt sich Tamar damit eine Bürde auf, die nicht immer leicht zu tragen ist, aber die Vorteile der Häuslichkeit sind offensichtlich und werden stets von den Gästen sehr geschätzt. Die Krönung der Bewirtung in unserem Heim sind Tamars Vanillekipferl. Nicht nur aus Gründen der Höflichkeit – ich erlaube mir, mich dieser Illusion hinzugeben – warten meine Gesprächspartner auf Tamars Kipferl, ihre selbstgebackene Spezialität, deren Ruhm weit in das Land und über seine Grenzen hinausreicht.

Ich habe häufig im Ausland zu tun, aber meine Abwesenheit von Jerusalem ist immer nur von kürzester Dauer. Verschiedene Institutionen wollen mir ihre Ehrentitel verleihen. Man streift mir die Roben von Ehrendoktoren über und setzt mir komische Hüte auf den Kopf. Einige dieser Einladungen nehme ich an, diene somit als Gesandter Jerusalems und gestatte meinen Bewunderern, durch mich Jerusalem ihre Liebe und Verehrung zu erweisen.

Meine Rastlosigkeit quält mich auch bei meinen Auslandsreisen.

Obgleich ich gutes Essen, ausgezeichnete Weine und duftende Zigarren liebe – was man mir in den Ländern jenseits des Meeres in nicht zu unterschätzender Vielfalt und Fülle kredenzt –, überkommt mich schon, bevor das Flugzeug überhaupt abhebt, das bittere Gefühl, daß ich bereits zu lange von Jerusalem fern bin. Noch bevor es auf seinem Zielflughafen landet, bereue ich, die Einladung angenommen zu haben, und beginne augenblicklich Ränke zu schmieden, wie ich den Besuch verkürzen und nach Hause zurückkehren könnte.

So gesehen, bin ich ein leidender Mensch, ich könnte mich fast als hoffnungslosen Pessimisten bezeichnen. Täglich, ja stündlich, peinigt mich das Gefühl, Zeit zu vergeuden. Ich habe nicht genug getan. Ich hätte mehr Sitzungen einberufen sollen. Ich hätte mehr in die Tiefe gehen sollen. Hätte bessere Lösungen finden müssen. Ständig stehe ich unter Zeitdruck. Die Uhr ist mein Feind. Die Zeiger versetzen mich in Unruhe. Sie bewegen sich zu schnell, zehren die Zeit auf, und ich habe noch nichts erreicht, kein Problem ist bewältigt, in diesem Stadtteil gibt es noch keine Bürgerbegegnungsstätte und in jenem schreien die Einwohner, daß sie eine Bibliothek brauchen. Und anderswo verzögern sich die Arbeiten in den Grünanlagen, und die Araber weigern sich, am gleichen Strang zu ziehen und die Verantwortung für ihr Schicksal zu übernehmen. Und was tue ich? Nichts. Überhaupt nichts. Ich vergeude meine Zeit.

Dieser ständige Wettlauf mit den Zeigern überschattet manchmal mein Leben. Statt Befriedigung und ein wenig Genugtuung aus dem zu schöpfen, was ich erreicht habe, und mir eine kurze Pause zu gönnen, werde ich von den Zweifeln verfolgt, daß ich vielleicht nicht genug geleistet habe. Ich kann mich nicht auf Lorbeeren ausruhen, und selbst wenn andere mich mit ihren Lobeshymnen überschütten – ich wage zu behaupten, daß dies bisweilen nicht ganz unberechtigt ist, – würde ich keine Ruhe finden. In Jerusalem gilt: Wenn du es heute nicht besorgt hast, hast du keinerlei Gewißheit, daß es dir morgen gelingen wird.

Das Gefühl der verrinnenden Zeit verstärkt sich offenbar, je älter der Körper wird, und je mehr Jahre der Kalender hinzufügt. Schließlich weiß ich genau, daß die Natur nicht einmal einem Gerechten wie mir ein ewiges Leben beschert.

Auch Urlaub in Israel brauche ich nicht. Reine Zeitverschwendung. Ich glaube, beim Personalamt der Stadtverwaltung hat man aufgehört, über meinen nicht genommenen Urlaub Buch zu führen. Ohnehin könnte die strapazierte Kasse der Stadt Jerusalem die riesigen Summen nicht aufbringen, die nötig wären, um meine Urlaube der letzten achtundzwanzig Jahre auszuzahlen. Ich tanke Energie und schöpfe neue Kräfte bei jeder Begehung Jerusalems, bei jedem Gang durch die Stadt. Wenn ich einen neuen Park einweihe und sehe, wie die Kinder fröhlich über die Spielgeräte herfallen, fühle ich in mir die Energie, die Last noch weitere fünfzig Jahre zu tragen. Wenn ich von der Besichtigung einer neuen Bibliothek zurückkehre, spüre ich, daß ich die ganze Müdigkeit hinter mir gelassen habe. Wenn in Jerusalem etwas Neues entsteht, erneuern sich stets auch meine Kräfte. Und weil in Jerusalem sehr viel geschieht, viele Male, beinahe tagtäglich, schöpfe ich Kräfte aus einer schier nie versiegenden Quelle.

Es kommt vor, daß ich mich für ein, zwei Tage in einem Hotel in Jerusalem oder außerhalb der Stadt einschließe, um sorgsam einen Vorgang zu prüfen, der eine Entscheidung verlangt. Ich studiere Unterlagen, die Jerusalem betreffen, und denke konzentriert nach. Im Büro gebe ich Anweisung, mich nur in den allerdringendsten Angelegenheiten anzurufen, und nur dann, wenn keine Möglichkeit besteht, sie ohne mein Zutun zu erledigen. – Es ist noch nie vorgekommen, daß solche Angelegenheiten nicht vorgebracht worden wären.

Die Anspannung, in der ich mich permanent befinde, daß ich etwas nicht geschafft habe und man mehr hätte tun können, beeinflußt mein gesamtes gesellschaftliches Leben in einem negativen Sinn, und nicht selten ziehe ich den Ärger der Leute auf mich. Es fällt mir schwer, meine Zeit mit »small talk« zu verbringen. Ich habe die Eigenart, auf überflüssige Höflichkeitsfloskeln zu verzichten. Ich rufe jemanden an und vergesse ihn zu begrüßen. Ich muß sachlich und knapp sein. Die Zeit rennt mir davon. Wenn ich ein Gespräch mit jemandem führe und ihm damit meine Zeit widme, flüstert mir eine innere Stimme zu: »Was springt dabei für Jerusalem heraus. Ein weiterer Garten? Noch eine Bibliothek? Ein neues

Kulturzentrum? Kommen dadurch die Angelegenheiten der Bürger ein Stück voran?«

Das ist eine schlechte Angewohnheit. Ich bin mir dessen bewußt. Sie wurde mir mehr als einmal zum Verhängnis. In früheren Jahren habe ich oft versucht, sie zu bekämpfen. Ich habe jedoch keine nennenswerten Erfolge dabei erzielt. In meinem Alter muß der Mensch sich nicht nur darüber im klaren sein, daß einige seiner Eigenarten ihn bei anderen unbeliebt machen und seine Unarten andere empören, sondern auch, daß viele dieser Eigenschaften nicht mehr zu ändern sind.

Eine weitere Marotte von mir, die allgemein bekannt ist, besteht darin, daß ich permanent unter dem Druck stehe, eine Pflicht zu haben, die ich nicht erfüllen kann. Außerdem bin ich ein »*Jecke*« (Spitzname für Juden aus Deutschland, Anm. d. Übs.), und zwar nicht in der Definition des Herkunftslandes, sondern in bezug auf Eigenschaften und Charakterzüge. Jeder Mensch macht Fehler. Ich weiß, daß das der Natur des Menschen entspricht. Ich sehe ebenfalls die Unvermeidlichkeit ein. Auch ich bin nicht unfehlbar. Doch lediglich meine eigenen Fehler kann ich mit Nachsicht behandeln, und selbst das nicht immer. Ich weiß, daß wir uns alle hin und wieder irren. Aber Irrtümer von anderen kann ich nicht ausstehen. Unter keinen Umständen. Darin liegt das Risiko, das die Menschen, die mit mir arbeiten, eingehen. Ich behandele sie nicht von oben herab. Ich bitte sie nicht darum, mir mit ehrfürchtiger Distanz zu begegnen. Sie müssen meine Meinung nicht teilen, dürfen mich kritisieren, sich über mich entrüsten, mir harte Sachen an den Kopf werfen, mich unhöflich behandeln, aber wehe ihnen, wenn sie sich – Gott behüte – irren. Ich brülle, schimpfe und zetere, schlage auf den Tisch und zerbreche Glas. Man darf sich nicht irren, nichts verschlampen und keine falschen Informationen weitergeben. Alle Karten müssen auf den Tisch. Alles muß ans Licht.

Nicht zu meiner Rechtfertigung – schließlich sind meine Reaktionen, wie man sie auch dreht und wendet, bisweilen unerträglich –, sondern allein, um das Bild zu vervollständigen, bleibt noch hinzuzufügen, daß ich leicht aufbrause, jedoch ebenso leicht einsichtig bin. Wenn ich jemanden allzusehr verletzt habe, rufe ich ihn an und bitte um Verzeihung. Ich verliere dadurch nicht mein Gesicht. Und außerdem bin ich nicht nachtragend. Wenn zwischen mir und einem anderen etwas vorgefallen ist und es danach eine Angelegenheit gibt, in der wir zusammenkommen und zusammenarbeiten müssen, so bin ich nicht rachsüchtig und unversöhnlich. Man regt sich auf, ist erbost und gerät außer sich, man haut auf den Tisch, man sagt erbitterte Worte mit rotem Gesicht und brennender Kehle, und dann versöhnt man sich wieder für Jerusalem. Jerusalem steht über allem.

Viele Leute können aus eigener Erfahrung berichten, wie ich aus der Haut fahre, so daß mein Geständnis in dieser Sache beinahe überflüssig ist. Mindestens ein Pressephotograph behält mit Sicherheit ein besonderes »Kollek-Erlebnis« in Erinnerung: wie er sich an einen Ort drängte, an dem er nichts zu suchen hatte, und wie ich es ihm heimzahlte, indem ich ihn hinauskatapultierte. Ich bat ihn um Verzeihung. Es kommt vor, daß ich hinter Demonstranten herlaufe, die mich in Rage bringen, und ich bin nicht kleinlich, wenn es um das Kräfteverhältnis geht. Mir genügt es, daß ich im Recht bin. Einmal fuhr ich zur Stern-Straße im Stadtteil Kiryat Hayovel, um mir vor Ort ein Bild von den dortigen Problemen zu machen. Über dieser Straße lag der Ruf von großer Not. Seither hat sich einiges getan, an dem Ort wurde die Not gelindert, und inzwischen hat man sechzig Familien von Neueinwanderern aufgenommen. Aber damals, in den Tagen der Bedrängnis, empfingen uns militante Demonstranten, zündeten mitten auf der Straße Reifen an, blockierten den Verkehr und machten einen gewaltigen Lärm. Auf Gewalt sollte man nicht mit Gewalt reagieren. Diese altbekannte Regel akzeptiere ich nicht nur, sondern nehme für mich in Anspruch, mich als ihren Befürworter par excellence zu bezeichnen, und erwarte auch von anderen, sie streng zu befolgen. Aber damals, daran läßt sich leider nichts ändern, siegte auch bei mir die Erregung über den Verstand. Ich habe mich geweigert, mit den gewalttätigen Demonstranten zu reden. Ich trat mit ihnen in eine physische Auseinandersetzung, und ein hohes Maß an latenter Gewalt, die ich in mir entdeckte, fand ein Ventil.

Meine wenigen Begleiter aus der Stadtverwaltung waren verblüfft über diesen Ausbruch von Gewalt und beeilten sich, mir zu verstehen zu geben, daß der Besuch vorüber und es Zeit sei, zum Rathaus zurückzukehren. Ich tat so, als ob ich ihnen zustimme. Wir gingen zum Wagen und fuhren zum Rathaus. Nachdem die Beamten sich in ihre Büros zurückgezogen hatten, um das Erstaunen über das Erlebte mit ihren Freunden zu teilen, bat ich den Minibusfahrer, mich zurück in den Stadtteil zu kutschieren.

Es war, als ob die Demonstranten auf mich gewartet hätten. Vielleicht hatten sie geahnt, daß mein jähzorniges Temperament mich dazu bringen würde, zurückzukehren und die Auseinandersetzung fortzusetzen. Hier und da rempelte man mich an – ich nehme an, daß die Demonstranten darauf verzichteten, ihre vollen Kräfte einzusetzen, um einen alten Mann wie mich davon zu überzeugen, daß ich keine Chance hatte, aus einer Schlägerei mit ihnen als Sieger hervorzugehen. Der Fahrer des Minibusses mischte sich ein, die Gemüter beruhigten sich ein wenig, ich bin zum Rathaus zurückgekehrt, weder geschlagen noch zerbeult, vielleicht etwas verschämt. Aber mit dem Gefühl, mich nicht vor einer physischen Auseinandersetzung gedrückt zu haben.

Bei offiziellen Anlässen, Grundsteinlegungen, Konferenzen oder Sitzungen einzuschlafen ist eine merkwürdige Angewohnheit von mir. Sie erweckt gemischte Gefühle, stößt manchmal auf Protest. Manch einer lächelt darüber, so als ob das kleine Nickerchen, in das ich verfalle, mir irgendeine Anmut verleihe, dem bunten Mosaik ungewöhnlicher Schrullen einen weiteren amüsanten Aspekt hinzufüge. Die Ehrengäste, die die zündenden Reden halten, reagieren jedoch verstimmt angesichts meiner Gepflogenheit, gerade dann einzunicken, wenn sie die Versammelten mit ihren rhetorischen Höhenflügen in pures Staunen versetzen, und empfinden mein Verhalten als Unverschämtheit.

Den ersten möchte ich erwidern, daß sie sich täuschen. Was die zweiten angeht, so liegt es mir fern, mich zu rechtfertigen. Wie bei so vielen »Mysterien« ist die Lösung simpel, sie ist offenkundig und bar jeglicher Herrlichkeit: Ich schlafe ein, weil ich müde bin. Ich schlafe ein, weil mein Arbeitstag um 5.30 Uhr morgens beginnt und erst tief in der Nacht zu Ende geht. Ich schlafe ein, weil lange

Zeremonien mit unzähligen Reden mich um den Verstand bringen. Besonders dann schlafe ich ein, wenn die Organisatoren ganz offensichtlich gnadenlos mit mir umgehen, indem sie mich mit den Ehrengästen auf der Bühne plazieren. Brutal finde ich das. Zwanzig Jahre lang habe ich gegen das Phänomen Bühne gekämpft. Wozu braucht man eine Bühne? Dort sollte nur eine einzige Person Platz nehmen, nämlich der Ansager. Alle anderen sollten im Saal sitzen. Wenn jemand mit seiner Rede an die Reihe kommt, kann er doch auf die Bühne klettern, in das Mikrofon sprechen, was immer er will, und sich zurück zu seinem Platz begeben. Aber ich rede gegen Wände. Die Bühne existiert. Prominenz um Prominenz wird daraufgequetscht. Wer – Gott behüte – einen Prominenten im Saal vergißt und ihn nicht zu seinesgleichen setzt – dem ist nicht mehr zu helfen. Der Prominente wird es ihm nie verzeihen. Er wird sich diese Beleidigung merken und an demjenigen, der ihm nicht die nötige Achtung zollte, Rache nehmen, bis dieser um Vergebung und Gnade fleht. Es ist eine eiserne Regel, daß jeder, der aufgefordert wurde, dem Ereignis zu Ehren auf der Bühne zu sitzen, auch eine Rede halten muß. Was soll das? Andere reden, und er schweigt? Nun, hat er denn der Welt keine Botschaft zu verkünden? Hat man ihn etwa umsonst auf die Bühne gesetzt? Und dann beginnt das Geschwafel. Die gesamte Prominenz der Bühne tritt gegeneinander an zu den wahren israelischen Meisterschaften: Wer schafft es, mit den meisten Worten nichts zu sagen. Wer schwafelt mehr auf Kosten der zerrütteten Nerven der Anwesenden.

Wen wundert es also, daß ich einschlafe? Ich habe mir einen Schutzmechanismus entwickelt. Ich genehmige mir ein Schläfchen. Das ist nichts anderes als ein zweckmäßiges Nutzen des Fait accompli.

Wenn man mich auf die Bühne setzt, ist mir das alles andere als angenehm. Schließlich sind alle Augen auf mich gerichtet. Sie warten nur darauf, daß mir die meinen zufallen. Am wohlsten fühle ich mich in der ersten Reihe und bitte immer darum, mich dort zu plazieren. Hier kann ich in Ruhe dösen, ohne denen auf der Bühne die Show zu stehlen, die sie brauchen, und ohne sie bei ihren endlosen Reden zu stören.

Freunde behaupten, daß sie an mir noch eine weitere Begabung entdeckt haben: Auch wenn ich schlafe, kann ich hören, was die Redner auf der Bühne von sich geben, um ihnen meinerseits zu antworten. Ich habe einige Experimente unternommen, um herauszufinden, ob die Natur mich mit diesem hervorragenden Talent ausgestattet hat, zu schlafen und gleichsam zu wachen, und zu meiner großen Verblüffung stellte ich fest, daß es in der Tat möglich ist. So wurde das Einnicken zu einer Art »Markenzeichen« von mir. Mit der Zeit hatte dieses Phänomen ausreichend Gelegenheit, zur Routine zu werden, und das Interesse daran ließ nach. In früheren Zeiten lauerten die Journalisten und Photographen gespannt darauf, mich bei meiner Untugend zu ertappen. Inzwischen haben sie von mir abgelassen. Auch sie wissen nun, wer mich zu einer sterbenslangweiligen Feierlichkeit einlädt, geht das unkalkulierbare Risiko ein, daß ich mich durch Schlaf entziehe. Sollte mir die Zeit dazu bleiben, so werde ich mich eines Tages an denjenigen rächen, die mich einladen und auf unbequeme Stühle setzen. Statt mir den notwendigen Schlaf zu verschaffen, quäle ich mich auf ihrem Schemel. Habe ich denn nicht einmal das Geringste verdient, daß man mir einen bequemen Sitz zum Schlafen gewährt?

Ich tue viele Dinge gern – nur hindert mich der Mangel an Zeit daran. Ich würde gerne mehr lesen, viel mehr lesen. Ich liebe Bücher über Geschichte. Großes Vergnügen bereitete mir das Buch meiner Freundin Barbara Tuchman, »Die Torheit der Regierenden«. Ein Sezieren geschichtlicher Irrtümer mit scharfem Skalpell. Das Buch bereitete mir nicht nur Genuß. Bei der Lektüre überkam mich auch große Furcht, nämlich daß Israel Barbara Stoff für weitere Kapitel liefern könnte, schicksalhafte Fehler, die in diesen Tagen begangen werden, in Jerusalem wie auch in anderen Gebieten. Belletristik interessiert mich nicht. Zur Lyrik habe ich keine Beziehung. Zeitungen haben etwas, was mich süchtig macht. Ich will nicht nur wissen, was in Jerusalem passiert, nicht nur, was in Israel geschieht. Die ganze Welt fasziniert mich. Bei mir zu Hause und in meinem Büro stapeln sich Berge von Zeitungspapier. Niemand ist in der Lage, mehr zu lesen als einen kaum nennenswerten Bruchteil der riesigen Fülle von Nachrichten, Interviews und Dossiers. Je größer der Wettbewerb zwischen den einzelnen Zeitungen wird, desto umfangreicher werden diese. In der Regel habe ich keine andere Wahl, als mich mit der Auswahl zu begnügen, die man mir vor allem aus dem Themenbereich Jerusalem zusammenstellt. Hin und wieder lege ich mir ein Interview, auf das ich aufmerksam wurde, beiseite mit dem Vorsatz, es am Samstag zu Hause in aller Ruhe zu lesen. Der gute Vorsatz wird meist von denjenigen gestört, die überzeugt sind, daß ein Wochenende der Ruhe purer Luxus für mich wäre und daß ich ein solches Verwöhnen nicht verdiene. Wieso denn auf einmal in aller Ruhe? Was mache ich schon in Ruhe?

Ich verbringe viel zuwenig Zeit mit meinem Sohn Amos, meiner Tochter Osnat und meinen Enkelkindern. Tamar behauptet, daß das Narben hinterlassen hat. Das Zusammensein mit Osnats Kindern öffnet mir das Herz. Natürlich sind sie die schönsten und klügsten Enkelkinder, die es gibt. Darin unterscheiden sie sich keineswegs von allen anderen Enkeln der Welt.

Mir sind nur wenige Stunden vergnügter Zufriedenheit vergönnt, zu wenige Stunden, in denen es mir gelingt, das Gefühl des Zeitmangels abzustreifen, aus der seltenen Überzeugung heraus, daß es gerade nichts Wichtigeres gibt als das, was ich im Begriff bin zu tun. Nur in diesen Augenblicken kann ich in der Gesellschaft der Menschen sitzen, die ich mag, gutes Essen genießen, marokkanische Gerichte oder italienische, französische, mexikanische oder israelische, ausgezeichneten Wein trinken, spüren, wie er mich ein wenig benebelt und von der Anspannung befreit. Rauchringe aus einer vortrefflichen Zigarre kringeln, ihren feinen Duft einatmen, einen Witz erzählen, lachen.

II. Juden, Moslems, Christen, alle unter einem Dach

Ein Denkmal für die in Jerusalem gefallenen Araber

Ich werde Sätze zitieren, die ein anderer ausgesprochen hat, und ähnliche Aussagen hörte ich aus vielerlei Munde: »Als wir begriffen, daß die Juden siegen würden, überkam uns große Furcht. Als kein Zweifel mehr daran bestand, daß all die Versprechen der arabischen Wortführer, die Juden zu besiegen und ins Meer zu werfen, nur Prahlerei und Ausdruck von Hochmut waren, wie während des Krieges von 1948, genau wie während jenes Krieges, ergriffen Tausende die Flucht. Angst zu verspüren ist keine Schande. Es ist eine menschliche Eigenschaft. Keine Angst zu kennen ist ein Zeichen von Dummheit. Aber es ist eine große Schande, zugeben zu müssen, warum wir uns so sehr fürchteten und warum sich Tausende von Arabern vor dem jüdischen Eroberer in Sicherheit bringen wollten.

Ich muß diese Schande überwinden. Die Wahrheit muß ans Tageslicht. Sie muß ausgesprochen werden, auch um die gegenwärtigen Beziehungen verständlich zu machen. Es gab einen Grund für die furchtbare Angst und die Flucht, nämlich das, was wir mit den Juden vorhatten, falls wir sie besiegt hätten.

Wie sahen wir den jüdischen Feind? Nicht als einen Feind aus Fleisch und Blut. Ein Feind mag furchterregend sein. Ein Feind wird immer gehaßt. Aber uns hatte man vermittelt, der Jude sei eine Art Satan – ohne die geringste menschliche Regung. Solch ein Feind würde sich nicht mit der bloßen Besetzung begnügen. Er würde keine Gefangenen machen. Er hätte weder mit Frauen noch mit

Kindern Mitleid. Er würde Straße um Straße einnehmen, Beute machen, plündern und wahllos morden. Ströme von Blut würden durch die Gassen fließen. Dieser dämonische Feind würde jedes menschliche Leben auslöschen. Solch einen Feind erwartet man nicht angespannt. Vor solch einem Feind ergreift man die Flucht, oder man verbarrikadiert sich vor ihm in den Häusern, schiebt die Riegel vor und betet.

Zu der schrecklichen Angst davor, was die Besiegten von den Siegern zu erwarten hätten, kam ein zweiter Grund: nämlich die eigenen Vorstellungen. Und darin besteht die große Schande... Viele von uns glaubten, daß die Juden uns ausplündern und wahllos ermorden würden, weil in ihren Herzen ein grausames Feuer brenne. Genau das war es, was wir mit den Juden getan hätten, falls der Krieg einen anderen Verlauf genommen hätte und die Araber die Juden besiegt hätten. Die Menschen redeten über dieses Vorhaben. Man malte sich bereits aus, wie man den Massenmord ausführen würde. Die Menschen zwinkerten sich verständnisvoll zu. Man war sich einig: Unsere Wortführer würden von Zeit zu Zeit eine Stellungnahme veröffentlichen, in der sie davon Abstand nähmen und ein solches Verhalten kritisierten, aber wir alle wüßten, daß sie dies nur vorgaben, um in der Welt einen guten Eindruck zu hinterlassen, und in Wahrheit würde jeder, der die Juden am Leben ließe und sich nicht an der Verwüstung ihrer Geschäfte beteilige, als Verräter am eigenen Volke gelten. Wer Mitleid mit dem Satan empfände, würde verachtet und ausgestoßen.

Wer sich so verhält, kann leicht dem Glauben unterliegen, daß das, was er gegen seinen Feind im Sinne hat, auch der Absicht seines Feindes entspricht. Darin liegt eine gewisse Logik. Denn wenn wir vorhatten, so mit den besiegten Juden zu verfahren, war es dann nicht folgerichtig anzunehmen, daß die Sieger nun gleichermaßen mit uns umgingen?«

Als wir die Kriegsbefehle der Araber nach dem Sechs-Tage-Krieg analysierten, fanden wir diese Sichtweise in allen Punkten bestätigt. Die Befehle enthielten klare Anweisungen zur Vernichtung der jüdischen Bevölkerung.

Der Mann, den ich zitiere, kann sich in der Öffentlichkeit nicht zu seiner Meinung bekennen, auch heute nicht, vielleicht sogar gerade heute nicht, wo Araber wegen mehr oder weniger intensiver Kollaboration mit den jüdischen Besatzern von Angehörigen ihres Volkes ermordet werden, oft ohne jegliche faktische Grundlage, auf den bloßen Verdacht hin. Auch ich werde keinerlei Hinweise auf seine Identität geben. Nur soviel sei gesagt: Er gehört einer der alten moslemischen Familien Jerusalems an, die schon seit Hunderten von Jahren hier ansässig sind. Er ist gebildet und kultiviert.

In seiner aufrichtigen Art fuhr der Mann fort: »Sehr schnell stellte sich heraus, daß wir uns geirrt hatten. All die Schwarzseher, all diejenigen, die Katastrophen vorausgesagt hatten, erwiesen sich als falsche Propheten. Noch bevor die Echos der Schüsse und Kämpfe verhallten, rissen in den arabischen Stadtteilen Tausende, die sich in ihren Häusern verschanzt hatten, voll Erstaunen die Augen weit auf: Die Israelis, die Satansbrüder, die Bösen, die Mörder – verteilten Milch an kleine Kinder. Es war ja alles lahmgelegt. Die Geschäfte wurden nicht mehr mit Brot und Milch beliefert. Alle Läden waren geschlossen. Nur wer ein paar Vorräte angelegt hatte, bevor die Kämpfe ausbrachen, hatte nun etwas, was er seinen Kindern zu essen und zu trinken geben konnte. Wer nichts eingelagert hatte, dessen Kinder mußten hungern. Israelische Soldaten gingen tatsächlich bewaffnet durch die Straßen, nur, statt Schrecken zu verbreiten und sich an der arabischen Bevölkerung zu rächen, machten sie hungernde Kinder und bedürftige Familien ausfindig und gaben ihnen zu essen und Milch zu trinken. Und schon nach kurzer Zeit, lange bevor die Spuren der Gefechte beseitigt waren, wurden die Soldaten von Angestellten der Jerusalemer Stadtverwaltung begleitet, damit die Wasserleitungen, die während der Kämpfe beschädigt worden waren, so schnell wie möglich erneuert würden. Die Menschen konnten es kaum fassen. Die Diskrepanz zwischen den schrecklichen Lügen, die man ihnen jahrelang aufgetischt hatte, über das, was sie von den jüdischen Mördern zu erwarten hätten, und der Realität, die sich vor ihren Augen auftat, war so verblüffend, daß viele von einer anderen Panik befallen wurden: Vielleicht hatten der Krieg und die Angst ihren Geist verwirrt. Vielleicht erlebten sie eine Sinnestäuschung.«

Nein, ihre Sinne waren nicht getrübt. Etwa zwei Jahre vor Ausbruch des Krieges war ich zum Bürgermeister von Jerusalem gewählt worden. Freunde, die mir nahestanden, konnten nicht übersehen, daß ich die ersten beiden Jahre als Bürgermeister nicht genoß. Während meiner Zeit als Mitarbeiter der Regierung war ich daran gewöhnt zu handeln. In der Jerusalemer Stadtverwaltung war ich nun gezwungen, viel kostbare Zeit und unendlich viel Energie auf Diskussionen zu verschwenden. Jerusalem war eine schwierige Stadt und ist es geblieben. Die Verwaltung war gespalten, und es herrschte endloser Streit zwischen Religiösen und Nichtreligiösen, zwischen den Religiösen in ihren eigenen Reihen und zwischen den Nichtreligiösen untereinander, und über allem lag ein tiefes Gefühl von Armut, Mangel und Aussichtslosigkeit. Ich fand einen Verwaltungsapparat vor, dessen Arbeitsweise nicht effektiv war.

Im Laufe der vielen Jahre gelang es mir, die Diskussionen und den Streit etwas einzudämmen, ein wenig Meinungsübereinstimmung und Einvernehmen zu bewirken, die Zusammenarbeit zum Wohl der Bevölkerung zu lancieren, statt nur die zahlreichen Bedürfnisse der Beamten zu befriedigen. Jedoch in meinen ersten beiden Amtsjahren, bis zum Ausbruch des Sechs-Tage-Krieges, kam mir hin und wieder der Gedanke, daß es ein Fehler war, sich auf die Kommunalpolitik einzulassen. Ich wollte alles hinwerfen, aber Tamar redete mir zu, da ich gewählt worden sei, das Amt bis zu den kommenden Wahlen auszufüllen. Wäre der Krieg nicht gewesen, hätte ich mich mit einer einzigen Legislaturperiode begnügt und dann meinen Posten wieder zur Verfügung gestellt. Aber der Krieg mischte sämtliche Karten und ließ mich meine »niederen Absichten« vergessen. Bereits einige Tage vor Kriegsausbruch, erst recht in den ersten Tagen des Krieges und gegen Ende der Gefechte, brauchte man kein Prophet zu sein, um zu wissen, daß sich vor unseren Augen ein gewaltiger historischer Wandel vollzog und daß in Jerusalem von nun an nichts mehr so sein würde, wie es in der Vergangenheit war.

Nicht, daß ich mich einer Illusion darüber hingegeben hätte, was mir meine politischen und ideologischen Gegner viele Jahre lang vorwarfen. Nicht, daß ich geglaubt hätte, wenn wir uns gegenüber den Arabern im östlichen Teil der Stadt menschlich verhielten und ihnen all ihre Ängste vor den »jüdischen Mördern« nähmen, würden sie uns in die Arme fallen, Tränen des Glücks vergießen und uns danken, daß wir bereit waren, sie von der despotischen und gleichgültigen jordanischen Herrschaft zu befreien. Ich wußte damals, und ich weiß auch heute: Wenn überhaupt eine Chance für einen solchen Prozeß der Versöhnung und des Abfindens mit einer Fremdherrschaft besteht, wird eine sehr lange Zeitspanne erforderlich sein, vielleicht Hunderte von Jahren – und selbst unter dieser Prämisse gibt es keinerlei Garantie, daß eine solche Chance überhaupt besteht. Und noch etwas war mir klar: In diesem langen und frustrierenden Prozeß, die Voraussetzungen für ein Zusammenleben zu schaffen, würden uns die Araber das Leben unendlich schwer machen. Sie würden Gutes mit Bösem vergelten. Jede gute Tat, die wir im Hinblick auf eine Annäherung tun würden, würden sie interpretieren als etwas, das ihnen aufgrund ihrer Bürgerrechte zusteht, und sie würden alles tun, um diese gute Tat vor der Welt zu verheimlichen. Aber jede noch so kleine Regelwidrigkeit, jede Verletzung, ob mit Absicht oder durch Zufall begangen, jede Abweichung von dem Prinzip der vollen Gleichberechtigung würden sie als einen harten Schlag ansehen und die ganze Welt alarmieren, damit sie sie vor der Schlechtigkeit der Besatzer in Schutz nehme. Ich gehe sogar noch weiter: Du kannst der ganzen Welt versichern, daß für Jerusalem nicht dieselben Regeln gelten wie für die anderen Gebiete, die im Krieg besetzt wurden. Du kannst Gesetze erlassen, die Jerusalem und seine Einwohner von dem Status anderer Gebiete und deren Bewohner unterscheiden, du kannst Jerusalem annektieren und somit den Rechten und Gesetzen Israels unterstellen – schließlich bist du der Herrscher, und auch für andere Herrscher in der Welt gilt, daß politische Klugheit nicht immer kennzeichnend für ihre Taten und Worte ist. Aber etwas kannst du nicht tun, denn es liegt nicht in deiner Macht: Du kannst die historische Tatsache nicht ändern, daß zwischen den Jerusalemer Arabern und den Arabern in allen anderen Gebieten kein Unterschied besteht. Auch wenn dir das nicht paßt. Auch wenn du ununterbrochen von jeder Bühne herunterschreien würdest, daß die Araber von Jerusalem israelische Staatsbürger sind und deshalb andere Regeln für sie gelten – sie selbst bleiben davon ungerührt. Sie hassen die Fremdherrschaft, die wir in ihren Augen verkörpern. Sie wissen genau, und das habe ich bei den verschiedensten Anlässen in offenen Gesprächen unter vier Augen immer wieder von ihnen gehört, daß die israelische Regierung trotz ihrer Schwächen, und nicht immer in vollem Einvernehmen zwischen den Behörden, ihnen mehr Vorteile gebracht und ihr Leben deutlicher verbessert hat als die jordanischen Machthaber, und zweifellos mehr als die britischen, die davor dagewesen waren. Sie ziehen dennoch für den Fall, daß sie keine palästinensische Unabhängigkeit erlangen können, die jordanische Herrschaft vor, denn die jordanische ist eine arabische Herrschaft, somit »ihre eigene«, wir dagegen sind fremde Besatzer. Der Untergang der Kolonialherrschaften in der ganzen Welt beweist, daß die Völker keinen vernünftigen Machthaber wollen, sondern eine Selbstverwaltung anstreben.

Alles dessen war ich mir im Juni 1967 bewußt. Ich gab mich keinen Illusionen hin, aber große Erregung hatte mich erfaßt, und ich hatte das Gefühl, eine menschliche und nationale Mission von nicht zu unterschätzender Bedeutung zu haben: nachbarschaftliche Beziehungen aufzubauen, diesen langen, beschwerlichen Pfad zu beschreiten – mochte er auch noch so viel Verzweiflung und Enttäuschung bringen. Nicht die großen Taten, nicht geschichtsträchtige Worte würden diesen Weg ebnen, sondern vielmehr die kleinen Schritte, die unspektakulären, die alltäglichen: Milch für die Kinder, Brot für die bedürftigen Familien, die Verbesserung der Wasserversorgung, rasche Hilfe für die Armen und Bedürftigen. In Ostjerusalem herrschte eine zum Himmel schreiende Armut; die arabischen Behörden hatten noch nie ein offenes Ohr für die Stimmen der Bedürftigen.

Bei all meinen Aktivitäten in Ostjerusalem, von den ersten Nachkriegsstunden bis zum heutigen Tag, folgte ich konsequent einem Grundsatz: Bei uns, und nicht bei den Arabern, liegt die Beweislast, daß eine Koexistenz möglich ist. Bei uns, den Siegern, und nicht bei ihnen, den Unterlegenen. Bei uns, den Machthabern, und nicht bei ihnen, dem Volk. Diese Linie hat mir alle nur denkbaren Beschimpfungen von seiten der politischen Gegner eingebracht, oftmals in der

Sprache des Mobs, deren sie sich bei politischen Meinungsverschiedenheiten in Israel mit Vorliebe bedienen. Ich war schon ein »PLO-Sympathisant«, ein »Araberknecht«, ja ein »Schmeichler der Araber«. Mit großem Geschrei wurde verkündet, ich scheue keine Mühe, wenn es darum gehe, die Gunst der Araber zu erwerben. Nicht das Wohl der Juden in ihrer Hauptstadt sei mein Hauptanliegen, sondern das der Araber. All dies ist gemeiner Unfug. Es ist nicht mein Anliegen, den Arabern zu gefallen. Gerechtigkeit liegt mir am Herzen. Die Frage ist nicht, was die Araber über uns sagen oder insgeheim über uns denken. Die wirkliche Frage ist, was wir einmal über uns selbst sagen werden und wie wir in die Zukunft gehen werden. Ob wir, als ein während Tausenden von Jahren abhängiges und verfolgtes Volk, künftig mit dem Volk, das sich unter unserer Souveränität befindet, abrechnen und mit ihm verfahren werden, wie man mit uns verfahren ist, was einem primitiven Racheakt gleichkäme, oder ob wir, gerade weil wir ein Volk sind, dem der Geschmack der Bedrängnis und der Mißhandlung vertraut ist, uns als Juden verhalten werden, im Sinne unserer Tradition und unseres Geistes, und beweisen, daß wir uns von den Nichtjuden unterscheiden, die uns ihre Gewalt spüren ließen.

In meinen Augen ist dies die entscheidende Frage – damals wie heute. Niemals hatte ich den geringsten Zweifel daran, daß es sich auf lange Sicht positiv auswirkt, enttäuschende Erfahrungen im alltäglichen Umgang übersehen zu können, Rücksichtnahme gegenüber Minderheiten zu üben, ein Maximum an berechtigten Forderungen der Araber als Bürger und Steuerzahler zu erfüllen, ein Sicherheitsgefühl zu vermitteln, Ängste abzubauen und völlige Gleichberechtigung zu gewähren, und zwar nicht nur unter moralischem Aspekt, sondern auch im Interesse Israels, und daß hierdurch gleichermaßen die Chancen steigen, in der Welt Zustimmung und Akzeptanz für die Vereinigung Jerusalems und die israelische Souveränität über die Stadt zu erlangen. Eine Stadt, in der permanente Konflikte, aufbrausende Gemüter, Blutvergießen und Gewalt an der Tagesordnung sind, deren arabische Bürger sich bitter über die Diskriminierung durch die Besatzer beklagen, eine solche Stadt wird nie erreichen, daß die Welt sie als vereinigte Hauptstadt Israels anerkennt. Aber politische Hitzköpfe und unverbesserliche Araberhasser begreifen das nicht – und zu meinem großen Kummer sind es viele an der Zahl. Viel mehr, als es für das Zusammenleben in Jerusalem gut wäre. Wir müssen uns gegenüber der Minderheit so verhalten, wie wir es von den Diasporaländern gegenüber den jüdischen Minderheiten erwarten.

Mir war immer klar, daß man klein anfangen muß, aber immer wieder, Tag für Tag und Stunde um Stunde. Es fiel mir nicht leicht, unmittelbar nach Kriegsende die Verordneten des Ostjerusalemer Stadtrates, der von der jordanischen Regierung eingesetzt worden war, zu einem ersten Treffen zu bitten. Ich war mir bewußt, daß nichts von dem, was ich ihnen zu sagen hatte, sie von meinen ehrlichen, ernsthaften Absichten überzeugen würde. Ich rief sie im Ostjerusalemer Rathaus zusammen. Auch wenn sie es versucht haben sollten – ihr tiefes Mißtrauen konnten sie nicht verbergen. Was konnte ich ihnen sagen? Daß der Krieg vorüber war. Daß man fortan würde lernen müssen, miteinander auszukommen. Daß ich nicht zu ihnen sprach als Bürgermeister der Siegermacht und in deren Auftrag, sondern als Bürgermeister aller Bürger Jerusalems, der Juden und der Araber. Daß sie als Bürger Jerusalems absolute Gleichberechtigung genießen würden. Daß sie sich mit all ihren Anliegen an uns wenden könnten und wir unser Bestes tun würden, um ihren berechtigten Bitten nachzukommen und ihnen zu helfen. Daß zweifellos zahlreiche Israelis ihre Bezirke aufsuchen würden und ich darum bäte, die Besucher ohne Feindseligkeit zu empfangen. Sie kämen nur als Gäste, nur als Besucher. Daß sie selbst, die Araber, ebenfalls zu Besuch nach Westjerusalem kommen könnten. Daß es jedem, der während des Krieges aus Angst vor den Juden aus Ostjerusalem geflohen war, freigestellt sei, nun zu seinem Haus zurückzukehren. Schließlich hätten sie bereits Gelegenheit gehabt festzustellen, daß die Horrorgeschichten nichts als ein Alptraum waren, der sich nicht bewahrheitete.

Sie schwiegen. Von allen Seiten waren Augenpaare auf mich gerichtet, die in erster Linie Mißtrauen zeigten. In Wahrheit wußte auch ich, daß viele Dinge, die ich angesprochen hatte, nicht mehr als gute Vorsätze meinerseits waren, negative Vorhaben der Behörden zu bekämpfen, und daß ich, um meine Versprechen halten zu können, zunächst diejenigen überzeugen mußte, die über die Kompetenzen verfügten. Kompetenzen, die noch nie in den Händen der Stadtverwaltung gelegen hatten. Schließlich ist ein Bürgermeister, der in direkter Wahl von den Bürgern der Stadt gewählt wird, nach israelischem Gesetz nichts als ein Beamter ohne Befugnisse, der den Anordnungen der Regierungsbeamten, die in Amt und Würden sind dank ihrer Loyalität gegenüber dem zuständigen Minister, Folge zu leisten hat. Ohne Genehmigung durch solch einen Beamten ist ein Bürgermeister nicht einmal berechtigt, ein Stoppschild an einer Kreuzung aufzustellen, eine Straße in eine Einbahnstraße zu verwandeln, einen Weg zu planieren oder eine Baugenehmigung zu erteilen, geschweige denn einem Einwohner, der die Grenze nach Jordanien passiert hat, die Erlaubnis zu erteilen, nach Jerusalem zu seiner Familie zurückzukehren.

Es gibt in diesem Zusammenhang eine feststehende israelische Regel, die uns das Leben auch in anderen Bereichen schwermacht: Man überträgt einer Institution oder einem Amtsträger eine Verantwortung, begleitet diese jedoch nicht mit entsprechenden Entscheidungsbefugnissen. Diese Diskrepanz zwischen Verantwortung und Kompetenz wirkt sich auf das gesamte Beziehungsgefüge mit den arabischen Einwohnern von Jerusalem ungünstig aus.

Allmählich begannen die Araber, die aus Jerusalem geflohen waren, zu ihren Häusern zurückzukehren. Als die große Angst vor dem »grausamen Besatzer« verflogen war, kamen Araber, um das jüdische westliche Jerusalem zu besuchen. Besonderes Interesse an diesen Besuchen hatten die, die in der Vergangenheit, bis zum Unabhängigkeitskrieg im Jahre 1948, in den westlichen Stadtteilen gewohnt oder dort Häuser oder Geschäfte besessen hatten. Ihre Vorstellungen waren allerdings anderer Natur. Sie wären gern als die alten Besitzer zu ihren Häusern oder ehemaligen Besitztümern zurückgekehrt – wie es ihnen ihre Anführer versprochen hatten –, der Ausgang des Krieges zwang sie jedoch, sich mit der Realität abzufinden. Die Eigentümer dieser Häuser waren nun Juden, die die arabischen Gäste, wenn auch nicht gerade mit Zuneigung und Gastfreundschaft, so doch mit Toleranz und Nachsicht empfingen. Es waren allerdings auch solche darunter, die ihnen mit unverhohlenem Zorn die Tür vor der Nase zuschlugen, als müßten sie sich vor einer Gefahr verteidigen, als könnten die Araber ihnen ihre Häuser oder Geschäfte wieder abnehmen.

Kurz darauf wurden wir von Gesuchen überhäuft, sowohl von Privatpersonen als auch von Institutionen. Schließlich hatte ich alle aufgefordert, sich mit ihren Bitten an uns zu wenden. Woher hätten sie wissen sollen, daß die Stadtverwaltung und ihr Oberhaupt in kaum einem der Anliegen, die sie bewegten, über Entscheidungsbefugnis verfügten?

Die Lizenz für die Herausgabe einer Zeitung, um ein Beispiel zu nennen, ist wirklich keine Angelegenheit, die in den Einflußbereich des Bürgermeisters fällt – weder in Jerusalem noch sonstwo. Begriffe wie Pressefreiheit waren naturgemäß mit der Grundeinstellung der jordanischen Herrschaft nicht vereinbar. Den wenigen Zeitungen, die in Ostjerusalem erschienen waren, hatte das jordanische Joch die Luft abgedrückt, und sie waren eingegangen. Der Vergleich zur aktuellen Situation verdeutlicht den Wandel: Vier Tageszeitungen erscheinen heute in Ostjerusalem, und dazu kommen noch eine beträchtliche Anzahl an Wochenzeitungen sowie verschiedene sporadisch herausgegebene Zeitschriften. Trotz der geringfügigen Einschränkungen durch den israelischen Militärzensor, der ausschließlich für die Publikation von Informationen mit militärischem Inhalt zuständig ist, veröffentlichen die arabischen Zeitungen eine Vielfalt von Stellungnahmen, deren gemeinsames Thema der entschlossene, kompromißlose Widerstand gegen die israelische Staatsgewalt in all den Gebieten, die vor dem Sechs-Tage-Krieg unter arabischer Herrschaft standen, sowie die konsequente Unterstützung der Forderung nach einem selbständigen palästinensischen Staat ist.

Damals jedoch, nach der Wiedervereinigung Jerusalems, gab es nichts dergleichen. Ein Mann kam zu mir, sein Name war Abu Salaf. Er hatte eine arabische Zeitung besessen, die bis 1948 in Jaffa erschienen war, und eine weitere Zeitung in Jerusalem herausgebracht. Wenige Monate vor Ausbruch des Krieges hatten die jordanischen Herrscher seinen Verlag geschlossen. Abu Salaf bat nun um

Erneuerung der Lizenz. Ich konnte ihm lediglich beteuern, daß ich mich bei den zuständigen israelischen Behörden nachdrücklich für ihn einsetzen würde. Meine Mühe wurde belohnt. Die Lizenz wurde erteilt. Bei den Arabern festigte sich die Überzeugung, daß der Bürgermeister von Jerusalem auch in der Lage sei, Dinge zu genehmigen, die nach seinen Behauptungen nicht in seinen Kompetenzbereich fielen. Das entsprach nicht den Tatsachen. Der Glaube daran ließ jedoch Erwartungen entstehen.

Wesentlich komplizierter und emotionsgeladener gestalteten sich die Probleme im Zusammenhang mit dem Begräbnis von Hunderten von Menschen, die während der Kämpfe in Ostjerusalem gefallen waren, nicht nur jordanischen Soldaten, sondern auch Bürgern, die in die Kriegswirren geraten waren. Nach den Grundsätzen des Islam ist es erlaubt, einen Menschen dort zu begraben, wo er verstorben ist, und es besteht keinerlei Zwang, ihn auf einem Friedhof beizusetzen. Einzelne Tote hatte man demnach tatsächlich an den verschiedensten Orten bestattet. Im Garten des Hauses von Anwar Nusseibah etwa war ein Soldat beerdigt worden, dessen Identität unbekannt war. Diese Gepflogenheit erfüllte uns mit großer Sorge. Künftig würden wir überall dort, wo wir eine Straße planieren, ein öffentliches Gebäude oder Wohnhaus bauen wollten, auf Gräber stoßen, die uns die Hände binden würden, da die Araber in gleicher Weise wie die ultraorthodoxen Juden heftiges Geschrei über die Heiligkeit des entsprechenden Ortes erheben würden.

Der moslemische *Waqf* (moslemische religiöse Stiftung, Anm. d. Übs.) hatte einen Friedhof am nördlichen Teil der Stadtmauer. Nicht der Platzmangel sprach gegen ein Begräbnis der Toten auf dem moslemischen Friedhof, sondern die fehlende Motivation, die Leichen zu transportieren, um sie an einem geeigneten Platz zu bestatten. Miron Benvenisti, mein damaliger Stellvertreter, kümmerte sich mit Hingabe und Einfühlungsvermögen, wie es seinem Wesen entsprach, um dieses Problem. In persönlichen Gesprächen mit den Häuptern des *Waqf* und den Familien der Toten gelang es ihm, die Mehrzahl von der Notwendigkeit zu überzeugen, die Gefallenen umzubetten und auf dem Friedhof zu bestatten. Nur die wenigsten fanden ihre letzte Ruhe an der Stelle, an der sie gefallen waren.

Die Bitte der Araber, ein Denkmal für ihre Gefallenen zu errichten, löste bei den Israelis und auch in unserem Stadtrat heftige Debatten aus. Die Araber wünschten sich das Denkmal unmittelbar neben dem Löwentor, bei ihrem Friedhof. Die Polizei hätte ein solches Denkmal lieber in der Nähe der Straße, an der Ecke des Storchenturmes, gesehen. Die Überlegungen der Polizei hatten berufliche Gründe und gingen über die damit verbundene Sichtweise nicht hinaus. Die Offiziere vermuteten, daß eine derartige Gedenkstätte zu einem Zentrum und einer Arena für Protestveranstaltungen und Demonstrationen gegen die israelische Staatsmacht werden würde. Folglich müsse man das Denkmal an einem Ort errichten, der für die Polizei schnell erreichbar sei, um die Demonstranten mit Hilfe von Wasserwerfern oder anderen zur Verfügung stehenden Mitteln zu zerstreuen und Ordnung herzustellen.

Für mich stand es außer Frage, daß es den Arabern erlaubt sein müsse, ihre Gefallenen zu ehren, und wir die Pflicht hatten, ihnen hierfür die Genehmigung zu erteilen. Kein anderes Vorgehen wäre mit der Absicht zu vereinbaren, den Arabern das Gefühl zu vermitteln, daß die Sieger ihnen nach Beendigung des Krieges rücksichtsvoll und human entgegentreten würden. Die Gefallenen des Gegners sind seine Märtyrer – unabhängig davon, welchen Stellenwert ein Menschenleben für die Araber hat.

Sämtliche Minister, an die ich mich wandte, stimmten mit mir überein, daß man den Arabern gestatten müsse, ihr Denkmal zu bauen. Durch ihr Einverständnis in meiner Position bestärkt, brachte ich das Anliegen zur Beschlußfassung vor den Jerusalemer Stadtrat. Aber was als Akt der Humanität eine Selbstverständlichkeit hätte sein müssen, wurde im Stadtrat Gegenstand äußerst heftiger Kritik, vor allem von Rabbi Professor Rabinowitz, dem damaligen Anführer der *Gahal* (Abk. für: Block aus *Herut* und den Liberalen, Anm. d. Übs.). Es war die langwierigste und erbittertste der Hunderte von Sitzungen, die ich zuvor geleitet hatte, und die noch folgen sollten. Rabbi Rabinowitz, der aus Südafrika stammte und ein glühender Rhetoriker war, stürzte sich mit seinem rednerischen Talent auf das Projekt, den Arabern den Bau ihres Denkmals zu genehmigen. Wie bitte? Ein Denkmal für die arabischen Opfer?

Eine Pilgerstätte des Feindes? An einem solchen Ort würde der Feind sich organisieren. Dort würden die Gemüter sich erhitzen. Dort würde der Haß lodern. Von dort aus würde man uns angreifen. Darunter würden noch viele Generationen zu leiden haben. Wir könnten es den Arabern nicht verbieten, in Massen zu diesem Ort zu pilgern, denn sonst würde in der ganzen Welt zu hören sein, Israel untersage den Arabern, in der Erinnerung an ihre Toten zu trauern, und die ganze Welt würde sich empören über unsere Brutalität und Härte. Es würde ein Zentrum entstehen für die Pflege und Konservierung arabischen Hasses. Diese und ähnliche demagogische Reden heizten die Atmosphäre im Stadtrat auf, und es wäre nicht verwunderlich gewesen, wenn sie die Ratsmitglieder mitgerissen hätten, zumindest die Anhänger des leidenschaftlichen Rabbis.

Ein Argument der Gegner des Denkmals machte mich zornig: Warum sollten wir uns von anderen Völkern unterscheiden und uns anders verhalten als diese? Das würde als Zeichen von Schwäche gedeutet werden. Würde man es in Deutschland je wagen, die Franzosen um Erlaubnis zu bitten, deutsche Soldaten in Paris zu bestatten und dort ein Denkmal zur Erinnerung an sie zu errichten? Würde man es in Deutschland je wagen, die Polen darum zu bitten, deutsche Soldaten in Warschau begraben zu dürfen und ein Denkmal für sie zu bauen? Schließlich seien die Araber erbitterte Feinde und als solche ebenso verhaßt, wie es die Deutschen den Völkern in Europa waren. Sogar noch mehr. Dort hatte Krieg geherrscht. Der Krieg war vorüber. Dort herrschte nun völliger Friede. Die Kriegsfurcht war vergessen. Europa hatte sich vereint, und Deutschland war an die vorderste Stelle getreten. Bei uns war der Krieg offiziell beendet und ging dennoch bis in alle Ewigkeit weiter. Es gab keine Versöhnung. Es gab keinen Frieden. Es gab keine Anerkennung Israels. Warum also durften die Araber hier tun, was man den Deutschen in Europa untersagte?

»Diese Argumentation ist töricht«, hielt ich dagegen. Die Behauptungen beruhten auf Unwissenheit. Sie deckten die ganze Borniertheit, die ganze Ignoranz und die verzerrte Sichtweise vieler Juden auf, die mitverantwortlich für die Ursachen des Konfliktes sind. Kann man die Deutschen, die in Paris, Warschau und Leningrad gefallen sind, mit den Arabern vergleichen, die in Jerusalem umgekommen sind? Was für eine jämmerliche Verdrehung der Tatsachen! Die Deutschen fielen dort als fremde und grausame Eroberer. Die Araber in Jerusalem waren in ihrer Stadt ums Leben gekommen. Sie wohnten hier seit Generationen. Sie waren seit Hunderten von Jahren hier. Sie hatten Wurzeln geschlagen. Sie hatten Familien gegründet. Sie hatten Kinder in die Welt gesetzt. Ihr Schicksal war eng mit dem Jerusalems verbunden. Dies war ihr Zuhause. Selbst wer bereit ist, sein Leben zu lassen für die israelische Souveränität über Jerusalem als Hauptstadt Israels und der gesamten jüdischen Welt für alle Ewigkeit – meine Gegner werden mich im übrigen voller Stolz an der Spitze dieser Gruppe finden, in der alle politischen Richtungen Israels mit vereinten Herzen vertreten sind – wird der Wahrheit nicht gerecht, wenn er diesen aberwitzigen Vergleich zieht zwischen den Deutschen, die in den von ihnen eroberten Ländern umkamen, und den Arabern, die in ihrer eigenen Stadt fielen.

Niemand konnte wissen, was mir durch den Kopf ging, während ich den Worten des Rabbis folgte. Niemand hatte auch nur die geringste Ahnung. Ich dachte an die Einzelheiten und den genauen Wortlaut der Debatte über den Antrag, die sterblichen Überreste von Zev Jabotinsky nach Israel zu bringen und hier zu bestatten. Ich muß nicht darauf hinweisen, daß zwischen beiden Affären Welten liegen und man mit Leichtigkeit die Unterschiede aufzeigen kann. Aber auch Ähnlichkeiten sind offensichtlich. Als die Angelegenheit damals dem Ministerpräsidenten Levy Eshkol vorgebracht wurde, der kurz zuvor gewählt worden war, argumentierten die Gegner: »Was? Das Grab eines der führenden Köpfe der *Beytar* (Abk. für Bund Yosef Trumpeldor, an die Revisionisten angeschlossene zionistische Jugendbewegung, Anm. d. Übs.) und des Anführers der Revisionisten in Eretz Israel? Ben Gurion hat gewußt, weshalb er sich mit Nachdruck dagegen ausgesprochen hat! Das Grab würde zum Zentrum des Hasses gegen die Regierung Israels und die *Mapai* (Abk. für Partei der Arbeiter von Eretz Israel, Anm. d. Übs.) werden. Dort würde man sich organisieren. Von dort würden Protestzüge und Demonstrationen ausgehen. Wem könnte daran gelegen sein? Wer könnte solch ein Zentrum der Identifikation mit den Feinden der Arbeiterpartei wollen?« Man darf nicht vergessen, daß das dem damaligen Zeitgeist entsprach. Es sah so aus, als gäbe es keine Brücke über den Abgrund zwischen der Arbeiterpartei und der Bewegung Jabotinskys.

Eshkol zu überzeugen, erforderte große Mühe. Nicht, daß der Entschluß der Regierung den historischen Streit zwischen der Arbeiterbewegung und der Jabotinsky-Bewegung beigelegt hätte. Nicht, daß die Erben von Ben Gurion und Jabotinsky einander vor lauter Zuneigung in die Arme gefallen wären. Aber die Entscheidung hat die Spannungen und Feindseligkeiten etwas abgebaut. Und was das Wesentlichste ist – Jabotinsky wurde nach dem Beschluß der israelischen Regierung so begraben, wie er es in seinem Testament gewünscht hatte.

Unter Berücksichtigung aller Unterschiede kann man sagen, daß Vergleichbares geschah mit dem Denkmal zur Erinnerung an die arabischen Gefallenen. Die Entscheidung wurde gefällt. Die Genehmigung wurde erteilt. Das Denkmal wurde an dem dafür vorgesehenen Platz errichtet.

Man hatte uns vorausgesagt, ein solches Denkmal würde zu einem Herd des Hasses, einer Brutstätte der Kriegslust. Von dort würden Demonstrationen und Prozessionen ausgehen. Dort würde man zum Heiligen Krieg aufrufen. Aber die Warnungen erwiesen sich als unberechtigt: kein Zentrum, kein Explosionsherd, keine Demonstrationen, keine Prozessionen. Hin und wieder verirrt sich eine trauernde arabische Mutter dorthin, legt sich auf das Grab ihres Sohnes und wischt sich eine Träne aus dem Auge. Daß die arabischen Anführer dem Menschenleben weniger Wert beimessen als wir, ist unbestritten. Aber die Empfindungen einer arabischen Mutter sind identisch mit den Empfindungen jeder anderen Mutter auf der Welt, auch ihre Trauer. Im übrigen: In den verschiedenen Stadtteilen gibt es zwölf Ehrenmale für die Gefallenen der israelischen Armee. Noch nie haben Araber eines von ihnen geschändet. Die *Tzahal* ist in ihren Augen eine Besatzungsarmee, deren Gefallene sie jedoch mit Respekt behandeln.

Ich bin weder Polizeichef, noch habe ich den Grenztruppen etwas zu sagen. Sie hören nicht auf meinen Befehl. In den USA existiert eine städtische Polizei. Im Gegensatz zu anderen bin ich nicht dafür, alles kritiklos zu übernehmen. Nicht alles, was irgendwo, und sei es in einem großen Land mit demokratischer Tradition, sinnvoll ist, ist auch für israelische Verhältnisse geeignet. Gravierende Unterschiede im sozialen Gefüge und abweichende Regierungsformen machen es erforderlich, jedes Vorhaben, das System eines anderen Landes zu kopieren, mit großer Sorgfalt zu prüfen. Den Vorteilen, die eine dem Bürgermeister unterstellte städtische Polizei mit sich bringen würde, stehen erhebliche Nachteile gegenüber. Ungeachtet dieser Tatsache – auch wenn die Polizei und ihre Einheiten nicht in den Einflußbereich des Bürgermeisters gehören –, muß es mir dennoch gestattet sein, ja halte ich es geradezu für meine Pflicht, Schikanen der Polizei gegen Jerusalemer Bürger zu beklagen und anzuprangern. Es ist selbstverständlich, jedenfalls für mich, daß ich hier keine diskriminierende Unterscheidung zwischen Juden und Arabern vornehme.

Obgleich die Beziehung zu den Arabern mit Mißtrauen, Feindseligkeit, ja teilweise sogar mit Haß belastet ist, wofür ein einziger Anschlag oder Messerstich auf einen Juden schon Argument genug sein mag, gibt es keine Rechtfertigung für den Aufwand, der betrieben wird, um zu zeigen, wer hier der Herr im Hause ist, und schon gar nicht für die Mittel, zu denen die Polizei, insbesondere die Grenztruppen, greifen, um die arabischen Bewohner Jerusalems zu erniedrigen, zu schikanieren und zu demütigen. Die Folgen sind immer verheerend.

Ich will nur einige Beispiele einer langen Reihe von Schikanen und Demütigungen anführen. Sie genügen, um jeden, der dergleichen aus ethischen und moralischen Gründen ablehnen muß, zu schockieren; sie genügen, um jeden ernsthaft zu beunruhigen, der die Meinung vertritt, daß solche Verhaltensweisen, über ihre moralische Dimension hinaus, die Aussicht gefährden, daß Israel die Souveränität über das vereinte Jerusalem behaupten und weiterhin die Stadt regieren wird.

»Anzeigen sind rechtzeitig zu erstatten!« verlangen die Leiter der Polizei. Ihre Forderung begründen sie folgendermaßen: Wenn es versäumt wird, eine Anzeige rechtzeitig zu erstatten, ist es um so schwieriger, dieser nachzugehen und zu prüfen, ob sie der Wahrheit entspricht oder das Phantasieprodukt eines grundlos klagenden, die Tatsachen verdrehenden Arabers ist. Aber nur Einfältige werden glauben, daß die Erfüllung der Forderung, rechtzeitig, das heißt unmittelbar nach dem Vorfall, Anzeige zu erstatten, Einfluß hat auf die Art und Weise, in der die Anzeige behandelt wird, oder gar eine Änderung der routinemäßigen Antwort der Polizei zur Folge haben könnte: »Die Angelegenheit wurde überprüft. Das Verhalten der Polizisten war einwandfrei.« In vertraulichen Gesprächen geben die Polizisten häufig zu, daß sie wissen, worüber wir uns beklagen, erklären jedoch: »Wenn wir uns so verhalten würden, wie Sie es verlangen – das heißt mit Höflichkeit, Rücksichtnahme und Einfühlungsvermögen, wie es gegenüber den Bürgern von seiten der Polizei angemessen wäre –, würde unser Leben hier zu einer unerträglichen Hölle.« Dem kann ich nur eines entgegenhalten: »Wenn wir uns alle gegenüber den Arabern verhalten würden, wie es Teile der Polizei tun, würde diese Stadt zu einem Ort der Verdammnis, und die Gefahren für das vereinte Jerusalem wüchsen ins Unermeßliche.« Gleichwohl besteht für mich kein Zweifel daran, daß unsere Polizei sich besser benimmt als jede arabische Polizei in jedem arabischen Staat, aber das ändert nichts an den Fakten. In dem Vergleich zwischen uns und den Gepflogenheiten unserer Nachbarn finde ich nur schwerlich Trost, auch wenn eine solche Gegenüberstellung stets zu unseren Gunsten ausfällt.

Sie läßt sich Zeit, die Polizei. Ob eine Anzeige sofort oder mit Verzögerung erstattet wurde, es ist höchst wahrscheinlich, daß sich das, was schon Dutzende, ja Hunderte von Malen zuvor abgelaufen ist, wiederholt. Einem unserer Arbeiter vom Stadtreinigungsamt, einem Araber, ist beispielsweise folgendes passiert. An der Ecke Jaffa-Straße/King-George-Straße wurde er von Angehörigen der Grenztruppen angehalten und geschlagen. Seine Kollegen, Juden und Araber, sprachen gemeinsam beim Leiter des Amtes vor, in dem – wie in anderen Ämtern der Stadtverwaltung auch – gute

Beziehungen zwischen den jüdischen und den arabischen Angestellten bestehen, setzten sich für den Geschlagenen ein und baten um Eingreifen. Es wurde sofort eine Anzeige erstattet. Nach langer Zeit kam die Mitteilung: »Die Angelegenheit wurde überprüft. Die Polizisten verhielten sich einwandfrei. Die Akte wurde geschlossen.« Kein Außenstehender hat die Möglichkeit zu prüfen, wer die Untersuchung durchgeführt hat, was untersucht wurde, wer ausgesagt hat und was bewiesen oder widerlegt wurde.

Die Chance, daß ein Araber seine Anzeige erhärten kann und die betreffenden Polizisten bestraft werden, ist gleich Null. Das System ist mit allen Mitteln ausgestattet, die es vor dieser »Gefahr« schützen.

Der Drang, die Araber zu erniedrigen, kennt keine Grenzen. Er trifft alle gleichermaßen und unterscheidet nicht zwischen einfachen und prominenten Arabern. Manchmal scheint es, daß gerade gegenüber den angesehenen Arabern, die öffentliche Ämter bekleiden oder in der arabischen Bevölkerung eine besondere Position innehaben, die niederen Triebe erwachen, um zu demonstrieren: Niemand genießt vor uns Immunität.

Opfer dieses Verhaltens wurde auch einer der anständigsten Menschen in den besetzten Gebieten, Halil Silwani, Oberster Richter, Präsident des Berufungsgerichtes in der Westbank. Voll Stolz erwähne ich, daß ich ihn zu meinen Freunden zählen darf. Er ist ein gebildeter Mann mit einem weiten Horizont, durch und durch ehrenhaft. Während der jordanischen Herrschaft war er Oberstaatsanwalt. Später, nach der Befreiung Jerusalems, ließ er sich als Rechtsanwalt nieder. Als das Gerichtswesen der Westbank durch die Aufdeckung der Korruptionsaffären der arabischen Richter zusammenbrach, trug die Zivilverwaltung Silwani die Präsidentschaft des Berufungsgerichtes an. Er war einverstanden unter der Bedingung, daß man ihm kein Gehalt für diese Tätigkeit zahle. Da es sich um eine amtliche Tätigkeit handelte, die entlohnt werden mußte, wies der Richter an, sein Gehalt jeden Monat einem Wohltätigkeitszweck zur Verfügung zu stellen. In der Ausübung seines Amtes gewann Silwani die Anerkennung von Anwälten, Richtern, Polizisten und der Zivilverwaltung der besetzten Gebiete.

Eines Tages hielt ihn ein Polizist des Grenzschutzes auf seinem Nachhauseweg an und warf ihm einen bösen Blick zu, der keinen Zweifel daran ließ, daß Halil Silwani in eine mißliche Lage geraten war. Der Richter wies sich auf arabisch aus: »Ich heiße so und so, und ich bin der Präsident des Berufungsgerichtes.«

Der Polizist verstand nicht. »Hebräisch!« forderte er energisch. Der Richter antwortete, diesmal auf englisch: »Es tut mir leid. Ich spreche nicht hebräisch. Ich bin der Richter ...«

»Hebräisch!« fuhr der Polizist ihn an. Der Richter versuchte es erneut, ein wenig arabisch, ein wenig englisch.

»Sie müssen doch Hebräisch können! Das gibt es nicht, daß einer kein Hebräisch kann!« erteilte der Mann vom Grenzschutz dem ausgezeichneten Juristen eine Lektion in Staatsbürgerkunde der repressionsfreien Besatzung.

Hilflos, gedemütigt, aber beherrscht, war der Richter von der Gnade des Polizisten der Grenztruppen abhängig. Ausweis! Stehen Sie auf! Setzen Sie sich! Gehen Sie! Kommen Sie her! Flüche und Beleidigungen. Nicht so leicht würde der Weisungsbefugte von seiner Beute lassen. Sollte der Araber gefälligst Hebräisch lernen!

Der Richter erstattete nicht einmal Anzeige. Vielleicht ist das der erschütterndste Aspekt der ganzen Geschichte. Silwani ist kein Feigling. Nicht im geringsten. Was er auf der Westbank geleistet hat, um die Korruption innerhalb der Justizbehörde auszuräumen, stellt dies unter Beweis. Aber gegen die israelischen Besatzer klagen? Das wäre verlorene Mühe. Ohne die geringste Chance, den Tatbestand seiner Anzeige beweisen zu können, aber mit allen Aussichten, erneut die bevorzugte Behandlung durch die Behörden zu genießen.

Eine Zeitlang widmete sich die Jerusalemer Polizei mit Vorliebe den Verkehrssünden arabischer Fahrer. Eine originelle Art, die Intifada zu bekämpfen.

Es seien einige Beispiele genannt, leider keine Hirngespinste: Ein Polizist stoppt einen arabischen Bus. Der Fahrer zittert schon, bevor das erste Wort gefallen ist. »Den Verbandskasten!« verlangt der Polizist. Er wird ihm gezeigt. Der Polizist öffnet den Kasten: »Wo ist die Flasche mit dem Alkohol?« Nach der Vorschrift gehört in den Kasten eine Flasche mit Alkohol zum Desinfizieren.

»Hier!« reicht der Fahrer dem Polizisten eine Flasche Alkohol.

»Warum ist die Flasche nicht voll?«

Der Fahrer stottert: »Sie war voll. Ich habe es überprüft. Aber vielleicht ist ein wenig verschüttet worden. Es kann sein, daß in der Hitze etwas . . .« Er will sagen »verdunstet«, aber das Wort fehlt in seinem hebräischen Wortschatz.

Der Polizist bleibt hart. Er hält den Bus samt seinen Fahrgästen auf und stellt einen ungenauen, übertriebenen Strafzettel in der Angelegenheit des Verbandskastens aus. Schließlich ist dies eine gute Gelegenheit, den Fahrer zu rügen und ihn mit groben Worten zu beschimpfen.

Ein Polizist stoppt einen Fahrer in der Salah-Ed-Din-Straße, neben der Post. Es herrscht starker Verkehr. Der angehaltene Wagen behindert die anderen. Hupen ertönen. Führerschein! Zulassung! Versicherung! »Machen sie den Kofferraum auf!« Alles geschieht ganz langsam. Der Hüter des Gesetzes hat Zeit. »Bewegen Sie sich zehn Meter, damit Sie den Verkehr nicht behindern!« Endlich nimmt der Polizist Rücksicht auf die zahlreichen anderen Autos. Wie leicht fällt der arabische Fahrer auf diesen Trick herein. Er fährt zehn Meter weiter an den Bürgersteig heran. »Aha« überfällt ihn der Polizist. »Sie sind ohne Sicherheitsgurt gefahren!«

Der Fahrer ist erstaunt: »Ich bin überhaupt nicht gefahren. Sie haben mir gesagt, ich soll zehn Meter weiterrollen. Ich bin nur zehn Meter weitergerollt . . .«

Er hat keine Chance. Ein Strafzettel für Fahren ohne Sicherheitsgurt. Er muß zahlen. Es ist verboten, ohne Sicherheitsgurt zu fahren.

»Ihr Reifen ist abgefahren«, verkündet ein israelischer Polizist einem arabischen Fahrer. Ein israelischer Fahrer wird schwerlich aus eigener Erfahrung schildern können, daß ein Polizist ihn angehalten hätte, um den Zustand seiner Reifen zu prüfen.

»Nicht abgefahren«, verteidigt sich der Araber. »Ein wenig abgenutzt. Nicht mehr ganz neu. Ich werde ihn wechseln.« Der Polizist

ist einverstanden. Der Fahrer wechselt den Reifen. Er montiert den Ersatzreifen anstelle des abgefahrenen. Der Polizist wartet. Der Fahrer schwitzt und ist endlich fertig. Erst jetzt prüft der Polizist den montierten Reifen. »Abgefahren!« bestimmt er.

»Abgenutzt!« bettelt der Fahrer. »Heute kaufe ich einen neuen.«

Wer glaubt schon einem arabischen Autofahrer. Er wird ein Versprechen abgeben und es nicht halten. Der Polizist kennt sie. Er zieht den Führerschein ein. »Machen Sie die Straße frei! Kaufen Sie einen Reifen! Wir werden es überprüfen.«

Später muß der Fahrer hin- und herrennen und Nachweise erbringen. Hat er einen neuen Reifen gekauft – ist noch nicht bewiesen, daß er ihn anstelle des schadhaften Reifens montiert hat. Und wenn er ihn montiert hat, haben die Polizisten gerade keine Zeit, es zu überprüfen. So lange liegt sein Führerschein bei der Polizei. Er kann seiner Arbeit nicht nachgehen, er kann Versprechen, die er gegeben hat, nicht halten.

Moslem in Jerusalem zu sein, ist nicht so einfach. Nach dem Gesetz muß jeder Bürger im Land einen Ausweis bei sich tragen. Aber obwohl die Pflicht gleichermaßen für Juden und Araber gilt, nehmen es viele Juden allerorten nicht sehr genau damit. Ein Jude, der von der Polizei ohne Ausweis erwischt wird, hat realistische Chancen, den Polizisten überreden zu können, großzügig darüber hinwegzusehen. Ein Araber – mit ihm wird man nach der Strenge des Gesetzes verfahren. Zunächst wird man ihn eine oder zwei Nächte in Untersuchungshaft nehmen, bis man ihm erlauben wird, seine Familie zu benachrichtigen, damit sie den Ausweis schleunigst zur Polizeiwache bringt. In der Zwischenzeit wird man mit ihm umgehen, als sei er ein gesuchter Verbrecher, der den Sicherheitsbehörden nach langer Fahndung endlich in die Falle gegangen ist. Geschweige denn, wenn – Gott behüte – sein Ausweis verlorengegangen ist und es seinen Familienangehörigen nicht gelingt, ihn vorzulegen – dann erwarten den Verhafteten erniedrigende Untersuchungen.

In manchen Fällen kann der Araber einer schweren Strafe nicht entgehen, selbst wenn er den Ausweis wie verlangt vorzeigt. Es genügt, daß der Ausweis einen kleinen Riß hat oder auch nur einen Knick. Der Polizist wird dem Araber sagen: »Ein zerrissener Ausweis? Ungültig!« Und noch bevor der Mann reagieren und Erklärungen abgeben kann, zerreißt der Polizist den Ausweis. »Sehen Sie, Sie haben keinen Ausweis.«

Ein hartes Los. Das Leben eines Arabers ohne Ausweis ist äußerst schwierig. Jeder Schritt außerhalb seines Hauses setzt ihn wieder der Gefahr einer Verhaftung und Demütigung aus. Unlängst wurden die Verfahren im Innenministerium verbessert und die Schlangen etwas kürzer. Aber davor geriet ein Araber, der einen neuen Ausweis beantragte, in eine üble Maschinerie gemeiner Schikanen. Kommen Sie! Gehen Sie! Bringen Sie noch ein Dokument! So wurde er wochenlang hin- und hergeschoben, manchmal monatelang, bis man ihm einen neuen Ausweis ausstellte, statt des Exemplares, das der Polizist in Stücke gerissen hatte, um gegen die Intifada zu kämpfen oder um zu zeigen, wer der Herr im Hause ist.

Daß der Bürgermeister weder die Macht noch die Befugnisse besitzt, die arabischen Bürger vor dem Zugriff der Polizei zu schützen, habe ich bereits zu Beginn des Kapitels erwähnt. Aber nicht immer können die Araber zwischen den Zuständigkeiten in einem demokratischen System unterscheiden, und nicht immer können sie sich vorstellen, daß der Bürgermeister von Jerusalem nicht in der Lage ist, ihnen zu Hilfe zu kommen. Obgleich ich über keinerlei Autorität in diesem Bereich verfüge, bemühte ich mich all die Jahre hindurch, den Polizeioffizieren, wann immer ich mit ihnen zusammenkam, zu erklären, daß sie die Pflicht haben, sich gegenüber den arabischen Bürgern der Stadt so zu verhalten wie gegenüber den jüdischen. Nicht alle konnten oder wollten mir folgen. Und die, die mich verstanden, waren nicht immer geneigt, mir zuzustimmen. Nach deren Meinung ging es letztlich um Araber. Wie konnte man da von Gleichbehandlung sprechen?

Es gäbe Grund genug, an dem Versuch zu verzweifeln, die Polizei zu überzeugen, daß sie sich gegenüber den arabischen Bürgern wie gegenüber den jüdischen zu verhalten hat. Nur ein unverbesserlicher Dickkopf wie ich bringt die Ausdauer dazu auf, als ob ich eine

Reihe von Erfolgen zu verzeichnen hätte, die die ganze Mühe rechtfertigten.

Mehr als einmal kam es vor, daß ich mit Polizisten und ihren Offizieren Debatten über die primitivsten Umgangsformen führte. Ich fragte zum Beispiel eine Gruppe ranghöherer Polizisten: »Was wäre dabei, das Wörtchen ›bitte‹ hinzuzufügen?« Entweder verstanden sie mich nicht, oder sie stellten sich dumm. Ich erklärte: »Sehen Sie! Nehmen wir einmal an, Sie haben einen arabischen Bürger festgenommen und wollen seinen Ausweis sehen. Sagen Sie doch einfach: Zeigen Sie mir bitte Ihren Ausweis! Das tut Ihrer Ehre und Ihrer Autorität doch keinen Abbruch.«

Die Polizisten und ihre Offiziere haben einen gewissen Respekt vor mir. Ich bin eben ein paar Jährchen älter. Aber das hindert sie nicht daran, mir geringschätzige Blicke zuzuwerfen, typisch für Menschen, die alles besser wissen, und um kein Mißverständnis aufkommen zu lassen, hinzuzufügen: »Herr Kollek! Sie kennen die Araber nicht. Wenn man ›bitte‹ sagt, zeigt man Schwäche. Und Schwäche darf man nicht zeigen. Es gilt, Stärke zu demonstrieren.«

Ich kann reden, was ich will. Ich kann flehen. Es bleibt bei Worten. Nicht ich treffe den Araber draußen auf der Straße, im Café, in seiner Wohnung mit seiner Familie, sondern der Polizist, und der ist überzeugt – nicht immer, aber häufig –, daß er dem Staat Israel und der Polizei in der bestmöglichen Weise dient, wenn er Härte, Schärfe, Grobheit und Mißachtung der fundamentalen Menschenrechte der Araber an den Tag legt.

Die Weigerung, Verantwortung zu übernehmen

Es ist nicht wahr, daß es mir nichts ausmacht, wenn Juden mich »Araberknecht« nennen. Es stimmt nicht, daß es mich kalt läßt. Es trifft mich durchaus. Ich hasse es, wenn man mich diffamiert. Besonders dann setze ich mich zur Wehr, wenn man Lügen über mich verbreitet. Ohne Frage liegen mir die Juden mehr am Herzen als jedes andere Volk, aber meine Pflicht ist es, mich um sämtliche Bewohner der Stadt zu kümmern, ohne Rücksicht auf emotionale

Erwägungen. Die Araber sind seit mehr als tausend Jahren hier ansässig. Man kann sie nicht einfach vertreiben. Man kann auch nicht in ewigem Streit mit ihnen leben. Jede Reiberei, jeder Aufruhr, jede Ausschreitung, jedes Blutvergießen, jede Konfrontation, jeder Zusammenstoß ist Wasser auf ihre Mühlen und bringt uns Verdruß. Sie wollen beweisen, daß eine friedliche Koexistenz in Jerusalem unmöglich ist. Das ist ihr höchstes nationales Anliegen. Es ist ausgeschlossen, unter einem Dach, in einer vereinigten Stadt, zusammenzuleben, und darum gibt es keine andere Wahl, als Jerusalem zu teilen, in ein jüdisches und ein arabisches.

Nebeneinander – lautet die Parole der Gemäßigten und Gescheiten. Ein arabisches Jerusalem an Stelle eines jüdischen – ist der Standpunkt der Fundamentalisten und Hitzköpfe. Aber beide Auffassungen decken sich in ihrer grundlegenden Schlußfolgerung: kein vereintes Jerusalem unter jüdischer Oberhoheit. Und jeder, der die Streitigkeiten, Zerwürfnisse, Querelen und Zusammenstöße fördert, bestätigt die arabische These und schwächt die jüdische Position.

Für die Araber Jerusalems sind die Stadtverwaltung und der Bürgermeister täglich aufs neue die Verkörperung der israelischen Staatsmacht. Seit fünfundzwanzig Jahren versuche ich die Araber davon zu überzeugen, daß sie zwischen der kommunalen Obrigkeit und der des Staates unterscheiden sollen – jedoch ohne Erfolg. Seit fünfundzwanzig Jahren nehme ich jede Gelegenheit wahr, den arabischen Politikern jeder Couleur des politischen Spektrums in Jerusalem zu sagen, daß sie ein fundamentales Interesse daran haben müßten, die Verantwortung für entscheidende städtische Angelegenheiten, die sie persönlich betreffen, zu übernehmen, und daß wir bereit seien, ihnen die nötigen Befugnisse für die Ausübung dieser Verantwortung zu gewähren – nutzlose Worte. Sie können die israelische Herrschaft nicht ertragen, nicht einmal im städtischen Rahmen. Sie repräsentiert für die Araber alles Negative, ihr eigenes Versagen, ihre Minderwertigkeitsgefühle. Ich wiederhole immer wieder: »Zu eurem Kummer wurden eure Hoffnungen enttäuscht. Ihr hattet eine Illusion, die ihr treu gepflegt habt. Ihr dachtet, die israelische Herrschaft sei eine vorübergehende Episode, die die Welt nicht akzeptieren würde. Daß die weite Welt und die UNO euch aus eurer Misere befreien, daß die arabischen Länder handeln, die israelische Herrschaft beenden und für euch die Kohlen aus dem Feuer holen würden. Internationale Kräfte sollten eure Arbeit machen.

Es ist doch nicht möglich, daß Israel über Jerusalem herrscht, während ihr dasitzt und geduldig wartet, bis dieses Übel von euch genommen wird. Geduld, dem Herrn sei gedankt, habt ihr ja zur Genüge. Hätten die Juden doch ein klein wenig von eurer Geduld. Die Realität schlägt euch jedoch ins Gesicht. Niemand wird eure Arbeit tun. Niemand wird Israel aus Jerusalem vertreiben. Niemand wird euch Ostjerusalem zurückgeben. Ihr verschwendet nutzlos eure Zeit. Ihr müßt eure eigenen Institutionen gründen. Ihr solltet ein Faktor werden, der Einfluß auf die Maßnahmen der Stadtverwaltung hat. Ihr solltet euch um eine arabische Repräsentanz im Stadtrat kümmern.«

Zeitverschwendung. Sie pflegen immer noch ihre Illusion vom vorübergehenden Zustand. Die Juden werden verschwinden oder vertrieben werden. Geduld. Nur Geduld.

Fünfundzwanzig Jahre lang habe ich sie bei jeder Gelegenheit beschworen: »Kommt! Beteiligt euch an den Wahlen! Wählt keine jüdischen Vertreter! Wählt nicht die israelischen Parteien! Stellt eure eigenen, unabhängigen Listen auf! Eurem Wählerpotential entsprechend könntet ihr eine Fraktion im Stadtrat werden, die Einfluß hat. Kämpft gegen die anderen Fraktionen! In bestimmten Angelegenheiten wärt ihr vielleicht das Zünglein an der Waage. Ich, oder ein anderer Bürgermeister, werde eure Stimmen brauchen, um Beschlüsse über die Verteilung von Geldern, das Bauen von Schulen, über Kanalnetze, Straßen und Gehwege, Beleuchtungen, Begrünung und Clubs durchzubringen. Ihr werdet ein entscheidender Faktor sein. Ihr werdet wertvoll sein. Ihr werdet euch um die Belange der arabischen Einwohner kümmern. Ihr werdet ihre treuen Delegierten werden. Schließlich sehen nicht alle Juden gleichberechtigte Bürger in euch. Schließlich gibt es in unseren Reihen Menschen, die in zweitausend Jahren jüdischer Diaspora nichts gelernt haben und die bereit wären, euch zu behandeln, wie man sie oder ihre Väter in den Diasporaländern behandelt hat. Schließlich gibt es

Juden, die tatsächlich glauben, daß nur wir das alleinige Recht haben, die Gnaden der Macht zu genießen, die Araber sich dagegen mit Bröseln begnügen und noch für das wenige Dankbarkeit zeigen müssen. Wehrt euch! Kämpft im Stadtrat für eure Rechte! Demonstriert eure Stärke!«

Innerlich bin ich erbost über die Araber, und ich verschweige es ihnen nicht: »Warum muß ich für eure Rechte kämpfen? Was schulde ich euch, das ihr euch nicht selbst schuldet? Mit welchem Recht bürdet ihr mir diese Pflicht auf, als ob ihr selbst davon befreit wäret? Warum helft ihr mir nicht, eure Interessen zu vertreten?« Keine Reaktion. Vielleicht können sie meine Gedanken nachvollziehen. Vielleicht wissen sie, daß ich recht habe. Nach ihrem Selbstverständnis können sie nicht anders handeln. Auch aus Angst vor den Extremisten unter ihnen werden sie die israelische Staatsmacht nicht anerkennen, und der Stadtrat, selbst wenn er sich nicht als Repräsentant der israelischen Regierung darstellt, sondern nur zuständig ist für das Wohlergehen der Bürger der Stadt und für städtische Dienstleistungen, bleibt für sie ein Ableger der verabscheuten israelischen Macht, die vom Erdboden verschwinden wird. Man braucht nichts als Geduld.

Diese Geduld – deren Fehlen in unseren eigenen Reihen wir häufig beklagen und durch deren Abwesenheit wir uns von defätistischen Stimmungen erfassen lassen und unüberlegte Schritte unternehmen – ist eine Fähigkeit der Araber, die sich bisweilen gegen sie selbst richtet. Aus dem Gefühl heraus, nichts tun zu müssen, da sich die Dinge von selbst regeln werden und die Zeit alle Wunden heilt, verfallen sie in Gleichmut, legen alles in Gottes Hand und in die Hand des Schicksals und verpassen jede Gelegenheit.

So haben sie sich immer verhalten. Die gleichgültige Einstellung zu ihrem kommunalen Schicksal schleppten sie all die Jahre mit sich. In den Zeiten der türkischen Herrschaft, später unter dem britischen Mandat und seit 1948 unter der Herrschaft Jordaniens überließen die Araber Jerusalems ihr Schicksal den Händen von Fremden. Immer haben sie sich gegenüber ihren Regierungen unterwürfig gezeigt. Niemals haben sie eigene Initiativen ergriffen, um ihre Stellung zu verbessern. Niemals haben sie sich an der

Regierung beteiligt, Verantwortung für wichtige Projekte aus den Bereichen Erziehung, Kultur, Gesellschaft oder Sport übernommen. Hierfür gibt es überdies konkrete Beweise: An dem Gebäude des Stadtrates ist eine kleine Tafel angebracht. Darauf stehen die Namen prominenter Mitarbeiter der Stadtverwaltung zur Zeit der Errichtung des Gebäudes. Der damalige Bürgermeister war Raghib Nashashibi, ein Nachkomme einer der alten aristokratischen Familien. Sein Name erscheint in den kleinsten Buchstaben, die Namen der britischen Stadtverordneten in großen, fetten Lettern.

Die Versäumnisse der Araber werden besonders deutlich in einem Vergleich zwischen ihnen und dem jüdischen *Yeshuv* (Bezeichnung für die jüdische Gemeinschaft in Israel vor der Staatsgründung, Anm. d. Übs.) in Israel zur Zeit der britischen Mandatsregierung. Wir waren versessen darauf, in sämtlichen Lebensbereichen Verantwortung zu übernehmen. Mit Hilfe der Jewish Agency, der Gewerkschaft, der politischen Bewegungen und Ortsverwaltungen haben wir uns energisch bei den Briten dafür eingesetzt, daß die Mandatsregierung den jüdisch-israelischen Behörden Befugnisse übertrug in Bereichen der Erziehung, der Gesundheit, der wirtschaftlichen Entwicklung, des Bauwesens und noch vielem mehr. Auf diese Art und Weise wurden die Zellen geschaffen, die mit der Staatsgründung beginnen konnten, als staatliche Behörden zu funktionieren. Von dem Moment an, in dem die Briten abzogen, im Mai 1948, gab es keinen Leerlauf in der Verwaltung.

So eindringlich wir die Araber auch baten, Kompetenzen für den Bereich des alltäglichen Lebens zu übernehmen, so sehr stießen wir gegen eine undurchdringliche Wand. Reflexionen über das Wesen des demokratischen Lebens sind ihnen völlig fremd. Grundsätzlich schließen Passivität und Demokratie einander aus. Ein demokratisches System kann sich nicht allein aufgrund der Tatsache behaupten, daß seine Bürger alle paar Jahre zum Zetteleinwerfen an die Wahlurnen treten. Es besteht aufgrund eines komplexen Systems von Eingebundenheit und Anteilnahme am eigenen Alltagsleben. Eine Bevölkerung, die sich gleichgültig zeigt, die sich demütig ihrer Regierung unterwirft, ihre Bedürfnisse für sich behält, sich vor der Verantwortung drückt und ihr Schicksal den eingesetzten Machthabern überläßt, kann keine Demokratie aufrechterhalten. Ohne Engagement, ohne den Wunsch, Verantwortung zu tragen, bricht ein demokratisches System zusammen.

Das jordanische Kommunalgesetz, das sich an die britische Kolonialgesetzgebung anlehnte und für die Verwaltung Jerusalems bis Juni 1967 gültig war, hatte die Vertreter der Palästinenser von einer langen Reihe von Pflichten und Befugnissen ausgeschlossen, auf die keine israelische Vertretung, nicht einmal in der kleinsten Zelle, der kleinsten kommunalen Einheit, einem *Moshav* (genossenschaftliche Landwirtschaftssiedlung, Anm. d. Übs.) oder Kibbuz, verzichtet hätte. Die Vertreter der Palästinenser in der Jerusalemer Stadtverwaltung trugen unter jordanischer Herrschaft nicht die geringste Verantwortung für Erziehung, Schulen, Gesundheitswesen, Transportwesen, Straßenbau, Sozialarbeit oder Sozialhilfe. All dies fiel in den Kompetenzbereich des Staates und seiner Repräsentanten. Die Zuständigkeit der Stadtverordneten beschränkte sich auf die Genehmigung von Bauplänen oder auf die Stadtreinigung. Das ist der Grund dafür, weshalb das Gebäude der Stadtverwaltung so bescheiden in seinen Ausmaßen war und dennoch allen Bedürfnissen genügte. Für Baugenehmigungen und Stadtreinigung brauchten die Vertreter von rund hunderttausend Bürgern nicht mehr als ein paar Räume. Nur der Vollständigkeit halber: 1967, nach der Befreiung der Stadt, fanden wir bei einer Bevölkerung von vielen tausend Einwohnern nur zweiundsiebzig Sozialhilfefälle vor. Heute hingegen unterstützt die Stadtverwaltung mehr als zweitausend sozialhilfebedürftige arabische Familien.

Mir sind die Ängste, die das Schicksal der Araber in Jerusalem sind, bekannt. Auch wenn einigen unter ihnen bewußt ist, daß die israelische Herrschaft keine vorübergehende Erscheinung ist – immerhin sind fünfundzwanzig Jahre vergangen, und das übersteigt alles, womit sie am Anfang gerechnet hatten –, auch wenn sie begreifen, daß es der richtige Weg wäre, Verantwortung zu übernehmen und politische Organisationen zu gründen, so haben sie doch Angst, daß man sie als Kollaborateure verdächtigen könnte und arabische Terroristen das Todesurteil über sie verhängen würden. Diese Angst ging so weit, daß sie sich, nachdem ihrem Gesuch, in Jerusalem ein Denkmal für ihre Toten zu errichten, wunschgemäß stattgegeben wurde, hartnäkkig weigerten, den Antrag für den Bauplan zu unterzeichnen, wie es das Gesetz vorschreibt, da sie befürchteten, daß ihnen dies als Anerkennung der israelischen Staatsmacht ausgelegt werden könnte. Zum guten Schluß habe ich selbst unterschrieben, als wäre ich es gewesen, der den Bauplan eingereicht hat.

Nicht besser erging es mir mit meinem nachdrücklichen Versuch, die Verordneten des arabischen Stadtrates von Ostjerusalem unmittelbar nach der Befreiung der Stadt als gleichberechtigte Partner, in voller Funktion, in den jüdischen Stadtrat zu integrieren. Der arabische Rat hatte zehn Mitglieder. Ich war der Meinung, daß ein solcher Schritt auch den Weg für eine Zusammenarbeit in anderen Bereichen ebnen und den Arabern Verantwortungsgefühl vermitteln würde. Gegner dieses Gedankens fanden sich natürlich nicht nur auf arabischer Seite. Beim Begreifen, daß das Leben in Jerusalem auf Dauer nicht auf dem Prinzip von Herrschern und Beherrschten basieren kann und daß ein Konsens für die Zusammenarbeit und Verantwortung für das Alltagsleben notwendig ist, zeichneten sich auch die Juden nicht durch Schnelligkeit aus. Dr. Yosef Burg, der damalige Innenminister, ein gescheiter Jude, gebildet und humorvoll, hörte mir aufmerksam zu und ließ sich von meinen Argumenten überzeugen, daß eine Eingliederung der arabischen Verordneten dazu beitragen würde, Spannungen abzubauen und eine Chance bot, Ruhe zu schaffen und die Einheit der Stadt aufrechtzuerhalten, und gab sein Einverständnis.

Er hatte lediglich eine Bedingung: Er, und nicht ich und die Stadtverwaltung, würde die arabischen Repräsentanten einladen und ihnen vorschlagen, dem jüdischen Stadtrat beizutreten, und man könne davon ausgehen, daß er alle möglichen Schritte unternehmen würde, um sie auf seine Seite zu ziehen. Alle meine Einwände halfen nichts. Alle Erklärungen, daß ich in dieser Angelegenheit auf die einzige Weise handeln würde, die irgendeine Aussicht auf Erfolg versprach, indem ich das persönliche Gespräch mit jedem einzelnen der zehn arabischen Vertreter suchen würde, nutzten nichts. Dr. Burg ignorierte meine Warnungen, das Vorladen aller arabischen Vertreter würde zu einer Verhärtung ihrer Position führen, wie es immer geschieht, wenn ein Vertreter dem anderen demonstrieren will, daß seine Position die radikalste ist. Und das war tatsächlich das Ergebnis, das dabei herauskam. Burg delegierte die Aufgabe dem Distriktoffizier Yeshaya. Dieser rief die arabischen Repräsentanten zu einem gemeinsamen Gespräch zusammen, und damit wurde die letzte Gelegenheit, ihr Einverständnis für eine Zusammenarbeit im Stadtrat zu erhalten, zerschlagen. Auch weitere Bemühungen, die ich im Laufe der Jahre in diesem Zusammenhang unternahm, trugen keine Früchte.

Viele Jahre später wunderte man sich über mich, als ich den Entschluß von Hanna Seniora, dem Chefredakteur der PLO-nahen Zeitung El Fajr, an der Spitze einer arabischen Liste für die Stadtratswahlen zu kandidieren und für seinen Einzug in den Jerusalemer Stadtrat zu kämpfen, begrüßte.

Für viele Juden verkörperte Seniora die Absicht, den Israelis die Souveränität in Jerusalem zu nehmen. Diese Furcht hat mir nie den Schlaf geraubt. Im Gegenteil: Wäre Seniora bei seinem Entschluß geblieben und hätte sich für die Wahl an die Spitze einer arabischen Liste gestellt, so hätte ich darin einen positiven Schritt gesehen, ein Zeichen für die Reifung des Bewußtseins der Araber, die nun ihr Schicksal in Jerusalem in die Hand nehmen wollten und Einfluß auf die städtischen Belange anstrebten – unabhängig davon, wie die politische Entscheidung über den Status der Hauptstadt Israels ausfallen würde. Aus diesem Grund ermutigte ich nicht nur Seniora selbst, sondern jeden Araber, der seinen Schritt unterstützte. Ich begrüßte sein Vorhaben. Ich sprach ihm Mut zu. Das taten auch andere jüdische Politiker. Aber es half nichts. Erneut siegten die arabischen Extremisten, die massive Warnungen gegen Seniora ergehen ließen. Sie verbrannten seine beiden Autos – vermutlich gingen diese Taten auf das Konto der PLO oder anderer extremer Vereinigungen. Später deckte der israelische Geheimdienst auf, daß Senioras Name auf einer Liste von Arabern auftauchte, die von der PLO mit ihrer Ermordung zu rechnen hatten.

Mir blieb nichts anderes übrig, als mir voll Bitterkeit und Trauer erneut vor Augen zu führen, was mir seit Jahren klar ist und was sich immer mehr bestätigt, nämlich daß es trotz des tiefen Hasses in den Beziehungen zwischen jüdischen und arabischen Extremisten eine gefährliche Übereinstimmung beider in der fundamentalen Frage gibt: Die Juden bestehen auf einem Jerusalem, nämlich einem jüdischen. Die Araber bestehen ebenfalls auf einem Jerusalem, einem arabischen. Weder die einen, noch die anderen streben ein gemeinsames Jerusalem an, in dem zwei Völker miteinander leben, deren Repräsentanten jede Möglichkeit ausschöpfen, Frieden zu stiften. Dies veranlaßt die arabischen Extremisten zu meinem Kummer dazu, alles Erdenkliche zu unternehmen – und sie werden von Mal zu Mal extremer –, um zu beweisen, daß man nicht in Frieden miteinander in einer vereinten, gemeinsamen Stadt leben kann. Jüdische Extremisten aller Art stehen ihnen in nichts nach: Sie haben alles unternommen und werden es weiterhin tun, was aus einer zügellosen Phantasie erwachsen kann, um Tag für Tag unter Beweis zu stellen, daß die Juden gewaltsam über Jerusalem herrschen werden, ohne Rücksicht auf andere Bürger zu nehmen. Sie werden erstaunliche Systeme von Betrügereien erfinden, um die Araber aus ihren Häusern zu vertreiben, sie werden gemeine Pläne schmieden, um ihren Grundbesitz zu enteignen, werden Keile in arabische Enklaven treiben und ihre arabischen Nachbarn, die sie in jeder nur erdenklichen widerlichen Weise erniedrigen werden, provozieren. Denn schließlich, sagen sie, gehört Jerusalem uns allein, und wir werden in der Stadt die Ordnung herstellen, die wir für richtig erachten. Wenn dieser Weg den Arabern nicht paßt, sie erzürnt, frustriert und gegen die israelische Herrschaft aufhetzt, ihren Haß gegen uns entflammen läßt, den Graben zwischen ihnen und uns vertieft, jeden noch so schmalen Steg, den jemand über den tiefen Abgrund zu legen versucht, zerstört und dem internationalen Status Israels und Jerusalems großen Schaden zufügt – die jüdischen Extremisten stört das nicht, und keiner soll auf die abwegige Idee kommen, daß sie deshalb etwas an ihrem Treiben ändern könnten.

Darin besteht die Tragödie Jerusalems: Die Extremisten auf beiden Seiten repräsentieren nicht die Mehrheit. Eine große Mehrheit von Juden lehnt ihr Vorgehen strikt ab, auch aus dem Verständnis heraus, daß der Weg, den sie beschreiten, die Souveränität Israels über das vereinte Jerusalem aufs Spiel setzt. Ich wage zu behaupten, daß die Mehrheit der Araber von den Aktionen der Extremisten in den eigenen Reihen ebenso abgestoßen wird. Aber vor dem Hintergrund der brisanten politischen Realität der Beziehungen zwischen den beiden Völkern, die wie auf einer dünnen Eisfläche gleiten, auf der jeder unvorsichtige Schritt zu Rissen und Einbrüchen führt, prägen die Extremisten das Leben in Jerusalem mehr als die Gemäßigten. Sie sind permanente Unruhestifter. Sie erzeugen Spannungen. Sie sind es, die den Haß vertiefen. Sie sind es, die Jerusalem das Image einer gewalttätigen Stadt, einer Stadt der Auseinandersetzungen, des Blutvergießens verleihen. Sie sind es, die potentielle Investoren abschrecken, die die Wirtschaft der Stadt zum Blühen bringen könnten, und sie sind es, die viele Touristen fernhalten.

Und genau darin besteht das Problem des Bürgermeisters: Wie kann er die Extremisten beider Seiten vom Zentrum des Geschehens fernhalten? Wie kann er ihren Einfluß mildern? Wie kann er Mäßigung bewirken? Wie kann er den arabischen Extremisten beweisen, daß ihr Weg nicht der richtige ist und Leid über ihr Volk bringt? Wie kann er die jüdischen Extremisten davon überzeugen, daß ihre Handlungen zu einer Katastrophe für Jerusalem führen? Und wie kann er vor allem anderen Mäßigung, Toleranz, Vernunft, guten Willen, Menschlichkeit und Liberalismus fördern?

In den Augen vieler Menschen scheint diese Aufgabe äußerst schwierig, vielleicht sogar unlösbar. Ich wäre nicht eine Stunde auf meinem Posten geblieben, wenn ich nicht mit ganzem Herzen daran geglaubt hätte, daß es kein Traum ist – allen Schwierigkeiten zum Trotz. Diese tiefe Überzeugung ist die Quelle meiner Kraft. Solange sie mein Herz erfüllt, werde ich nicht aufhören, daran festzuhalten, daß jeder, dem wirklich an dem Schicksal Jerusalems gelegen ist, sowohl Juden als auch Angehörige anderer Religionen, die Aufgabe hat, mitzuhelfen, die große Liebe zu Jerusalem zu einem konstruktiven Faktor werden zu lassen und nicht zu einem zerstörerischen, der sinnlose Kriege verursacht.

Ein Mensch, der dazu neigt, beleidigt zu sein und sein Leben lang mit der ganzen Welt abzurechnen, könnte den Vorwurf, dem Leben und Wohlergehen der Juden gleichgültig gegenüberzustehen, wohl kaum verzeihen. Obgleich es mir nicht leicht fällt, habe ich mich an solcherlei Beschuldigungen in schriftlicher oder mündlicher Form von seiten politischer Gegner, bisweilen scharf, bissig und mit spitzer Zunge, ohne Hemmungen und Zurückhaltung formuliert, gewöhnt. Immer wieder wirft man mir vor, ich engagiere mich mehr für das Leben der arabischen Einwohner Jerusalems als für das Leben der Juden. Das ist natürlich völliger Unsinn. Viele meiner Gegner sind nicht in der Lage zu begreifen, daß mir das Leben der arabischen und der jüdischen Bürger gleichermaßen am Herzen liegt. Ich protestiere energisch bei jedem Anschlag von Juden auf Araber, denn als Sohn des jüdischen Volkes trage ich nicht die Verantwortung dafür, was die Araber tun, sondern dafür, was sich die Juden zuschulden kommen lassen. Meine Gegner tun sich mit dieser moderaten Einstellung schwer.

In ihren Augen, und vor allem in den Augen der extremen unter ihnen, ist nur der ein jüdischer Patriot, der sich um das Schicksal der Juden sorgt und dem Leben der Araber – gelinde gesagt – gleichgültig gegenübersteht.

Diese Einstellung akzeptiere ich nicht. Ich behaupte, daß Juden, die Hand an Araber legen, allein weil diese Araber sind, ohne daß sie etwas verbrochen hätten, sich eines schlimmen Vergehens schuldig machen. Die These, daß es den Juden aufgrund irgendeiner primitiven Regel erlaubt sei, Racheakte gegen die Araber zu verüben, ist in meinen Augen verwerflich. »Auge um Auge« ist vielleicht ein Grundsatz, der vor vielen Generationen der Lebensweise angemessen war. In einem Rechtsstaat hat er keinen Platz.

Zusammenfassend ist zu sagen: Wenn ein Araber (oder eine Araberin) in Ostjerusalem einen *Talmud*-Schüler ersticht und zugibt, daß er aus seinem Dorf gekommen ist, um einen Juden oder eine Jüdin zu ermorden, da er einen abgrundtiefen Haß gegen die Juden verspüre, gerate ich außer mir, und meine Solidarität mit dem jüdischen Opfer und seiner Familie ist grenzenlos. Aber wenn Juden die Tat mit den gleichen Mitteln bei den Arabern zu vergelten suchen, koche ich nicht nur vor Zorn, sondern schäme mich bis in den Grund meiner Seele. Angesichts unseres Selbstverständnisses als »Licht der Nationen« und der Forderung, allen Völkern gleich zu sein – einer Forderung, die unvereinbar ist mit dem Grundsatz der Einzigartigkeit des jüdischen Volkes als Träger höchster moralischer Werte –, möchte ich glauben, daß die blinde Rache, die nicht zwischen schuldig und unschuldig unterscheidet, im Lande Israel kein typisch jüdisches Charakteristikum werden kann.

Ich gebe zu, daß ich seinerzeit scharfe Worte über die Schüler der *Talmud*-Schule »*Shovu banim*!« (Kehrt um, Söhne!) im Moslemischen Viertel der Altstadt gesagt habe. Bislang konnte mich nichts und niemand davon überzeugen, daß meine damalige Kritik falsch war und ich die Betroffenen um Verzeihung bitten müßte. Genau diese Spezies jüdischer Siedler meinte ich, als ich sagte, daß sie uns zu ewigen Tumulten, endlosen Reibereien, gegenseitigen Attacken und einer weitgehenden Störung der Lebensruhe und der Aussicht auf ein Zusammenleben unter Beibehaltung der Souveränität über ganz Jerusalem verdammen. Unzählige Plagen kamen über uns mit dieser *Yeshiva* (*Talmud*-Schule, Anm. d. Übs.). Dort sitzen die *Hassidim* (mystisch-religiöse Strömung im Judentum, Anm. d. Übs.) des Rabbi Nachmann von Brazlaw, die sich merkwürdig benehmen und deren Lebensweise sich heute von allem Üblichen unterscheidet. Viele Schüler der *Yeshiva* sind erst orthodox geworden. Das ist kein Makel. Nicht wenige unter ihnen waren in ihrer nichtreligiösen Vergangenheit drogenabhängig. Andere haben eine Reihe krimineller Delikte auf dem Kerbholz. Ich will nicht denjenigen zu nahe treten, die auf eine hochrangige Vergangenheit in Kampfeinheiten, bei der Luftwaffe und bei den Sicherheitskräften zurückblicken.

Ihre Absonderlichkeit steht annehmbaren nachbarschaftlichen Beziehungen zu den Arabern, in deren Mitte sie wohnen, im Wege. Selbst wenn sie sich wie normale Menschen benähmen, würde sich ihr Verhältnis zu den Arabern schwierig gestalten, da diese in ihnen Eindringlinge sehen und sie im Verdacht haben, daß sie und ihresgleichen nicht lockerlassen würden, bis sie die Araber aus ihren Häusern und Besitztümern vertrieben und ihre Plätze eingenommen hätten.

Die Skurrilität kommt als Dimension zu Mißtrauen und Angst hinzu. Lebten diese bizarren Menschen in der Nähe von Juden, so ist anzunehmen, daß auch diese vor ihren Eigentümlichkeiten zurückschreckten. Sie pflegen beispielsweise nachts ihre Häuser zu verlassen und auf den Dächern umherzuwandeln. Nicht daß sie ruhig dahergehen würden, nein, sie machen einen gigantischen Lärm, indem sie auf Fässer trommeln, als ob die Nacht nicht für die Ruhe geschaffen sei. Von Zeit zu Zeit kommen die Schüler und ihre Lehrer aus ihren Häusern und wandern in die Berge zur Umgebung des Grabes des Nebi Samuel. Dort führen sie mitten in der Nacht jaulend Dialoge mit verborgenen Mächten oder mit ihrem Erschaffer, was sich absonderlich anhört und Mißtrauen erweckt. Die Spannung zwischen diesen Leuten und ihren arabischen Nachbarn ist ein Dauerzustand. Nicht die Frage, ob die *Yeshiva* und ihre Schüler, Lehrer und Familienangehörigen die Gebäude rechtmäßig oder mit kaum legalen Mitteln erworben haben, stört die Araber in ihrer Alltagsruhe. Die verletzende Anwesenheit der *Yeshiva* an sich ist Ursache der Spannungen. Die Leiter der *Yeshiva* und ihre Schüler betonen immer wieder, daß sie mit den Arabern in Frieden leben und sogar freundschaftliche Nachbarschaftsbeziehungen mit ihnen pflegen wollten. Zu meinem Bedauern weist in der Realität rein gar nichts auf die Richtigkeit dieser Behauptung hin.

Auch die Taktik, die die Anhänger der *Talmud*-Schulen und andere jüdische Siedlungsorganisationen anwenden, um sich im Moslemischen oder Christlichen Viertel niederzulassen, weckt das Mißtrauen der Araber und ihren Widerstand. Meist kommen sie im Schutz der Dunkelheit. Bei Nacht. Die ganze Operation ist von Geheimhaltung begleitet, als ginge es um einen militärischen Feldzug. Immer sind die Siedler bewaffnet. Es ist ein Faktum, daß sich die Juden nur mit Waffengewalt und mit Unterstützung der Sicherheitskräfte im Herzen der arabischen Siedlungen in Jerusalem niederlassen können.

Die Araber fragen mich: »Warum nachts? Warum so geheim? Wenn alles dabei koscher zugeht und ein Anwesen rechtmäßig erworben wurde und in ihr Eigentum übergegangen ist, warum kommen die Siedler dann nicht bei Tag, für jeden sichtbar, um ihre Rechte in Anspruch zu nehmen?«

Ich habe keine Antwort darauf.

Selbst wenn die Juden nicht absichtlich provozieren, allein die äußeren Umstände belasten das Nachbarschaftsverhältnis schon auf unerträgliche Weise. Die Probleme auf dem Suk der Fleischer im Moslemischen Viertel begannen bereits vor etwa zehn Jahren. An der Ostseite des Marktes errichteten die Leute der Vereinigung »*Atara leyoshna*« (wörtl. Zurückgabe des alten Glanzes, Anm. d. Übs.) ihre *Talmud*-Schule »*Kolel Galitzia*« (*kolel*: Gemeinde gleicher Herkunft, vor allem im alten *Yeshuv*, Anm. d. Übs.). In der Nachbarschaft dieser Schule bauten später die *Hassidim* des Rabbi Nachmann von Brazlaw ihre *Yeshiva*. Von dem Moment an, in dem die Schüler und ihre Familien zu dem Ort zurückkehrten, der – wie sie behaupten – jüdisches Eigentum gewesen und vor Jahrzehnten aufgegeben worden war, bestehen Spannungen. Die Juden haben einen topographischen Vorteil. Sie wohnen oben. Die Araber leben zu ihren Füßen. Sie versuchen dort zu leben. Die Juden vergiften ihnen das Leben mit jedem nur erdenklichen gemeinen und erniedrigenden Mittel: Sie werfen mit ihrem Kot nach ihnen, sie schmeißen Flaschen mit Urin herunter, sie zerstören die Wasserrohre. Hart und bitter ist das Schicksal der arabischen Nachbarn, das ihnen die *Yeshiva* beschert hat.

Dieses Gefühl von Überlegenheit, Herrschsucht und Mißachtung der Rechte des Nächsten – in diesem Fall der Araber – ließ die *Yeshiva*-Mitglieder abstumpfen. In ihren Augen ist alles erlaubt. Schließlich soll jeder wissen, wer hier das Ruder in Händen hält und wer nur geduldet wird oder nur hier sein kann, weil die Juden zu gutmütig sind, um ihn zu vertreiben. Die Spannung erreichte ihren Höhepunkt, als der *Talmud*-Schüler Eliyahu Amdi von Arabern ermordet wurde. Na also – wieder einmal hatte sich die Mordgier der Araber in ihrer ganzen Häßlichkeit gezeigt. Kein vernünftiger Mensch würde für einen Mörder sprechen. Aber vermutlich wäre dieser Mord, wie viele andere Freveltaten, nicht geschehen, wären die Juden nicht in das Herz des arabischen Lebensraumes eingedrungen und hätten den Arabern das Leben schwergemacht.

Hier, auf dem Suk der Fleischer, wurde im November 1992 der arabische Kurzwarenhändler Abed El Rezak durch die Explosion einer Handgranate getötet. Die Untersuchungen der Polizei bestätigten die Zeugenaussagen der Araber, nach denen die Handgranate von Juden geworfen worden war.

Der ständige Zwist wird noch verschärft durch die Besitzverhältnisse an den Gebäuden und Läden des Suk der Fleischer und des Gewürzbazars. Abgesehen von den Läden, die den Kirchen gehören, sind alle Gebäude Eigentum des *Waqf*, der moslemischen religiösen Stiftung, oder eines privaten *Waqf*, dem die großen, alteingesessenen moslemischen Familien, vor allem die Familien El Husseini und Nusseibah, vorsitzen. Der Kampf um die Gebäude wird begleitet von dem starken Wunsch zu beweisen, daß die Häupter der arabischen Bevölkerung keine Immunität besitzen und auch ihr Schicksal in den Händen derer liegt, die von sich glauben, die Eigentümer und Herrscher zu sein.

Ein Teil der arabischen Besitzungen in der Umgebung der Märkte ist Gegenstand langer und zermürbender juristischer Auseinandersetzungen. In der Nähe des »*Kolel Galitzia*« zum Beispiel liegt ein großes Grundstück, Kakteenhof genannt. Es ist Eigentum der Familie Nusseibah. Die Familienmitglieder behaupten, daß die Leute von der *Talmud*-Schule einen Teil des Grundstückes besetzt haben und damit verfahren, als gehöre er ihnen. Nach der Besetzung des Grundstückes, so die arabische Familie, habe man dort einen Kindergarten gebaut. Die Bewohner der *Talmud*-Schule dementierten die Behauptung, und die Angelegenheit kam vor Gericht.

Keine Barriere ist hoch genug, um die *Yeshiva*-Mitglieder an ihrem Versuch zu hindern, ihre Hegemonie in der Gegend zum Ausdruck zu bringen. Zwischen dem Jüdischen Viertel und dem »*Kolel Galitzia*« liegen die Marktgassen, insgesamt ein paar Dutzend Meter. Die jüdischen Bürger, die in den Gebäuden des *Kolel* zu tun haben, wollen ein Überqueren der Marktgassen vermeiden. Dieser Wunsch ist zweifellos legitim. Durch die spannungsgeladene Atmosphäre haben die Juden eine verständliche Angst vor den möglichen Gefahren, die ihnen auf dem Markt und in seinen Gassen lauern. Und was haben sie unternommen? Am Ende der Habad-Straße bauten die jüdischen Bürger eine Treppe. Über diese Treppe steigt man auf die Dächer der Läden und Gebäude des Fleisch- und Gewürzmarktes und verwandelt die Dächer in einen Fußgängerweg. Nun marschieren die Juden über den Köpfen der Araber zu ihrem *Kolel* und zurück. Die Vertreter des *Waqf* behaupten, die Dächer seien Eigentum des *Waqf*. Moslems hätten die Gebäude und auch die dazugehörigen Dächer gebaut. Man dürfe sie nicht ohne ihr Einverständnis betreten. Man könne die Dächer nicht in eine Straße verwandeln. Man könne wohl, sagen die jüdischen Bewohner. Herrsche hier etwa nicht ein Kommen und Gehen? Auch in dieser Sache läuft ein juristisches Verfahren. Was sind schon ein paar Dächer! Die Araber (in ihrer Naivität?) glauben, daß in einem Rechtsstaat der Besitz eines Menschen oder einer Organisation geachtet wird. Die Juden sind so arrogant zu glauben, daß man formale Eigentumsrechte einfach ignorieren kann. Es ist legitim, die Dächer zu betreten, es ist statthaft, dort die Trommeln zu schlagen, es ist gesetzlich erlaubt zu belästigen, zu bedrängen und die arabischen Nachbarn unter sich zu drangsalieren. Die »Dächerstraße« oben ist eine gute Ausgangsposition für Wahnsinnstaten aller Art.

Die Straße, die sich über die arabischen Dächer ausdehnt, wird von einer Lücke zwischen zwei Gebäuden unterbrochen. Ein wackeliger Holzsteg überbrückte diese Lücke. Nun war es den Juden nicht angenehm, über einen wackeligen Steg zu balancieren. Nicht sicher genug. Sie entfernten ihn, und begannen eine Eisenbrücke zu bauen. Die Mitglieder des moslemischen *Waqf* beschwerten sich: »Wie können sie das tun! Es geht um unser Eigentum! Etwas abreißen und bauen ohne Genehmigung, ohne uns zu fragen?«

Der *Waqf* vermeidet es weitestgehend, die israelischen Gerichte anzurufen – auch dies ein Ausdruck der Nichtanerkennung der israelischen Souveränität. Aber über die Sache mit der Brücke waren die Araber nicht gewillt hinwegzusehen. Die Händler, die die Läden vom *Waqf* gemietet hatten, wandten sich an die israelischen Gerichte mit der Forderung, unter Hinweis auf ihr Nutzungsrecht an den Läden, Gebäuden und den dazugehörigen Dächern, an dem kein Zweifel bestehe, die Arbeiten zu stoppen. Bis zur Urteilsverkündung wurde ein Kompromiß gefunden. Die Arbeiten mußten eingestellt werden, und die Jerusalemer Stadtverwaltung, die nichts unterläßt, um Zündstoff zu entschärfen, bevor es zum Eklat kommt, finanzierte mit den Geldern der Jerusalemer Steuerzahler das, was in der Formulierung des Kompromisses festgelegt wurde, nämlich die Wiederherstellung des vorherigen Zustandes. Das heißt, daß wir die wackelige Brücke, die die jüdischen Ansiedler abgerissen hatten, wieder aufbauen ließen. Der Aufwand war gering. Es kann jedoch sein, daß der Kompromiß selbst, nämlich – wenn auch nur vorläufig – die Einschränkung des Rechtes der arabischen Eigentümer, jede Form von Nutzung ihres Eigentums ohne vorherige Genehmigung zu untersagen, die Juden ermutigte, mehr zu fordern. Sie gingen über die »Dächerstraße« und fühlten sich auch dort plötzlich nicht mehr sicher. Nun verlangten sie, daß man ihnen erlaube, links und rechts der »Dachgasse« stabile Geländer anzubringen, damit – Gott behüte – niemand herunterfällt. Diesmal zumindest handelten sie nicht auf eigene Faust. Der *Waqf* lehnte mit Nachdruck ab. Jeder Schritt in diese Richtung bestätige die jüdischen Siedler auf den Dächern und beschränke die Rechte der Araber an ihrem Eigentum. Wieder wurde ein Kompromiß gefunden: Man errichtete provisorische Geländer, in der Art von Schranken.

Die kleinen Kriege um das Überqueren von Dächern, um eine Eisenbrücke anstelle eines Holzsteges, um Sicherheitsgeländer wären unter normalen Umständen und in einer normalen Beziehung ihre Mühe natürlich nicht wert. Wenn die Araber sich jedoch von den jüdischen Ansiedlern in die Enge getrieben fühlen und in ihnen potentielle Enteigner sehen, die sie mit weitgreifenden Absichten dominieren und von ihren Plätzen vertreiben wollen, wird jeder Versuch, das Besitz- und Eigentumsrecht anzutasten, unmittelbar mit dem großen Kampf um Jerusalem in Verbindung gebracht.

Die Erfahrung hat die Araber im Laufe der Jahre gelehrt, daß es manchmal von Vorteil sein kann, still zu leiden, Ärger und Frustration herunterzuschlucken und ihnen keinen Ausdruck zu verleihen. Es ist traurig, zugeben zu müssen, daß zu viele arabische Bürger erleben mußten, daß Klagen und Proteste gegen Schikanen und Eigentumsverletzungen durch jüdische Nachbarn deren Machenschaften nicht nur nicht beenden, sondern letztlich die eigene Situation nur noch verschlechtern. Die Regierung hat verschiedene Möglichkeiten, mit »Querulanten« abzurechnen, besonders wenn sie dem arabischen Volk angehören ...

Ein Exempel: Bevor Dov Shilansky zum Vorsitzenden der Knesset gewählt wurde, war er Leiter ihres Innenausschusses. In seinem Amt war er sehr aktiv und bemühte sich eifrig, die hartnäckigen Gerüchte über Anschläge jüdischer Ansiedler auf Araber in der Altstadt zu dementieren. Shilansky und die Abgeordneten des Innenausschusses besichtigten einmal die Gegend der *Talmud*-Schule »*Shovu banim*«. Im Rahmen seiner Überzeugung als ein fleißiger und anständiger Mensch trat Shilansky den *Talmud*-Schülern freundlich entgegen, die sich ihrerseits mit Gastfreundschaft revanchierten. Sie redeten viel und erzählten lange Geschichten, wie sehr sie sich um einen engeren und freundlicheren Kontakt mit den arabischen Nachbarn unter ihnen bemühten. Shilansky und die anderen Mitglieder des Ausschusses waren höchst zufrieden. Nach ihrer Weltanschauung, da bin ich mir sicher, war die geschilderte Beziehung eines Verhältnisses zwischen zivilisierten Machthabern und ihren Untertanen würdig.

Im Laufe des Besuches schlugen die Gastgeber Shilansky vor, einen der arabischen Nachbarn heraufzubitten. Ihm war eine bestimmte Rolle zugedacht. Er sollte meine Beschwerden über das beschämende Verhalten der *Talmud*-Schüler und ihre Übergriffe auf arabische Bewohner widerlegen. Der Zeitpunkt war nicht zufällig gewählt. Kurz zuvor hatte ich in der Öffentlichkeit gesagt, daß die Araber sich darüber beklagten, *Talmud*-Schüler bewürfen ihre Nachbarn mit Beuteln voll Urin und Dosen voll Kot. Nun bitte schön, sollte der arabische Nachbar vortreten und bezeugen, daß meine Worte nicht der Wahrheit entsprachen. Als einer von Shilanskys Gastgebern den Namen des Arabers nannte, dem man die Aufgabe zugedacht hatte, wurde mein bei dem Treffen anwesender Berater hellhörig: Es handelte sich um den Araber, der die Kläger angeführt hatte. Er hatte die Beamten der Stadtverwaltung mit Geschichten über den Terror der *Talmud*-Schüler förmlich bombardiert. Was wurde hier gespielt? Irrten sich die Gastgeber? Wußten sie nicht, daß gerade dieser Araber sich mehr als alle anderen beschwert hatte?

»Reden Sie!« forderte Shilansky den Araber auf. »Schildern Sie uns alles, was Ihnen auf dem Herzen liegt!« Und der Araber begann, Lobreden zu schwingen und Gutes über seine Nachbarn von oben zu berichten. Mein Berater machte sich ganz klein. Ihn traf fast der Schlag. Shilansky strahlte vor Genugtuung. Hier kam eine Aussage aus erster Quelle, in einer Atmosphäre völliger Freiheit. Hier war der Beweis, daß alle Geschichten über Schikanen reine Erfindung waren. Shilansky dankte dem Araber. Mein Berater hatte keine Gelegenheit, Rücksprache mit mir zu nehmen, aber wenn er mich gefragt hätte, hätte ich ihn gebeten, genau so zu handeln, wie er es getan hat – nicht um auf meinen Behauptungen zu bestehen, sondern weil die Wahrheit ans Tageslicht muß und nicht verborgen bleiben darf. Jedenfalls hat sich mein Berater am Ausgang der *Talmud*-Schule mit den Worten an Shilansky gewandt: »Herr Vorsitzender, was der Araber von sich gegeben hat, entsprach nicht der Wahrheit. Ich weiß nicht, was ihn dazu bewogen hat, so zu sprechen. Ich möchte nicht behaupten, Gott behüte, daß ihn jemand bedroht und ihm angst gemacht hat. Aber vielleicht ist seine Angst real und natürlich. Vielleicht fürchtet er, daß die Wahrheit, wie er sie sieht, ihm Nachteile bringen könnte.«

Shilansky war nicht bereit, auf den großen Trumpf, der ihm in die Hände gefallen war, zu verzichten: »Sie haben doch gehört, was der Mann gesagt hat. Es bestand kein Grund zur Angst. Hat ihn etwa jemand bedroht? Hat ihn etwa jemand eingeschüchtert? Was ich gehört habe, genügt mir.«

Es war aussichtslos, Shilansky zu überreden, die Sache erneut vom Innenausschuß überprüfen zu lassen. Es hatte auch keinen Sinn, die Behauptung zu wiederholen und es wieder zu versuchen.

Mehr als einmal hatten die Anhänger jüdischer Vereinigungen, die Häupter der *Talmud*-Schulen und ihre Schüler Anlaß, sich über mich zu entrüsten – nicht nur wegen meiner bekannten Position gegen die jüdischen Ansiedlungen inmitten der arabischen Bevölkerung Jerusalems, und nicht nur wegen meiner Kritik an ihrem

Benehmen, sondern auch aus konkretem Anlaß. Als arabische Mieter unter einer *Talmud*-Schule klagten, aus den Wasserhähnen ihrer Küche flösse eine trübe Flüssigkeit und außerdem sickere Schmutzwasser durch die Decke, kamen Fachleute von der Stadtverwaltung, um ihre Meldungen zu überprüfen. Die Untersuchung ergab schlimme Mängel im Abwassersystem der *Talmud*-Schule. Die Kanalrohre hatten Risse, vielleicht aufgrund ihres hohen Alters. Wir hatten nicht vor, jemandem böse Absichten zu unterstellen, wir forderten lediglich, daß die Leitung der *Talmud*-Schule die Mängel in der Abwasserleitung beheben lassen sollte. Wir schilderten die Misere der Nachbarschaft. Die Leute der *Talmud*-Schule nickten. Selbstverständlich. Sie hatten verstanden. Die Rohre jedoch wurden nicht repariert, und das Abwasser sickerte in die fremde Küche und in die Betten. Keiner unserer Aufforderungen zur Instandsetzung kam man nach. Wir handelten. Wir drehten der *Talmud*-Schule das Wasser ab. Bei der asketischen Lebensweise in der *Talmud*-Schule brauchte man dort kaum Wasser, und das wenige, das sie benötigten, besorgten sich die Bewohner auf anderen Wegen. Interessant daran war, daß weiterhin Wasser nach unten durchsickerte, obgleich die Wasserrohre stillgelegt waren.

Ich befand mich in der frustrierenden Lage, machtlos zu sein: Das Stadtoberhaupt verfügt nicht über die nötigen Kompetenzen, um solche Angelegenheiten in gerechter Weise zu regeln. Wenn nicht einmal eine so harte Sanktion wie das Sperren der Wasserleitung hilft, ist ein unerträglicher Zustand erreicht. Die Bewohner oben haben praktisch kein Wasser. In die Töpfe und Betten der Bewohner unter ihnen rinnt jedoch weiterhin Abwasser. Die Araber fragten uns, wie lange sie diese Plage noch erdulden müßten, und wir fragten die Bewohner der *Talmud*-Schule, wie lange sie noch vorhätten, sich zu weigern, ihrer Pflicht als Menschen, Nachbarn und gesetzestreue Bürger nachzukommen – lauter Fragen ohne Antwort.

Schließlich gab die Stadtverwaltung nach. Mir blieb keine andere Wahl. Ich ordnete an, die schadhaften Leitungen auf Kosten der Stadtverwaltung zu reparieren, um die arabischen Nachbarn von der Belästigung durch das Durchsickern zu befreien und eine Brutstätte von Spannungen und Kämpfen in den schwierigen Beziehungen zu beseitigen.

Wir hatten nicht mit der Hartnäckigkeit der *Talmud*-Schüler gerechnet. Was sollte das heißen, die Stadtverwaltung will auf eigene Kosten die Leitungen instand setzen? Ein Eindringen in ihren Bereich? Nein, nein! Das würde man nicht zulassen. Sie stellten Bedingungen. Bei der Gelegenheit, wenn die Stadtverwaltung schon bereit war, Reparaturen in ihrem Eigentum zu finanzieren, hatten sie noch ein paar kleine »Wünsche«. Es galt Abfall zu beseitigen, der sich ohne ihr Verschulden angehäuft hatte, wie sie behaupteten, und man könnte noch ein wenig in die Verbesserung ihres Geländes investieren und die Höfe auf Kosten der Stadtverwaltung reinigen.

Wer schon einmal nachgegeben hat, dem fällt es leichter, noch einmal klein beizugeben. Er hat bereits seine Erfahrungen. Wir haben saubergemacht, aufgeräumt, Müll beseitigt – wie von der *Talmud*-Schule gewünscht –, erst dann erlaubte man uns, auf unsere Kosten die defekten Leitungen in dem privaten Anwesen zu reparieren.

Weniger aggressiv in ihrem Verhalten und in der Mißachtung ihrer arabischen Nachbarn sind die Leute der *Talmud*-Schulen der Vereinigung *»Ateret Cohanim«*, (wörtl. Glanz der Hohenpriester, Anm. d. Übs.) aber auch sie nehmen nicht immer Rücksicht auf die Gefühle der arabischen Nachbarn und deren Empfindlichkeit. Die Haupt-*Talmud*-Schule von *»Ateret Cohanim«* liegt unmittelbar neben dem Restaurant von Abu Shukry – einem bekannten Lokal in der Altstadt. Was die *Talmud*-Schüler erreichen wollten, ist mir bis heute nicht klar, jedenfalls alarmierten eines Tages die arabischen Restaurantbesitzer die Polizei und die Stadtverwaltung. Die Herbeigerufenen wurden Zeugen einer seltsamen Szenerie: Von der *Talmud*-Schule bestellte Arbeiter bohrten ein großes Loch in die gemeinsame Mauer zwischen Restaurant und *Talmud*-Schule. Unter normalen Verhältnissen, wenn auf beiden Seiten der Wand Menschen leben, die vor dem Gesetz gleich sind, ist es undenkbar, daß man von der einen Seite aus ein großes Loch bohrt, um sich mit der anderen Seite zusammenzutun, ohne daß sich beide Seiten auf ein solches gemeinsames Unternehmen geeinigt hätten. Aber wie die Dinge in Jerusalem liegen, wo sich zwei Völker auseinandersetzen, gibt es keine gleichberechtigten Partner auf beiden Seiten einer gemeinsamen Mauer. Auf der einen Seite sitzt jemand, der denkt, ihm sei alles erlaubt, und wenn es dem auf der anderen Seite nicht passen sollte, daß man sich über seine legalen Rechte hinwegsetzt, kann er ja das Feld räumen.

In der Beziehung zwischen unseren beiden Völkern kommt es sofort zu einem Tumult. Die Lochbohrer werden sich weder für ihr Fehlverhalten entschuldigen, noch werden sie das gebohrte Loch wieder zumauern und verputzen. Wieso sollten sie das tun? Die Polizei muß her. Der Grenzschutz muß her. Die Stadtverwaltung wird alarmiert. Und auf beiden Seiten der Mauer brodelt bereits verbale Gewalt. Sehr schnell verläßt der Streit die Ebene einer Auseinandersetzung zwischen Anliegern zu beiden Seiten einer Mauer. Die Gemüter erhitzen sich zusehends. Schon versammeln sich »Kämpfer«. Die einen schlagen sich auf die Seite der Bohrer, die anderen auf die Seite der Araber. Es kommt zu Verhandlungen. Erstes Ziel muß es sein, die Kämpfer auseinanderzuhalten. Erregung und Haß müssen gedämpft werden. In Windeseile kann dieses Loch zu einer Verschärfung der Situation und zu ihrer Verselbständigung führen. Augenblicklich droht Gefahr des Blutvergießens. Diesmal wurde der Streit in Ruhe beigelegt. Der Polizei und den Vertretern der Stadtverwaltung ist es gelungen, die Gemüter zu besänftigen. Das Loch wurde wieder zugemacht. Die große Angst, daß ein kleines Zündholz, dessen Flamme unter anderen Bedingungen mit einem Atemzug ausgeblasen werden könnte, ein großes Feuer entzündet, verfolgt mich Tag und Nacht.

Das Hospiz – eine Dummheit

Im Zusammenhang mit der Besiedelung und Aneignung von Besitzungen in Ostjerusalem war der Erwerb des griechischen Hospizes wohl einer der gravierendsten Fehler, vielleicht sogar der schlimmste schlechthin. Alle negativen Aspekte dieses ganzen verhängnisvollen Unterfangens kamen hier geballt zur Wirkung. Da sind zum einen die Größe und die Lage des Anwesens. Ein Komplex mit Dutzenden von Räumen, der sich nahezu über einen ganzen Straßenzug erstreckt, und dies in einer Entfernung von weniger als zweihundert Metern von der Grabeskirche, erregt verständlicherweise mehr Aufmerksamkeit und mehr Widerstand als ein bescheidenes Gebäude, das wieder von Juden in Besitz genommen wird. Zum anderen war da der Zeitpunkt. Die Käufer und die Besetzer hätten kein Datum wählen können, das für die Übernahme dieses großen Gebäudes weniger geeignet gewesen wäre. Das islamische Ramadanfest, das christliche Ostern und das jüdische Pessach lassen bei Arabern, ob Moslems oder Christen, die Erregbarkeit auf ein Höchstmaß ansteigen. Überdies hielten die Besiedler ausgerechnet am heiligsten Tag der Christen, am Karfreitag, dort Einzug. Sie erschienen mit Pauken und Trompeten. Das ist ungefähr so, als würde man den Konflikt im Nahen Osten, namentlich in Jerusalem, unter ein gigantisches Brennglas legen und die Aufmerksamkeit der gesamten Welt auf ihn ziehen.

Wie schon bei anderen Aktionen üblich, war auch diese in aller Heimlichkeit geplant worden, was allgemein für zusätzliche Spannung sorgte. Die Siedler kamen bewaffnet. Niemand konnte mit Sicherheit sagen, wer die Hintermänner waren und wer nur vorgeschickt war. Die Vermutung, daß hinter dem Erwerb und der Inbesitznahme der Verein »*Ateret Cohanim*« steckte, stützte sich zwar auf schwerwiegende Fakten, galt aber nicht als bewiesen. Zu Zwecken der Tarnung war eine fiktive Gesellschaft als Käuferin der Liegenschaft in Erscheinung getreten. Für mich stand es außer Frage, daß es sich dabei um Strohmänner handelte. Kurz nach der Besitznahme bestand nicht mehr der geringste Zweifel: Die israelische Regierung, die zunächst versucht hatte, als neutraler, unbeteiligter Beobachter zu gelten, hatte das Unternehmen finanziert. Es stellte sich heraus, daß es der Bauminister David Levy gewesen war, der den Kauf vollzogen hatte, der zum größten Teil mit Geldern der Steuerzahler finanziert worden war. Diesen erstaunlichen Fehler hat man ihm indes verziehen und ihn gar zum israelischen Außenminister nominiert.

Erwartungsgemäß schrie die gesamte islamische und christliche Welt auf. Welche Glanzleistung unserer Regierung! Die Interessen der Christen und Moslems in Jerusalem sind fast immer gegensätzlich und höchst selten identisch oder deckungsgleich. Eine vernünftige, vorausschauende Regierung hätte alle Gegensätze einer sorgsamen Analyse unterzogen und Positionen, Strategien und Vorgehensweisen entwickelt, die eine gemeinsame, vereinte Front von Christen und Moslems gegen Israel verhindert hätten. Eine unkluge Regierung macht das Gegenteil: Sie reizt die Christen und vereint sie mit den Moslems gegen Israel und ruft so eine Einheitsfront gegen die Juden auf den Plan.

Zumindest teilweise hätte es in der Macht der Polizei gelegen, den unermeßlichen Schaden, den das Ansehen Israels in bezug auf Jerusalem in den Augen der ganzen Welt erleiden würde, abzuwenden. Aber mangelndes Gespür und falsche Überlegungen ließen es nicht dazu kommen. Kurze Zeit nach der Besetzung des griechischen Hospizes verfügte die unterste gerichtliche Instanz auf Antrag der griechischen Christen seine Räumung. Die Verfügung wurde in Abwesenheit einer der Parteien erlassen, und so hat sich die Polizei eigenmächtig geweigert, die Räumung zu vollstrecken. Hätte sie der Verfügung Folge geleistet, wäre die Angelegenheit in einem frühen Stadium aus der Welt geschafft und der Schaden erheblich begrenzt worden. Nachdem die Polizei die Anordnung nicht ausführte, zog die Geschichte weitere Kreise. Eine zweite Verfügung setzte die erste außer Kraft. Die Sache ging bis zum Obersten Gerichtshof, und dort wurde bis zum heutigen Tag, an dem diese Worte niedergeschrieben werden, im Dezember 1992, noch kein Urteil gefällt.

Abgesehen von dem schlimmen politischen Schaden, den die Hospiz-Affäre dem Staat Israel zugefügt hat, wurde auch Jerusalem hart getroffen. Bis zu dieser Affäre hatte die griechisch-orthodoxe Kirche weitgehende Bereitschaft gezeigt, mit der Jerusalemer Stadtverwaltung zu kooperieren. Die Kirche ist Eigentümerin großer Liegenschaften, die wir zu Stadtentwicklungszwecken nutzen wollten. Im Laufe der Jahre ist es uns gelungen, mit der Kirche wichtige Übereinkünfte zu treffen. Die Kirche hat uns große Grundstücke für den Zeitraum von einhundertundfünfzig Jahren verpachtet, auf denen wir Parkanlagen anlegten, etwa den herrlichen Garten rund um die Altstadtmauern und das Omaria-Gelände, auf dem sich unter anderem das Hotel Laromme und der Liberty-Bell-Garden befinden.

Die Hospiz-Affäre hat der Kooperationsbereitschaft ein Ende gesetzt. Die Kirche kann fortan den Juden, die sie aus ihren Besitztümern verdrängen, ihren Grund und Boden nicht mehr zur Verfügung stellen. Auch ihre hochempfindliche Position gegenüber den arabischen Christen zwingt sie, sich künftig von dem Verdacht, mit den Israelis zu kollaborieren, indem sie ihnen Grundstücke überläßt, reinzuwaschen. Und weitere städtebauliche Projekte, die geplant waren unter der Prämisse, daß wir Grundbesitz der griechisch-orthodoxen Kirche nutzen können, sind in die Schubladen gewandert.

Moslems und Juden sind erfinderisch

Alle Versuche von jüdischer Seite, sich wie einen Dorn in die arabischen Stadtteile Ostjerusalems zu bohren, empörten mich und brachten mich oft in Zorn. Ich spreche selbstverständlich den Juden nicht das Recht ab, sich allenthalben niederzulassen und allerorts zu wohnen. Ein Jude hat das Recht, seine Zelte in New York, London, Paris, Melbourne und ganz gewiß auch in seiner Hauptstadt Jerusalem aufzuschlagen. Dieses Recht an sich zweifle ich nicht an, sondern Weisheit und Nutzen seiner Realisierung.

Schon immer haben sich verschiedene Völker, selbst in Zeiten, in denen es zwischen ihnen weder zu kriegerischen Handlungen noch zu gewalttätigen Auseinandersetzungen kam, schwer damit getan, gemeinsame Stadtviertel zu bewohnen. Um so mehr gilt dies in der gereizten, spannungsgeladenen Atmosphäre voller Ängste und Vorbehalte, die zwischen Moslems und Juden in Jerusalem, zwischen Israel und den arabischen Staaten, herrscht. In einem anderen Zusammenhang habe ich einmal ähnliches angesprochen, als ich sagte, daß sich ein Araber nicht unbedingt im Zentrum eines jüdischen Stadtteils im Westen der Stadt niederlassen sollte. Auch hier geht es nicht um geltendes Recht oder Gesetz. Es steht außer Frage, daß ein Araber nach dem Gesetz dazu berechtigt ist, ein Haus in einem jüdischen Stadtteil zu kaufen oder zu mieten. Dies würde allerdings dazu führen, daß beide Seiten ihr Gefühl von Sicherheit einbüßten. Die Juden der Umgebung würden sich vor dem Nachbarn fürchten, der sich seinerseits vor ihnen in acht nähme. In solch einer Situation wäre der Araber vermutlich zum Schutz vor Übergriffen radikaler Juden, die ihn aus ihrer Nähe vertreiben wollten, ständig auf die Polizei angewiesen; ebenso würde kein Jude es wagen, ohne Beistand der Sicherheitskräfte mit seinen Kindern in einer arabischen Gegend zu leben. Das Argument, daß Araber eine Bedrohung für die Sicherheit ihrer jüdischen Nachbarn darstellten, da sie sie haßten und sich weigerten, ihren Staat anzuerkennen, während Juden friedlich gesinnt seien, mag in politischen Diskussionen angezeigt sein, in der Praxis ist es jedoch ohne Belang. In den Augen der Araber verkörpert jeder Jude, der sich in ihren Stadtteil drängt, eine Bedrohung und heimtückische Absichten. So gesehen, besteht kein Unterschied, der eine unterschiedliche Behandlung rechtfertigen würde.

Das Recht der Juden, sich überall anzusiedeln, soll noch einer weiteren Prüfung unterzogen werden: Was erwartet denn beispielsweise einen säkularen Juden und seine Familie, die in einem ultraorthodoxen Viertel ansässig werden wollen? Wird man ihn etwa in Ruhe lassen, oder wird man ihm, seiner Frau und seinen Kindern das Leben schwermachen? Habe ich ein säkularer Jude gesagt? Und was ist mit einem religiösen Juden, der aus seiner Sicht nach der Tradition lebt, den Schabbat und eine koschere Lebensweise einhält, die Feiertage heiligt, seine Kinder jedoch in einer städtisch-religiösen Schule unterrichten läßt, sich bei den Lebensmitteln, die er ißt, mit der Koscher-Bestätigung des Oberrabbinats begnügt und auf die Koscher-Bestätigung der Ultraorthodoxen verzichtet? Könnte solch ein Jude in einer Jerusalemer Gemeinde von Ultraorthodoxen leben? Er hätte mit Sicherheit kein leichtes Dasein.

Und in diesem Fall handelt es sich um Angehörige desselben Volkes und nicht einmal um überzeugte Atheisten im Gegensatz zu streng Gläubigen, sondern um einen religiösen Menschen, der lediglich für den Geschmack der Ultraorthodoxen nicht religiös genug ist. Und es geht hier nicht um nationalen Haß und nicht um Streitigkeiten über Souveränitäten und Grenzen und auch nicht um bittere Erinnerungen an jahrelanges Blutvergießen – und dennoch würde sich ein Jude, der nicht ultraorthodox ist, vermutlich davor hüten, in ein ultraorthodoxes Viertel einzudringen und sich wie ein Dorn dort festzuhaken.

Warum also sollte dieser kluge Grundsatz nicht auch für arabische Stadtteile und Bevölkerungszentren gelten? Schließlich sind Feindschaft, gegenseitiges Mißtrauen und Zerwürfnis dort ungleich größer als zwischen Juden mit unterschiedlichen Gepflogenheiten oder verschieden intensiver Frömmigkeit.

Darauf gibt es nur zwei Antworten, die beide aus der Sicht der Juden gerechtfertigt scheinen. Nur eine davon wird öffentlich ausgesprochen, die zweite flüstert man bloß hinter vorgehaltener Hand und enthält sie der Öffentlichkeit vor. Die erste lautet: Da das biblische Gebot der Besiedlung des Landes für alle Gegenden und alle Orte gilt, insbesondere für das heilige Jerusalem, kann nur eine intensive Ansiedlung im östlichen Teil der Stadt die Souveränität Israels über ganz Jerusalem garantieren.

Die zweite Antwort ist nicht minder interessant: Die Araber wollen uns nicht als Nachbarn? Wer hat sie nach ihrer Meinung gefragt? Uns gehört alles hier. Wir werden unsere Häuser und *Talmud*-Schulen errichten, wo immer es uns gefällt. Das paßt den Arabern nicht? Niemand hält sie auf. Sollen sie doch auswandern. Wir haben nichts dagegen! Und wenn wir schon dabei sind, werden wir uns so verhalten, daß sie ermutigt werden, sich von Jerusalem loszusagen. Wir werden ihnen schon zusetzen. Die Herrscher hier sind wir. Die Araber haben nur eine Wahl: Entweder sie fügen sich und schweigen, oder sie packen ihre Koffer und gehen.

Die erste Antwort ist primitiv: Die Versuche, Juden mitten unter den Arabern anzusiedeln, liefern ständig Nahrung für Reibereien. Sie schüren den arabischen Haß und wecken den Protest der ganzen Welt gegen die Souveränität Israels über das vereinte Jerusalem. Jede Situation, die auf eine Ruhestörung hinausläuft und die Reibungsfläche vergrößert, arbeitet den Gegnern Israels in die Hände. Jeder Ausbruch von Gewalt ist eine Bestätigung für diejenigen, die der Meinung sind, man solle Jerusalem wieder teilen – den westlichen Teil den Juden und den östlichen Teil den Moslems und Christen übergeben. Nur ein Zustand der Ruhe dient den israelischen

Interessen in Jerusalem. Wer mit Absicht, aus Unwissenheit oder aus Dummheit Spannungen provoziert, die den ruhigen Gang des Lebens in Jerusalem stören, dient den Interessen der Israelhasser. Das kann nicht das Ziel eines Juden sein, der sich in einem arabischen Stadtteil niederläßt oder dort eine *Talmud*-Schule errichtet, aber es ist nun einmal das eindeutige Resultat seines Vorgehens.

Es scheint mir, daß ich auf den zweiten Grund für den Eifer der Juden, sich in arabischen Stadtteilen niederzulassen, gar nicht erst eingehen muß. Auch dieser Grund verfehlt sein Ziel: Die Araber verlassen Jerusalem nicht. Sie knirschen mit den Zähnen und schüren in ihren Herzen glühenden Haß – an ihren Häusern und Grundstücken halten sie jedoch fest.

Wie bei allen anderen Schwierigkeiten auf dem verworrenen und komplizierten Gebiet der Beziehungen zwischen Juden und Arabern und in dem lange währenden Kampf für Frieden und Verständigung gilt auch hier der Grundsatz, an den ich voller Überzeugung glaube: Nur was moralisch ist und der peinlichst genauen Prüfung auf die Einhaltung humanitärer und jüdischer Werte standhält, nützt auch dem Staat Israel. Jede unmoralische Handlung, die diese Prüfung nicht besteht, richtet schlimmen, manchmal nicht wiedergutzumachenden Schaden für die Interessen Israels an. Ich habe immer wieder auf diese Tatsache hingewiesen und werde es auch weiterhin tun – denn sie entspricht der Wahrheit.

Es ist unmöglich, auf alle Aktionen jüdischer Gruppierungen in ihrem Bestreben, Häuser und Grundstücke in Ostjerusalem in Besitz zu nehmen, einzugehen. Sie sind zu zahlreich und häufig genug undurchschaubar. In vielen Fällen wird eine Zweckgemeinschaft zwischen jüdischen Gruppierungen und den arabischen Eigentümern gebildet, die decken soll, daß arabisches Eigentum in jüdisches überging, und die Art der Bezahlung, die Finanzierungsquellen und die Kaufbedingungen vertuscht. Wenn sich die Interessen jüdischer Gruppierungen, die ihren Immobilienbesitz in Ostjerusalem ausbauen wollen, mit denen von Arabern, die reich werden wollen, decken, ergänzen sich Juden und Araber in ihrer beiderseitig berühmten kaufmännischen Begabung.

In der David-Stadt beispielsweise wurde seinerzeit ein Grundstück von der Staatlichen Bodenverwaltung an die Jerusalem Foundation verpachtet. Die Foundation hatte die Absicht, auf dem Areal archäologische Grabungen durchführen zu lassen. Die Grabungen wurden unter der Leitung von Dr. Yigal Shiloh vorgenommen und weitgehend von dem Südafrikaner Mandel Kaplan, dem Vorsitzenden der Treuhandgesellschaft der Jewish Agency, finanziert.

Auch nach Abschluß der Grabungen – auf den Aufruhr, den die Ausgrabungen in den Kreisen der ultraorthodoxen Juden verursachten, werde ich gesondert eingehen – pachtete die Jerusalem Foundation für eine Weile dieses Areal weiter, obgleich der Beginn der Intifada den Touristenstrom in der David-Stadt hatte versiegen lassen. Die Gesellschaft für die Entwicklung Ostjerusalems unter der Leitung von Yitzhak Yaacovy war verantwortlich für die Pflege und Unterhaltung des Terrains. 1991 lief der Pachtvertrag zwischen der Jerusalem Foundation und der staatlichen israelischen Bodenverwaltung aus. Die Lücke wurde umgehend gefüllt. Die Gesellschaft für die Entwicklung des Jüdischen Viertels, die dem damaligen Minister Sharon unterstand, übernahm den Pachtvertrag und verlor keine Zeit. Sie nutzte die Gelegenheit für ein Vorgehen, das auch aus juristischer Sicht umstritten ist. Die Gesellschaft für die Entwicklung Ostjerusalems wurde aufgefordert, die Hände von der David-Stadt und dem Warren-Schacht zu lassen. Die Forderung stützte sich unter anderem auf die Aussage von Ruth Heshin, der Präsidentin der Jerusalem Foundation, die Foundation habe keinerlei weiteres Interesse an einer Pacht des Areals.

Noch bevor es in der David-Stadt zu dem großen Drama der Häuserbesetzung durch Juden, dem gewalttätigen Widerstand der Araber und zur Anhörung vor dem Obersten Gerichtshof kam, zahlte ein arabischer Bürger den vollen, hohen, grausamen Preis für Haß und Feindschaft. Was ihm geschah, ist in meinen Augen repräsentativ für die bestehenden Verhältnisse. Auf beiden Seiten agieren naive Menschen, die guten Willens sind. Mussa Abbessi war einer der herausragenden unter ihnen. Er war weder voller Haß noch voller Feindseligkeit und Abscheu, er tat nichts anderes als seine Arbeit. Er war der Wächter des Warren-Schachtes. Er wohnte in der Nähe des Schachtes und hatte nicht nur zu Yigal Shiloh und seinen Leuten sehr enge und herzliche Beziehungen entwickelt, sondern war auch stets freundlich zu allen Touristen, ob Israelis oder Ausländer, die die Ausgrabungen besichtigten. Er sprach hebräisch, war nicht gewerkschaftlich organisiert und nahm es mit der Arbeitszeit nicht so genau. Der Schacht war jederzeit der Öffentlichkeit zugänglich, auch außerhalb der offiziellen Öffnungszeiten. Mussa wohnte ja in der Nähe. Kamen Touristen, so sperrte er auf. Auch wenn das Eisentor des Schachtes verschlossen war – seine private Haustür stand stets offen. Man konnte sich auf ihn verlassen, er würde sich nicht weigern, das Tor zu öffnen, er würde es mit den Vorschriften nicht so genau nehmen. Sollte einer der Touristen an Erläuterungen interessiert sein, wollte er etwas über den Warren-Schacht und die David-Stadt wissen – Mussa stand zur Verfügung; er würde erklären und guter Dinge, lächelnd und freundlich, erzählen.

Er wurde das erste Opfer der Gesellschaft zur Entwicklung des Jüdischen Viertels. Da er keine Ahnung von den neuen Verhältnissen hatte, fand er eines Morgens vollkommen überrascht eine Gruppe von Menschen mit Uzi-Gewehren in den Händen vor. Sie waren gekommen, um sich des großen Feindes anzunehmen ... Er hatte nicht einmal Gelegenheit, nach den Gründen zu fragen und nach einer Erklärung zu suchen – man befahl ihm, aus seinem Haus zu verschwinden. Nun sitzen dort die Siedler von »ELAD« (Abk. für: ›Auf zur David-Stadt!‹, Anm. d. Übs.), und Mussa Abbessi ist ein überflüssiges Opfer, gebrochen, krank und voller Kummer. Seine Enteigner hingegen sprechen von ihrer großen Vision: der Koexistenz mit den Arabern ...

Jenseits des politischen Schadens und der städtischen Schwierigkeiten, deren Umfang man nicht unterschätzen sollte, steht, ich kann es nicht oft genug betonen, die entscheidende, höchste Prüfung für die Souveränität Israels über das vereinigte Jerusalem, nämlich die moralische.

Meine politischen Gegner werden das niemals zugeben. Auch politische Anhänger scheinen hin und wieder ihre Schwierigkeiten damit zu haben. Sie haben es auch nicht leicht. Meine Überzeugung, nach der die moralische Prüfung die wichtigste ist, ist schwer zu verdauen. Ich lasse keine diskriminierende Unterscheidung zu. Entweder ist es den Juden erlaubt, sich inmitten der arabischen Bevölkerung anzusiedeln, ebenso wie es den Arabern erlaubt ist, sich zwischen der jüdischen Bevölkerung niederzulassen, oder es ist diesen wie jenen untersagt, und sie werden beide dazu angehalten, nur innerhalb ihres Volkes Wohnung zu beziehen.

Über das Recht der Araber, sich in Zentren der jüdischen Bevölkerung anzusiedeln, hat sich bereits der Oberste Gerichtshof geäußert: Vor Jahren hatte ein Araber, Burkan war sein Name, den Versuch unternommen, eine Wohnung im Jüdischen Viertel der Jerusalemer Altstadt zu erwerben. Man weigerte sich, sie ihm zu verkaufen. Er reichte eine Petition beim Obersten Gerichtshof ein. Der Oberste Gerichtshof lehnte seine Petition ab und hat damit praktisch entschieden, daß Araber sich nicht inmitten der jüdischen Bevölkerung ansiedeln dürfen. Es gibt zwar kein Gesetz, das es ihnen verbieten würde. So wie es kein Gesetz gibt, das einem Juden verbieten würde, in einer dicht besiedelten arabischen Gegend zu wohnen. Aber aus meiner Sicht gibt es hier eine Schlußfolgerung: Wenn es einem Araber nicht gestattet ist, eine Wohnung im Jüdischen Viertel zu kaufen, und der Oberste Gerichtshof ein derartiges Verbot bestätigt, kann es auch keinem Juden erlaubt sein, eine Wohnung oder ein Haus in den arabischen Vierteln – moslemisch, christlich oder armenisch – zu erwerben.

Die diversen jüdischen Gruppierungen begnügen sich nicht damit, Häuser innerhalb der Mauern der Altstadt zu kaufen, sondern sie werfen auch ein Auge auf Objekte, die sich außerhalb befinden, beispielsweise in der David-Stadt.

Der Aktion in Silwan, David-Stadt, ging eine gründliche und erstaunliche Auskundschaftung voraus. Mussa Abbessi schöpfte keinen Verdacht, als ein jüdischer Touristenführer in auffälliger Weise von den gängigen Beziehungen abwich und sich darum bemühte, freundschaftliche Bande zu knüpfen. Mussa Abbessi war offen für diese Art von Kontakten und wäre nie auf die Idee gekommen, daß sein Begleiter niemand anderes als ein Abgesandter des

»ELAD«-Vereins war. Dieser hatte sogar die *Kipa* (Kopfbedeckung der religiösen Juden, Anm. d. Übs.) vom Kopf gezogen, um Mussa nicht argwöhnisch zu machen. Der Delegierte begann in Abbessis Haus ein- und auszugehen. Er fragte ihn über seine Familie, seine Brüder und Schwestern aus, erkundigte sich, wem das Haus gehöre, wer es vererbt hatte, wie hoch Abbessis Anteil an dem Eigentum war, wie er das Eigentumsrecht erworben hatte. Abbessi schöpfte immer noch keinen Verdacht und begriff nicht, daß die Befragung auf anderen Absichten beruhte als auf unschuldigem Interesse. In seinen Augen war der Befrager ein Freund, und Freunden konnte man bekanntlich erzählen, was sie hören wollten, und es gab keinen Grund, ihnen zu mißtrauen.

So lieferte Abbessi dem »ELAD« alle notwendigen Informationen. Seine Auskünfte veranlaßten die »ELAD«-Leute dazu, die Grundbücher einzusehen, wobei sie feststellten, daß der große Komplex, den Mussa Abbessi bewohnte – später nannte man ihn Beit Hatira, das Herrenhaus –, ihm nicht allein gehörte, sondern zum Teil Angehörigen seiner Familie, die unter das Abwesenheitsgesetz fielen.

Daraufhin stand nichts mehr im Wege. Die »ELAD«-Leute übertrugen den Anteil, der unter das Abwesenheitsgesetz fiel, dem Treuhänder für herrenlose Besitzungen. Natürlich machte sich niemand die Mühe, Abbessi über die Eintragungs- und Eigentumsrechtsänderung zu informieren. Dieser Treuhänder übernahm nicht die Verwaltung des Besitzes, sondern überschrieb ihn der Organisation Amidar. Amidar verpachtete den Besitz für Jahrzehnte an »ELAD«, unentgeltlich oder für einen symbolischen Pachtzins. Zweifellos genossen alle derartigen Machenschaften die volle Unterstützung des Bauministers Arik Sharon und gingen bisweilen sogar auf seine Initiative und Anregung zurück. Als bewaffnete Juden Mussa mitten in der Nacht vertrieben und ihn zusammen mit seiner Familie in die kleine Ecke drängten, die sein Eigentum geblieben war, ging dem Araber vielleicht auf, in welche Falle sein »Freund«, der Fremdenführer, ihn gelockt hatte.

Noch eine schlechte Gepflogenheit ist typisch für die jüdischen Siedler in den verschiedenen Stadtteilen Jerusalems. Die Besiedlungen werden begleitet von Parolen, spektakulären Aktionen und Täuschungsmanövern, von der Gier nach Schlagzeilen und Publicity. Zuerst kommt das vermeintlich geheime Unternehmen. Im Anschluß daran, vielleicht auch währenddessen, alarmiert man Fernsehen und Medien im ganzen Land oder gar in der ganzen Welt, macht einen großen Wirbel und gibt im Scheinwerferlicht bombastische Erklärungen ab. Die Welt tobt. Demonstrationen dafür und dagegen werden organisiert. Die Regierung zieht sich zu Beratungen zurück. Die Knesset ist außer sich. Es kommt zu Beschuldigungen und Gegenbeschuldigungen. Das Fernsehen überträgt direkt. Die Zeitungen sind voll. Und dann herrscht plötzlich Ruhe. Das Hauptanliegen bestand eigentlich nicht darin, sich anzusiedeln und ein Wohn- und Geschäftszentrum zu errichten, sondern Lärm zu machen, Streitereien auszulösen und die Sicherheitskräfte zu zwingen, gegen Araber, die Anzeichen von Widerstand zeigen, vorzugehen. Von dem Augenblick an, in dem dies erreicht ist, kann man neue Ziele anpeilen.

Was geschah beispielsweise mit dem Haus von Arik Sharon in Ostjerusalem? Es wurde viel Wirbel gemacht. Alle Zeitschriften berichteten darüber, alle Fernsehsender übertrugen die Vorfälle. Viel Geld wurde für die Finanzierung des Polizeischutzes um das Ministerdomizil ausgegeben. Zahlreiche Gemüter erhitzten sich. Und das Resultat? Lilli und Arik Sharon kommen nur sehr selten, um ihr Haus zu bewohnen. Hauptsache, Sharon hat einen politischen Erfolg erzielt.

In Silwan wohnen nur wenige Juden, einzelne, die sich im Schichtdienst abwechseln. Die Sache beginnt immer mit Pauken und Trompeten, mit zionistischen Deklarationen, deren Echos von einem Ende der Welt bis zum anderen tönen, und dann verklingt sie ganz leise.

Einen Nutzen hat sie nie. Der gigantische Schaden ist allerdings von Dauer. Jerusalem gerät dadurch in die Schlagzeilen. Die ganze Welt empfängt die Botschaft: Jerusalem kommt nicht zur Ruhe. Ständig gibt es Auseinandersetzungen. Die Juden versuchen, Häuser zu besetzen, von der Regierung gedeckt, und nur knapp konnte ein Blutbad verhindert werden. Fürwahr, man kann Jerusalem nicht der jüdischen Herrschaft überlassen. Es muß etwas geschehen.

Extremisten, die gewiß in der Minderheit sind, haben es in der Hand, die Bemühungen der vernünftigen Mehrheit, Jerusalem für alle Ewigkeit sowohl vereint als auch israelisch zu erhalten, zunichte zu machen.

Neben »ELAD« bemühen sich zwei weitere Vereinigungen um jüdische Ansiedlungen inmitten der arabischen Bevölkerung, »*Atara leyoshna*« und »*Ateret Cohanim*«. Wenn ich die Unterschiede zwischen beiden definieren sollte, müßte ich gestehen, daß die geringfügigen Abweichungen mir nicht klar sind und die Machenschaften der Gruppierungen vor Ort mehr Ähnlichkeiten als Differenzen aufweisen. Das Ziel von »*Atara leyoshna*« ist es, jüdische Siedlungen in der Altstadt in neuem Glanz erstrahlen zu lassen, wie dazumal, ehemals jüdische Häuser aufzuspüren, ihren gegenwärtigen Besitzern abzukaufen und erneut mit Juden zu besiedeln. »*Ateret Cohanim*« hingegen beschränkt sich nicht darauf, einstiges jüdisches Eigentum an Juden zurückzuführen. Diese Gruppe steht auf dem Standpunkt, alles, was sich zwischen den Mauern der Altstadt befinde, sei Eigentum der Juden und es sei ein Gebot, wo immer sich die Möglichkeit biete, aufzukaufen, zu mieten oder zu pachten.

Diejenigen, die versuchen, Anwesen, die einmal jüdisch waren, ausfindig zu machen und an jüdische Eigentümer zu übergeben, stoßen in Ostjerusalem auf ein Phänomen, das einzigartig sein dürfte: einen Familien-*Waqf*. Im Unterschied zu dem bekannten Begriff des moslemischen *Waqf*, der religiösen Stiftung, die dem Moslemischen Rat unterstellt ist, verwaltet der Familien-*Waqf* gemeinsames Privateigentum, für das allerdings die Gesetze der religiösen Stiftung gelten, wonach nichts veräußert werden darf und die Eigentumsrechte nicht verändert werden dürfen. Nicht nur nach den Erbteilgesetzen, die für unsere eigenen landwirtschaftlichen Flächen gelten, sondern auch nach den Regeln, die bei den Moslems üblich sind, darf Grundbesitz nicht unter mehreren Erben aufgeteilt werden. Ein Haus zu verkaufen und den Erlös unter mehreren Kindern aufzuteilen bedeutet den Verzicht auf die Stellung der Familie innerhalb der moslemischen Gemeinschaft. Viele Moslems zogen es vor, ihr Haus der Stiftung zu überschreiben, um zu verhindern, daß

Immobiliengeschäfte damit gemacht werden. In diesen Fällen ging der gesamte Besitz an eine Art Treuhänder über – *Mutawali* in arabischer Sprache –, dessen Aufgabe darin besteht, die Anwesen zu unterhalten, Mieten festzulegen und die Erträge unter den Erben zu verteilen.

Der Generationenstrang wird immer länger. Ein Anwesen, das vor Generationen zum Familien-*Waqf* überging, stellt für keinen der Erben irgendeinen Wert dar. Söhne, Enkel und Urenkel haben zwar ein Anrecht auf die Erträge aus den Vermietungen ihres Eigentums, die Realität sieht jedoch so aus, daß sie einen Schekel pro Jahr erhalten. Es ist demzufolge nicht verwunderlich, daß sie versuchen, aus ihrem als *Waqf* deklarierten Gut einen möglichst hohen Gewinn zu ziehen. Und hier liegt der Berührungspunkt zwischen den Erben und den Anhängern von »Rückgabe des alten Glanzes«. Die einen haben einen Besitz, der nicht realisierbar ist, da er nicht verkauft werden kann. Die anderen sind von dem Gedanken besessen, Häuser und Besitztümer erwerben zu müssen und mit Juden zu besiedeln. »Rückgabe des alten Glanzes« macht derartige Anwesen ausfindig. Es ist zwar nicht möglich, das Eigentum an ihnen zu erwerben, aber es gibt eine Menge Möglichkeiten, Lügen- und Täuschungsmanöver zu inszenieren. Ein Haus wurde zwar praktisch von »Rückgabe des alten Glanzes« erworben, aber theoretisch und nach außen hin behält es den Status eines Familien-*Waqf*. Für die notwendige Finanzierung konnte der Verein bis zum Regierungswechsel in Israel auf Staatsgelder zurückgreifen.

Ich streite nicht ab, daß der Verein möglicherweise ein paar Häuser zu normalen und üblichen Bedingungen erwerben konnte und auch die geänderten Eigentumsverhältnisse in das Grundbuch eintragen ließ. Aber diese Fälle bilden die Ausnahmen in dem System von verzweigten und komplizierten Geschäften. Die Moslems, die sich auf derartige Geschäfte einlassen, gehen ein großes Risiko ein, nicht zuletzt in Hinblick auf das, was sie nach jordanischem Gesetz, das das Transferieren von arabischem Besitz an Juden untersagt, erwartet. Die jordanische Gesetzgebung verfährt äußerst streng mit denen, die diese Gesetze mißachten, und für sie, als Kriminelle, gilt die Todesstrafe. Das Vermieten einer Liegenschaft auf unbegrenzte

Zeit auf der Basis der Erbpacht wird von den Jordaniern als Verkauf gewertet und stellt für die Araber, die ein derartiges Geschäft abschließen, eine ebenso große Gefahr dar. Die jordanischen Behörden haben bereits über einige Jerusalemer Moslems die Todesstrafe verhängt. Jordanien hat keinerlei Möglichkeiten, die Urteile zu vollstrecken, solange die Verurteilten durch das Gesetz in Israel geschützt sind, sie müssen sich jedoch davor hüten, die Grenze nach Jordanien zu überschreiten, und sind Israels loyalste Partner in der Hoffnung, die Souveränität über ganz Jerusalem für immer zu behalten.

Nicht alle auf diese Weise erworbenen Häuser werden von den Vereinen mit Juden bevölkert. Bisweilen, wenn ein Anwesen nicht vereinnahmt werden kann, weil die arabischen Eigentümer davor zurückschrecken, das damit verbundene Risiko auf sich zu nehmen, wird ein gesonderter Vertrag geschlossen. Der Verein erwirbt die Besitzrechte dem Anschein nach durch Pachten oder Mieten, verpflichtet sich jedoch, das Objekt vom Tag des Geschäftsabschlusses an fünfzehn Jahre lang nicht mit Juden zu besiedeln. An diese Vereinbarungen halten sich die Vereine, damit auch andere Araber ihnen bei künftigen ähnlichen Geschäften vertrauen. Das Ergebnis davon ist, daß Häuser und Wohnungen, die die Vereine praktisch erworben haben, leerstehen. Die Araber haben sie geräumt, und die Juden warten noch auf den richtigen Zeitpunkt, sie zu beziehen – entweder auf das Ende der vertraglich vereinbarten Frist oder auf Umstände, die den Verein von seinen Verpflichtungen befreien.

Die jüdischen Vereine sind unersättlich, und die moslemischen Grundbesitzer sind um so mehr daran interessiert, ihre Interessen wahrzunehmen. Der beiderseitige Eifer zu kaufen bzw. zu verkaufen führt zu äußerst merkwürdigen Vereinbarungen, die unter anderen Umständen Stoff für groteske Komödien liefern könnten. Oftmals wird ausgemacht, daß der moslemische Eigentümer seine Möbel und Elektrogeräte zurücklassen darf, um den Eindruck zu bewahren, er sei weiterhin der Eigentümer. In vielen Fällen wurde von vornherein als Entgegenkommen festgelegt, daß bei der Inbesitznahme durch die Juden die arabischen Vorbesitzer lauthals gegen ihre jüdischen Enteigner protestieren und alle erdenklichen Schmähungen gegen die gemeinen jüdischen Eroberer ausstoßen werden. Und nicht nur das, in einem Abkommen wurde darüber hinaus ausdrücklich vereinbart, daß der Araber auch dann im Sinne der Abmachung handelt, wenn er sich nicht damit begnügt, sich auf die Türschwelle zu legen und schreiend gegen den Diebstahl seines Hauses zu protestieren, sondern sich gar mit der Bitte um Hilfe an das Oberste Gericht wendet. Gemeinsam sind Juden und Araber äußerst erfinderisch.

Räumliche Enge läßt Haß gedeihen

Die Wahrheit ist einfach: Ob nun ein Beschluß vorliegt oder ob Staatsbeamte der unterschiedlichen Dienstgrade, unter der Duldung der Ministerien, eine eigene Politik betreiben, die nicht offiziell beschlossen wurde, jedenfalls strebt die israelische Regierung ein Verhältnis von 74 Prozent Juden in Relation zu 26 Prozent Arabern im Stadtverband Jerusalem an. Diese Proportion kann auf zwei unterschiedlichen Wegen erreicht werden, die entweder parallel oder entgegengerichtet verlaufen. Da ist zum einen der harte, schwierige, langwierige Kurs: Man schafft in Jerusalem attraktive Bedingungen, die Juden aus anderen Gegenden Israels verlocken sollen, nach Jerusalem überzusiedeln. Dieser Kurs erfordert Maßnahmen von großer Bandbreite in den unterschiedlichsten Bereichen: eine deutliche Senkung der Wohnkosten, Erschließung von Bauland, eine weitgehende Forcierung des Wohnungsbaues zum Zweck der Vermietung an junge Familien zu annehmbaren Bedingungen. Das Hauptproblem, oder zumindest ein Problem, das mit dem Wohnungsproblem einhergeht, ist die Frage der Beschäftigung. Nur eine breite Ansiedlung von Industrie, Dienstleistungs- und Gewerbebetrieben kann Massen von Bürgern, auch die vorwiegend russischen Neueinwanderer, motivieren, Jerusalem den engen Landstrichen in der Ebene vorzuziehen.

Wenn sich dieser Kurs als zu komplex und zu schwierig erweist und man demzufolge das angestrebte Verhältnis zwischen der Zahl der Juden und der Zahl der Araber in Jerusalem nicht durch eine

Zunahme der jüdischen Bevölkerung als Gegengewicht zu dem natürlichen Anwachsen der arabischen Bevölkerung erreichen kann, wird man die Abwanderung von Arabern aus Jerusalem in andere Gebiete in Erwägung ziehen.

Auf welche Weise? Nicht durch Umsiedlung – Gott behüte. Man wird eine administrative Lösung dafür finden. Man wird den Arabern einfach das Bauen erschweren! Indem man Genehmigungen für den Ausbau ihrer Häuser verweigert, indem man es unterläßt, neue Wohnsiedlungen zu errichten, und indem man es ihnen unmöglich macht, neue Wohnhäuser auf Grundstücken zu bauen, die ihnen gehören. Und wenn sie auf engem Raum nicht leben können, die israelische Regierung ihnen jedoch den Bau neuer Häuser nicht genehmigt, werden sie die Konsequenz daraus ziehen und sich auf geringeren Familienzuwachs beschränken oder wegziehen.

Denn eng ist es. Sehr eng. Die Bitterkeit ist groß, und der Haß fällt auf fruchtbaren Boden. Wer kann einem arabischen Einwohner klarmachen, warum es ihm untersagt ist, für seine Kinder und deren Familien auf seinem Haus ein zweites Stockwerk aufzubauen? Schließlich will niemand finanzielle Unterstützung. Mit eigenen finanziellen Mitteln wollen Familien ihren Wohnraum vergrößern – und die Genehmigung wird ihnen nicht erteilt. Wie will man den Arabern erklären, warum es ihnen nicht erlaubt ist, eine arabische Wohnsiedlung auf ihrem eigenen Grund und Boden zu erstellen, finanziert aus der eigenen Tasche ohne Inanspruchnahme von staatlicher Hilfe oder der Unterstützung einer anderen öffentlichen Institution?

Als Reaktion auf dieses Verbot, sich nach den Bedürfnissen des demographischen Zuwachses neue Häuser zu bauen oder an ihre alten Häuser anzubauen, bleiben den Arabern nur drei Möglichkeiten: Entweder sie leben mit der erdrückenden räumlichen Enge, oder sie bauen ohne Genehmigung, wobei ihnen klar ist, daß sie den Abriß riskieren, oder sie ziehen weg von Jerusalem nach Judäa und Samaria, wo die Baugesetze weniger streng sind und deren Einhaltung nicht so peinlich genau überwacht wird. Eine gründliche Abwägung jeder dieser drei Möglichkeiten ergibt, daß der Schaden, der Israel entsteht, weitaus größer ist als der Vorteil, ja, daß Israel nicht der geringste Nutzen daraus erwächst.

Die Zumutung des beengten Wohnens bis zur Menschenverachtung und Demütigung hat ihre Folgen. Verbitterung und Haß, die dort wie in einem Gewächshaus sprießen, können von Israel nicht erwünscht sein. Erboste Einwohner sind für die Propaganda der Terrororganisationen und anderer fanatischer Gruppierungen zugänglich. Die zweite und dritte Generation von arabischen Kindern sind in dieser Realität geboren und aufgewachsen. Sie kennen nichts anderes. In einer elenden Umgebung, wo fünf, sechs oder gar mehr Kinder verschiedener Altersklassen sich eine kleine Kammer teilen müssen, erzählen die Eltern ihren Kindern, daß sie nicht etwa zu diesen Lebensbedingungen gezwungen sind, weil der Familie die Mittel zur Verbesserung der Wohnsituation fehlten, und auch nicht, weil sie für den Bau eines neuen Hauses keinen Boden hätte, sondern »weil wir unter der Herrschaft der jüdischen zionistischen Israelis leben müssen, die uns hassen, die unsere Feinde sind und die wollen, daß wir unter diesen Bedingungen leben oder gar wegziehen, damit sie sich selbst alles unter den Nagel reißen können. Das steckt dahinter.« Der eine oder andere wird vielleicht hinzufügen: »Das werden die Juden nicht schaffen, denn wir, wir haben Geduld. Eine Menge Geduld. Es fällt uns zwar schwer, aber letztendlich werden wir die Juden vertreiben und uns ein großes Haus kaufen, in dem jeder sein eigenes Zimmer haben wird.«

Was nützt es Israel, diesen Haß zu fördern? Inwiefern trägt ein derartiges Verhalten zu der Hoffnung bei, daß sich die Araber Jerusalems mit den Jahren auf eine friedliche Koexistenz mit den Juden Jerusalems einstellen werden und Jerusalem die Hauptstadt Israels unter seiner Souveränität bleiben wird?

Das Ausmaß der illegalen Bautätigkeit ist viel geringer, als manche politischen Gruppen behaupten. Es wird nicht in großem Umfang gebaut. Ein umfassender systematischer Gesetzesbruch ist ausgeblieben. In besonders krassen Notlagen, wenn die Wohnsituation einer arabischen Familie unerträglich wird, versuchen die Araber hin und wieder, ihre Häuser durch einen Anbau oder durch Aufstocken zu erweitern. Fast in allen Fällen wird dieses Vorgehen entdeckt und das Haus zum Abriß verdammt. Diese Erfahrung mache ich immer wieder. Es ist sehr schwer, die Anweisung für den Abriß des Hauses einer Familie mit vielen Kindern zu unterzeichnen, nur weil sämtliche Bemühungen des Besitzers, eine Baugenehmigung zu erhalten, auf brutale Ablehnung gestoßen sind. Aus diesem Grunde habe ich erklärt, daß ich keine weiteren Anordnungen für den Abriß von Häusern kinderreicher Familien unterzeichnen werde, bis eine akzeptable Lösung gefunden ist, die den Arabern die Chance auf eine Baugenehmigung einräumt und sie von dem Druck, sich rechtswidrig verhalten zu müssen, befreit. Ich sage diese Worte nicht, um mich reinzuwaschen, sondern sie sind Ausdruck meines Protestes. Angesichts solchen Unrechts kann ich nicht gleichgültig und unbeteiligt bleiben.

Auch die Abwanderung von Arabern aus Jerusalem in das Westjordanland bringt Israel keine Vorteile. Die Zahl der Abwanderer ist klein. Gemäß dem derzeitigen arabischen Verhaltenskodex gilt das Verlassen Jerusalems als negative Handlung unter nationalen Gesichtspunkten. Die wenigen, denen die Last der Not das Rückgrat gebrochen hat und die von Jerusalem ins Westjordanland abwandern, ziehen sich von Israel zurück und verringern die Chance, den Rahmen für eine Koexistenz zu schaffen. Sie verlagern ihren Haß und ihren Wunsch nach Rache nur ein paar Kilometer weiter nach Norden oder Süden.

Für die Araber ist eine Abwanderung mit erheblichen Nachteilen verbunden. Als Jerusalemer Bürger kommen sie in den Genuß der Sozialleistungen der Nationalen Sozialversicherung. Wenn sie ihren Wohnsitz offiziell an einen Ort außerhalb des Jerusalemer Stadtverbandes verlegen, verlieren sie ihre Ansprüche. Auch hierfür wurde eine »israelische Lösung« gefunden. Unter der Hand machen die Regierungsbeamten den Arabern fadenscheinige, zweideutige Angaben: »Ziehen Sie um! Reden Sie nicht laut darüber! Ziehen Sie in aller Stille aus, heben Sie ihren Ausweis auf und behalten Sie eine Adresse in Jerusalem bei, so als ob Sie Bürger der Stadt blieben – dann bleiben Ihnen alle ihre Ansprüche erhalten und Sie kommen weiterhin in den Genuß der Nationalen Sozialversicherung. Keine Sorge!«

Diese »Arrangements«, diese Komplotte zwischen offiziellen Staatsbeamten und arabischen Einwohnern Jerusalems, ziehen im Laufe der Zeit eine Vielzahl von Pannen nach sich. Die Zahlungsanweisungen der Nationalen Sozialversicherung kommen an die Jerusalemer Anschrift. Der Empfangsberechtigte wohnt aber nicht dort. Er muß mit seinen Familienangehörigen, die unter der Adresse wohnen, oder mit fremden Mietern Abkommen treffen, daß diese die Schecks für ihn aufbewahren. Beamte der Nationalen Sozialversicherung, die in die Vereinbarungen nicht eingeweiht sind, machen hin und wieder Hausbesuche zur Adressenüberprüfung. Sie decken auf, daß der Versicherte nicht mehr unter der angegebenen Anschrift wohnt, an die seine Sozialleistungen geschickt wurden.

Ich will nicht behaupten, daß man den Arabern mit Absicht Fallen stellt, aber in der Praxis hat sich beispielsweise folgender Fall in El Eizariya ereignet. Nachdem lange Zeit nichts geschehen war, plante das Bauministerium Siedlungen für arabische Bürger in El Eizariya. Von vornherein stand ausdrücklich fest, daß nur Araber aus Ostjerusalem – keine Araber aus dem Westjordanland und auch keine israelischen Araber aus dem Kernland – das Recht haben würden, dort einzuziehen. Die Araber Jerusalems verhielten sich zurückhaltend. Sie befürchteten, durch einen Auszug aus Jerusalem ihre Ansprüche an die Nationale Sozialversicherung, die ihnen sehr wichtig sind, zu verlieren. Selbst nicht bewandert in den Bestimmungen der Sozialversicherung, wurden sie beruhigt: »Sie werden Ihre Ansprüche keinesfalls verlieren. Sie werden weiter beziehen, was Sie bisher erhalten haben.« Sie glaubten es. Der Erfolg war groß. Das Bauministerium leitete die zweite Phase des Bauprojektes ein. Die Grundstücke waren im Nu verkauft. Die Araber kauften und bauten. Natürlich nur die »mit einem Achtziger Ausweis«, wie in der Bevölkerung die Jerusalemer Araber genannt werden. Schließlich hatte man nur ihnen das Recht dazu eingeräumt. Als sie jedoch ihre neuen Häuser bezogen, präsentierte man ihnen die Rechnung: »Nun, ihr seid von Jerusalem weggezogen – die Sozialversicherung stellt ihre Zahlungen ein. Anspruch haben nur arabische Bürger, die in Jerusalem wohnhaft sind.« Die Araber in El Eizariya erhoben Protest: »Aber man hat uns doch zugesichert...« Und diejenigen, die Versprechungen gemacht hatten, schwiegen.

Eine der geringfügigsten nachteiligen Auswirkungen der Tatsache, daß die Araber Jerusalem verlassen, ohne sich offiziell umzumelden, besteht darin, daß die demographischen Statistiken von Grund auf verfälscht werden. Wenn man heute feststellt, daß dem Stadtverband Jerusalem hunderttausend oder hundertzwanzigtausend Araber angehören, sind darin die arabischen Bürger enthalten, die tatsächlich in Jerusalem wohnen, aber auch einige tausend, die ohne Ummeldung die Stadt verlassen haben. Was mich am meisten stört, ist nicht die Statistik und auch nicht die Befürchtung, daß die Araber mit Jerusalemer Adresse dort nicht an autonomen Wahlen teilnehmen könnten, wie die Regierung Shamir behauptet hat, sondern die Tatsache, daß die arabischen Jerusalemer Bürger in dem Augenblick, in dem sie auf die Westbank ziehen, ihre Ansprüche an die Sozialversicherung verlieren. Ich setze mich bei den staatlichen Behörden dafür ein, daß man die Jerusalemer Araber in Jerusalem wohnen läßt. Es bringt nichts, ihnen immer wieder ihre Bau- und Anbauprojekte zu verbieten. Wenn man den demographischen Zustand mit deutlich höherem jüdischen Bevölkerungsanteil in Jerusalem erhalten will, muß man für einen Zuwachs der jüdischen Bevölkerung sorgen. Dazu brauchen wir eine rege Bautätigkeit und den Ausbau von Arbeitsplätzen. Ein System, wonach man arabische Bürger Jerusalems dazu ermutigt, in die verwalteten Territorien abzuwandern, ist falsch. Wenn der Staat daran interessiert ist, daß arabische Bürger der Stadt in andere Gebiete ziehen, muß er die Hürde der Sozialversicherung aus dem Weg räumen. Andernfalls wird niemand umziehen wollen. Ich fordere Offenheit, damit ein Araber, der Jerusalem verlassen hat, nicht länger zu lügen braucht. Es muß möglich sein, daß er dem Innenministerium und der Zivilverwaltung in den Territorien offiziell mitteilt, daß er seine Adresse geändert hat, ohne seine Ansprüche an die Nationale Sozialversicherung einzubüßen.

Aber man hörte nicht auf mich. Man bestand darauf, daß die Nationale Sozialversicherung lediglich eine Einrichtung für Israelis oder für die Araber Jerusalems sei.

Nach und nach, mit Geduld, Hartnäckigkeit und Beharrlichkeit, ist es mir gelungen, die israelische Regierung in eine positivere Richtung zu lenken. Nein, bei weitem nicht alles konnte ich durchsetzen, und man wird auch künftig keinem Araber, der aus Jerusalem in eine andere Gegend zieht, die vollen Rechte der Nationalen Sozialversicherung zugestehen. Aber ein Jerusalemer Araber, der nach El Eizariya umgezogen ist, wird künftig einen Teil seiner Ansprüche an die Sozialversicherung wahrnehmen können. Lediglich einen Teil.

Indes sind Araber, die feststellen mußten, daß ihr Umzug ihre Rechte an die Sozialversicherung beschnitten hat, gewissermaßen »zurückgekehrt«. Sie haben sich kleine Zimmer gemietet, meist handelt es sich um fiktive Mietverhältnisse, und argumentieren bei den Beamten der Nationalen Sozialversicherung damit, daß sie dort ansässig seien und somit alle Ansprüche behielten. Hier und da funktioniert es, oder auch nicht.

Jeder, der sich mit israelischen Baugesetzen auskennt, weiß, daß die Beschlüsse des Stadtrates in seiner Funktion als lokaler Bauausschuß keine eigentlichen Beschlüsse, sondern lediglich Empfehlungen sind. Wenn der Stadtrat die Genehmigung eines Bauantrages empfohlen hat, ist es Sache der Bezirkskommission, eine Baugenehmigung zu erteilen. Dieses Gremium, das sich aus Beamten der verschiedenen Ministerien zusammensetzt, und nicht der lokale Bauausschuß, dessen Mitglieder von der Öffentlichkeit gewählt sind, entscheidet über das Schicksal des Antrages. Es liegt allein in der Macht der Bezirkskommission, zu entscheiden, ob sie die Empfehlungen des lokalen Ausschusses genehmigt oder nicht. Wenn nicht, sind der Stadtverwaltung die Hände gebunden.

Nicht alle Araber sind in dieses Verfahren eingeweiht. Nach ihrem Dafürhalten liegt die Entscheidung bei der Jerusalemer Stadtverwaltung. Gegen sie richtet sich ihr Zorn, und sie wird mit ihren Klagen bombardiert.

Ich kann nur immer wieder Fakten schildern. Schon seit Jahren kämpfe ich für eine Änderung. Schon lange vertrete ich die Ansicht, daß, wer über die Araber regieren will, auch dazu verpflichtet sein muß, ihnen eine annehmbare Lebensgrundlage zu schaffen. Umso mehr, seit die israelische Gesetzgebung für den gesamten Großraum Jerusalem gilt.

Anfang der achtziger Jahre haben wir viel Geld und Mühe in die Ausarbeitung eines Bauplanes für arabische Siedlungen im Norden Jerusalems, in der Gegend von Shu'afat/Beit Hanina, investiert. Der Entwurf, den man »Plan 3000« nannte, wurde 1984 abgeschlossen und enthielt eine gute Nachricht für die Araber und auch für diejenigen, die überzeugt waren – und es immer noch sind –, daß man den Arabern ihre Grundrechte nicht vorenthalten dürfe. Der Plan ging von einem Anwachsen der arabischen Bevölkerung aus und beinhaltete die städtebaulichen Rahmenvorgaben zum Bau von siebzehntausend zusätzlichen Wohnungen für die Araber in dieser Gegend. Ein mühseliger Prozeß wurde in Gang gesetzt. Zunächst jubelten die Araber. Die *Mukthars* (die arabischen Dorfältesten, Anm. d. Übs.) gaben Interviews und dankten der Stadtverwaltung. Dann lehnte die Bezirkskommission die Empfehlung der Stadtverwaltung ab.

Tu etwas dagegen! Schreie auf! Wer soll dir Gehör schenken? Wer die Macht in Händen hält, macht nach eigenem Gutdünken von ihr Gebrauch. Die Überlegungen der Beamten der Bezirkskommission richten sich nicht nach den Problemen der arabischen Bevölkerung, nach der erzwungenen unerträglichen Enge oder nach den Prognosen ihres Wachstums. Die einzige »Überlegung« ist politischer Natur: Man will den Arabern das Leben schwermachen, indem man ihnen nicht erlaubt zu bauen. Vielleicht würden sie ja aus freien Stücken verschwinden, und vielleicht würde auf diese Art das demographische Verhältnis in Jerusalem gewährleistet.

Ich berief lange und mühselige Konferenzen mit den führenden Köpfen des Bauministeriums, Ingenieuren, Architekten und verschiedenen Experten ein. Wir beschäftigten uns mit der Sache und beleuchteten jeden Aspekt. Schließlich wurde ein Kompromiß gefunden. Nicht siebzehntausend Wohneinheiten, sondern nur elftausendfünfhundert. Diese würden zwar nicht ausreichen, da die Araber mehr Wohnraum benötigten, aber es liegt in der Natur eines Kompromisses, daß man sich – wenn es keinen anderen Weg gibt – mit dem begnügen muß, was man erreichen kann.

Aufs neue investierten wir Geld und Zeit. Wir änderten den Plan und glichen ihn dem erreichten Kompromiß an. Ich war überzeugt, daß nun, nachdem man einen Konsens gefunden hatte, die Bezirkskommission die formelle Genehmigung erteilen würde und man an die Arbeit gehen könne.

Aber ich hatte die Rechnung anscheinend ohne Einblick in die Denkweise der Bezirkskommission gemacht. Als der neue Plan (zur Unterscheidung von der ersten Version »Plan 3000 A« genannt) abgeschlossen war, ordnete ich sein Einreichen bei der Bezirkskommission an. Der Plan, es ist nicht zu fassen, lag eine Zeitlang auf den Schreibtischen der Beamten, ehe man ihn an uns zurückgab. Die Bezirkskommission blieb ihrer Linie treu. Der Plan wurde abgewiesen. Die offizielle Begründung lautete: Störung des demographischen Gleichgewichtes. Klar und eindeutig, nicht wahr? Schließlich kann man nicht akzeptieren, daß die Araber sich weiter vermehren, als lebten sie unter arabischer Herrschaft, und ihnen auch noch erlauben, neue Häuser zu bauen. Hinter der offiziellen Begründung kam unmißverständlich zum Vorschein: Die Mitglieder des Ausschusses, die Beamten des Innenministeriums, hatten sich auf die Füße getreten gefühlt. Wieso schlossen die Stadtverwaltung und das Bauministerium Abkommen hinter ihrem Rücken? Waren etwa nicht sie, die Repräsentanten des Innenministeriums, die Zuständigen?

Wieder setzten wir uns zusammen. Wieder wurden langwierige Sitzungen abgehalten. Aber diesmal achtete ich darauf, daß zu den Konferenzen sowohl die Vertreter des Innenministeriums als auch die Herren des Bauministeriums eingeladen wurden, damit sich niemand, Gott behüte, übergangen fühlen konnte und gegen den Plan stimmte. Wieder kamen die Experten. Wieder legten sie dar, wie viele Wohnungen für die Araber benötigt würden und wie hoch die Bevölkerungswachstumsrate sei, was wir ihnen zuzugestehen bereit waren und was nicht. Je mehr die Konferenz sich in die Länge zog, desto klarer wurde mir, sonnenklar schließlich, daß die Frage nach den Bedürfnissen der Araber, und wie man diesen nachkommen konnte, die Ruhe der hohen Regierungsbeamten nicht im geringsten störte. Sie interessierte nichts außer der Frage, was man den Arabern vorenthalten konnte. Siebzehntausend Wohnungen nach »Plan 3000«, nur noch elftausendfünfhundert nach »Plan 3000 A« und siebentausendfünfhundert nach »Plan 3000 B«. Weniger als die Hälfte des Bedarfs. Womöglich nur ein Drittel davon. Oder nicht einmal das.

Bei der Bezirkskommission genoß »Plan 3000 B« keine bessere Behandlung als seine beiden Vorgänger. Wieder war der Ausschuß gewillt, dieses Minimum abzulehnen. Aber dagegen setzte ich mich mit ganzer Kraft zur Wehr. Ich glaube, daß meine Erklärung, wir würden keinen neuen Kompromiß akzeptieren, der die siebentausendfünfhundert verbliebenen Wohnungen antastete, bei dem Beschluß der Kommission, die Ablehnung zurückzunehmen und den Plan zu genehmigen, eine gewisse Rolle gespielt hat.

Arabische Bürger wollten sich in eine Warteliste eintragen lassen. Sie dachten, die Stadtverwaltung habe die Absicht, die Wohnsiedlung zu bauen. In Wirklichkeit baute natürlich nicht die Stadtverwaltung und auch nicht das Bauministerium oder eine andere Behörde. Die Araber sollten ihre Wohnungen selber bauen. Auf ihrem eigenen Grund und Boden. Und auch das war noch Zukunftsmusik. Was abgeschlossen und genehmigt war, war nichts anderes als ein allgemeiner Rahmenplan der Stadtverwaltung. Der Plan unterschied drei räumliche Bereiche. Für jeden Bereich mußte ein gesonderter detaillierter Bebauungsplan erstellt werden, und erst nach der Genehmigung der einzelnen Pläne, separat und jeder für sich mit allen Einzelheiten, erlaubte man den Arabern, ihr Recht wahrzunehmen und in der dafür vorgesehenen Region zu bauen. In dieser Sache waren sie einfach in die Mühlen der ganz gewöhnlichen israelischen Bürokratie geraten.

Die israelischen Regierungen haben nichts ausgelassen, um den Arabern Ostjerusalems Steine in den Weg zu legen. Sie haben alles unternommen, was in ihrer Macht stand, um die Araber daran zu hindern, sich zu entfalten, sich auszubreiten, zu bauen und ihre Wohnverhältnisse zu verbessern. Vor allem die Regierungen des *Likud*. Sie haben geflissentlich – in fünfzehn Jahren der Erstarrung und des Konservatismus – große Flächen zu Grünzonen deklariert, die nicht zur Bebauung freigegeben wurden. Die Stadt braucht Grünflächen. Atmende Lungen. Aber diese Grünzonen waren bewußt wesentlich größer ausgefallen als nötig und gerechtfertigt. Solche Grünzonen zu erschließen und Grünland in Bauland zu verwandeln ist ein langwieriger Prozeß, der mit gerichtlichen Schritten verbunden ist. Wir bemühen uns in dieser Angelegenheit eifrig und unermüdlich, während die Araber sich in einer Notlage befinden. Das ganze Thema der Baugenehmigungsverfahren ist ihnen fremd. Viele Jahre hindurch haben die jordanischen Machthaber nicht auf einen geordneten Bebauungsplan geachtet. Die Araber sind gewohnt, in freier Bauweise zu bauen, jeder nach seinen Bedürfnissen und Möglichkeiten. Auch das Verfahren des Flächenabzuges für die Belange der Öffentlichkeit war bei den Jordaniern nicht üblich. Bei uns hat die Stadtverwaltung das Recht, bis zu vierzig Prozent des privaten Grundbesitzes für öffentliche Bedürfnisse zu konfiszieren. Sie entschädigt die Eigentümer, indem sie ihnen das Bebauungsrecht für verbliebene Böden überträgt.

Dieses Vorgehen, das auch die Juden verbittert, die die Notwendigkeit allerdings einsehen und nicht den Verdacht hegen, daß die Behörden ihnen aus nationalen Gründen Steine in den Weg legen, macht den Arabern angst und weckt ihren heftigen Widerstand. Aus ihrer Sicht muß es erlaubt sein, auf einem Grundstück, das seit Generationen Eigentum der Familie ist und vom Großvater des Großvaters auf diesen übergegangen war und weitervererbt wurde, bis es schließlich in die Hände des gegenwärtigen Eigentümers gelangt ist, ein neues Haus zu bauen oder ein bereits vorhandenes zu erweitern. Wenn er kraft Gesetzes daran gehindert wird, ist dies in seinen Augen der beste Beweis dafür, daß man ihn mit Absicht schikaniert.

So werden die Grundstücksangelegenheiten und Baugenehmigungsverfahren zu einem festen Bestandteil des politischen Kampfes. Verbitterte Araber werden als »definitiven Beweis« anführen, daß in den Tagen der jordanischen Herrschaft nichts Vergleichbares existierte. Wenn damals einer ein Stück Land besaß und darauf bauen wollte, kam niemand mit einem Lineal und stellte prozentuale Berechnungen und ähnlichen Unsinn an.

Es ist auszuschließen, daß die Araber die tatsächliche Begründung annehmen: Sie bauen weiterhin in der Stadt nach dörflichem Muster. Sie bauen an das bestehende Haus ohne Rücksicht auf den Bebauungsplan an und ignorieren völlig die Erfordernisse einer modernen Stadt.

Ein Araber baut auch nicht zum Zweck der Vermietung oder Veräußerung. Er baut allein für seinen Eigenbedarf und den Bedarf der Familie. Würde man ihm die Genehmigung zum Bau eines vierstöckigen Hauses auf seinem Grundstück erteilen – würde er dennoch nur einstöckig bauen. Er wartet ab. Wenn seine Tochter heiratet, wird er noch eine Etage aufstocken. Noch eine Tochter kommt ins heiratsfähige Alter, dann wird er eine weitere Etage bauen. Die Folge davon ist, daß der knappe Baugrund sich im Handumdrehen mit einstöckigen, maximal zweistöckigen Häusern füllt und nicht ausreichend ausgenutzt wird. So baut man auf dem Land, nicht in der Stadt.

Die Jerusalemer Araber erinnern sich gern an die jordanische Herrschaft, in der die Tradition des planlosen Bauens ungehindert weitergeführt werden konnte. Die jordanische Staatsmacht war in ihren Augen ihre eigene. Uns setzen sie mit Besatzungsmacht und Fremdherrschaft gleich, aber ich bin sicher, daß der Tag kommen wird, an dem sie die Tatsache schätzen werden, daß die Jerusalemer Stadtverwaltung Versorgungsleitungen für ein Wasser- und Abwassersystem, ein Elektrizitäts- und Kommunikationsnetz, Straßen und Gehwege angelegt und die Fassaden der Häuser und Geschäfte renoviert hat.

Eine Behauptung der Araber ist richtig: Sie können mit Leichtigkeit Beweise dafür vorbringen, daß die Juden, auch Minister der israelischen Regierungen, namentlich die den *Likud*-Regierungen angehörenden, in der Tat vorhatten, ihnen das Bauen in Jerusalem weitestgehend zu erschweren, ja fast unmöglich zu machen.

Den Arabern fehlt der Sinn für urbane Schönheit. Wenn ich ihnen versichere, daß wir eine schöne Stadt bauen wollen, nicht nur in dem westlichen jüdischen Teil, sondern auch in Ostjerusalem, so glauben mir die wenigsten. Die Mehrzahl ist überzeugt, daß die Juden nur ein Ziel haben: sie zu vertreiben. Die überflüssigen Worte einer kleinen, schreienden Minderheit liefern ihnen hierfür genügend Beweise.

Die Pflicht eines Staates ist es, gleiche Rechte für alle Bürger zu garantieren – was schließlich auch die Grundforderung der Juden in ihren Diasporaländern war. Um so mehr müßte Israel das Erziehungssystem in Ostjerusalem fördern und ihm die nötigen Mittel zur Verfügung stellen, als es ein vorrangiges Interesse daran hat, daß die arabischen Kinder staatliche Schulen besuchen und nicht die Schulen des *Waqf* oder der moslemischen Organisationen, deren Finanzierung und Inhalte von radikalen Gruppen stammen.

Nicht daß die Kinder, die in den städtischen Schulen unterrichtet werden, zu Zionisten herangebildet würden. Selbst wenn die arabischen Lehrer ihre Schüler zu Toleranz und Mäßigung in ihren Beziehungen zu Israel erziehen wollten, sind die Schüler gleichwohl nicht Wachs in ihren Händen. Die militante Straße, die Moschee, das moslemische Elternhaus, in dem in den allermeisten Fällen Haß gegen Israel und seine Staatsgewalt geschürt wird, prägen die arabischen Kinder nicht weniger als Schule und Lehrer. Und dennoch liegen mir Beweise dafür vor, daß ein arabisches Kind in der staatlichen Schule, das nach jordanischem Lehrplan unter Kontrolle des israelischen Erziehungsministeriums unterrichtet wird, sich anders entwickelt als ein arabisches Kind, das eine der anderen Schulen in Ostjerusalem besucht. Mag sein, daß der Unterschied nicht gravierend ist, aber es steht ohnehin fest, daß der Erziehungsprozeß langwierig ist und ein großes Maß an Geduld und Glauben an den Erfolg erfordert. In der staatlichen Schule in Ostjerusalem ist das Kind weniger den Haßtiraden gegen Israel und der Propaganda für eine gewaltsame Lösung als einzigen Weg in den Beziehungen zwischen den beiden Völkern ausgesetzt.

Es ist erstaunlich, daß unter den arabischen Kindern in den staatlichen Schulen im Ostteil der Stadt die Zahl der Schüler, die bereit sind, sich an humanitären Aktionen wie dem Sammeln von Geldern für Gesundheits- und Wohltätigkeitsorganisationen zur Unterstützung von Armen oder einsamen alten Menschen zu beteiligen, nicht nur höher ist als in den privaten Schulen, sondern auch höher als unter den jüdischen Schülern an den Schulen der Ultraorthodoxen in Westjerusalem. Diese Bereitschaft, sich an Aktionen zu beteiligen, deren Initiatoren und Organisatoren jüdisch-israelische Institutionen sind, die sich auch um die arabische Bevölkerung kümmern, ist eine positive Erscheinung in einer Wirklichkeit, in der jede Kooperation mit dem Besatzer in den Augen extremer und auch weniger extremer Moslems als ein Verrat an der arabischen Sache gilt. Die Bereitwilligkeit arabischer Jungen und Mädchen, Spendenaktionen zu unterstützen, hat um so mehr Anerkennung verdient, als sie sich dadurch eine Menge Schwierigkeiten einhandeln. Sie haben kaum eine Chance, an den Türen arabischer Familien auf Wohlwollen zu stoßen; eher wird man sie schief ansehen und sie schimpfend wegschicken, wenn ihnen nicht noch Schlimmeres passiert.

Würde die Regierung begreifen, daß in diesem Weg eine Chance liegt, arabische Bürger heranzuziehen, die weniger anfällig sind für Gewalt und Fanatismus, würde sie alles Erdenkliche unternehmen, um im Ostteil der Stadt die nötigen Schulen zu bauen, damit alle arabischen Kinder in den städtischen Schulen unterrichtet würden. Die Realität sieht anders aus. Wer das Erziehungsministerium verteidigen wollte, müßte sagen, daß das Versäumnis auf Geldknappheit beruht. Ich möchte behaupten, daß die Kurzsichtigkeit der israelischen Regierungen in allen ihren verschiedenen Koalitionen ein Verhängnis ist. Die Wirklichkeit sieht so aus: Von den vierzigtausend arabischen Schülern Ostjerusalems besuchen nur achtzehntausend städtische Schulen, und ein weiterer kleiner Prozentsatz von Schülern wird in den christlichen Schulen unterrichtet, die vor hundert und mehr Jahren als Missionsschulen gegründet worden sind. Heute besteht kein missionarischer Anspruch mehr. Diese Schulen zählen zu den besten der Stadt und genießen Unterstützung aus dem Ausland. Alle anderen Schüler werden in den Schulen des *Waqf* und in verschiedenen moslemischen Privatschulen erzogen und dort mit Haß gegen uns indoktriniert.

Das Erziehungsministerium hat eine Verteidigungsstrategie, die geeignet ist, alle Gegner zum Schweigen zu bringen: »Wir drucken uns unser Geld nicht selbst. Was uns die Regierung und die Knesset zuteilen, legen wir nach den Bedürfnissen um.« Diese Behauptung läßt sich nicht widerlegen. Was man tun kann und auch muß, ist, eine Gegenbehauptung aufzustellen: »Das mag sein. Aber wenn ihr die Bedürfnisse festlegt, dann sind die arabischen Schulen in Ostjerusalem grundsätzlich in einer schlechteren Position als die jüdischen Schulen der Stadt. In dem arabischen Teil werden weniger Schulen gebaut. Obwohl die Lehrer dort wie ihre jüdischen Kollegen Angestellte im öffentlichen Dienst sind, werden sie benachteiligt. Die arabischen Schulen werden von euch wesentlich schlechter ausgestattet. Wie man es auch dreht und wendet, hier herrscht nicht das Gleichheitsprinzip.«

In persönlichen Gesprächen geben die Verantwortlichen des Erziehungsministeriums selbstverständlich zu, daß die Benachteiligung der arabischen Schulen und ihrer Schüler in Wahrheit nicht nur mit der Knappheit der Mittel zusammenhängt. Der tatsächliche Grund liegt in der Einstellung und Fehleinschätzung aller israelischen Behörden: »Weshalb sollte die israelische Regierung, deren Mittel wahrlich begrenzt sind und deren Bedürfnisse ihre Möglichkeiten bei weitem übersteigen, die Budgets im gleichen Verhältnis an die Araber wie an die Juden verteilen? Immerhin hassen sie uns und würden uns am liebsten im Meer versenken. Wenn wir ihnen weitere Schulen bauten, diese besser ausstatteten und ihren Lehrern Rechte und Vergünstigungen wie den jüdischen Lehrern gewährten, würden sie uns deshalb nicht weniger hassen. Der Pegel der Feindseligkeit würde nicht sinken. Sie werden sich mit unserer Staatsmacht nicht abfinden, die Träume von unserer Vertreibung aus Jerusalem und der Umwandlung der Stadt in die Hauptstadt eines palästinensischen Staates nicht aufgeben. Warum sollte man gutes Geld zum Fenster hinauswerfen, ohne die geringste Chance, daraus Nutzen und Vorteil zu ziehen?«

Ich werde nicht aufhören, meine Überzeugung zu wiederholen, wie in all den Jahren, wie immer in diesem dramatischen Streit: »Ich habe keinen stichhaltigen Beweis, der über jeden Zweifel erhaben wäre und eure Behauptung widerlegen könnte. Ich kann keinen Nachweis erbringen, daß eine Gleichbehandlung das Maß des Hasses und des Widerstandes gegen die israelische Staatsgewalt verringern würde, aber der Weg, den ich empfehle, für den ich mich einsetze und an den ich von ganzem Herzen glaube, hat einen entschiedenen Vorteil gegenüber dem euren: Er ist bisher noch nicht ausprobiert worden. Er mußte bisher keiner Prüfung standhalten. Euer Weg wurde versucht. Er hat sich nicht bewährt. Nur wenn auch mein Vorschlag zur Anwendung gekommen ist, kann man Methoden und Resultate gegeneinander abwägen.«

Überflüssige Worte. Nichts wird versucht. Keine Macht der Welt könnte die israelische Regierung und ihre Beamten dazu bewegen, sich gegenüber den Jerusalemer Arabern so zu verhalten wie gegenüber den jüdischen Bürgern. Die Kleinlichkeit ist bisweilen unglaublich. Vergleichbare Auswüchse in einem anderen Land würden wir ohne zu zögern als Antisemitismus bezeichnen.

Ein Beispiel: Das israelische Erziehungsministerium organisiert Seminare für Lehrer in ihren Unterrichtsfächern. Ausgenommen sind die Lehrer Ostjerusalems. Vor einigen Jahren entschied das Erziehungsministerium, daß arabische Lehrer keine Fortbildung benötigen. Ich protestierte energisch: »Was für ein grober Fehler! Nicht nur, daß aus fachlicher Sicht ein arabischer Lehrer die gleiche Fortbildung benötigt wie ein israelischer. Es gibt noch einen zweiten Grund, weshalb das Ministerium den Arabern eine Weiterbildung ermöglichen müßte. Diese Seminare bieten eine hervorragende Gelegenheit, die Araber durch die israelischen Pädagogen im positiven Sinn zu beeinflussen. Auf eine solche Möglichkeit des zweiseitigen Gespräches darf man unter keinen Umständen verzichten.«

Jahrelang redete ich gegen die Wand. Die Reaktion des Erziehungsministeriums war absurd. »Schließlich unterrichten die arabischen Lehrer in Jerusalem nach dem jordanischen Lehrplan. Was können wir ihnen auf Fortbildungsseminaren vermitteln?!« Als ob man Mathematik, Chemie oder Physik abhängig von der nationalen Identität unterrichte.

Ich konnte nicht umhin, den strapazierten Kassen der Jerusalemer Stadtverwaltung und der Jerusalem Foundation auch noch diese Last aufzubürden. Wir organisierten Fortbildungslehrgänge für arabische Lehrer und errichteten eigens dafür ein Ausbildungszentrum. Nach Jahren hartnäckiger Auseinandersetzungen hatte das Erziehungsministerium seine Einwilligung gegeben und in bescheidenem Umfang die Kosten für die Fortbildung der arabischen Lehrer übernommen. Auch gut. Immerhin hätte es ebenso an seiner Ablehnung festhalten können, und wenn ich noch so gute Argumente angeführt hätte.

Ein ähnlich diskriminierendes und benachteiligendes Verhalten ist typisch für das Erziehungsministerium in allen Bereichen. Die Klassenräume in den Schulen im östlichen Teil sind verwahrlost, weil sie vernachlässigt werden. Es herrscht drückende Enge. Es gibt Kinder, die unter äußerst ungünstigen Bedingungen in Bunkern unterrichtet werden.

Was in jüdischen Schulen die Norm ist, als Standard gilt, und worum sich kein Direktor bemühen muß, ist in arabischen Schulen noch lange keine Selbstverständlichkeit. Etwa ein schulpsychologischer Dienst. Für die arabischen Schulen gibt es keine entsprechende Stelle. Demnach brauchen arabische Schüler keine Hilfe oder psychologische Beratung. Und noch mehr: In jeder jüdischen Schule Israels wird einer der Lehrer, nachdem er eine entsprechende Ausbildung erhalten hat, zum Sicherheitsbeauftragten und Verantwortlichen für Unfallschutz ernannt. Als Ausgleich für diese Tätigkeit, die über die normale Lehrtätigkeit hinausgeht, erhält er einen Gehaltszuschlag. »Ein jüdisches Amt« – denkt man anscheinend im Erziehungsministerium. Die arabischen Schulen sind keinen Gefahren ausgesetzt, für deren Vermeidung oder für die Geringhaltung von Verletzungen ein Lehrer verantwortlich sein müßte. Deshalb gibt es auch keinen Gehaltszuschlag für Lehrer, die diese Aufgabe in den arabischen Schulen übernehmen. Sie dürfen sich bestenfalls ehrenamtlich um die Dinge kümmern.

Von vornherein steht fest, daß der Lehrer, der mit Unfallschutz und Sicherheitsvorkehrungen beauftragt ist, sich nicht unbedingt mit Kriegsgefahren auseinanderzusetzen hat, sondern auch – natürlich in erster Linie – mit Gefahren, die in Friedenszeiten auftreten können. Zum Beispiel mit der Evakuierung der Schüler aus ihren Klassen oder dem Gebäude bei Brandgefahr. Mit der Versorgung der Schüler im Falle von Naturkatastrophen, Naturereignissen wie Überschwemmungen oder bei Einsturzgefahr. Worin unterscheiden sich derartige Gefahrensituationen in den arabischen Schulen von denen in den jüdischen? Wieso sind die Araber davor gefeit und die Juden nicht? Wie kommt eine Regierung, die sich ein Image von Kultiviertheit geben will, dazu, sich um das Wohlergehen der jüdischen Schüler zu kümmern und sich gleichzeitig vor der Verantwortung für die arabischen Schüler zu drücken, um nicht zu sagen, diese bewußt von sich zu weisen, wenn nicht aus einfachem und unverhülltem Rassismus der übelsten und abstoßendsten Sorte.

Zwei Normen, zwei Maßstäbe und eine tiefe Kluft zwischen beiden. Wenn ein jüdischer Lehrer gebeten wird, eine zusätzliche Belastung auf sich zu nehmen, die über den Rahmen seiner Lehrtätigkeit hinausgeht, würde niemand in Frage stellen, daß es die Pflicht des Erziehungsministeriums ist, ihn dafür zu entschädigen. Wenn ein arabischer Lehrer hingegen es wagen würde, unter den gleichen Umständen, nach denselben Regeln um den gleichen finanziellen Ausgleich zu bitten – wie würde er dann von den Verantwortlichen des Erziehungsministeriums und im Einzelfall auch von den Leuten der Stadtverwaltung angesehen?

Die folgende Episode zeigt es: Die Direktoren der arabischen Schulen Ostjerusalems sitzen zusammen mit den von der Stadtverwaltung beauftragten Verantwortlichen für Sicherheit und Unfallschutz. Die Direktoren werden gebeten, in jeder Schule einen Lehrer für die Aufgabe im Bereich der Sicherheit und des Unfallschutzes abzustellen. Ein arabischer Direktor stellt die Frage: »Wird der zuständige Lehrer einen Gehaltszuschlag erhalten wie die jüdischen Lehrer auch?« Sofort stürzt sich einer der Sicherheitsoffiziere auf ihn: »Aha, Sie haben schnell kapiert, daß es solche Zuschläge in den jüdischen Schulen gibt, und gleich wollen Sie Vorteil daraus ziehen, was!« Was für ein Verbrechen! Was hatte der Mann kapiert? Woraus wollte er Vorteil ziehen? Ein Angestellter der Stadtverwaltung stellte den Sicherheitsoffizier zur Rede, der sich verteidigte: »Ich kann es nicht ändern! Das Erziehungsministerium sieht einen Zuschlag nur für jüdische Lehrer vor ...«

Das Gleichheitsprinzip galt auch noch nie für die Angestellten des Ministeriums für Angelegenheiten der Religionen. Allein der Name dieses Ministeriums kommt bereits einer Anmaßung gleich. Es würde passender »Ministerium für Angelegenheiten der jüdischen

Religion« heißen. Der Plural verpflichtet es nicht, sich auch um die Angelegenheiten der moslemischen und der christlichen Religion zu kümmern. Zweifellos ist die Sachlage heikel, denn es ist keine Frage, daß die Moslems und die Christen keine Regierungseinmischung in ihre Angelegenheiten wünschen. Was sie wollen, ist die Erfüllung ihrer Forderungen.

In Anbetracht des sensiblen Beziehungsgefüges am Tempelberg und der extremen Empfindlichkeit der Moslems in allem, was mit dem Tempelberg zusammenhängt, behaupten die Gegner des berühmten Tunnels, den das Ministerium für Angelegenheiten der Religionen graben ließ, um den weiteren Verlauf der Klagemauer freizulegen, daß dieses Projekt Schaden angerichtet und die Aussicht auf gemäßigte, ruhige Beziehungen zwischen Israel und den Jerusalemer Moslems gefährdet habe. Die moslemischen Oberhäupter sahen in dem Ausschachten des Tunnels einen geplanten Anschlag. In ihrer Phantasie verbanden sie mit dem Tunnelbau absurde Absichten, auf die in Israel niemand gekommen wäre, wie das Fluten des Tunnels mit Wasser, um die Fundamente der Moscheen zu unterspülen und sie zum Einsturz zu bringen, und weitere Wahnvorstellungen dieser Art.

Eines steht fest: Wenn es um das Judentum geht, scheint das Ministerium über irgendeinen Goldesel zu verfügen. Es schreckt nicht zurück vor Investitionen in Höhe von Millionen Dollar für das Graben des Tunnels. Jemand wird die Rechnung schon begleichen. Aber wenn es sich um die Bedürfnisse von Angehörigen anderer Religionen handelt – dann sind plötzlich sogar verschwindend geringe Geldsummen eine schwere Belastung für die Kassen des Ministeriums. Ohne Gespür für die Grundbedürfnisse der Moslems, hält das Religionsministerium nicht nur im östlichen Teil der Stadt, der im Sechs-Tage-Krieg befreit wurde, die Hand auf die Gelder, sondern auch in Westjerusalem.

Die folgende Episode mag kurios klingen, zeigt jedoch die Unzugänglichkeit und das mangelnde Verständnis, die das Ministerium an den Tag legt. Der moslemische *Waqf* beschwerte sich seinerzeit, daß die Moschee, die sich hinter dem Gewerkschaftshaus in der Straus-Straße befindet, verlassen und verwahrlost sei und ihre Wartung zu wünschen übrig lasse. Hinter einer solchen Klage des *Waqf* verbirgt sich eine Absicht, eine Art Fingerzeig: »Wir, der *Waqf*, bitten darum, daß ihr euch um die Moscheen im Westteil der Stadt kümmert. Wir wären bereit, sogar sehr gerne, alle Moscheen in Westjerusalem selbst zu restaurieren, zu renovieren und instandzuhalten.« Ich denke, daß ich nicht erwähnen muß, daß dieses Vorhaben nicht in unserem Sinne wäre. Wir dürfen dem *Waqf* die Unterhaltung der Moscheen in Westjerusalem nicht überlassen.

Also machten die Beamten der Stadtverwaltung eine Ortsbesichtigung. Die Wahrheit war, daß selbst alteingesessene Jerusalemer die kleine Moschee noch nie zuvor wahrgenommen hatten und von ihrer Existenz nichts wußten. Eine arabische Gemeinde gab es dort nicht. Kein Moslem besuchte diesen Ort.

Die Beamten kamen, sahen und berichteten: Es stimmte. Die Moschee hatte eine Renovierung nötig. Ein Ingenieur der Stadtverwaltung prüfte und stellte fest, daß achtzehntausend Schekel nötig waren, um die Moschee zu restaurieren. Im Ministerium für Religionsangelegenheiten leugnete man nicht, daß die Moschee und alles, was mit ihr verbunden ist, in den alleinigen Verantwortungsbereich des Ministeriums gehört. Man behauptete auch nicht, daß die Kalkulationen des Ingenieurs falsch seien. Wo lag dann das Problem? Das israelische Ministerium für Angelegenheiten der Religionen konnte die benötigte Summe nicht aufbringen.

Die Geschichte nahm aus meiner Sicht ein gutes Ende. Nach langem Hin und Her schlug das Ministerium eine Lösung vor: Die israelische Regierung würde neuntausend Schekel geben und weitere neuntausend Schekel die Jerusalemer Stadtverwaltung. Wir willigten ein. Aber es stellte sich heraus – und das nicht zum erstenmal –, daß auch innerhalb der Stadtverwaltung die Gegner einer Gleichbehandlung der Araber eine Mehrheit für ihre Position im Stadtrat mobilisieren konnten. Es ist mir peinlich, zugeben zu müssen: Der Rat verweigerte die Genehmigung der neuntausend Schekel für die Renovierung der Moschee. Sie wurde damals nicht durchgeführt. Erst nach Jahren gelang es mir, den Rat zu überreden, die benötigte Summe bereitzustellen. Die Renovierung konnte endlich vorgenommen werden.

Um die Gleichgültigkeit, Verschlossenheit und Nachlässigkeit des

Ministeriums für Religionsangelegenheiten – und zwar über all die Jahre hinweg, unabhängig von den unterschiedlichen Regierungen – nachzuweisen, braucht man nicht weit zu gehen und auch nicht in geheime Affären eingeweiht zu sein. Es genügt, einen kurzen Ausflug zum Kidrontal zu unternehmen. Die Gegend ist voll von bedeutenden Stätten: Abshaloms Grab, das Grab des Zacharias, die Gihonquelle. Bereits 1967 bat die Jerusalemer Stadtverwaltung darum, ihr dieses Areal als ein historisches Gelände zu überlassen, das Religionsministerium jedoch deklarierte es als »heilige Stätte«, und verantwortlich für die heiligen Stätten, weigerte es sich, die Pflege der Stadtverwaltung zu überlassen. Aber die Heiligkeit ist eine Sache und der Unterhalt eine andere. Beides sind zwei grundverschiedene Dinge. Nun herrscht Verwahrlosung dort. Die Stätten sind heruntergekommen und verlassen. Immer wieder bat ich die Zuständigen des Ministeriums eindringlich, der Stadtverwaltung die Wartung zu übertragen. Die Stätten bieten alles, was Touristen anzieht, archäologisch wie historisch Interessantes und große Schönheit. Ich glaube, man verstand gar nicht, wovon ich sprach. Was sollte das heißen? Schließlich ist ein Ministerium, das ein Anwesen verwaltet, dort der Hausherr. Welches Ministerium würde auf seine »Schätze« verzichten? Wer könnte einer Enteignung »seiner Besitztümer« zustimmen?

An der Gihonquelle – einem Kleinod, das den durch den Wassertunnel Watenden ein eindrucksvolles Erlebnis vermittelt, beschäftigte das Religionsministerium einen arabischen Wächter. Die Intifada brach aus, der Wächter verließ seinen Posten und verschwand. Der Ort wurde für Besucher geschlossen. Erneut wandte ich mich an das Religionsministerium und bettelte: »Wir werden euer Besitzrecht nicht antasten. All die Stätten werden euer Besitz bleiben. Erlaubt uns nur, uns um die Gihonquelle zu kümmern. Wir werden dort saubermachen und herrichten, was hergerichtet werden muß, und wir werden einen neuen Wächter anstellen, damit wir den Ort endlich für Besucher öffnen können.«

Diesmal, o Wunder, fand ich Gehör. Es war eine begrenzte Bereitschaft vorhanden, unter bestimmten Bedingungen über die Übertragung der laufenden Wartung zu verhandeln, allerdings, um Gottes Willen, nicht über das Besitzrecht. Je länger die Verhandlungen sich jedoch hinzogen, um so mehr Schwierigkeiten häuften sich an, und es stellte sich heraus, daß die Verhandlungsbereitschaft nachließ und man nicht geneigt war, auch nur einen Millimeter von den unverrückbaren Positionen abzugehen. Mir drängte sich der Gedanke auf: Konnte es sein, daß die hohen Beamten des Religionsministeriums, die mit der Stadtverwaltung verhandelt hatten, von der Spitze ihres Ministeriums eine Rüge erhalten hatten wegen der Voreiligkeit und Verantwortungslosigkeit, die sie durch die Bereitschaft, zu verhandeln oder sich auch nur anzuhören, wie man sich die Besitztümer des Ministeriums unter den Nagel reißen wollte, gezeigt hatten?

Es hat sich nichts geändert: Die Stätten, die sogar in Zeiten der Intifada ein unerschöpflicher Quell für den Tourismus sind, bleiben in einem kläglichen Zustand, und die Gihonquelle ist zur Zeit geschlossen.

Statt eines Grundbuches – der Mukthar

Unter den Jerusalemer Verhältnissen ist es für arabische Bürger äußerst schwierig, einen Eigentumsnachweis über Grund und Boden zu erbringen. Ohne einen solchen Nachweis kann ein Araber jedoch keine Baugenehmigung auf einem Grundstück erhalten, das ihm und seiner Familie seit Generationen gehört.

Die Hauptschwierigkeit resultiert aus der Tatsache, daß im Jerusalemer Katasteramt keine Eintragungen über die Eigentumsverhältnisse im östlichen Teil der Stadt vorliegen. Zu keiner Zeit, weder vor noch während der jordanischen Herrschaft, waren Grundbucheintragungen vorgenommen worden. Das Fehlen von gesetzmäßigen, offiziellen Eintragungen, die nachweisen, wer Eigentümer einer Liegenschaft ist, von wem sie verkauft wurde und an wen sie überging, falls es zu einem Eigentümerwechsel kam, verursacht den Grundstückseignern große Schwierigkeiten, und jeder Versuch, ihre Eigentumsrechte nachzuweisen, ob zu Bauzwecken oder um Kauf- bzw. Verkaufsgeschäfte abzuwickeln, ist mit Laufereien, Zeitaufwand und nervlicher Belastung verbunden.

Viele Jahre lang, seit der Befreiung Ostjerusalems im Jahre 1967, hat Israel das Problem auf einfache Art gelöst: Ein Araber, der einen Eigentumsnachweis für ein Grundstück benötigte, legte eine Bescheinigung des *Mukthar* vor – und das genügte. Die Bescheinigung des *Mukthar* galt als notarielle Erklärung, und die Behörden akzeptierten sie als Eigentumsnachweis. So konnten Immobiliengeschäfte abgewickelt werden, und die Araber konnten in beschränktem Maße Baugenehmigungen erhalten.

Zu Beginn des Jahres 1992 beging ein arabischer Bürger eine kriminelle Handlung, die schwere Konsequenzen für das Verfahren der Eigentumsnachweise nach sich zog: Er wollte Eigentumsansprüche auf ein Grundstück geltend machen, das ihm nicht gehörte. Dafür mißbrauchte er die Beglaubigung des *Mukthar*, die er zu einem anderen Zweck erhalten hatte. Sein Vergehen wurde entdeckt. Der Fälscher wurde bestraft – und mit ihm Tausende unschuldiger Araber. Seither erkennen die Behörden die Beglaubigung des *Mukthar* als verbindliche Erklärung, die den Anspruch auf Grundbesitz bestätigt, nicht mehr an.

Die Entscheidung hat auch einen logischen Aspekt: Wenn die Beglaubigung des *Mukthar* einmal in betrügerischer Absicht gefälscht wurde, wer kann dann garantieren, daß es sich hierbei um einen einmaligen Vorgang handelt? Sollte es zu Nachahmungen kommen, würde in Jerusalem ein Chaos von doppelten Ansprüchen und gegenseitigen Beschuldigungen ausbrechen, und endlose Gerichtsverfahren wären die Folge.

In der Tat kann man die Folgerichtigkeit dieser Befürchtung nicht anzweifeln. Aber Tatsache ist, daß es jahrelang nicht zu derartigen Fälschungen gekommen war. Zahlreiche Eigentumsnachweise, vom *Mukthar* beglaubigt, waren den Behörden vorgelegt worden und hatten ordnungsgemäß Eigentumsansprüche bestätigt. Wegen eines einzigen Fälschungsversuches wurde ein unkompliziertes Arrangement, mit dem das Problem über Jahrzehnte gelöst worden war, aufgegeben.

Wenn die Beglaubigung des *Mukthar* nicht als Eigentumsnachweis gilt, wie kann dann ein Araber einen Anspruch auf seinen Grund und Boden nachweisen? Eine neue Lösung wurde gefunden:

Wer einen Nachweis braucht, muß zum Amt für Grundsteuern gehen, und dort wird man seinem Anliegen nachkommen. In den Büchern, die Israel von den Jordaniern geerbt hat, ist vermerkt, wer Grundsteuern entrichtet hat und Grundeigentümer ist.

Wer genauer hinsieht, wird mit Leichtigkeit feststellen, daß von dem Zeitpunkt, an dem man den Arabern auferlegte, sich an das zuständige Grundsteueramt als den »*Mukthar*-Ersatz« zu wenden, die Zahl der Anträge auf Baugenehmigungen und die Immobiliengeschäfte, die einen Eigentumsnachweis erfordern, erheblich zurückgegangen ist. Wir gingen der Sache nach. Der Grund liegt auf der Hand: Die arabischen Bürger schrecken davor zurück, sich an das Amt für Grundsteuern zu wenden. Sie werden dort zwar von den Beamten anständig behandelt. Wenn in den Büchern vermerkt ist, daß der Antragsteller selbst Grundsteuern an die jordanische Behörde geleistet hat, wird er den gewünschten Nachweis unverzüglich erhalten. Wenn dem nicht so ist – wird er beweisen müssen, daß Grund und Boden nach dem Erbrecht an ihn übergegangen sind. Es wird dem Antragsteller nicht schwerfallen, einen solchen Nachweis zu erbringen. Warum also scheuen die Araber davor zurück, sich an das Amt für Grundsteuern zu wenden? Der Grund sind die Schulden. Jahrelang waren die Einwohner Ostjerusalems nicht aufgefordert worden, Grundsteuern zu entrichten – nicht unter jordanischer Herrschaft und auch nicht nach dem Tag, an dem das Gesetz sie dazu verpflichtete, Grundsteuern an die israelischen Behörden abzuführen. Wenn ein Araber das zuständige Amt betritt und sich ausweist, wird man ihm höflich den gewünschten Nachweis aushändigen, aber die gründliche Rechnung folgt auf dem Fuß, und er wird aufgefordert, rückwirkend zu zahlen, für die Jahre, in denen er keine Steuern entrichtet hat.

In nicht wenigen Fällen häuften sich große Summen auf dem Schuldenkonto der Araber an. Sie können die Schulden nicht begleichen. In dem Moment, in dem die Mühlen der Justiz zu mahlen beginnen, gerät der Bürger zunehmend in Schwierigkeiten: Gerichtsurteile, Vollstreckung und alles, was damit verbunden ist. Um diesem Schicksal zu entgehen, ziehen die Araber es vor, sich nicht an das Steueramt zu wenden, auf Geschäfte mit ihrem Grundeigentum zu verzichten, keine Baugenehmigung zu beantragen ... und einfach ohne Genehmigung zu bauen.

Hier soll kein falscher Eindruck entstehen: Ich verteidige nicht die Steuerhinterzieher und kritisiere nicht die Beamten der Steuerbehörde oder Beamte in anderen Behörden, die Steuern eintreiben und für die Einhaltung der Gesetze sorgen. Wer wie ich behauptet, daß man darauf achten muß, den Arabern keine Bürgerrechte vorzuenthalten, die ihnen laut Gesetz zustehen, muß hinzufügen, daß man sie auch von keiner Verpflichtung, die auf jüdischen Bürgern lastet, befreien darf. Hier gibt es nur ein winziges Problem: Die israelischen Behörden legen Schnelligkeit, Entschlossenheit und Effizienz an den Tag, wenn es darum geht, Pflichten zu verteilen, beim Zusichern von Rechten hingegen zeigen sie sich eher gleichgültig und ausgesprochen hartherzig.

Eine weitere große Angst beherrscht die Herzen der Araber, die sich unter anderen Bedingungen, in einer von Frieden und gegenseitigem Verständnis geprägten Atmosphäre, von selbst auflösen würde. Unter den gegebenen Umständen existiert sie jedoch, diese große Furcht, von der sie sich nicht freimachen können: Die Behörden könnten kommen und fragen: »Entschuldigung, worauf bitteschön haben Sie Ihr Haus gebaut? Richtig, auf das Grundstück, das Sie von Ihrem Vater geerbt haben. Sie konnten es nachweisen. Aber Ihr Vater, der der Eigentümer war, ist vor vielen Jahren aus Israel geflohen und in Jordanien verstorben. Der Haken an der Sache ist, daß Sie Ihr Haus auf dem Boden von Abwesenden gebaut haben. Der Boden fällt unter die Verfügungsgewalt eines Treuhänders. Er gehört Ihnen gar nicht. Nicht der Boden und auch nicht das Haus.«

Besorgt, sein Geld vielleicht unsicher angelegt zu haben, kann ein Araber den Treuhänder bitten, ihm den Boden, den er von seinem Vater geerbt hat, für neunundvierzig Jahre zu verpachten. Darum bitten kann er. Wer garantiert ihm, daß der Treuhänder nicht antwortet: »Warum ausgerechnet Ihnen? Weshalb sollten Sie Vorrang haben?«

Er kann protestieren: »Weil dieses Grundstück Eigentum meines Vaters war, der es von meinem Großvater geerbt hat, und weil es uns seit Generationen gehört und niemandem sonst.«

Er hat keine großen Chancen, daß sein Protest etwas bewirkt. Die Sache steht von vornherein fest. Er wird als Bürger anders behandelt.

Wo ist der Schlüssel für die grüne Tür?

Nicht die Unzugänglichkeit der Kommandanten der israelischen Polizei erzeugt den Haß der Araber gegen Israel, gegen die israelische Staatsgewalt und gegen alles, was nach Israelis und Juden riecht. Dieser Haß ist tief in den Herzen der Moslems verwurzelt. Nicht die Unnachgiebigkeit der israelischen Behörden ist schuld daran, daß die Moslems auf kein Mittel verzichten würden, um sich selbst und dem Rest der Welt zu beweisen, daß sie sich mit der israelischen Besatzung nicht abgefunden haben und daß sie trotz ihrer Unterlegenheit gegenüber einem starken Staat, einer mächtigen Armee und einer gesetzeshütenden Polizei ihren kompromißlosen Kampf fortsetzen werden.

Die Polizei hat diesen Prozeß nicht ausgelöst und kann ihn auch nicht beenden. Aber hin und wieder zeigt sie sich so abgestumpft, daß sie zur Entzündung von Emotionen beiträgt und das zarte und verletzliche Gewebe von Akzeptanz und Kooperationsbereitschaft gefährdet, ohne das es in Jerusalem unentwegt zu Zusammenstößen käme.

Ich möchte auch einige Worte zugunsten der Polizei, der Grenztruppen und deren Befehlshaber vorbringen: Ihre Arbeit ist schwierig, nervenaufreibend, gefährlich, führt häufig an die Grenzen der Belastbarkeit in bezug auf Toleranz und Geduld und ist immer, wie alle vergleichbaren Aufgaben, undankbar. Denn wenn es Polizisten und Sicherheitskräften mit Sorgfalt und Engelsgeduld gelingt, Ausschreitungen und Anschläge zu vereiteln, Ordnung herzustellen und für Ruhe zu sorgen – dann haben sie nicht mehr als ihre Pflicht getan, und es besteht keinerlei Veranlassung, ihnen dafür zu danken. Aber wenn sie, Gott behüte, in ihrer Arbeit versagen, wird man ihre Entlassung fordern, nach ihrer Bestrafung rufen oder verlangen, daß sie persönliche Konsequenzen ziehen.

Und da ist noch ein weiteres Problem. Zwischen dem Wesen der

Polizei, und zwar jeder Polizei dieser Welt, und dem Wesen ihrer Aktivitäten in einem Krisengebiet, das explosiv ist wie ein Pulverfaß, besteht eine grundlegende, entscheidende Diskrepanz. Die Polizei ist eine hierarchische Organisation schlechthin. In einer solchen Organisation gehorcht der Inhaber eines niedrigen Ranges dem Höhergestellten. Folglich ist unsere gesamte Begriffswelt von Verhandlungen, Verständnisbereitschaft, Kompromissen durch wechselseitigen Verzicht und ständiges Nutzen jeder Möglichkeit der Überzeugung nicht vereinbar mit dem Grundprinzip der Polizei. Mehr als das: Verhandlungen, Kompromisse, Zugeständnisse werden als Ausdruck von offensichtlicher Schwäche der Machtinhaber interpretiert gegenüber denjenigen, denen man keine andere Wahl lassen sollte, als demütig zu gehorchen.

Ich nehme an, es überrascht niemanden, daß ich diese Denkweise nicht gelten lassen kann. Viele Stunden verbrachte ich damit, Polizisten und ihre Vorgesetzten, vom niedrigsten Dienstgrad bis zum höchsten Polizeioffizier, von einer Sache zu überzeugen, an der für mich kein Zweifel besteht: Es ist unmöglich, in Jerusalem zu leben ohne gegenseitiges Vertrauen, ohne Kompromißbereitschaft und Nachgiebigkeit. Der Weg allein über die Ausübung von Macht und Autorität wird uns alle zu einem unerträglichen Dasein verdammen. Kompromißbereitschaft mag in den Augen der Araber ein Ausdruck von Schwäche sein, und es ist nicht auszuschließen, daß sie zu zusätzlichen Auseinandersetzungen führt, aber in Anbetracht der Alternativen ist sie zwingend notwendig.

Ich bin sicher, daß jeder Polizeioffizier meine Worte verstandesmäßig nachvollziehen kann. Aber es häufen sich bei mir Indizien dafür, daß in der Stunde der Prüfung, vor Ort, nicht jeder Offizier seinen Verstand gebraucht. In manchen Fällen ist vielleicht das Niveau der Grenzschutzpolizisten für das Scheitern verantwortlich, aber immer ist das Oberkommando der Polizei darauf versessen, jedem, der noch den geringsten Zweifel daran hegt, zu beweisen, wer das Sagen hat.

Auch nach den blutigen Ereignissen am Tempelberg im Oktober 1990, vielleicht sogar gerade wegen ihrer Härte und ihres schlimmen Ausganges – siebzehn Araber wurden durch Polizeischüsse getötet –, war die Polizei eifrigst bemüht zu zeigen, wer der stärkere ist. Und mir blieb nichts, als meinen gesamten Einfluß geltend zu machen, um eine erneute brutale und überflüssige Konfrontation zu verhindern. War es der Druck, den die Familien der Toten auf die führenden Köpfe des *Waqf* ausübten, oder geschah es aus eigenem Antrieb, als Protest gegen das Blutbad und als Zeichen der Trauer, jedenfalls beschlossen die moslemischen Oberhäupter, den Tempelberg für Besucher aus Israel zu sperren. Die Polizeikommandanten hatten recht mit ihrer Behauptung, daß der *Waqf* dazu nicht berechtigt sei und Israel sich nicht der Willkür der Häupter des *Waqf* beugen dürfe. Aber wenn die Befugnis, den Tempelberg abzuriegeln, auch nicht Gegenstand eines offiziellen Abkommens war oder aus einer Ermächtigung des *Waqf* durch Israel resultierte, war sie dennoch lange Zeit in kommunalen Reglementierungen verankert. All die Jahre legten die Verantwortlichen des *Waqf* die Schließungs- und Öffnungszeiten für die Besuche von Israelis und Touristen fest – entsprechend den Gebetszeiten der Moslems in ihren Moscheen.

Die Polizei war beunruhigt und sah, wie in anderen Fällen auch, in unserer Absicht, über den Zugang zum Tempelberg zu verhandeln, einen weiteren Ausdruck von Schwäche. »Wir werden den Tempelberg öffnen!« verkündeten hohe Polizeioffiziere mit gleicher selbstsicherer, mächtiger, autoritärer Miene. Zwar verwahrte die Polizei dauerhaft den Schlüssel für das Mughrabitor (nur dieser Schlüssel befindet sich in ihren Händen, im Gegensatz zu den Schlüsseln der anderen Tore), und es bestand kein Zweifel daran, daß die Polizei in der Lage war, ihren Willen mit Gewalt durchzusetzen und den Tempelberg für Besucher zu öffnen, aber die Gefahr, daß das Gelände wieder in einen Sturm von Auseinandersetzungen geraten würde, dessen Verlauf möglicherweise noch mehr Menschenleben forderte, und daß Israel erneut von der internationalen Gemeinschaft scharf verurteilt würde, verpflichtete dazu, sich in Geduld zu üben und zu einem Konsens zu finden, anstatt gewaltsam vorzugehen.

Parallel zur Schließung durch die Moslems riegelte auch die Polizei den Tempelberg ab, gemäß ihrer Auffassung, daß man den Moslems nicht erlauben sollte, einseitige Aktionen durchzuführen.

Nach und nach verlor die Polizei die Geduld. Als drei Wochen vergangen waren und der Tempelberg immer noch für nicht moslemische Besucher gesperrt war, sagten Polizeioffiziere zu mir: »Es reicht! Wir werden nicht länger zusehen. Wir öffnen. Vielleicht haben die Verantwortlichen des *Waqf* schlichtweg vor, den Zustand beizubehalten und die Tore zum Tempelberg dauerhaft für Besucher zu schließen? Wir dürfen nicht schweigend zusehen.«

Und wieder war eine Engelsgeduld erforderlich und grenzenlose Ausdauer: »Seht her!« sagte ich den Polizeioffizieren: »Schließlich habt ihr bereits vor geraumer Zeit dem Vorschlag zugestimmt, daß man für die Polizei einen Berater für arabische Angelegenheiten benennen sollte. Nicht, damit er euch Instruktionen bezüglich eures Verhaltens erteilt, sondern damit ihr in Entscheidungsprozessen von seinen Kenntnissen profitieren könnt. Gäbe es einen solchen Berater, so würde er euch darüber aufklären, daß bei den Moslems, anders als bei uns, die Trauerzeit für Gefallene vierzig Tage umfaßt. Lassen wir die Frage, was am Tempelberg tatsächlich geschehen ist und wer dafür die Schuld trägt, einmal beiseite. Sie hatten Opfer zu beklagen, und sie haben das Recht, um diese nach ihren Sitten und Gebräuchen zu trauern. Warten wir ab, bis die vierzig Tage vorüber sind, und dann können wir stufenweise damit beginnen, den Tempelberg für Besucher zu öffnen. In Absprache mit den Oberhäuptern des *Waqf*.«

Die Offiziere reagierten erregt: »Kommt nicht in Frage! Auf keinen Fall stufenweise. Wir werden den Tempelberg in einem Zug aufmachen! Er wird für Besucher geöffnet, wie es vor dem Zwischenfall üblich war.«

Unterdessen startete die Polizei eine einseitige Aktion: Sie öffnete das Mughrabitor und ließ Besucher auf das Gelände des Tempelberges, in geringer Anzahl und bestens bewacht. Die Angst, daß die Moslems gegen die Besucher vorgehen würden, zwang die Polizei zu einem großen Kräfteaufgebot. Polizisten umgaben jeden, der den Berg als Besucher betrat, und überwachten ihn, bis er sich dem Ausgang zuwandte. Es war offensichtlich, daß dieser Weg falsch und höchst gefährlich war. Später hatte ich Gelegenheit, mich an Ort und Stelle davon zu überzeugen, daß meine Beschwörungen, bei der

Öffnung des Tempelberges Vorsicht walten zu lassen, erfolgreich waren. Die Polizei verzichtete auf die Versuche, den Tempelberg ihrerseits zu öffnen. Die Häupter des *Waqf* beendeten die vierzig Trauertage. Der Tempelberg wurde den Besuchern wieder zugänglich gemacht.

Niemand kann das Recht auf Empfindlichkeit für sich allein beanspruchen. Juden wie Moslems sind bisweilen bereit, wegen eines i-Punktes, beziehungsweise wegen eines Schlüsselloches, ihr Leben zu lassen. Auf dem Tempelberg, neben dem Mughrabitor, gibt es eine grüne Tür. Es handelt sich um eine ganz besondere Tür. Man betritt durch sie nur einen Balkon. Von diesem Balkon führt nirgendwohin ein Weg. Man kann von ihm aus auch nicht zum Tempelberg gelangen. Der Balkon schwebt in zwanzig oder dreißig Metern Höhe gewissermaßen in der Luft. Aber an dieser merkwürdigen Tür hängen zwei Schlösser – ein Schloß der Polizei und eins des *Waqf*. Die Tür ist bewacht wie ein Banksafe, und sie wird nur dann geöffnet, wenn ein Polizist eines der Schlösser aufsperrt und der Vertreter des *Waqf* das zweite.

Einmal pro Jahr, vor der Gedenkfeier für die Gefallenen der *Tzahal* vor der Klagemauer, am Vorabend des Unabhängigkeitstages, begibt sich der Vertreter der Polizei zum *Waqf* und bittet um Öffnung der grünen Tür. Beide Schlösser werden geöffnet. Die Sicherheitskräfte betreten den Balkon und führen eine Sicherheitskontrolle durch. Dann werden die beiden Schlösser erneut vorgehängt und verschlossen. So ist das Prozedere. Man sperrt auf und wieder zu, und alle Beteiligten sind überzeugt, die Schlüssel in Händen zu halten, ohne die nichts geschehen kann.

Bis ein »neuer Stern am Himmel« auftauchte – der Kommandant des Polizeistützpunktes am Tempelberg. Er verfolgte keine böse Absicht, davon bin ich überzeugt, aber er konnte den Schlüssel für das polizeiliche Schloß nicht finden. Vielleicht war er verlorengegangen, möglicherweise ist er während des Zwischenfalls am Tempelberg verschwunden. Logische Schlüsse zieht er, der Polizist: Wenn der Schlüssel der Polizei verschwunden ist, so steht es fest, daß auch der zweite Schlüssel weg ist. Und von der Theorie zur Praxis übergehend, bricht der Mann der Polizei beide Schlösser auf, und schon ist die Balkontür offen. Um sein Vorgehen zu rechtfertigen, kann er nur behaupten, daß er gar nicht wußte, daß das zweite Schloß Eigentum des *Waqf* war und daß man ohne dessen Einverständnis die Tür nicht aufmachen durfte.

Kurzum: Die Leute des *Waqf* haben gleichwohl ein hohes Maß an Rücksichtnahme demonstriert. Sie verzichteten darauf, die Gedächtnisfeier für die Gefallenen der *Tzahal* unter Teilnahme des Staatspräsidenten zu stören. Nach Beendigung der Feierstunde gingen sie hin und brachten an der Tür ordnungsgemäß ein neues Schloß an. Die Polizei kam und brach es auf. Die Moslems ließen sich nicht entmutigen und hängten ein neues Schloß vor. Die Polizei kam und brach es wieder auf. Und schon schäumten die Emotionen über, und schon behaupteten die Moslems, die Israelis hätten weitergehende Absichten und den aufgebrochenen Schlössern würden nach und nach Reglementierungen folgen, die dem *Waqf* die Kontrolle über den Tempelberg entziehen sollten. Und bei der Polizei verschanzte man sich hinter der Behauptung, daß niemand dazu berechtigt sei, Schlösser an die grüne Tür zu hängen, es sei denn im Einvernehmen mit der Polizei.

Wieder ist Vermittlung von nöten. Wie bei allen Streitigkeiten der Vergangenheit und wie bei allen künftigen Kontroversen. Unsere Leute treffen sich mit dem *Waqf*. Jedem ist klar, daß man den früheren Zustand wiederherstellen muß: zwei Schlösser, eines der Polizei und eines des *Waqf*, und aufgeschlossen wird nur gemeinsam. Wie bei einem Banksafe, nicht wahr?

Die Mitglieder der Stadtverwaltung und ich können fortfahren in dem Bemühen, eine gemäßigte, verständnisvolle und kompromißbereite Atmosphäre zu schaffen, aber wir können nicht gleichzeitig überall sein. Und bisweilen wird es mir schwer ums Herz, und die Schande quält mich. Wenn es ein Beispiel für einen arabischen Israeli gibt, der durch seine Persönlichkeit und sein Handeln Vorbild unserer Wunschvorstellungen ist – dann ist das Dr. Huri. Ein Arzt mit überragenden Fähigkeiten, beliebt bei seinen Patienten im Krankenhaus Bikur Holim und von all seinen Bekannten zutiefst bewundert. Ich habe nicht nach seinen politischen Ansichten geforscht, aber er ist weit davon entfernt, gegen das Gesetz zu handeln. Dr. Huri, ein christlich-israelischer Araber, wohnte bei Ausbruch der Intifada in Beit Hanina, in einer Gasse, die in die Ramallah-Straße mündet. Eines Abends wurde in der Nähe seines Hauses ein Molotowcocktail auf die Hauptstraße geworfen. Das Gebiet wurde abgeriegelt. Die Sicherheitskräfte gelangten auch zu dem Haus des Arztes. Seine Frau war überzeugt, daß die Leute, die aggressiv in das Haus eingedrungen waren, nicht wußten, wer darin wohnte. Schließlich konnte sie sich kaum vorstellen, daß man sich so verhalten hätte, wenn man gewußt hätte, mit wem man es zu tun hatte. Sie will aufklären: »Dr. Huri, mein Mann, aus dem Krankenhaus, Sie wissen . . .«

Auf grobe Art wird sie zum Schweigen gebracht. Wen interessiert es . . .

Noch einmal versucht sie: »Einen Augenblick, Verzeihung . . . Er ist doch israelischer Arzt und gerade nicht zu Hause. Er macht einen Besuch bei einem Kranken, der ihn gerufen hat. Warum tut man uns und ihm so etwas an?«

Darum. Die Möbel werden verrückt, es wird zerstört, zertrümmert. Die Polizisten dringen in die Kinderzimmer ein. Verschreckt scharen sich die Kinder um ihre Mutter und suchen Schutz. Der Frau gelingt es, mit dem Rufgerät ihren Mann zu alarmieren. Er verläßt den Kranken und rennt nach Hause. Auch er will die Polizisten nach dem »Warum?« fragen. Aber sie sind nicht mehr da. Noch versucht er, sich zu beruhigen, und überlegt, wen er anrufen könnte, wem er berichten und in welche Ohren er protestieren soll – da kommen die Polizisten zurück in das Haus. Nun treiben sie sämtliche Männer der Umgebung zusammen. Sie zwingen ihn, sich zu den Hunderten anderer zu setzen, in gebeugter Sitzhaltung. Hände über den Kopf. Nein! Nicht runternehmen! Verboten! So geht es die ganze Nacht.

Und Dr. Huri schwieg. Wie seine Frau bereits vor ihm mußte auch er feststellen, daß seine Identität, seine medizinische Stellung und seine Loyalität und Hingabe ihn nicht vor seinem Schicksal bewahren können.

Auf dem Dach des Rathauses

Mit Mitgliedern der Familie Haas bei der Einweihung der Promenade, die mit ihren Spenden erbaut wurde und ihren Namen trägt

Bei der Einweihung des Fußballstadions »Itzteddy«, mit Vivian Clore, mit deren Spende der Bau finanziert wurde

Ein neues Einkaufszentrum wird eingeweiht

Einweihung des Safra-Platzes vor dem Rathaus. Neben Teddy Kollek Josef und Edmond Safra

Tagung des Israelischen Unternehmerverbandes im Festsaal des Rathauses.
Links Avner Peretz, der Vorsitzende des Verbandes in Jerusalem,
rechts der Präsident der Vereinigung, Eli Horowitz

Der Rundweg über die Dächer der Altstadt in der Planungsphase. Besichtigung
mit dem Präsidenten der Gesellschaft für die Entwicklung des Jüdischen Viertels

Besuch des neuen Stadtteils Hagiva'a Hatzarfatit

Rundgang entlang der Altstadtmauern mit dem Jerusalem-Komitee

Teddy Kollek als Gast bei einer »Mimuna«, einem Fest nordafrikanischer Juden am Ende des Pessach-Festes

Auf dem Mahane-Yehuda-Markt

»Kneipentour« in der Stadt

Besuch eines Cafés in der Altstadt

Nicht große Worte werden den Weg ebnen, sondern die kleinen Dinge des täglichen Lebens

Auf einem der Märkte in der Altstadt

Ein arabischer Händler auf dem Markt bietet Teddy Kollek ein Dattelgetränk an

Mit Schülerlotsen

Übergabe der Stadtschlüssel für das jährliche Fest »Stadt der Jugend«

Bitte um ein Autogramm

Empfang für christliche Geistliche

Empfang für
orthodoxe christliche
Würdenträger

Begrüßung
des äthiopischen
Patriarchen

Bewirtung christlicher Geistlicher in der Laubhütte der Stadtverwaltung

Mit den Mitarbeitern der Auslandsabteilung der Stadtverwaltung

Mit Shimon Peres

Mit David Ben Gurion

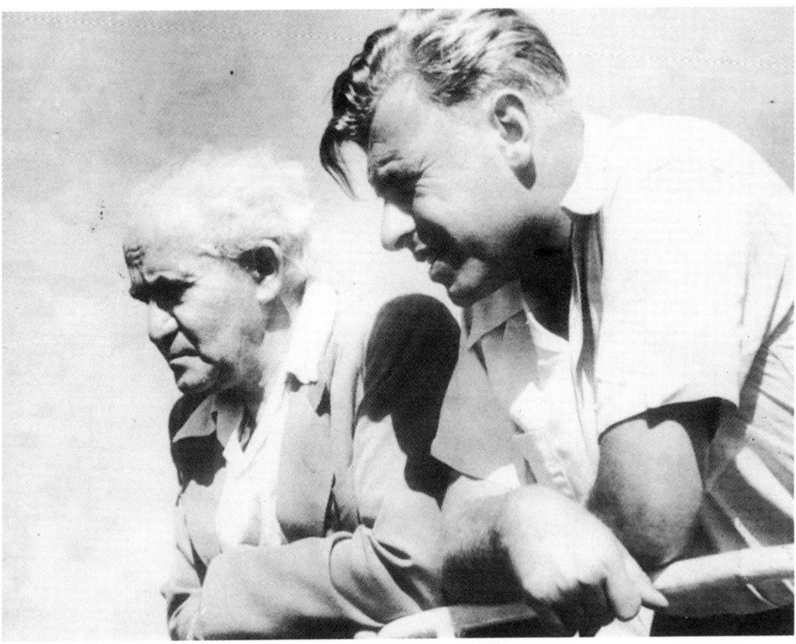

Mit dem Rabbiner Moshe Porush in der Sitzung des Stadtrates im Februar 1965, in der Teddy Kollek zum Bürgermeister gewählt wurde

In einer Pressekonferenz wird die Liste »Ein Jerusalem« vorgestellt

»Wir wählen ›Ein Jerusalem‹.« Eröffnung des Wahlkampfes im Jahr 1989

Mit Shimon Peres und Miha Harish, einem Vertreter der Arbeiterpartei

Mit dem Minister für Tourismus, Uzi Baram

Taufe eines Flugzeugs auf den Namen »Jerusalem«

Ich möchte mit dem, was ich über den Tempelberg zu sagen habe, die Juden nicht kränken (auch habe ich bekanntlich keine Veranlassung, die Gefühle der Moslems zu verletzen). Gerade weil die Intifada einen religiösen, fundamentalistischen Hintergrund hat, wurde der Tempelberg zwangsläufig zu einem gefährlichen Zentrum für das Aufflammen von Gewalt, für die Propaganda gegen Israel und auch zu einem erklärten Ziel für extreme, verantwortungslose jüdische Gruppen. Die Moslems versammeln sich dort, schüren den Haß und machen den Tempelberg zum Ausgangspunkt für Massendemonstrationen.

Der Tempelberg hat einen Vorteil: Er ist von einer Mauer umgeben. Die in der Mauer vorhandenen Tore können verriegelt werden. Die Tore können bewacht werden. Meine Devise lautet: Wir dürfen nicht dauernd auf diesem Gelände, das der Aufwiegelung und Fanatisierung dient und unter der Kontrolle des *Waqf* steht, mit den Arabern zusammenstoßen, weil sie dort die israelische Flagge oder die Flagge der Vereinigten Staaten verbrennen oder weil sie Transparente schwingen, auf denen sie ihren Hirngespinsten und ihrem lodernden Haß gegen Israel freien Lauf lassen. Wären wir stur und würden die Versammlungen innerhalb der Mauern des Tempelberges und die aggressiven Handlungen dort, die uns unangenehm und unerwünscht sind, verbieten und mit Gewalt unterbinden, würde uns das nicht sonderlich nützen. Um Israels Machtposition innerhalb der Mauern zu demonstrieren, wäre ein riesiges Aufgebot von Polizei und Militär erforderlich. Auf dem Tempelberg versammeln sich zu den verschiedenen Gelegenheiten Zehntausende von Moslems. Das versammelte Potential von glühendem Haß, von Fanatismus und Aufrufen zum »Heiligen Krieg« macht diese Masse zu einer Gefahr ohnegleichen. Jeder Versuch, in das Gelände einzudringen und dort die Prinzipien des israelischen Staates und seiner Staatsmacht durchzusetzen, muß mit einem Blutbad von entsetzlichem Ausmaß enden. Die Gefahr, die ein Blutbad, das wie ein Lauffeuer alle Bildschirme und Schlagzeilen der Welt erobern und den Zorn nicht nur bekannter Feinde, sondern auch neutraler oder die israelische Souveränität über Jerusalem befürwortender Politiker erregen würde, ist um ein Vielfaches größer als die Gefahr, die von den aufgepeitschten Versammlungen hinter den Mauern und geschlossenen Toren des Tempelberges ausgeht.

Ich denke, ich muß meine Leser nicht erst davon überzeugen, daß ich eine herzliche und wohlwollende Beziehung, auch im persönlichen Bereich, zur Presse habe. Israel kann nicht existieren ohne echte Demokratie, und es gibt keine echte Demokratie ohne die Freiheit der Presse. Aber selbst die eifrigsten Befürworter des demokratischen Prinzips, wonach in einer freien Gesellschaft alles für die Öffentlichkeit einsehbar sein muß und Gegenstand von Aufdeckungskampagnen und Kritik werden kann, werden zugeben müssen, daß die Presse bisweilen auch Schaden anrichten kann, vor allem in besonders heiklen Situationen.

Die Bemühungen, die provokanten Vorkommnisse innerhalb der Mauern des Tempelberges verschlossen zu halten, um ihre Ausbreitung und die von ihnen ausgehenden gefährlichen Auswirkungen auf das Leben außerhalb dieser Mauern zu verhindern, wurden von der israelischen und ausländischen Presse systematisch zunichte gemacht – zugegebenermaßen mit Unterstützung der Polizei.

Jeden Freitag versammelten sich Zehntausende von Moslems in den Moscheen auf dem Tempelberg zum Gebet. Sie kamen heraus mit erhitzten Gesichtern, fiebernd vor Haß, aufgehetzt von den Tiraden ihrer Prediger und von dem Gefühl von Stärke, das eine Massenversammlung vermitteln kann, und begannen mit ihren traditionellen Zeremonien: Sie verbrannten Israelflaggen, sie schwenkten Hetzplakate, sie peitschten sich in ihrem Haß gegenseitig auf. Und diese gesamte Inszenierung lag offen und ausgebreitet vor den Journalisten aller Medien aus dem In- und Ausland, die sich auf dem Mahkama-Gebäude versammelten (dem »Balkon der Muppetshow«, wie es der verstorbene Yosef Yehudai, der Befehlshaber der Jerusalemer Bezirkspolizei, zu bezeichnen pflegte) und von oben herab auf die Ereignisse schauten, die vor ihren Augen abliefen – denn die den Regeln des demokratischen Spiels verpflichtete Polizei behandelt die Journalisten mit Höflichkeit und Rücksicht und hilft ihnen, kraft Gesetz, ihre wichtige Aufgabe zu erfüllen.

Wie zu erwarten, und für jedermann deutlich sichtbar, wuchs die Masse der Betenden und Aufrührer, die dem Publikum auf dem Mahkama-Gebäude beweisen wollten, daß die Quellen ihres Hasses und ihr Einfallsreichtum schier grenzenlos sind, ständig an. Die Spannungen verschärften sich. Hier und da kam es zu Zusammenstößen zwischen Polizei und Betenden. Manchmal kam es zum Einsatz von Tränengas, manchmal wurde mit Gummikugeln geschossen.

Ängstlich verfolgte ich das Ansteigen des Spannungspegels. Immer wieder, zu den unterschiedlichsten Anlässen, wann immer ich mit Polizeioffizieren zusammenkam, bat ich, nach einer Würdigung der Art und Weise, in der sie ihrer schwierigen Aufgabe gerecht wurden, und der Anerkennung der Zurückhaltung ihrer Mitarbeiter: »Laßt euch nicht provozieren! Das ist alles, was die moslemischen Fanatiker erreichen wollen. Sie möchten, daß Blut vergossen wird, damit sie vor der Welt, nach all den Lügen, die diese bereits geschluckt hat, behaupten können, Israel taste die Religionsfreiheit an. Man müsse Israel die Kontrolle über Jerusalem entreißen. Ich flehe euch an, vergeßt das nicht, wenn ihr am kommenden Freitag wieder auf den Tempelberg geht. Was dort hinter der Mauer vor sich geht, ist bitter und bedauernswert. Aber laßt sie gewähren. Davon erleidet Israel keinen Schaden.«

Mir war ebenfalls bewußt, daß die Aktionen zum Teil wegen der Anwesenheit des Fernsehens durchgeführt wurden. Ich war überzeugt, daß der Verzicht auf jegliche Gegenmaßnahme zur Entspannung der Situation beitragen würde. Mehrfach hatte ich Gelegenheit, festzustellen, daß meine Vermutung absolut richtig war. Als man aufhörte, auf jede gehißte PLO-Flagge und jede verbrannte Israel-Flagge zu reagieren, und die Photographen das Interesse verloren, wurden die Aktionen nach kurzer Zeit eingestellt.

Etwa zwei Jahre vor den entsetzlichen, blutigen Auseinandersetzungen vom Oktober 1990 nahm an einem Freitag das Geschehen auf dem Tempelberg so gefährliche Formen an, daß eine Explosion kurz bevorstand. An jenem Freitag wurde eine Eliteeinheit zur Terrorbekämpfung auf den Tempelberg beordert. Ihr damaliger Befehlshaber war Vizekommandant Alik Ron, der später zum Kommandanten der Grenztruppen in Jerusalem ernannt wurde. Zahlreiche Gläubige verließen nach dem Gebet die Moscheen und begannen ekstatisch mit ihrem Ritual: Sie umkreisten den Felsendom, skandierten Haßparolen, verbrannten die Fahnen Israels und der USA. Vielleicht war die Toleranzschwelle dieser Einheit niedriger als die anderer, im Umgang mit der Situation bereits erfahrener Einheiten, vielleicht verfügte der Kommandant vor Ort nicht über ein ausreichendes Maß an Beherrschung, die bei solchen Anlässen außerordentlich wichtig ist, vielleicht nahm die Eskalation von Woche zu Woche zu, und es wurde immer schwieriger zuzusehen, ohne die Selbstkontrolle zu verlieren: Jedenfalls wurde den Polizisten befohlen, die Brandstifter festzunehmen.

Das war eine schwerwiegende Entscheidung. Wenn drei, vier Polizisten Hand an einen fahnenverbrennenden Moslem legen, der unmittelbar von Scharen von Helfern und Gleichgesinnten umgeben ist, während sich auf dem Gelände noch Tausende von Sympathisanten befinden, muß unweigerlich ein großer Tumult ausbrechen. Und in der Tat, binnen weniger Sekunden eskalierte eine gefährliche Auseinandersetzung. Es war klar, daß die Polizeieinheit zu klein war, um sich gegen Tausende von Menschen zu behaupten, es sei denn, sie würde zu dem extremen Mittel von Schießerei und Kampf greifen, um die Moslems auseinanderzutreiben.

Im Laufe der Krawalle kam es zu einem ernsten Zwischenfall: Einer der Polizisten wurde von den Moslems abgedrängt, die ihn schwer mißhandelten. Nur mit großer Mühe konnte er von seinen Kollegen befreit und in ein Krankenhaus transportiert werden. Seine Pistole war entwendet worden, und die Moslems weigerten sich hartnäckig, sie der Polizei auszuhändigen.

Tausende von Gläubigen verschanzten sich in der El-Aqsa-Moschee. Die gestohlene Pistole, von begrenzter Einsatzfähigkeit und geringer Reichweite, nahm die Bedeutung eines Prestigesymbols an. Es ist traurig, zugeben zu müssen, daß Menschen bereit sind, sich für derartige Symbole zu opfern. Für die aufgewiegelten Moslems verkörperte sie den Sieg. Siehe da, man hatte die Grenzpolizisten provoziert und überwältigt. Der Beweis war, daß die Waffe in ihren

Händen war. Sie würden sie nicht herausrücken. In den Augen der Polizei und des Grenzschutzes war sie ein Symbol der eigenen Niederlage: Eine Eliteeinheit der israelischen Polizei würde einen solchen Anschlag auf ihr Ansehen, das Entwenden der Waffe eines ihrer Mitglieder, die nicht mehr in ihre Hände gelangte, nicht verkraften.

In der Zwischenzeit hatten die Polizeikräfte Verstärkung erhalten und belagerten den Ausgang der Moschee, aus der Stimmen der Bedrängnis zu hören waren: Die Situation der Belagerten wurde immer schlimmer. Die Hitze war unerträglich geworden. Es gab kein Wasser. Der Durst war quälend. Menschen brachen zusammen. Der Befehl des Kommandanten des Bezirks Jerusalem, Yosef Yehudai, war eindeutig. Niemand durfte sich rühren. Niemand durfte die Moschee verlassen. Zuerst mußte die Waffe an ihren Eigentümer zurückgegeben werden.

In meinen schwersten Alpträumen hätte ich mir keine schrecklichere Situation vorstellen können. Jede weitere Entwicklung, außer Versöhnung und Kompromiß, konnte die Sache nur verschlimmern: Wenn in den Mauern der El-Aqsa-Moschee infolge der bedrückenden Enge und des Wassermangels Menschen erstickten und niedergetrampelt würden, würde die Welt aufschreien: »All das wegen einer lächerlichen Waffe, die die Araber nicht einmal eingesetzt haben?!« Wenn, Gott behüte, die Polizei versuchte, in die Moschee einzudringen und dort auf den Widerstand der Belagerten stoßen würde – mir fehlte der Mut, diesen Gedanken zu Ende zu denken. Eine Polizei, deren Ansehen auf dem Spiel stand, und eine aufgebrachte Menge standen einander gegenüber. Ein Funke genügte, um ein furchtbares Feuer zu entfachen, das niemand zu löschen in der Lage wäre.

Dann kam die Stunde der Vermittlung. Nicht immer ist sie von Erfolg gekrönt, aber stets mit Hoffnungen verbunden; immer wieder muß man das Vermitteln versuchen. Ein paar führende Häupter des *Waqf* auf der einen Seite, der Polizeikommandant Yehudai auf der anderen – beide in Begleitung von Vertretern ihrer Gruppe –, fest entschlossen, einen Gewaltausbruch zu verhindern, und Amir Hashin, mein Berater für Ostjerusalemer Angelegenheiten, der zwischen beiden Seiten hin und her rannte. Es wurde vereinbart, daß sich eine Delegation der Polizei dem riesigen Tor der Moschee nähern sollte, die die Belagerten von innen öffnen würden. Ein paar Polizisten sollten hineingehen, um nach der Pistole zu suchen, die sich laut Auskunft als ein Teil des Kompromisses in der Türangel befinden sollte. Die Waffe wurde gefunden und der Polizei zurückgegeben. Die Menge verließ die Moschee. Das Schlimmste war verhindert worden.

Ich atmete auf und beschloß, meine Bemühungen zu verstärken, damit sich in Zukunft solche Vorfälle, die eine so große Gefahr in sich trugen, nicht wiederholten. Ich traf mit den Befehlshabern der Polizei zusammen. Ich wiederholte das Argument, daß wir den Handlungen der Moslems mit einem hohen Maß an Gleichmut begegnen müßten, wenn die Ereignisse die Mauer, die den Tempelberg umgibt, nicht sprengen sollten. Wir erarbeiteten eine gemeinsame Strategie. Die Polizei würde sich jeglicher Einmischung in das Geschehen hinter der Mauer enthalten. Sie würde durch Maßnahmen, deren Umfang und Zeitpunkt die Polizei festlegen würde, jeden Vorstoß der Moslems, das Geschehen in die Gassen der Altstadt zu verlagern, abwehren. Damit wurde von israelischer Seite eine rote Linie gezogen zwischen dem, was von seiten der Moslems toleriert wurde oder zumindest keinen Polizeieinsatz auslösen würde, und dem, was ihnen untersagt war und eine scharfe Reaktion nach sich ziehen würde.

Nachdem der Bräutigam sein Einverständnis gegeben hatte, wurde nur noch die Zustimmung der Braut benötigt. Ich traf mich mit dem Mufti Sheikh Saad A-Din El Almi, dem Haupt des Obersten Moslemrates, und einigen anderen Häuptern des Rates, Muhamed Nusseibah, Adnan El Husseini und anderen. Begleitet wurde ich von Yakov Terner, dem Polizeipräsidenten. Im Büro des Mufti herrschte eine entspannte Atmosphäre. Ich hatte das Gefühl, daß wir zu einem positiven Ergebnis gelangen konnten. Ich beeilte mich nicht, den verehrten Moslems die Details des Abkommens mit der Polizei zu schildern. Zunächst sagte ich ihnen: »Wir sind bereit, mit euch offene Worte zu reden, um einen Weg zueinander zu finden. Zunächst muß es ausgeschlossen sein, daß ein Jude auf seinem Weg zum Beten an der Klagemauer von Moslems angegriffen wird. Ihr redet von Religionsfreiheit und werdet begreifen, daß es keine Religionsfreiheit für Moslems geben kann, solange eine solche für Juden nicht besteht, genausowenig wie ihr euch mit einer Religionsfreiheit für Juden, aber nicht für Moslems abfinden würdet. Wenn es einem Juden nicht möglich ist, sich zum Gebet zu seinem Gott zur Klagemauer zu begeben – dann müßt ihr eingreifen. Ihr müßt die Angreifer verurteilen.«

Der Sheikh El Almi verkündete: »Richtig! Wir werden sie verurteilen. Jeder Jude hat das Recht, an der Klagemauer zu beten. Die Klagemauer ist eine heilige Stätte.«

Diese Worte wurden gesprochen. Sie wurden gehört. Sie wurden öffentlich bekanntgegeben. Sie stellten eine wertvolle Errungenschaft in der langen Reihe der Versuche dar, eine Koexistenz zu sichern und gegenseitige Respektierung von Rechten durchzusetzen.

Dann präsentierte ich meinen Gesprächspartnern folgende Stellungnahme: »Solange die Geschehnisse die Grenzen des Tempelberges nicht verlassen, vertrauen wir euch. Ich weiß, daß ihr die Ausschreitungen und Ruhestörungen mißbilligt. Ich weiß auch, daß ihr sie nicht initiiert. Aber ihr tragt die Verantwortung dafür, daß die Geschehnisse sich nicht in die Altstadt verlagern. Solange an diesem Prinzip festgehalten wird, wird sich die Polizei aus den Vorfällen auf dem Tempelberg heraushalten.«

Der Mufti ließ sich nicht beruhigen, bis ich ihn zur El-Aqsa-Moschee begleitete, wo er mir die Brandmale von einer Gasgranate zeigte, die die Polizei nach seinen Behauptungen geworfen hatte, als ihre Männer die Moschee belagert hielten, weil die Menschen darin sich weigerten, die Pistole zurückzugeben. Die Leute des Mufti hatten sich nicht damit begnügt, sondern die Reste der Gasgranate an dem Platz, an dem sie angeblich gelandet ist, verstreut. Die Polizei dementierte energisch den Einsatz von Gasgranaten. Ich glaubte der Polizei. Zwar war zum Zeitpunkt der Belagerung in geringen Mengen Tränengas in die Moschee gedrungen, aber nicht, weil man Gasgranaten hineingeworfen hätte, sondern von den Granaten her, die in den Hof des Tempelberges geworfen worden waren, als die

Polizei den verwundeten Polizisten befreite. Bis zum heutigen Tag unterhalten die Moslems eine permanente Ausstellung in der El-Aqsa-Moschee. Sie stellen Gasgranaten und Gummigeschosse zur Schau und halten hartnäckig an ihrer Behauptung fest, daß sie auf die belagerte Menschenmenge in der Moschee geworfen worden seien.

Die Verständigung mit den Häuptern der Moslems erfüllte unsere Erwartungen: Etwa zwei Jahre lang, bis zu den blutigen Ereignissen im Oktober 1990, blieben die Vorfälle nicht nur auf den Bereich innerhalb der Mauern des Tempelberges beschränkt, sondern erfuhren auch eine gesegnete Mäßigung: Das Verbrennen der Israelflaggen wurde eingestellt, und die PLO-Fahne wurde nur selten gehißt. Es herrschte eine Art »Und das Land hatte Ruhe«-Zustand, der immer gefährlich ist. Er nährt Illusionen. Die Geschehnisse vom Oktober 1990 bestätigten dies.

Die Geschichte eines Rohres

Es gibt keinen objektiven Maßstab für Empfindlichkeit. In dem ständigen blutigen Konflikt mit den Arabern haben wir das volle Recht erworben, empfindlich, mißtrauisch und vorsichtig zu sein. Selbst wenn wir unsere Sensibilität bisweilen übertreiben, können die Araber nicht behaupten, daß wir dies grundlos tun. Unsere Empfindlichkeit und die permanente Angst vor dem, was man gegen uns im Schilde führt, hat nicht erst mit dem Konflikt mit den Arabern eingesetzt. Die schwere, niederdrückende Last, die wir auf unseren Rücken tragen, hat ihren Ursprung vor allem im zweiten Weltkrieg und in den Greueltaten der Nazis. Die Araber haben nie etwas getan, was mit den Verbrechen der Nazis vergleichbar wäre – weder in ihrem Verhalten gegenüber den jüdischen Minderheiten in ihren Ländern, noch in Israel. Aber in unseren Herzen lebt die große Angst, daß, wenn sie die entsprechenden Möglichkeiten gehabt hätten, wenn sie die Kriege gewonnen hätten, unser Schicksal hier nicht viel anders verlaufen wäre als das der Juden in der Katastrophe, die man in Europa über uns brachte. Die ständig wiederholte Behauptung der Araber, daß nicht sie es waren, die das Blut der Juden in Europa vergossen haben, und man sie deshalb nicht die Rechnung bezahlen lassen dürfe für das Wiederaufrichten der Juden in ihrem eigenen Land – ist nur zum Teil richtig. Die Araber haben die Juden nicht vernichtet, sie nicht massenweise in Konzentrationslagern ermordet, und hätten dies vielleicht auch nicht getan, wenn sie als Sieger aus den Kriegen hervorgegangen wären, aber in all den Jahren des Konfliktes haben sie sich der Sprache des Horrors bedient: Die Juden vernichten, sie ins Meer werfen, Kinder, Erwachsene und Greise. Es gibt keinen Juden auf der ganzen Welt, der es ertragen könnte zu hören, daß auch unter dem jüdischen Schutz in Israel, wohin die Überlebenden des großen Scheiterhaufens kamen, die Juden nicht das Recht haben, sich sicher zu fühlen, da haßerfüllte Feinde ihnen mit der Vernichtung drohen.

Seit ich Bürgermeister von Jerusalem bin, sind mir nur wenige Araber begegnet, die das verstanden hätten, und noch weniger, die bereit gewesen wären, ihr Verständnis im Verlauf eines unserer Gespräche zu bekunden. Einer dieser wenigen, einer der verehrungswürdigsten und gebildetsten unter ihnen, ein kultivierter Mann mit ausgezeichneten Umgangsformen, weilt nicht mehr unter den Lebenden. Ich habe seine Erlaubnis nicht eingeholt, seine Worte der Öffentlichkeit zugänglich zu machen, und werde deshalb seinen Namen nicht nennen, damit seine Familie nicht einem gemeinen Verbrechen zum Opfer fällt. Ich werde nur folgendes sagen: Nachdem in Jerusalem ein *Talmud*-Schüler ermordet worden war, traf ich mich mit dem geschätzten Araber in dessen Haus. Er lag bereits auf dem Sterbebett, vielleicht in der Stunde der Wahrheit, in der ein Mensch seine Zunge von ihren Fesseln befreit. Und er sagte mir: »Fangt die Mörder! Fangt sie schnell! Ihr seid in der Lage dazu. Und dann tötet sie! Ohne Aufhebens. Nach allem, was ihr durchgemacht habt, könnt ihr nicht zulassen, daß man in Jerusalem Juden ermordet, nur weil sie Juden sind. Wenn es in meiner Macht gestanden hätte, hätte ich über die Messerstecher die Todesstrafe verhängt.« Ein paar Tage später starb der Mann.

Ich bezweifle, daß man unter der jungen arabischen Bevölkerung

Führungspersönlichkeiten findet, die in der Lage sind zu verstehen, was dieser Angehörige der alten Generation begriffen hatte. Voll Trauer ging ich hinter seinem Sarg her. Jede Begegnung mit diesem Menschen, jedes Treffen und jedes Gespräch, auch wenn wir nicht immer einer Meinung waren, war ein großer intellektueller Genuß gewesen. Ich dachte daran, was dieser weise Araber mir kurze Zeit nach dem Sechs-Tage-Krieg, bei unserem ersten Zusammentreffen, gesagt hatte. Es hat sich mir eingeprägt und mich seither nicht mehr losgelassen: »Dies ist die letzte Chance, ein Abkommen in dem Konflikt zwischen Israel und den Arabern, zwischen West- und Ostjerusalem zu schließen. Diese Gelegenheit kommt nie wieder, nicht, weil die Araber, wenn sie sich von dem Schock der Niederlage erholt haben, ihre Position noch mehr erhärten werden, und nicht, weil die Juden sich als starre Besatzer aufführen und den Haß der Besetzten um so mehr auf sich ziehen werden, je länger die Besatzung andauert. Das ist nicht der alleinige Grund. Dies ist die letzte Chance, weil nur die Menschen der alten Generation die Schrecken des Krieges erlebt haben und die, die ihnen nahestanden, die sie liebten, sterben gesehen haben. Es ist eine weltweite Erscheinung, daß die junge Generation fanatischer und militanter ist als die alte. Dies wird auch hier im Nahen Osten so sein. Auch in Jerusalem. Je länger die Besatzung sich hinzieht, um so mehr wird die junge arabische Generation ihre Position verhärten. Die jungen Leute werden tiefer hassen. Sie werden fanatischer sein. Sie werden immer mehr dazu bereit sein, mit scharfen Waffen zu kämpfen. Sie werden sich von jeder Tendenz zu Kompromißbereitschaft und Verständnis distanzieren. Auch die junge jüdische Generation. Sie wird keine Andeutung von Widerstand dulden. Sie wird darauf versessen sein, von morgens bis abends zu beweisen, daß sie der Herr ist, der allmächtige Herrscher, und daß jeder, der den Gehorsam verweigert und nicht bereit ist, die jüdische Herrschaft zu ertragen, mit einem einzigen Urteil zu rechnen hat: Er wird bestraft werden mit aller Härte des Gesetzes. Bei diesem Aufeinandertreffen von zwei jungen, militanten Generationen, von Gewinnern und Verlierern, von Besetzern und Besetzten werden sich all die Hoffnungen auf Frieden und Verständnis, die du, Teddy, und ich und viele Angehörige deiner und meiner Generation hegen, die, auch wenn sie aus Angst ihren Willen nicht öffentlich äußern können, ehrlich überzeugt sind, daß die Zeit gekommen ist und man keine historische Gelegenheit versäumen sollte, in schwarzen Rauch auflösen.«

Und noch mehr sagte er: »Wir dürfen die Chance, Verständigung und Frieden zu schaffen, nicht in die Hände zweier junger Generationen, der arabischen und der jüdischen, legen. Wir werden eine unverzeihliche Sünde begehen, wenn wir die Gelegenheit versäumen, den Teufelskreis des Hasses und Blutvergießens zu durchbrechen. Wir sind dazu verpflichtet, unsere historische Aufgabe, zu einer Verständigung zu kommen, zu erfüllen, bevor die jungen Generationen ihre traditionelle Pflicht, sich dem Willen der Alten zu beugen, verwerfen und Messer und Waffen zücken.«

Ich folgte seinen Worten mit großer Erregung. Ich wußte, daß er recht hatte, aber ich wußte auch – und das war die Ursache meines Kummers –, daß ich nicht garantieren konnte, daß unter den Juden, unter den Angehörigen der alten Generation, seine Anschauung, die auch die meine ist, genügend verankert ist, um darauf Modelle von verbindendem Verhalten zu errichten, wonach nicht nur die Besetzten und Kriegsverlierer Verständnis für die Empfindlichkeit der Juden aufbringen, sondern auch die Sieger die Empfindlichkeit der Besiegten verstehen sollten.

Auf die Behauptung, daß auch die Araber das Recht haben müssen, dünnhäutig zu sein und sich vor den Worten, Taten und Absichten der Juden zu fürchten, wird man mir erwidern: »Worauf basiert der Vergleich? Hat ein Israeli jemals damit gedroht, die Araber zu vernichten? Sie ins Meer zu werfen? Sie aus ihren Häusern zu vertreiben?« Abgesehen von der *Kah*-Bewegung (rechtsextremistische Partei, gegründet von Meir Kahane, Anm. d. Übs.), die schon mehrmals von den Listen der Parteien, die sich in Israel zu den Wahlen stellen dürfen, gestrichen wurde. – Diese Antwort hat ihre Berechtigung. Vor und nach dem Sechs-Tage-Krieg, und im Grunde vor und nach allen Kriegen, waren die scharfen Drohungen der Araber mit den Worten der Juden keineswegs zu vergleichen. Aber Empfindlichkeit und Panik der Araber gegenüber den Absichten Israels haben eine Eigendynamik, die wir akzeptieren müssen. Ich gehe noch weiter: Auch wenn die Empfindlichkeit übertrieben scheint und die Ängste keinen Halt in der Realität haben, so sind wir dennoch nicht befreit von der Verpflichtung, diese aus der Welt zu schaffen und die Araber von unseren ehrlichen Absichten zu überzeugen.

Nicht immer haben wir uns dementsprechend verhalten. Nicht bei jeder Gelegenheit. Häufig haben wir gerade das Gegenteil getan.

Unsere Verpflichtung gegenüber den Arabern in Angelegenheiten, die ihnen besonders am Herzen liegen, ist nicht im Gesetz oder in festen internationalen Abkommen verankert. Sie stützt sich ausschließlich auf die Worte über die Religionsfreiheit der Moslems und ihr Recht, über die Moscheen am Tempelberg zu verfügen, die Regierungschef Levy Eshkol kurz nach der Befreiung Jerusalems ausgesprochen hat. Offiziell hat Israel zwar auf die Einhaltung dieser Verpflichtung geachtet und die Rechte der Araber respektiert, aber dennoch sind die Araber voller Angst vor einzelnen jüdischen Gruppen wie den »Getreuen des Tempelberges«, die selbst die Autorität des Oberrabbinats ablehnen und gegen die Politik Israels handeln und die, im Widerspruch zu jeglicher jüdischer religiöser Überzeugung, wiederholt damit drohten, den Grundstein für einen neuen Tempel auf dem Tempelberg zu legen, und dadurch die Angst der Araber immer neu schüren.

Mehrmals habe ich die israelischen Regierungschefs darum gebeten, den Arabern das Gefühl der Sicherheit zu vermitteln und den Verdacht aus ihren Herzen zu nehmen, daß es jemandem erlaubt sein könnte, ihre heiligen Stätten anzutasten. Dies wäre möglich durch einen Gesetzesentwurf in der Knesset oder durch die Verlautbarung einer eindeutigen Stellungnahme von seiten der Regierung. Ich habe nichts erreicht. In der Realität habe ich es immer wieder mit einer schlimmen und gefährlichen Situation zu tun. Jedes Mal, wenn die »Getreuen des Tempelberges« in ihrem Wahn ihre Absicht kundtun, den Grundstein für ihren Tempel auf dem Tempelberg zu legen, eile ich zur Polizei und bitte darum, ihnen ausdrücklich und unmißverständlich klarzumachen, daß ihr übles Vorhaben verhindert werden würde, und sei es mit Gewalt. Es gibt keine andere Möglichkeit, Extremisten abzuschrecken. Logische Worte stoßen bei ihnen auf taube Ohren. Der gesunde Menschenverstand wird von negativen Regungen verdrängt. Die Gefahr, daß sie Schaden und Blutvergießen verursachen könnten, schockiert sie nicht. Das Argument, daß sie auf diesem Weg die ganze Welt gegen Israels Vormachtstellung im vereinten Jerusalem aufbringen könnten, läßt sie nicht von ihren Absichten abrücken.

Und immer wieder aufs neue stoße ich auf die Verlegenheit der Polizeioffiziere aller Dienstgrade. Sie befürchten, daß eine Verwarnung der Tempelgetreuen, bevor diese aktiv werden und versuchen, ihren Plan in die Tat umzusetzen, und ein Vorgehen gegen sie für den Fall, daß sie die Warnung der Polizei ignorieren, diese dazu veranlassen würde, sich an den Obersten Gerichtshof zu wenden. Man hat Angst, die oberste juristische Instanz könnte bestätigen, daß die Polizei, solange es kein Gesetz gibt, das ausdrücklich das Besteigen des Tempelberges untersagt, nicht legal handelt, indem sie den Versuch der Tempelgetreuen vereitelt.

Das lange Zögern der Polizei erzürnt die Araber. Es verstärkt ihre panische Angst, man wolle ihnen den Tempelberg wegnehmen und ihre heiligen Stätten antasten. Ohnehin können sie sich, da ihnen demokratische Tradition und Verständnis für demokratische Strukturen fehlen, kaum vorstellen, daß irgendeine jüdische Gruppe auf eigene Faust handelt und sich über die Macht des Staates hinwegsetzt. »So etwas gibt es nicht«, hörte ich ihre »Experten« sagen, als ich versuchte, zu erklären, daß die »Getreuen des Tempelberges« nur eine kleine, unbedeutende Gruppe ohne Einfluß seien, deren Handlungen und Absichten nicht nur die Araber abstoßend fänden, sondern auch die Mehrheit der jüdischen Bevölkerung. Die Araber können das nicht nachvollziehen. In den politischen Regimes, die sie kennen, zwingt der Staat allen Bürgern seine Macht auf, und wer sich dem Joch der Disziplin nicht unterwirft oder versucht, sich der Politik der Behörden zu widersetzen, wird hinter Schloß und Riegel gesperrt. In ihren Augen sind die Tempelgetreuen die Vorhut der Masse, und die Masse, die Gesamtheit aller Juden, hat die Absicht, die Araber schlecht zu behandeln und ihnen die Rechte auf den Tempelberg zu entreißen. »Stimmt das etwa nicht? Ist es nicht so?« fragen mich die Moslems. »Warum also laßt ihr dann zu, daß die

Tempelgetreuen uns immer wieder bedrohen? Weshalb erlaubt ihr ihnen, uns in Unruhe zu versetzen und unsere Ängste zu wecken? Schließlich wollt auch ihr, daß Ruhe herrscht. Schließlich habt auch ihr ein Interesse daran, daß keine gewalttätigen Auseinandersetzungen, bei denen es Tote und Verletzte gibt, über die Bildschirme der ganzen Welt gehen.«

Ich erkläre: »Richtig – das ist uns wichtig. Es stimmt, daß wir Ruhe wollen. Und auch für euch muß es vorrangig sein, daß Ruhe herrscht. Sonst wird auch euer Leben zur Hölle werden. Ich versichere euch, daß die große Mehrheit der Juden keinerlei Absichten hegt, eure Rechte am Tempelberg in Frage zu stellen. Auch unsere Rabbiner verbieten den Juden aus religiösen Gründen, am Tempelberg zu beten. Die ›Getreuen des Tempelberges‹ sind eine Randgruppe. Ignoriert sie! Die Polizei wird sie daran hindern, in Aktion zu treten. Man kann sie nicht verhaften, weil sie nicht gegen das Gesetz verstoßen.«

Die Araber verstehen nicht. Sie glauben mir nicht: »Warum verabschiedet ihr dann kein Gesetz? Schließlich habt ihr die Knesset. Erst wenn es ein eindeutiges Gesetz gibt, gegen das die Tempelgetreuen oder andere verstoßen, und die Polizei sie verhaftet, erst dann werden wir euch glauben.«

Ich teile ihre Meinung, daß ein ausdrückliches Gesetz gebraucht wird, das die Moslems vor jeglichem Antasten des Tempelberges schützt. Aber in Ermangelung eines solchen Gesetzes habe ich mein Bestes getan, um die Spannungen am Tempelberg abzubauen und die größtmögliche Sicherheit für Juden und Araber zu erreichen. Ich war nicht immer erfolgreich, aber ich habe mich stets bemüht.

Zu Beginn der Intifada vergingen auch denen die Illusionen, die daran geglaubt hatten, daß die Ruhe in Jerusalem und das fast vollständige Ausbleiben von Anschlägen der Araber ein Dauerzustand wären. Der Polizeiminister Haim Bar Lev lud zu einer Besprechung in Sachen Jerusalem in sein Büro ein. Durch seine Initiative wurde ein festes Gremium gegründet, das sich einmal im Monat zu einer Beratung über das Sichern des Wohls der Jerusalemer Bürger und über die Geschehnisse vor Ort zusammensetzte. An dem Gremium wirkten Vertreter der Sicherheitskräfte mit, der Polizei und des Geheimdienstes, sowie zuständige Vertreter der Stadtverwaltung. Bar Lev bat mich, an allen Konferenzen teilzunehmen, und ich willigte gerne ein.

Bereits die erste Sitzung des Gremiums hat mich davon überzeugt, daß meine Teilnahme unerläßlich war, denn niemand außer mir, auch nicht meine loyalsten Unterstützer unter den hohen Beamten der Stadtverwaltung sowie Angehörige der Sicherheitskräfte, die meine Ansichten teilen, wäre stark genug gewesen, Vorschläge abzuweisen, die auf den ersten Blick einer gewissen Logik nicht entbehrten, aber auf lange Sicht große Gefahren in sich bargen.

In der ersten Sitzung schlugen einige Teilnehmer vor – ich nenne sie nicht beim Namen, denn ich zweifle nicht daran, daß sie eine weitverbreitete, gängige Meinung vertreten und es sinnlos ist, ihr Verhalten als persönlichen Fehlgriff zu interpretieren –, die städtischen Dienstleistungen in eine Art Kriegsgerät zu verwandeln und im Sinne einer klassischen Kollektivstrafe einzusetzen: In einem arabischen Stadtteil kommt es zu Aufständen? – Drehen wir ihnen den Wasserhahn zu! Soll der Durst sie quälen. Jemand bewirft jüdische Bürger mit Steinen – gar die Arbeiter der Elektrizitätsgesellschaft, die gekommen sind, um eine defekte Stromleitung zu reparieren? – Lassen wir im ganzen Stadtviertel das Licht ausgehen!

»Nein!« sagte ich mit Entschiedenheit. »Aus den städtischen Dienstleistungen machen wir keine Waffen gegen arabische Bürger, die sich der Intifada anschließen. Es wird keine Kollektivbestrafung geben. So handeln wir nicht gegen jüdische Bürger, und so werden wir auch mit den Arabern nicht umgehen. Es steht außer Frage, daß wir die Intifada bekämpfen und das brutale Vorgehen von Aufrührern und potentiellen Mördern verhindern müssen. Natürlich müssen wir die Täter, die gefaßt und für schuldig befunden werden, bestrafen. Aber die Stadtverwaltung wird weiterhin ihre Dienstleistungen bieten, ohne Rücksicht auf die Intifada, und sie sogar noch zu verbessern versuchen, wie sie es all die Jahre hindurch getan hat, wenn auch nicht immer mit großartigem Erfolg.«

Hätte ich in dieser Angelegenheit nachgegeben und Vorschläge angenommen, die Quote der Beteiligung der Araber Jerusalems an der Intifada in Beziehung zu setzen zu dem Angebot an städtischen Dienstleistungen – so hätte ich gegen meinen festen Glauben gehandelt, daß nur in der Gleichbehandlung der Araber Jerusalems eine Chance – keine Gewißheit – für eine friedliche Koexistenz in der israelischen Hauptstadt und für das Sichern der Souveränität Israels über die vereinte Stadt liegt. Ohne diesen Glauben wäre ich nicht in der Lage gewesen, die Last weiter zu tragen.

Meine Meinung konnte sich durchsetzen. Nur eine Einschränkung machte ich: Die Sicherheit und das Leben der Arbeiter der Stadtverwaltung durften nicht gefährdet werden. Wenn Araber Anschläge auf die Müllabfuhr verübten, bei der Juden und Araber arbeiten, würden wir den Müll aus dem entsprechenden Stadtteil nicht abfahren. Wenn städtisches Eigentum beschädigt würde, würden wir nicht für Ersatz sorgen. Der Stadtteil würde diese zumutbare Verantwortung tragen müssen. Ich würde nicht zulassen, daß das Leben von Angestellten der Stadtverwaltung oder ihre Gesundheit von Gewalttätern gefährdet würden.

Kurz danach standen wir vor der ersten Prüfung dieser Art. Es bestand kein Zweifel daran, daß das Wasserrohr im Stadtteil Abu Tor absichtlich, aus nationalistischen Motiven, von Arabern im Rahmen der Intifada beschädigt worden war. Meiner Einstellung entsprechend habe ich angeordnet, es unverzüglich zu reparieren. Ein Trupp der Wasserwerke ging hin und wurde von einem Steinhagel empfangen. Bevor sie sich zurückzogen, drehten die Arbeiter die Hauptleitung des Stadtteiles zu – nicht als Strafe, sondern um den Austritt von Wasser in großen Mengen, und damit eine Überschwemmung der Straßen und Wohnungen, zu verhindern.

Nach ein, zwei Tagen, wie erwartet und auch zu Recht, begannen Bürger des Stadtteils, ihrer Verbitterung Ausdruck zu verleihen: »Ein paar arabische Bürger haben das Wasserrohr beschädigt, und Tausende von gesetzestreuen Einwohnern müssen dafür bezahlen?« Wir beschlossen, ein Feuerwehrauto voll Wasser in den Stadtteil zu fahren und die Bewohner aufzurufen, ihre Gefäße zu füllen. Mein Berater für Ostjerusalemer Angelegenheiten, Amir Hashin, wurde mit der Sache betraut. Er wandte sich an die Feuerwehr, gab Erklärungen ab und überredete. Die Feuerwehr war schließlich bereit, in den Stadtteil zu fahren, fragte aber, wer das Auto und die Mannschaft begleiten und für die Sicherheit bürgen würde. Vom Kommandanten der Grenztruppen, an den Hashin sich mit der Bitte gewandt hatte, das Feuerwehrauto zu begleiten, erhielt er eine bemerkenswerte Antwort: »Wir weigern uns, das Feuerwehrauto zu begleiten. Unsere Gegenwart allein wird schon Protest auslösen. Das wissen wir aus Erfahrung. Sie haben einen Sabotageakt gegen das Wasserrohr verübt, und die Arbeiter, die es reparieren wollten, gesteinigt –, sollen sie sehen, wie sie fertig werden.«

Wir hatten also Einwohner, die nach Wasser schrien, ein defektes Rohr, eine abgestellte Wasserleitung, über die Grenztruppen schweige ich... Aber wir hatten auch einen Amir Hashin, einen Menschen, der ein wenig mutiger ist als der Durchschnitt, der felsenfest davon überzeugt ist, daß es unter einer kultivierten israelischen Regierung verboten sein muß, den Bürgern Wasser zum Waschen und Trinken vorzuenthalten. Er kommt zurück, ruft die Feuerwehrleute an und macht ihnen ein Angebot, das sie nicht ablehnen können: Er wird das Feuerwehrauto selbst begleiten und für das Wohlergehen des Fahrers garantieren.

Kein Problem. Man fährt zu dem Ort hin. Der Fahrer des Feuerwehrautos, ein Jude, der eine *Kipa* trägt, ist von den Schwierigkeiten der Navigation und des Zurechtfindens befreit. Hashin fährt vor ihm her mit dem »Panzerwagen«, seinem privaten Fiat. Sie halten an der Hauptstraße des Viertels. In der Nähe der Moschee. Arabische Passanten sind etwas überrascht und fragen sich, wo ein Feuer ausgebrochen ist. Mit dem Lautsprecher des Feuerwehrautos ruft Hashin den Bürgern zu: »Wer durstig ist, soll herkommen. Bringt Fässer, Töpfe und Eimer mit, es gibt Wasser.«

Schnell wird die Schlange länger und dicker. Hashin verteilt Wasser an die Araber. Später erzählte er, das Ganze habe ihn, trotz der unterschiedlichen Umstände, an seine Kindheit im belagerten Jerusalem zur Zeit des Unabhängigkeitskrieges erinnert. Auch damals hätten Tausende von Bürgern in langen Schlangen angestanden, um Fässer und Töpfe mit dem Lebensquell zu füllen.

Über das Maß an Sicherheit, das Hashin in einer solchen Lage garantieren konnte, gehen die Meinungen auseinander. Der Fahrer des Feuerwehrautos hatte sich in die Fahrerkabine eingeschlossen, alle Türen verriegelt, die Fenster hochgedreht und sich geduckt. Hashin, der »Sicherheitsmann«, stand draußen und füllte die Gefäße der arabischen Bürger, achtete auf die Einhaltung der Reihenfolge der Schlange und darauf, daß junge Männer Frauen und Kinder nicht verdrängten. Aber auch der »Sicherheitsmann« hatte Ohren zu hören. Je mehr Windungen die Schlange bekam und je länger die Aktion dauerte, desto mehr böse Stimmen des Protestes und des Zornes ließ die Menge verlauten. Zunächst leise, dann laut beklagten sich die Einwohner über ihr Schicksal und zogen über die Stadtverwaltung her, die sie dazu zwang, stundenlang auf der Straße nach Wasser anzustehen. Es bestand die Gefahr, daß die gute Absicht, die Bürger von ihrer schweren Wassernot zu befreien, nicht Dankbarkeit nach sich zog, sondern Haß und Feindseligkeit nur noch vergrößerte.

Noch schickte Hashin vorsichtige Blicke in alle Richtungen, als ein arabischer Bürger kochend vor Wut auf ihn zukam und sagte: »Ist das gerecht? Verhält man sich so gegenüber friedlichen Bürgern? Was haben sie euch getan? So verteilt ihr Wasser?« Hashin stellte das Verteilen ein und erklärte dem Araber: »Ihre Leute haben das Wasserrohr mutwillig zerstört. Wir haben Männer zur Reparatur geschickt – Ihre Leute haben sie mit Steinen beworfen. Was sollen wir Ihrer Meinung nach tun?«

»Ich schlage vor«, antwortete der Araber, »daß Sie morgen früh eine neue Mannschaft für die Reparatur herschicken. Notieren Sie sich meinen Namen! Hier! Und auch die Nummer meines Ausweises. Ich zeichne für das Wohlergehen der Männer verantwortlich.«

Sie haben das Feuerwehrauto geleert. Sie sind nach Hause gefahren. Am nächsten Tag staunten die Männer, die kamen, um das Rohr zu reparieren. Solch ein Willkommen bereitete man ihnen nicht einmal in den wohlgesonnensten jüdischen Stadtteilen: Bis zur Beendigung der Arbeiten hörten die arabischen Bürger nicht auf, sie mit Kaffee zu bedienen und mit Kuchen und Süßigkeiten zu füttern, und das Wasserrohr – dem geht es ausgezeichnet. Seither gab es dort weder Sabotage noch Beschädigung.

»*Tragt euer Banner nach Zion!*«

Von allen nationalen Symbolen gibt es keines, das mit der Flagge vergleichbar wäre. Schon in den Stammeskulturen und später in allen Stadien der Bildung von Nationen ließ die Identifikation mit der Flagge vernünftige Menschen den Verstand verlieren. Es gibt Erdenbürger, die die Flagge anbeten und für sie sogar ihr Leben opfern. Zu Beginn des Zionismus sang man: »*S'u tziona nes vadegel!*« (Tragt euer Banner nach Zion!, Anm. d. Übs.) Jede Schule, jede Jugendgruppe, jede Stadt, jedes Dorf, jeder *Moshav* und jeder Kibbuz hat seine eigene Fahne. Jede Militäreinheit schwingt voller Stolz ihr eigenes Banner. An Feiertagen hißt man die Fahne auf Vollmast. An Trauertagen weht sie auf Halbmast. Politische Bewegungen benutzen den Begriff »Flagge«, um Überzeugungen, Gesellschaftskonzepte und eine eigene Prioritätenskala zum Ausdruck zu bringen. Moshe Dayan zog den Zorn bestimmter Kreise auf sich, als er behauptete, man könne nicht gleichzeitig die Flagge der Sicherheit und die eines Sozialstaates schwingen. Die politische Lehre von Regierungschef Yitzhak Rabin stützt sich auf den Glauben, daß man die Sicherheitsflagge und die Friedensflagge nebeneinander hissen kann und muß – und daß zwischen beiden kein Widerspruch besteht.

Die Welt ist voller Flaggen – ebenso wie sie voller gesellschaftlicher, ökonomischer und politischer Theorien ist. Im Westen schwang man in den vergangenen Jahren die Fahne der Freiheit. Im kommunistischen Osten die der Gleichheit. Nicht immer und nicht überall im Westen herrschte Freiheit und im Osten niemals Gleichheit – allein der Wind erfüllte die Flaggen mit Leben.

Die Fahne ist ein Symbol der Herrschaft und Vormachtstellung. Der Unabhängigkeitskrieg wurde beendet mit dem Hissen der provisorischen Flagge in Eilat, die ein Soldat mit blauer Tinte aus seinem Unterhemd gefertigt hatte. Die Experten behaupten, daß die Flaggen, die auf den israelischen Stellungen am Suezkanal wehten, täglich aufs neue den Zorn der Araber entfachten und ihre Kriegsgier um so größer werden ließen.

Der Kampf um die Flagge kann heroisch, dramatisch und faszinierend sein. Auch grotesk, wertlos, sogar lächerlich. Aber immer, unabhängig davon, welche Bedeutung man ihm beimißt, stellt er einen Wesenszug der Menschen bloß – das Bedürfnis, Besitz- und Herrschaftsansprüche zu dokumentieren.

Die tragischen Ereignisse am Tempelberg kann man nicht nachvollziehen, ohne sich die Tatsache vor Augen zu führen, daß nur ein Höchstmaß an Empfindlichkeit beider gegnerischer Seiten in bezug auf Besitz- und Herrschaftsansprüche zu solch einem Blutbad führen konnte. Diese Sensibilität zeigt sich auch in dem Kampf um Flaggen. Schließlich ist die Bezugnahme, wenn es um die Flagge geht, völlig eindeutig: Was in den Augen des einen wie eine harmlose Flagge aussieht oder zumindest als solche gesehen werden will, stellt für einen anderen den ernsthaften Versuch dar, seine Position oder sein Eigentum anzutasten. Die Araber, die uns unablässig verdächtigen, unser einziges Streben sei darauf ausgerichtet, sie vom Tempelberg zu vertreiben und diesen zu beherrschen, haben seinerzeit lauthals ihre Stimmen erhoben. Nun habe man endgültig den Beweis für die wahren Absichten Israels: Israel habe in dem Polizeistützpunkt auf dem Tempelberg seine Flagge gehißt. Was hatte das anderes zu bedeuten als eine grobe Verletzung des Zugeständnisses, den Tempelberg samt seinen Moscheen der Verwaltung des moslemischen *Waqf* zu überlassen?

Die Moslems lamentierten: »Hier wurde der Status quo verletzt! Israel hat nicht das Recht, Flaggen auf dem Tempelberg zu hissen! Die Israelis wollen die Macht an sich reißen und uns ins Abseits schieben! Wer soll den Israelis noch glauben, wenn sie freie Religionsausübung in Jerusalem garantieren?« Für einen derartigen Konflikt sind die Jerusalemer Stadtgrenzen zu eng. Sofort schlagen die Araber riesigen Lärm in den internationalen Medien, die Nachrichtensendungen und Kommentare stellen Israel so dar, als halte es sich nicht an Vereinbarungen, als seien die Israelis ein Volk von Imperialisten, das andere verjagt und vertreibt. Israel ist gezwungen, öffentlich zu erklären, daß auf dem ganzen Tempelberg keine einzige Israelflagge wehe, weder auf den Masten noch auf den Dächern und auch nicht an den Wänden. Nur eine kleine Flagge in der Größe eines Taschentuches hänge im Büro der Polizeiwache.

Die Geschichte der kleinen Flagge war keinen Medienrummel wert, aber wenn er nun schon einmal ausgelöst war, so war es in meinen Augen taktisch klug, daß die Polizeikommandantur den Befehl gab, die Flagge von der Wand der Polizeiwache zu entfernen. Die Flagge repräsentiert zwar Staatsmacht und Souveränität, aber mir scheint, daß ein israelischer Polizeistützpunkt ohne Flagge am Tempelberg mehr über die Machtverhältnisse aussagt als eine Flagge ohne Polizeistützpunkt.

Falls jemand versucht ist zu glauben, primitive Gesellschaften seien empfänglicher für die Symbolik der Flagge als höher entwikkelte – so bin ich nicht sicher, ob diese Differenzierung in der Realität einer Prüfung standhalten würde. Auch die Annahme, besiegte und unterlegene Völker reagierten sensibler auf Symbole als Siegervölker, hat ihre Schwächen. Nach den Regeln des gesunden Menschenverstandes mag sie logisch erscheinen: Schließlich haben die Sieger konkrete, handfeste Beweise für ihre Herrschaft, Autorität und Macht und haben deshalb Symbole weniger nötig, während den Besiegten nur die Symbole bleiben, an die sie sich mit ganzer Kraft klammern.

Die Realität am Tempelberg und das belastete Verhältnis zwischen beiden Völkern widerlegen auch dies. Ich habe einen Beweis für meine Hypothese: König Abdullah, der Großvater König Husseins, war, was die Bereitschaft anbelangt – die aufrichtige, wie ich meine –, friedliche Nachbarschaftsbeziehungen unter gegenseitiger Anerkennung zu unterhalten, seinem Enkel um Jahre voraus, konnte sich jedoch nicht durchsetzen. Man hat ihn umgebracht. Er liegt am Tempelberg in Jerusalem begraben. Über seiner Grabkammer wehte Jahr und Tag eine jordanische Flagge, bis geschickte Hände sie »frisierten« beziehungsweise »auf den neuesten Stand brachten«, damit sie wirklichkeitsgetreuer auf den Kern des Konfliktes zwischen beiden Völkern hinweise. Sie entfernten den jordanischen Stern, und das Ergebnis fiel wunschgemäß aus: Der Stern war weg, und es war eine PLO-Flagge entstanden. Die Araber umhegen diese Flagge. Sie lieben sie abgöttisch. Immer wieder erneuern sie die Farbe. »Was wollt ihr?« fragen sie mit gespielter Naivität. »Es ist doch nur die jordanische Fahne auf Abdullahs Grab!« Mir kommt es immer vor, als ob sie dabei ein hämisches Augenzwinkern zu verbergen suchen.

Aber die Juden, die den Krieg gewonnen, die Araber besiegt und die Grenzen ihres Landes ausgeweitet haben, mißbilligen diese provozierende Flagge mit dem undeutlichen Stern, eine Art Symbol nebulöser Identität, ob es nun die Jordaniens oder die der PLO ist. Wer den Stern sehen will, der sieht ihn. Wer nicht, sieht die Flagge der PLO.

Eine derart provokante Flagge am Tempelberg, in unmittelbarer Nähe der Klagemauer, sieht manch einer als Beleidigung an. Wen wunderte es da, daß der rechte Flügel in Israel lauthals protestierte: »Die Flagge der PLO auf dem Tempelberg?!« Wer war erstaunt, als die Rechten, die Symbolen nicht weniger fanatisch anhängen als die Araber, behaupteten, daß sich die dramatischen Worte von Mota Gur im Sechs-Tage-Krieg: »Der Tempelberg ist in unseren Händen«, als unwahr erwiesen hätten und der Tempelberg sich de facto nicht in unseren Händen befinde?

Dennoch, der Tempelberg untersteht unserer Staatsmacht, auch wenn die israelische Flagge aus der Polizeiwache entfernt wurde. Und er untersteht uns auch dann immer noch, wenn auf dem Grab von Abdullah eine verwaschene Flagge weht, die für den, der es unbedingt möchte, wie die Fahne der PLO aussieht.

Wer wie ich gleichermaßen streng und beharrlich ablehnt, daß Jerusalem geteilt wird, und dagegen ist, daß man die Araber ihrer Rechte beraubt, kann die Behauptung, nur eine »Flagge« könne Ausdruck von Souveränität sein und ihr Einholen mache diese zunichte, nur mit Geringschätzung von sich weisen.

Ich möchte daran erinnern, daß ein israelischer Soldat unmittelbar nach Betreten der Altstadt im Jahre 1967 die israelische Flagge auf dem Felsendom hißte und Moshe Dayan den Befehl gab, sie herunterzuholen – da er in seiner Klugheit begriffen hatte, daß eine Gebetsstätte kein geeigneter Ort für das Hissen einer Flagge ist.

Es gibt Dinge, die man nur zu einem bestimmten Zeitpunkt, und nur zu diesem, erledigen kann. Hat man ihn verpaßt, hat man eine Chance vertan, so gerät man in Bedrängnis und große Schwierigkeiten. Unmittelbar nach dem Sechs-Tage-Krieg habe ich dazu geraten, zweierlei zu tun: die Baracken vor der Klagemauer so schnell wie möglich abzureißen und somit Platz für Tausende von Juden zu schaffen, die die Klagemauer besuchen oder dort beten wollten. Diese Aktion wurde durchgeführt. Wir haben die Gelegenheit nicht versäumt. Die zweite Sache, die ich mit Nachdruck empfohlen, ja, um die ich die Regierung äußerst eindringlich gebeten hatte, war, die Konzession der arabischen Elekrizitätsgesellschaft in Jerusalem samt ihren Kunden auf die israelische Elektrizitätsgesellschaft zu übertragen. Dies hat man nicht getan. Diese Gelegenheit wurde verpaßt.

Aufgrund der seither gesammelten Erfahrungen kann ich mit Gewißheit behaupten, daß im Fall des Klagemauervorplatzes das Beschreiten des Amtsweges dazu geführt hätte, daß die häßlichen Baracken bis zum heutigen Tag stehengeblieben wären und sich der Vorplatz so klein und kümmerlich zeigen würde, wie ihn die *Tzahal*-Truppen im Juni 1967 vorgefunden haben. Nur unter dem starken Eindruck des Kriegstraumas und unseres Sieges hatten wir die Hunderte von Baracken entfernen und ihre Bewohner in andere Wohnungen in anderen Vierteln evakuieren können, ohne den Zorn der Araber und der ganzen Welt auf uns zu richten. Hätten wir gezögert und die historische Chance verpaßt, wäre jeder unserer späteren Versuche, eine Evakuierung durchzuführen und die Baracken zu entfernen, auf energischen internationalen Protest gestoßen. Die Araber hätten sich dagegen aufgelehnt. Sie hätten in einem solchen Vorhaben – aus ihrer Sicht durchaus verständlich – einen Ausdruck der israelischen Absicht gesehen, das Gebiet allein zu beherrschen. Interventionen der UNO, europäischer Staaten und der USA hätten Israel in eine aufreibende internationale Kontroverse verstrickt, deren Ergebnisse schwer absehbar sind.

Mit nachlassender Wirkung des Kampftraumas und der Niederlage hätten die Araber sich durch weltweiten Beistand ermutigt gefühlt und das Barackenviertel zu einer Stätte nationalen Prestiges erhoben, um das man bis zum äußersten gekämpft hätte. Die politischen Schwierigkeiten und die militanten Auseinandersetzungen hätten die Gegend in einen Brennpunkt verwandelt und damit eine zusätzliche schwere Belastung für die ohnehin empfindlichen Beziehungen geschaffen.

Meine Einschätzung fiel bei Moshe Dayan und dem Militärbezirkskommandanten Uzi Narkis auf fruchtbaren Boden. Wir handelten schnell. Ohne eine Minute zu verlieren. Ohne Beschlüsse der Regierung, die ohnedies mit dem Verdauen der Siegesfrüchte beschäftigt war, ohne Kommissionen, ohne langwierige Anhörungen. Wir faßten den Entschluß und setzten ihn in die Tat um. Für die dort wohnhaften Familien fanden wir adäquate Wohnungen. Innerhalb kürzester Zeit wurden die Baracken abgerissen, und der Vorplatz der Klagemauer entstand.

Das zügige Vorgehen verlief störungsfrei. Es erfolgte keinerlei Reaktion der Araber. Der Oberste Gerichtshof, ein mächtiges Instrument, das die Araber später einzusetzen lernten, als sie begriffen hatten, wie ein demokratisches System funktioniert, wurde in dieser Sache nicht angerufen.

Es hatte sich eine Gelegenheit zum Handeln geboten. Wir hatten sie beim Schopf gepackt.

Meine zweite Empfehlung, nämlich im Großraum Jerusalem die Kunden der arabischen Elektrizitätsgesellschaft auf die israelische zu übertragen, war, wie bereits erwähnt, nicht aufgegriffen worden. Ich hatte die Zukunft vorausgeahnt: Die arabische Elektrizitätsgesellschaft – eine kleine, technologisch rückständige Gesellschaft, nachlässig geführt – hätte bestenfalls den Energiebedarf von einhunderttausend Arabern in Ostjerusalem decken können. Und auch das nur mit großer Mühe und langen Unterbrechungen. Man brauchte keine hellseherischen Fähigkeiten, um zu wissen, was geschehen würde – und genau das traf auch ein. Noch aus den Tagen der britischen Mandatsregierung in Eretz Israel besaß die arabische Elektrizitätsgesellschaft die Konzession für die Stromversorgung eines Gebietes, das sich über ein riesiges Areal in einem Radius von etwa achtzig Kilometern um die Grabeskirche herum erstreckte. Im Bereich dieses großen, der ursprünglichen Konzession entsprechenden Einzugsgebietes lagen auch Tel Aviv, Petah Tikva, Ramat Gan, Rehovot, Rishon Letzion und noch Dutzende weiterer jüdischer Städte und Siedlungen. Die Gesellschaft hatte jedoch zu keiner Zeit den Anspruch, die Konzession, die sie von den Briten erhalten hatte, auszuschöpfen. Der Unabhängigkeitskrieg und die Staatsgründung hatten ohnehin die Grenzen der Konzession auf einen akzeptablen Einzugsbereich reduziert, der das damalige arabische Jerusalem und die Gegenden der arabischen Bevölkerung in Judäa und Samaria umfaßte. Mit der Befreiung von Ostjerusalem im Jahre 1967 war es klar, und nicht nur mir, daß die Zahl der Verbraucher rapide ansteigen würde. Jerusalem würde seine Tore für Zehntausende von Juden öffnen, um nicht zu sagen für Hunderttausende, wie es sich später tatsächlich herausstellen sollte. Die Masse der jüdischen Stromkonsumenten würde im Bereich der Konzession der arabischen Gesellschaft wohnen. Weil ihr Lebensstandard hoch sein würde, und mit ihm der Einsatz von Elektrogeräten, würden sie Strom in großen Mengen benötigen, und zwar in wesentlich größerem Umfang, als die arabische Gesellschaft zu produzieren gewohnt war.

Unter diesen Umständen, so behauptete ich, könne die arabische Gesellschaft unmöglich den Bedürfnissen nachkommen. Im Laufe der Zeit würde das Ganze zu einer schweren Belastung werden. Im häuslichen Bereich würden die jüdischen Einwohner unter mangelhafter Stromversorgung und sich ständig wiederholenden Pannen leiden. Aber nicht nur das. In dem blutigen Konflikt, in dem sich beide Völker befinden, würden die jüdischen Bürger es der arabischen Elektrizitätsgesellschaft nicht abnehmen, daß die Stromausfälle und die vielen Störungen auf technische Probleme im Bereich der Produktion und Versorgung zurückzuführen sind. Hinter jedem Stromausfall, hinter jeder Störung würden sie eine Absicht vermuten, einen Teil des Kampfes der Araber und ihrer Intention, die jüdischen Einwohner zu belästigen und weitere Juden davon abzubringen, Häuser in den Stadtteilen von Jerusalem zu beziehen, die in den Versorgungsbereich der arabischen Gesellschaft fallen.

Und weiter behauptete ich damals: Jetzt, unmittelbar nach dem Krieg, könnten wir der arabischen Gesellschaft ihre Konzession entziehen oder zumindest diese so einschränken, daß die Gesellschaft lediglich die arabischen Bewohner Jerusalems mit Strom versorgt. Je mehr Zeit verginge, desto schwieriger würde ein solches Unterfangen. Es liege in der Natur der Sache, daß die Araber den Wunsch verspürten, ihre Elektrizitätsgesellschaft und die Unabhängigkeit von den israelischen Stromerzeugern in ein Symbol der Autonomie zu verwandeln. Wenn die arabische Gesellschaft zu einem Faktor des Krieges zwischen Juden und Arabern würde, messe man sie nicht daran, wie weit sie in der Lage sei, Strom zu liefern, und auch nicht an den Problemen der Einwohner, wenn sie ihrer Verpflichtung nicht nachkomme. Was wir jetzt unterließen, würden wir später nicht mehr korrigieren können, ohne die Auseinandersetzungen zu verschärfen und zuzuspitzen.

In nur wenigen Fällen kann ich mit solcher Gewißheit behaupten, daß das, was ich vorausgeahnt hatte, haargenau eingetroffen ist. Die arabische Gesellschaft blieb auf dem veralteten technischen Stand. Interne Kämpfe zwischen verschiedenen arabischen Organisationen über Macht und Autorität verstärkten ihre Probleme noch. Die finanziellen Verluste erreichten schwindelerregende Höhen. Die Stromausfälle plagten Tausende von Juden in den neuen Stadtvierteln. Erboste jüdische Demonstranten versammelten sich gar nachts vor meiner Wohnung mit Transparenten, auf denen stand: »Solange wir keinen Strom haben, darf der Bürgermeister nicht ruhen.« Sie waren überzeugt, daß nicht technische Schwierigkeiten und Überlastungen der Grund für die Stromausfälle waren, sondern die Absicht der arabischen Gesellschaft, sie zu schikanieren. Die Erklärung, daß auch arabische Bürger darunter zu leiden hätten und daß die arabische Gesellschaft keinen Unterschied mache zwischen Juden und Arabern, hatte bei den erbosten Juden von vornherein keine Chance, offene Ohren zu finden.

Auch wer glaubte, die arabische Elektrizitätsgesellschaft könne über kurz oder lang ihre Engpässe überwinden und käme nach und nach in die Lage, die Kapazität zu steigern und die Verteilung zu optimieren, mußte sich schließlich eingestehen, daß keine Aussicht auf Erfolg bestand. Aufgrund der veralteten Produktionsmethoden und der antiquierten Ausstattung mußte die Gesellschaft zu viele Arbeitskräfte beschäftigen, deren Gehälter eine zusätzliche finanzielle Belastung darstellten. Außerdem verursachten die veralteten Produktionsanlagen ein hohes Maß an Luftverschmutzung.

Bereits zu Beginn der achtziger Jahre stand fest, daß nach allen Wirtschaftlichkeitsberechnungen die Gesellschaft keine Existenzberechtigung hatte. Aber jeder Versuch, selbst der kleinste Vorstoß in Richtung auf die Absicht, die arabische Elektrizitätsgesellschaft stillzulegen, stieß, genau wie vorausgesehen, auf heftige Reaktionen, nicht nur von seiten der Direktion und der Belegschaft, sondern innerhalb der gesamten arabischen Bevölkerung.

Selbstverständlich spielten Fragen nach der finanziellen Situation der Gesellschaft oder ihrem Unvermögen, die Verbraucher mit der nötigen Energie zu versorgen, in den Augen der Araber keine Rolle. Sie hatten nicht die geringsten Zweifel daran, daß Israels Augenmerk nur auf die Auflösung der Gesellschaft gerichtet war und darauf, die Abhängigkeit der Araber von Israels Gnaden gleichsam zu vergrößern. Von dem Augenblick an, in dem die arabische Elektrizitätsgesellschaft aufgehört hatte, einfach eine Gesellschaft zur Stromerzeugung zu sein, die man nach ökonomischen Gesichtspunkten und ihrer Produktivität beurteilt, wurde sie für die Araber zu einem weiteren nationalen Symbol, das man vor dem Zugriff der Juden verteidigen mußte.

Das Ergebnis war ein langwieriger, nervtötender Kampf voller endloser Schuldzuweisungen gegen die Juden.

Ich nehme an, daß der letzte Tropfen, der schließlich das Faß zum Überlaufen brachte, der Beschluß der Geschäftsführung der Gesellschaft war, den Stromtarif auf einen Schlag um vierundzwanzig Prozent anzuheben. Einen Preisanstieg in diesem Umfang hatte es noch nicht gegeben. Nicht bei der arabischen und nicht bei der israelischen Elektrizitätsgesellschaft. Eine derartige Erhöhung hat seitdem auch nicht mehr stattgefunden. Erstaunlicherweise wurde weder bei den Arabern noch bei den Juden großer Protest laut. Eine rasch durchgeführte Untersuchung deckte das Geheimnis des Schweigens der Verbraucher auf. Von den Juden hatte die Gesellschaft den neuen Tarif nicht gefordert. Sie zahlten weiterhin die alten Tarife. Die Araber zahlten und schwiegen, da sie in dem Geld eine Spende für den nationalen Kampf sahen. Eine Art Kriegssteuer für den Krieg gegen die Juden.

Meine Haltung gegenüber der arabischen Elektrizitätsgesellschaft hatte sich im Laufe der Jahre geändert. Zwar hatte ich unmittelbar nach dem Sechs-Tage-Krieg gedacht, man solle die Gesellschaft auflösen, und dies auch empfohlen. Aber nachdem es nicht dazu kam, dachte ich später, daß die Liquidierung der Gesellschaft unserem Land ein zusätzliches Maß an Spannung und Feindseligkeit bescheren würde, da sie von den Arabern mit Sicherheit als Anschlag Israels und als schweres Vergehen ausgelegt würde. Das wollte ich vermeiden. In Gesprächen mit den Leitern der arabischen Gesellschaft, namentlich mit Anwar Nusseibah, dem Vorsitzenden des Aufsichtsrates, einem Menschen, den ich schätzte und mochte (was augenscheinlich auf Gegenseitigkeit beruhte), wurde mir klar, daß das Fortbestehen der Gesellschaft zu einer Frage der nationalen Ehre geworden war. Der palästinensische Stolz und die palästinensische Ehre haben in den Augen der Araber großes Gewicht. Sie kämpften dafür, daß die arabische Gesellschaft vor dem Zugriff der Minister, insbesondere der Energieminister Yuval Neeman und Yitzhak Modai, die sie unbedingt auflösen wollten, »gerettet« würde. Ich bin der Meinung, daß man möglichst weitgehend auf nationale Ehre achten sollte.

Zum guten Schluß, nach intensiven Überlegungen und langwierigen Kämpfen, wurde der Kompromiß gefunden, mit dem auch die Araber trotz ihrer Proteste leben konnten. 1987 erlebte die arabische Gesellschaft in zweierlei Hinsicht eine Umstrukturierung: Sie stellte die Stromerzeugung ein, und die jüdischen Stadtteile wurden von ihrem Netz getrennt und mit dem der israelischen Stromgesellschaft verbunden. Die arabische Elektrizitätsgesellschaft bleibt weiterhin bestehen, aber fungiert nicht mehr als Erzeuger, sondern als Energielieferant. Sie kauft den Strom von der israelischen Gesellschaft und verkauft ihn an ihre Konsumenten, ausschließlich Araber, in deren Stadtteilen.

Ich habe einige Energie aufbringen müssen, damit dieser Kompromiß zustandekam. Ich glaube, daß das Arrangement besser ist als der Versuch, die arabische Gesellschaft zu liquidieren. Die Gesellschaft ernährt mehr als dreihundert Familien. Sie ist der größte arabische Arbeitgeber in Jerusalem – vielleicht sogar in Judäa und Samaria.

Nach Umwandlung und harten Machtkämpfen über das Erbe – den Vorstandsvorsitz der Jerusalemer Gesellschaft nach Anwar Nusseibahs Tod – hat Muhamed Ali El Husseini das Amt übernommen, ein Mann, der sich schon zur Zeit der britischen Mandatsregierung profiliert hatte und dem es gelang, die Gesellschaft zu sanieren. Er übernahm eine Gesellschaft, auf der Schulden in Höhe von mehr als zehn Millionen Schekel lasteten, und machte sie zu einem gewinnbringenden Unternehmen, das all seinen Verbindlichkeiten nachkommt. Muhamed Ali El Husseini handelte nach einer eisernen Regel, nach der keine neuen Arbeitskräfte nach familiären Gesichtspunkten oder Zugehörigkeiten zu Organisationen eingestellt werden durften, sondern allein nach dem Bedarf der Gesellschaft und der Qualifikation der Bewerber. Stufenweise begann die Gesellschaft auf der Basis der Wirtschaftlichkeit zu funktionieren.

Nur Juden ist es erlaubt

Alles, was die Araber tun, wird von den Juden – natürlich nicht von allen, aber von sehr vielen – als einem nationalen Motiv entspringend interpretiert. Als Ausbau ihrer Machtposition. Als Stärkung ihrer Opposition gegen die israelische Herrschaft. Exempel hierfür findet man immer wieder, seit die Souveränität Israels über das vereinigte Jerusalem gilt. Ein Musterbeispiel ist der Bau von Plattformen auf dem Tempelberg. Die Araber haben dort Podeste errichtet – fünf Meter lang, drei Meter breit und etwa sechzig Zentimeter hoch. Für die Freitagsgebete breiten die Araber Teppiche auf diesen Plattformen aus. Die Moslems kommen und knien nieder zum Gebet. Die Podeste wurden ohne Genehmigung errichtet. Ich habe mich immer gegen die Absicht gewehrt, sie abzureißen. Sie stellen meiner Meinung nach keine Gefahr dar. Sie sind kein Bestandteil des nationalen Kampfes der Moslems und sind weder Ausdruck des Hasses noch des Widerstandes gegen die israelische Staatsmacht. Aber viele Juden, besonders die Extremisten, sehen in diesen Bauten gefährliche Festungsanlagen. Was haben sie uns nicht alles erzählt! »Die Plattformen sind alles andere als fürs Gebet bestimmt. Das ist nur ihre Tarnung. Sie sind erst einmal die Fundamente. Auf diesen Fundamenten werden die Moslems Gebäude errichten. Von dort werden sie ihren Krieg um Jerusalem führen. Es sind Tatsachen«, fügen die Schwarzseher hinzu, »daß die Araber nicht nur Podeste gebaut haben, es wimmelt dort auch von nationalistischen Wandschmierereien und Transparenten. Eine Inschrift lautet: ›Sabra und Shatila‹, und damit ja niemand die Ereignisse vergißt, steht das genaue Datum des Massakers dabei, das die Christen in den beiden Palästinenserlagern im Libanon angerichtet haben. Da haben wir den Beweis. Hier bereiten sich die Moslems auf ihren grauenvollen Rachefeldzug vor.«

Ich war nicht schockiert, als im ultraorthodoxen Stadtteil Mea Shearim Mauerparolen auftauchten, die Minister der israelischen Regierung mit Hitler und anderen führenden Nazis verglichen. Und dies war ein Rechtsbruch, der in vielerlei Hinsicht wesentlich schwerwiegender und erschütternder war als die Sprüche über Sabra und Shatila. Ich war nie der Ansicht, daß die Polizei deshalb Mea Shearim überfallen, die abstoßenden Schmierereien entfernen (die sich besonders gegen die religiösen Minister richteten, die von den Ultraorthodoxen noch mehr verabscheut werden als die säkularen) und die Bewohner des Viertels bestrafen sollte. Im Gegenteil: Gerade in einer Realität, in der nationalistische und religiöse Fanatiker Haß- und Racheparolen nach allen Richtungen verteilen, muß ein starkes parlamentarisches System selbstsicher sein und sich gelassen und duldsam zeigen. Es darf nicht die in ihrer Meinung bestärken, die denken, es müsse eigene Gesetze für Juden und für Araber geben. Die Araber haben in den Pogromen von 1929 und 1936 nicht zuletzt deshalb die Juden niedergemetzelt, weil sie überzeugt waren, daß die britische Mandatsregierung ihnen wohlgesonnen war und ihre Taten unterstützte. »Die Regierung steht hinter uns«, hatten die Araber behauptet. Aus dieser Lektion folgt, daß die israelische

Regierung jüdischen Extremisten auf keinen Fall das Gefühl vermitteln darf, daß sie sie unterstützt, indem sie sich über die Gesetze hinwegsetzt.

Die Stadtverwaltung gibt sich, entsprechend meiner Überzeugung, die in meinen Anweisungen zum Ausdruck kommt, jede erdenkliche Mühe, beide Bevölkerungsgruppen ohne Diskriminierung zu behandeln. Wir ließen eine Moschee abreißen, die ohne Genehmigung auf dem Ölberg errichtet worden war, und ebenso eine Synagoge, die man ohne Genehmigung im Stadtteil Gilo gebaut hatte. Die Bürger waren empört. Moslems wie Juden. Wäre ich ein Zyniker, würde ich behaupten, wenn wir Moslems und Juden, oder Nichtreligiöse und Ultraorthodoxe, gleichermaßen verärgert haben, so ist dies ein positives Zeichen dafür, daß wir nach den Prinzipien der Gleichheit und des Gesetzes vorgehen.

Wenn nicht Gleichheit aller Bürger vor dem Gesetz herrscht, dann besteht keine Demokratie. In der Realität werden den Arabern besonders häufig Pflichten auferlegt, während den Juden Rechte gewährt werden. Das kann nicht die Art von Verteilung sein, die die Gesetzgeber in demokratischen Systemen für gut befinden.

Wenn man in Jerusalem beispielsweise das Wort »verboten« ausspricht, was ist dann damit gemeint? Wem ist was verboten und wem was erlaubt? Die *Likud*-Regierung, insbesondere ihr Bau- und Wohnungsminister Arik Sharon, der für die Erschaffung der Ungleichheit steht, entwickelte ein neues klares System für die Definition der Begriffe »verboten« und »erlaubt«: Was den Arabern verboten ist, ist den Juden erlaubt. So einfach ist das.

Man versucht zunächst den Eindruck zu erwecken, es handele sich um alte jüdische Stätten, die uns seinerzeit geraubt wurden und die nun an ihre rechtmäßigen Eigentümer zurückgeführt werden, und klebt ihnen jüdische Etiketten auf, jüdische Namen, die vertraut klingen: Beit Hatzofeh Haelion, Beit Hatzofeh Hatahton, Beit Hama'ayan oder Beit Hatira. So geschehen in David-Stadt. Es interessiert hierbei nicht, daß es dort keine Niederlassung oder Siedlung gibt und keine Infrastruktur für ein jüdisches Leben.

Wären die Rechten an der Regierung geblieben, wäre der Grundsatz der Gleichberechtigung für alle unter Arik Sharons Dampfwalze geraten und plattgewalzt worden. Das gesamte Gelände von David-Stadt ist ein archäologisches Feld von größter Bedeutung. Ein Teil der dort verborgenen Schätze war bei Ausgrabungen zum Vorschein gekommen. Weite Teile sind noch nicht freigelegt. Ein Plan mit dem Namen AM/9, der 1967, kurz nach dem Sechs-Tage-Krieg, erarbeitet worden war, hatte zum Ziel, dieses Gebiet mit seinen archäologischen Schätzen vor jeder Art von Verletzung zu schützen. Es ist verboten, auf dem Areal zu bauen. Es ist untersagt, Gebäude zu erweitern, selbst in noch so geringem Umfang.

Aber dieses Verbot, das versteht sich von selbst, gilt nur für die Araber, die dieses Gebiet bewohnen, allein für sie. Arik Sharon, Minister einer israelischen Regierung, sah sich davon ausgenommen. Nach einem Plan, den die Regierung Rabin später annullierte und ad acta legte, sollten in der Gegend zweihundert Wohneinheiten gebaut werden, dem in Plan AM/9 enthaltenen Verbot zum Trotz. Und das sollte erst der Anfang sein. Nach Abschluß dieses Projektes sollten weitere folgen, und damit wäre jede Möglichkeit, die Ausgrabungen weiterzuführen, zunichte gemacht worden.

Man maß auch hier mit zweierlei Maß, einer Norm für die Araber, einer anderen, grundverschiedenen, für die Juden. Der Innenausschuß der Knesset, der sehr empfindlich auf die Meldung, Araber bauten ohne Genehmigung, reagiert, begab sich seinerzeit an Ort und Stelle, um die Sache in Augenschein zu nehmen. Amir Hashin, mein Berater für die Angelegenheiten Ostjerusalems, führte die Delegation. Als sie sich im Stadtteil Armon Hanatziv befand, wies Hashin Richtung Altstadt, auf den kahlen Hang unterhalb von David-Stadt und fragte die Knesset-Abgeordneten: »Wissen Sie, warum kein einziges arabisches Haus auf diesem Hang steht?« Ob sie es wußten oder nicht – Hashin erklärte es ihnen: »Dies ist ein Gebiet mit einem archäologischen Bestand, der zu den bedeutendsten der Welt gezählt wird, und darum ist hier jegliche Bautätigkeit untersagt.«

Die Knesset-Abgeordneten murmelten Worte der Billigung und Zustimmung. Es lag auf der Hand. In einem Rechtsstaat durfte in einem Gebiet von so großer archäologischer Bedeutung nicht gebaut werden. Hashin stellte ihnen, ich muß sagen, mit großer Raffinesse, eine Falle: »Ist es nur den Arabern untersagt?« fragte er.

»Das Verbot betrifft alle«, antworteten die Abgeordneten der Knesset.

»Aber«, stellte Hashin die niederschmetternde Frage, »Sharon plant hier den Bau von zweihundert Wohneinheiten, ist das legitim oder nicht?»

Es entstand ein Moment der Peinlichkeit. Aber nur ein kurzer. Einer der Ausschußmitglieder, ein überzeugter Rechter, allerdings klug und sprachgewandt, beschimpfte Hashin: »Wieder einmal nutzen Sie eine Ortsbegehung des Innenausschusses für Ihre Politisierung.«

Die Abgrenzung ist also völlig klar: Wenn die Araber nicht in David-Stadt bauen dürfen – hat dieses Verbot nichts mit Politik zu tun. Es geht dabei einzig und allein darum, die archäologischen Stätten nicht zu zerstören und die darin enthaltenen Kostbarkeiten nicht zu beschädigen. Es handelt sich um eine objektive Feststellung und nicht um die Absicht, die Araber einzuschränken und ihnen die Hände zu binden. Aber wenn jemand – so wie ich und viele andere – der Meinung ist, daß zwischen arabischen Bauvorhaben und jüdischen Bauvorhaben kein Unterschied besteht und folglich arabische Bauten die archäologischen Stätten nicht mehr lädieren würden als jüdische, ist das keine objektive Bezugnahme mehr. Das ist eine politische Stellungnahme und deshalb unerwünscht.

Engstirnige Regierungsbeamte

Im Verhalten der verschiedenen israelischen Regierungen gegenüber den Arabern Jerusalems kann man Unterschiede feststellen. Hier und da etwas mehr Härte, hier und da etwas mehr Rücksichtnahme, aber die Abweichungen waren geringfügig und konnten über die Grundeinstellung, die allen gemeinsam war, nicht hinwegtäuschen. Obwohl viele Worte über die guten Absichten verloren wurden, dazu bestimmt, den politischen Außenbeziehungen Israels Nutzen zu bringen und internationalen Druck zu verhindern, hat keine israelische Regierung – und in diesem Punkt gab es keinerlei Divergenzen zwischen den Regierungen des *Ma'arah* (Vereinigung der Arbeiterparteien in Israel, Anm. d. Übs.), des *Likud* und der Großen Koalitionen – die Jerusalemer Araber als gleichberechtigte Bürger angesehen. Nicht in der Zeit vor dem »Jerusalem-Gesetz« und nicht danach. Die konkrete, tägliche Politik wird an Ort und Stelle von Beamten gemacht. Der Minister kann die Richtung festlegen, den Weg markieren, Anweisungen erteilen, aber die Beamten sind die Ausführenden, und die Beamten in Israel – ich verallgemeinere, was dem einzelnen wohl nicht gerecht wird, die Gesamtheit allerdings auch nicht wirklich treffen wird – haben noch nie die Auffassung unter Beweis gestellt, die Jerusalemer Araber hätten Anspruch auf die vollen Rechte in allen Lebenslagen wie die jüdischen Bürger der Stadt auch.

Nehmen wir einmal die Sprache. Das Recht der Araber, in ihrer Sprache zu kommunizieren, wurde zu keiner Zeit in Frage gestellt. Untereinander, in ihren Zeitungen, im Umgang städtischer Behörden mit den Bürgern, stand der Benutzung der arabischen Sprache nie etwas im Wege. Aber – und das ist der springende Punkt – die arabische Sprache wurde nie als legales Kommunikationsmittel zwischen den Arabern und den Regierungsbehörden anerkannt. Sie wird nicht geachtet. Wenn ein arabischer Bürger aus Jerusalem, dem das Gesetz sämtliche Pflichten auferlegt und offiziell alle Rechte gewährt, Anfragen, Klageschriften oder Anträge aller Art an Stellen der Regierung in arabischer Sprache abfaßt, wird er keine Antwort in seiner Sprache erhalten. Wenn man ihm überhaupt antwortet, dann auf hebräisch. Die Annahme, daß er einen Anspruch auf eine Antwort in seiner Sprache habe, wird von den Regierungsämtern nicht geteilt.

Die Stadtverwaltung verhält sich anders. Auf eine Eingabe in arabischer Sprache antwortet sie auf arabisch. Die Schilder in den Ämtern der Stadtverwaltung enthalten Hinweise auf hebräisch und arabisch. Ein Araber, der ein städtisches Amt aufsucht, braucht weder einen Führer noch einen Übersetzer. Wie ein jüdischer Bürger findet er das zuständige Büro und den zuständigen Beamten. Die Hinweisschilder helfen ihm in arabischer Sprache weiter.

Hat ein arabischer Bürger beispielsweise Probleme mit der Einkommensteuer, so wird er sich vielleicht daran erinnern, daß zur

Zeit der britischen Mandatsregierung die Behörden Formulare in arabischer Sprache aushändigten. Selbstverständlich galt dies auch für die jordanische Regierung bis 1967. Nur die israelische Behörde wird dem Araber sämtliche Formulare ausschließlich auf hebräisch verabreichen. Er versteht sie nicht? Soll er die Dienste eines israelischen Steuerberaters in Anspruch nehmen. Ich habe keinen Zweifel daran, daß die Mißachtung der arabischen Muttersprache als Kulturträger die Würde der arabischen Bürger grob verletzt und ihnen immer wieder vor Augen führt, daß sie Bürger zweiter oder dritter Klasse und zu einem Dasein unter einer fremden Besatzungsmacht verdammt sind. Darüber hinaus ist dieses Vorgehen häufig Anlaß für Mißverständnisse, Pannen und unnötige Spannungen.

Israelische Regierungsbeamte entlarven mit ihrem Verhalten gegenüber den Bürgern und der Mißachtung ihrer Bedürfnisse nicht selten ihre eigene Engstirnigkeit. Auch für die Juden ist es schwer, mit der Bürokratie zurechtzukommen, aber die Araber empfinden sie als unmittelbar gegen sie selbst gerichtet, ein Eindruck, der durch die Sprachschwierigkeiten noch verstärkt wird.

Als beispielsweise die Postbehörde als neue Regierungsbehörde gegründet wurde, hat sie einen positiven Ansatz gezeigt, die Dienstleistungen für die Bürger attraktiver zu gestalten; man muß anerkennen, daß ihr dies in hohem Maße gelungen ist. Einer der Wege dorthin war die Einrichtung von Postfächerzentralen in den einzelnen Stadtteilen. In jeder dieser Zentralen gibt es Postfächer, in denen jeder Bürger seine Post sammeln lassen kann, um nicht auf den Briefträger warten zu müssen. Bei den Verhandlungen mit der Jerusalemer Stadtverwaltung bat ein hoher Beamter des Postministeriums darum, daß die Stadtverwaltung kleine Parzellen in den einzelnen Stadtteilen zur Verfügung stellen sollte, um dort diese Verteilerzentren einrichten zu können, und überreichte eine entsprechende Aufstellung. Die Vertreter der Stadtverwaltung hakten nach: »Interessant, ihr bittet ausschließlich um Parzellen in den jüdischen Stadtteilen. Aber schließlich leben hier auch mehr als einhunderttausend Araber. Habt ihr nicht vor, in deren Vierteln ebenfalls Verteilerzentren zu eröffnen? Nicht einmal ein einziges?

Darf man wissen, warum?« Der hohe Regierungsbeamte staunte aufrichtig und unverhohlen: »Was, auch in Ostjerusalem braucht ihr welche?«

Dieses Staunen ist symptomatisch. Es verdeutlicht die ganze Dummheit der Einstellung. Als ob es nicht selbstverständlich sei, daß auch die arabischen Einwohner das Recht haben müssen, berücksichtigt zu werden, wenn die zentralen Postfächer den Bürgern Erleichterungen bringen. Auch die Formulierung »braucht ihr« enthüllt eine verschrobene Denkweise. Nicht die arabischen Bürger brauchen etwas. Sie haben weder Bedürfnisse noch Ansprüche. Wir brauchen etwas. Als ob die Stadtverwaltung Verpflichtungen gegenüber den Arabern in Jerusalem hätte, die Regierungsbehörden jedoch davon völlig enthoben wären.

Dieses Verhältnis kommt auch zum Ausdruck in der verworrenen und komplizierten Frage der Familienzusammenführung. Die ständigen Kriege im Nahen Osten und der Übergang verschiedener Gebiete von einem Staat an den anderen haben eine lange Reihe persönlicher und familiärer Probleme geschaffen. Söhne wurden von ihren Vätern getrennt, Familien gespalten und ihre Angehörigen auseinandergerissen. Ein kultiviertes Staatsgebilde, und die israelische Regierung maßt sich an, ein solches zu verkörpern, ist zu einer hohen Sensibilität für die daraus resultierenden Probleme verpflichtet und dazu, aus humanitären Gründen die Situation dort zu erleichtern, wo eine Erleichterung keine Gefahr für die Sicherheit darstellt. Aus diesem Grunde überlassen die staatlichen Behörden, sowohl die zivilen als auch die militärischen, Befehlshabern der Armee in Judäa und Samaria oder Mitgliedern der dortigen Zivilverwaltung die Kompetenz, jedes Jahr zehn oder fünfzehn Arabern aus den verschiedenen arabischen Staaten die Genehmigung zu erteilen, in israelisch regiertes Gebiet zurückzukehren und sich ihren Familien wieder anzuschließen. Über die humanitäre Seite hinaus birgt dieses Vorgehen einen weiteren wertvollen Aspekt: Mit der Genehmigung der Familienzusammenführung können die Behörden gute Führung einzelner arabischer Familien anerkennen und andere Familien dazu anregen, es ihnen gleichzutun.

Der Bürgermeister von Jerusalem verfügt nicht über eine derartige Kompetenz. Ich – oder jeder andere, der dieses Amt ausüben wird – bin von den Bürgern Jerusalems gewählt worden und somit verantwortlich für eine sensible und komplizierte Beziehung zu mehr als einhunderttausend arabischen Bürgern. Aber Gesetze und Satzungen haben mir keine ähnliche Kompetenz wie einem Militärkommandanten oder einem von der Regierung ernannten Beamten erteilt.

Das Unrecht schreit bisweilen zum Himmel – und ich bin machtlos. Aus Hunderten von Fällen, die auf meinem Schreibtisch landen, sei hier ein Beispiel zur Veranschaulichung des Unrechts zitiert: Ein junger Araber, Einwohner von Ostjerusalem, hatte eine junge Jerusalemerin geheiratet. Das Paar bekam Kinder. Bei der Beschäftigungslage im arabischen Jerusalem der Zeit vor dem Sechs-Tage-Krieg hatte der Mann keine Arbeit finden können und konnte nicht sein Brot verdienen. Wie andere war er nach Kuwait gegangen, hatte dort Arbeit gefunden und seiner Familie regelmäßig Geld nach Jerusalem geschickt. Es war sein Pech, daß er, das Oberhaupt der Familie, sich im Juni 1967, als Jerusalem im Krieg wiedervereinigt wurde, in Kuwait befunden hatte. Bei der Volkszählung konnte er nicht berücksichtigt werden. So kam es, daß seine Frau und Kinder israelische Bürger sind, mit israelischen Papieren, das Familienoberhaupt hingegen ein Ausländer ist.

Solange sein Einkommen in Kuwait gesichert war, störte der Mann sich nicht an seinem Status, der sich von dem seiner Familie unterschied. Er arbeitete weiterhin in Kuwait, schickte seiner Familie Geld, und ein paarmal im Jahr erhielt er als jordanischer Staatsbürger die Einreiseerlaubnis nach Israel und konnte seine Frau und Kinder besuchen. Infolge des Krieges zwischen Irak und Iran oder weil die Kuwaitis nach Wegen suchten, ihre Abhängigkeit von palästinensischen Fremdarbeitern abzubauen, wurde der Mann entlassen. Er entsann sich seines früheren Berufes, kehrte nach Jerusalem zurück und fand dort eine Anstellung.

Nun war er ein illegaler Einwanderer. Vielleicht weil man nicht wußte, daß er zurückgekehrt war, ließ man ihn eine Weile in Ruhe. Als man auf ihn aufmerksam wurde, teilte man ihm mit, er müsse Jerusalem verlassen, denn als jordanischer Bürger könne er sich nicht in Jerusalem niederlassen und dort in einem Industriebetrieb arbeiten.

Der Mann kam zur Stadtverwaltung und sagte in einfachen, logischen Worten: »Ich bin Jerusalemer. Ich bin in Jerusalem geboren. Meine ganze Familie wohnt hier, meine Frau und meine Kinder haben israelische Ausweise, sie sind Bürger wie alle anderen auch. Warum kann ich nicht zu meiner Familie zurückkehren und bei ihr wohnen?«

Es mag richtig gedacht sein, aber 1967, als die Bevölkerung gezählt wurde, war er nicht anwesend. Er war in Kuwait. Und diese Tatsache gewann mehr Einfluß auf sein Leben als jede Logik, als gesunder Menschenverstand und humanitäres Verhalten. Als jordanischer Bürger ist er gezwungen, alle paar Monate nach Amman zu fahren. Dort beantragt er ein Touristenvisum. Manchmal erhält er es sofort. Manchmal wird die Angelegenheit erst überprüft, und es dauert etwas. Er kommt als Besucher nach Jerusalem zurück, arbeitet eine Zeitlang und muß wieder nach Amman. Sogar seine Bitte, ihm sein Visum hier zu verlängern, wurde abgelehnt. Unmöglich. Zuerst muß er nach Amman, und erst dann kann er um Erlaubnis bitten, Jerusalem besuchen zu dürfen.

Wohnte er in Nablus oder Jenin, würde er vielleicht zu den Glücklichen gehören, denen der Militärkommandant oder der Verantwortliche der Zivilverwaltung die Genehmigung erteilt, zu seiner Familie zurückzukehren. Aber in Jerusalem besteht dafür überhaupt keine Chance. Seinem Bürgermeister fehlt die Kompetenz.

Es gibt zwar Araber in Jerusalem, die im Laufe der Jahre aus den umliegenden Dörfern zugezogen sind. Auch sie darf man nicht benachteiligen. Aber in Jerusalem leben auch viele Araber, deren Familien sich schon vor Hunderten von Jahren dort angesiedelt haben. Die Familie eines hohen Beamten der Jerusalemer Stadtverwaltung unter jordanischer Herrschaft (eines vorbildlichen Beamten und achtbaren Bürgers, der sich auch nach dem Sechs-Tage-Krieg in die Jerusalemer Stadtverwaltung integrierte) kam schon vor achthundert Jahren mit Salah-ed-Din in die Stadt. Nur wenige Familien weltweit können eine solche Seßhaftigkeit vorweisen: achthundert Jahre in demselben Haus auf demselben Fleck Erde.

Der Leder- und Lederwarenfabrikant Hirbawi könnte als Beweis dafür gelten, daß ökonomische Bedürfnisse und das Streben nach Geschäftsvergrößerung und Gewinnmaximierung bisweilen nationalistische Feindseligkeiten und den natürlichen Haß auf denjenigen, der als Besatzer angesehen wird, überwinden können. Hirbawi kam und schilderte uns seinen Kummer. Er hatte einerseits ein florierendes Unternehmen und viele Aufträge, die ihm Arbeit für einen langen Zeitraum und eine gute wirtschaftliche Ertragslage in Aussicht stellten, konnte jedoch seine Verträge nicht einhalten und verlor in den Augen seiner Auftraggeber schnell an Seriosität. Wie könnte er seinen Verpflichtungen nachkommen, beklagte sich der Unternehmer, wenn die politischen Ereignisse immer wieder den Produktionsprozeß behinderten. Alle naselang ein neuer Streik – einmal anläßlich des Jahrestages der UN-Resolution, ein andermal, weil die Staatsgründung sich jährte, einmal aufgrund der Vorfälle auf dem Tempelberg –, an Anlässen für Streiks fehlt es schließlich nicht. Die Polizei kommt und geht, und die Atmosphäre um den Betrieb im Zentrum der Altstadt ist ständig spannungsgeladen. Auch die Arbeiter leben in ständiger Anspannung, und ihre Gedanken sind nicht bei der Arbeit und der Produktion. So kann man in der Tat nicht produzieren und Liefertermine einhalten. Erschwerend kommt hinzu, daß alle erdenklichen palästinensischen Organisationen bei ihm auftauchen und befehlen, die Arbeit einzustellen, immer wieder muß er die Tore schließen und die Arbeiter nach Hause schicken.

Sein Klagen stieß auf offene Ohren. Die Zuständigen der Stadtverwaltung machten mit Hirbawi einen Rundgang durch das Industriegebiet Atarot. Der arabische Fabrikant sah sich um und war beeindruckt. Er zog mit seiner Fabrik von der Altstadt nach Atarot. Von dem Zeitpunkt, an dem es ihm gelang, sich von der Enge und dem Platzmangel zu befreien, konnte Hirbawi die Produktion weitgehend ausbauen. Er kaufte neue Maschinen, vergrößerte die Produktpalette, eröffnete eine ansehnliche Ausstellungshalle und stellte zusätzliche Arbeitskräfte ein.

Einige von Hirbawis Problemen konnten gelöst werden. Wenn die arabischen Organisationen zum Generalstreik aufrufen, folgen einige Arbeiter und legen die Arbeit nieder, aber die Mehrheit erscheint zur Arbeit, was undenkbar war, solange sich der Betrieb in der Altstadt befand. Hirbawi selbst – dies gilt um so mehr für seine Arbeiter – hätte sich unmöglich mit einem so rebellischen Verhalten in der Öffentlichkeit zeigen können. Aber die Befehle, Betriebe zu schließen, zu streiken und an Demonstrationen teilzunehmen, reichen nicht bis nach Atarot. Dort kann Hirbawi eine geregelte Arbeit einhalten und eine Produktion garantieren, die sich nach einem festgelegten Zeitplan richtet und Einkäufer und Auftraggeber zufriedenstellt.

Eine weitere Sorge hatte den innovativen Araber bedrückt: An Tagen der Arbeitsniederlegung streiken auch die Fahrer des arabischen Busunternehmens. Selbst wenn seine Angestellten zur Arbeit erscheinen wollten, konnten sie es nicht, weil sie ihren Arbeitsplatz nicht erreichten. Auch dieses Problem wurde aus der Welt geschafft. Hirbawi kaufte Fahrzeuge, und seine Arbeiter sind künftig nicht mehr von den öffentlichen Verkehrsmitteln abhängig.

Andere Geschäftsinhaber und Unternehmer Ostjerusalems haben gesehen, daß Hirbawis Betrieb erfolgreich ist, und beschlossen, es ihm gleichzutun. Es setzte eine Welle von Verlagerungen arabischer Betriebe und Geschäfte in das Industriegebiet von Atarot ein. Im Laufe der Zeit wurden rund siebenundzwanzig Firmen dort angesiedelt, auch kleinere Betriebe wie Schuhfabriken, Reparaturwerkstätten und andere Geschäfte.

In der Presse gab es Stimmen, die behaupteten, die Jerusalemer Stadtverwaltung betreibe den Ausverkauf von Atarot an die Araber. Der Direktor der Gesellschaft für Industrieförderung David Moskowitz kam, um Rat von einem hohen Beamten der Stadtverwaltung einzuholen. Ein arabischer Unternehmer war an ihn herangetreten und wollte in Atarot das große Gebäude mieten, das die Firma Hamashbir gerade zu verlassen im Begriff war, um dort ein Einkaufszentrum zu eröffnen, das die ganze Umgebung versorgen sollte, und er, Moskowitz, tat sich schwer mit der Entscheidung, ob er dem Araber das Gebäude, das Eigentum seiner Gesellschaft war, vermieten sollte oder nicht. Der Beamte gab ihm zur Antwort: »Aus meiner Sicht ist dies ein normaler, wünschenswerter und üblicher Vorgang. Glauben Sie mir, der arabische Unternehmer arbeitet nicht für eine palästinensische Organisation. Er will Geld machen und sieht die Möglichkeit, in Atarot schneller und besser an sein Ziel zu gelangen als in einer arabischen Gegend.«

Moskowitz erwiderte: »Ich finde auch; falls in der Zeit der Intifada überhaupt etwas Positives eingetreten ist, dann die Tatsache, daß arabische Betriebe nach Atarot umgezogen sind und arabische Unternehmer dort Firmen angesiedelt haben. Das ist gut für Atarot und gut für den Gedanken einer friedlichen Koexistenz.«

Bis zum heutigen Tage, im Dezember 1992, herrscht in Atarot Ruhe. Wer befürchtet hatte, daß es zwischen Betrieben in arabischer Hand und jüdischen Unternehmen dort zu Reibereien käme, hat sich zum Glück getäuscht. Hunderte von arabischen Arbeitern kommen Tag für Tag aus Ostjerusalem, um in den arabischen und jüdischen Firmen in Atarot zu arbeiten. Es kam weder zu Aufruhr noch zu gegenseitigen Angriffen. Als ob die gemeinsamen ökonomischen Interessen ein Bollwerk gegen böswillige Vorhaben darstellten und das Gebiet vor schlimmen Ausschreitungen, wie sie in anderen Gegenden vorkommen, schützten.

Auf eine wichtige Frage weiß ich keine Antwort. Diejenigen, die es ablehnen, daß man den Arabern eine realistische Chance einräumt, sich auch in jüdischen Gebieten eine Existenz zu schaffen, Geld zu verdienen und zu Wohlstand zu gelangen, sagen: »Na bitte, hier liegt der Beweis dafür, wie recht wir in unserem Verhalten gegenüber den Arabern haben. Wenn ein arabischer Händler, Industrieller oder Unternehmer eine Firma in Atarot eröffnen möchte – erfüllt man ihm seinen Wunsch. Bisweilen fördert man ihn sogar. Würden sich die Araber in Jerusalem, mit ihren Institutionen und Organisationen, ebenso gegenüber jüdischen Händlern, Industriellen und Unternehmern verhalten, die sich mitten unter der arabischen Bevölkerung ansiedeln wollten? Das ist eine Einbahnstraße. Eine Invasion von Arabern in jüdischen Gegenden ist erlaubt, weil die Araber mit friedlichen Absichten kommen. Man sieht darin keinen politischen Imperialismus und keinen Teil des Protestes gegen die Einheit Jerusalems oder gegen die israelische Souveränität über das vereinte Jerusalem. Hier geht es nur um Business. Aber wenn die Juden nach Ostjerusalem gehen wollten, würden die Araber in der ganzen Welt laut protestieren und behaupten, daß die räuberischen Juden sie wieder einmal stören und verjagen wollen, um sich ihren Besitz und die ganze Stadt unter den Nagel zu reißen.«

Diese Behauptung verdient es, ernstgenommen zu werden, aber diese Frage könnte man nur beantworten, wenn die Voraussetzungen andere wären: Bis jetzt gibt es keine jüdischen Unternehmer oder Händler oder Industrielle, die daran interessiert wären, Firmen im Ostteil der Stadt zu gründen. Dort gibt es auch keine leeren Grundstücke zum Erschließen und zum Bebauen. Alles ist dicht zusammengedrängt und besiedelt. Es dürfte schwerfallen, dort auch nur eine Stecknadel dazwischenzustecken. Auch die Motivation für Juden, eine Firma in einer arabischen Gegend zu gründen, ist um ein Vielfaches geringer als die eines Arabers, sein Geschäft in einer jüdischen Gegend zu eröffnen. Die Kaufkraft konzentriert sich in den jüdischen Stadtteilen, und dort ist mit einer ständig wachsenden Zahl von Konsumenten zu rechnen. Folglich würde ein Jude, der seine Fabrik in die arabische Gegend verlegen wollte, auf extremes Mißtrauen von seiten der Araber stoßen. Sie würden behaupten, das Vorhaben des Juden sei Teil eines Komplottes mit dem Ziel, sie ins Abseits zu drängen.

Der Unterschied in der Sichtweise entspricht anderen Lebensumständen und Gefühlen. Die Juden leben in ihrem Staat als freie Menschen, von ihren eigenen Leuten regiert, bewacht von eigener Polizei und Armee. Auch wenn die Sicherheitskräfte bisweilen Mord- und Terrorakte gegen die Juden nicht verhindern können – wird ein gewöhnlicher Jude nicht auf die Idee kommen, Militär und Polizei ließen ihn absichtlich im Stich oder steckten gar mit seinen Feinden unter einer Decke. Das Gegenteil trifft für die Araber zu. Sie leben unter einer verhaßten Besatzungsmacht. Sie haben keinen eigenen Staat. Polizei und Militär sind in ihren Augen feindliche Institutionen. Sie sind überzeugt – nicht immer zu Recht –, die Sicherheitskräfte wollten sie nicht nur nicht schützen, sondern ließen auch keine Gelegenheit aus, um ihnen zu schaden, und nach dem gleichen Schema handelten ausnahmslos sämtliche Juden. In allen Juden, ob Polizisten, Soldaten, Industrielle, Händler, Unternehmer oder einfache Passanten, sehen sie Feinde mit schlechten Absichten.

Um in voller Bedeutung zu erfassen, wie die ökonomischen Bedürfnisse oder einfach der natürliche Wunsch, das Leben zu genießen, den Haß zwischen den Völkern beiseite schieben können, muß man an einem Samstagabend in das Einkaufszentrum von Talpiot kommen, »die Jerusalemer Dizengoff-Straße«. Hunderte von jungen Leuten, Araber und Juden, ähnlich gekleidet, mischen sich ohne Barrieren unter das Volk, drängeln sich auf der Bowlingbahn, stippen *Humus* (Püree aus Kichererbsen, Anm. d. Übs.) in den Restaurants, prüfen Waren und Produkte und vergleichen die Preise in den Geschäften.

Die wechselseitige wirtschaftliche Abhängigkeit

Über die wechselseitige Feindseligkeit habe ich in diesem Buch bereits einige Worte gesagt. Indes, bis die Politiker die Formel für eine friedliche Koexistenz gefunden haben, leben auf beiden Seiten des Hasses Hunderttausende von Menschen, die ihr täglich Brot verdienen müssen.

Eines der hervorzuhebenden Phänomene, zu denen es im Laufe der sechsundzwanzig Jahre nach dem Sechs-Tage-Krieg kam, ist die wirtschaftliche Verflechtung beider Völker und die daraus resultierende gegenseitige Abhängigkeit. In manchen Fällen gibt es keine andere Möglichkeit, als die Zusammenarbeit geheim zu halten. Ihre Enthüllung in der Öffentlichkeit könnte Probleme nach sich ziehen. Manch einer hätte mit Angriffen zu rechnen. Es besteht jedoch kein Zweifel daran, daß die Araber des Westjordanlandes und Jerusalems ohne enge wirtschaftliche Beziehungen zu uns – Beziehungen der Abhängigkeit – nicht existieren könnten und daß verschiedene israelische Wirtschaftszweige unter dem Verzicht auf arabische Arbeitskräfte außerordentlich leiden würden.

Wären nicht der arabische Haß gegen Israel und die damit verbundene gegenseitige Abneigung, würden zweifellos geschäftliche Partnerschaften zwischen Arabern und Juden entstehen. Es besteht ein beiderseitiges Interesse an der Gründung solcher Partnerschaften. Der extreme Haß gegen Israel und die Angst vor den eigenen Leuten machten es den Arabern unmöglich, zu ihren Geschäftsbeziehungen öffentlich zu stehen. Von dem Tag an, an dem sie abgeschlossen würden, wären die Araber Anschlägen arabischer Fundamentalisten ausgesetzt. Es ist nicht auszuschließen, daß jüdische Extremisten ihnen dabei helfen würden.

Die Geschäftsbeziehungen funktionieren folglich auf der Basis von Kontakten und Abhängigkeiten und nicht in Form von gemeinsam betriebenen Unternehmen.

In Jerusalem gibt es einen bedeutenden Textilhändler, dessen Geschäfte sich auch auf die arabischen Länder ausdehnen. Auf den Produkten, die in Jerusalem und in den arabischen Staaten verkauft werden, wird man nicht den allerkleinsten Hinweis auf Israel als Herstellungsland finden, nicht einmal unter einem Elektronenmikroskop. Aber all die verschiedenen Waren, die in großen Mengen abgesetzt werden, wurden in Israel produziert. Zum Teil sind sie als Erzeugnisse von Firmen in Hebron, Gaza oder Ramallah gekennzeichnet. Das ist kein Betrug, denn israelische Betriebe lassen einen Teil der Fertigung, besonders das Finishing, in arabischen Betrieben in arabischen Städten auf der Westbank ausführen.

Eine umfassende Kooperation, die durch völlige Abhängigkeit der Araber von der israelischen Produktion gekennzeichnet ist, besteht im Bereich der Milcherzeugnisse. Auf der Westbank existieren zahlreiche landwirtschaftliche Nebenerwerbsbetriebe, aber bis auf einen relativ kleinen Kuhstall auf Mussa El Almis Hof in Jericho gibt es dort praktisch keine Milchproduktion. Zwei Fabriken für Milchprodukte verarbeiten große Mengen Milch aus der Produktion der Firma Tnuva. Kein Boykottaufruf, keine Intifada und kein nationaler Kampf sind einflußreich genug, um zu verhindern, daß die arabischen Betriebe israelische Milch verarbeiten, oder um arabische Konsumenten davon abzuhalten, die Erzeugnisse zu kaufen.

Israelische Waren ohne Herstellernachweis findet man in dem arabischen Lebensmittelgeschäft von Tawil, an der Grenze zwischen El Eizariya und Abu Dis. Außer an extrem spannungsgeladenen Tagen kann man in dem Laden arabische Kunden neben jüdischen sehen. Die Juden lieben besonders die *Labane* (orientalisches Dickmilcherzeugnis, Anm. d. Übs.), die auf dem Hof von Mussa El Almi hergestellt wird, und leeren mit Begeisterung die Kühltheke. Wenn der Ladeninhaber den jüdischen Käufern eine *Labane* aus israelischer Produktion präsentiert, rümpfen sie die Nase und behaupten, die israelische *Labane* sei zu salzig, und es fehle ihr das besondere Aroma der *Labane* von El Almi. Wenn er gut gelaunt ist, pflegt Tawil zu meckern: »Was für eine verrückte Welt. Bei meinem Leben, eine verrückte Welt. Die Juden lieben die *Labane* von El Almi und kaufen nur diese. Aber die Araber möchten nur die *Labane* von Tnuva und kaufen nur die. Kann mir einer sagen, was das soll?!«

Viele israelische Erzeugnisse in dem Lebensmittelgeschäft haben keinen Erzeugernachweis, was eine Art Täuschungsmanöver sein soll. Vor wem will man eigentlich verheimlichen, daß die Waren in Israel produziert wurden? Die arabischen Käufer kennen sich in diesen Dingen aus und wissen, daß jedes Produkt ohne Erzeugerhinweis aus israelischer Produktion stammt. Die Herkunft schreckt sie nicht ab. Wenn man etwas brauchen kann – dann kauft man es auch.

Die Intifada und die Verschlechterung der Beziehungen haben Initiativen zur Gründung gemeinsamer Geschäfte von Juden und Arabern, besonders im Bereich der Gastronomie, im Keim erstickt. Das Restaurant »Philadelphia« in Ostjerusalem etwa, das wegen seines guten Rufs von vielen Israelis besucht wurde, besonders am Schabbat und an Feiertagen, wurde partnerschaftlich von einem Araber und seinem israelischen Kompagnon geführt. Die Partnerschaft ging zu Bruch.

Der arabische Eigentümer des »Philadelphia«, Hasham Zhiman, und ich haben nicht nur ein gemeinsames Interesse, sondern auch einen gemeinsamen Traum. Er möchte, daß sein berühmtes Restaurant die Juden anlockt, und sie wie in der Vergangenheit wieder zu ihm kommen. Ich möchte, daß Hasham Zhiman von dem Geld der

Israelis reich wird. Nicht, daß mich seine privaten Taschen um den Schlaf bringen, sondern ich möchte, daß Israelis wie früher in die arabischen Stadtteile von Jerusalem kommen können, dort spazierengehen, einkehren, einkaufen, ohne daß das Schwert der Intifada, die Messer und die Steine, eine Gefahr für sie darstellen. Das ist unser gemeinsamer Traum. Die Tragödie besteht darin, daß die Aussichten auf seine Verwirklichung in weiter Ferne liegen, zumindest zum jetzigen Zeitpunkt, an dem ich diese Worte niederschreibe. Ich habe zur Zeit keinen Kontakt zu Hasham Zhiman, aber ich weiß, daß auch er betet, daß Juden und Araber gemeinsam auf diesem kleinen Fleck Erde leben können.

Das »Jerusalem-Gesetz« – ich habe nie einen Hehl aus meiner Meinung gemacht, daß sein Schaden größer sei als sein Nutzen – gewährte den Arabern von Ostjerusalem einen realen Vorteil gegenüber den Arabern des Westjordanlandes: Die Einschränkung der Bewegungsfreiheit, die für die Einwohner der verwalteten Territorien gilt, betrifft sie nicht. Auch wenn Israel die Grenzübergänge schließt und damit verhindert, daß Arbeiter, die im israelischen Kernland beschäftigt sind, dorthin gelangen, sind die Araber Ostjerusalems davon befreit. Für sie sind die Grenzübergänge geöffnet. Das ist noch nicht alles: Wenn die Araber Jerusalems ihren Wohnsitz in das Westjordanland verlegten, so würde dennoch die Einschränkung des Grenzverkehrs über die grüne Linie für sie nicht gelten.

Es ist also natürlich, daß das westliche, jüdische Jerusalem Tausenden von Arabern aus Ostjerusalem Beschäftigung bietet – am Bau, in Dienstleistungsbetrieben, in Hotels, in Handwerksbetrieben, Industriebetrieben, Reparaturwerkstätten, in der Stadtverwaltung und in privaten Unternehmen. Wenn dem nicht so wäre und die Araber darauf beschränkt wären, nur in ihrem Sektor zu arbeiten und nicht im jüdischen Teil der Stadt, so hätte ihre wirtschaftliche Situation sich bei weitem nicht in dem Maße verbessert, wie es tatsächlich geschehen ist, und ihr Lebensstandard wäre nicht derart gestiegen, wie es in der Realität der Fall war.

Unter der israelischen Staatsmacht, die in den Augen der Araber in Jerusalem, ebenso wie in den Augen der Araber auf der Westbank, eine verhaßte, zu bekämpfende Besatzungsmacht ist, genießen die arabischen Bürger einen wirtschaftlichen Wohlstand und eine Entwicklung, die in ihrer Geschichte ihresgleichen suchen. Sie werden öffentlich versichern, daß keine ökonomische Errungenschaft und kein individueller Lebensstandard den Verlust nationaler Freiheit aufwiegen könnten und daß sie auch keine Entschädigung für das Leben unter einer Besatzungsmacht böten. In privaten Gesprächen äußern sie sich wesentlich moderater. Es ist ihnen bewußt, daß sie Arbeit haben. Sie wissen, daß ihr Lebensstandard gestiegen ist. Sie erkennen an, daß sie unter jordanischer Herrschaft nie und nimmer einen vergleichbaren Lebensstandard erreicht hätten. Sie bezweifeln sogar, daß sie ihn hätten, wenn der östliche Teil der Stadt Hauptstadt eines Palästinenserstaates wäre.

In einem Punkt besteht kein Unterschied zwischen den Juden und den Arabern in Jerusalem (oder anderswo): Auch die Araber verdienen Geld, erhöhen ihren Lebensstandard – und jammern über die hohen Einkommensteuern und die Mehrwertsteuer, die Israel auch von ihnen einkassiert. Manchmal beschleicht mich der Gedanke, daß der Mensch es von Natur aus vorziehen würde, zehn Schekel ohne Abzug von Steuern zu verdienen als einhundert Schekel, von denen er fünfzig an das Finanzamt abführen muß.

Die Araber in Jerusalem bringen auch die Pflicht, Steuern zu zahlen, mit der Schikane der Besatzung und der fremden Staatsmacht in Zusammenhang. In den Tagen der jordanischen Herrschaft waren sie davon befreit. Man forderte von ihnen weder Einkommensteuer noch Mehrwertsteuer. Da kamen die Juden und mit ihnen ihre Gesetze und Reglements.

Es gibt noch einen Grund für ihren Unmut. Wenn ein Jude sich vor dem Steuernzahlen drückt oder Belege fälscht oder seine Einkünfte falsch angibt, ist das eine Sache. Wenn ein Araber das tut, eine andere. Wenn die Steuerfahndung in Begleitung der Polizei zu ihm kommt und ihn zur Erfüllung seiner gesetzlichen Pflicht zwingt, wird ein Jude energisch protestieren und mit einem Herzinfarkt drohen. Ein Araber hingegen hegt nicht den geringsten Zweifel daran, daß Fahnder und Polizisten nicht wegen seiner Steuerhinterziehung gekommen sind, sondern vor allem wegen seiner

Nationalität. Die Polizisten in ihren Uniformen sind in seinen Augen in erster Linie ein Symbol der israelischen Staatsmacht und nicht Vertreter des Gesetzes, die im Zweifelsfall in gleicher Weise gegen Juden vorgehen.

Also bitte keine Gleichheit in dieser Frage, sondern eine unterschiedliche Behandlung zugunsten der Araber. Trotz meiner Empfänglichkeit für das Ehrgefühl der Araber und für ihre Ängste kann ich diese ihre Forderung nicht unterstützen.

Konkrete Begebenheiten, Vorkommnisse des alltäglichen Lebens beweisen: Was für uns gut ist, ist all das, was der israelischen Wirtschaft dient oder was für israelische Unternehmer, israelische Händler oder Bauunternehmer gut ist, und die Frage ist nicht, ob es auch für die arabische Wirtschaft in Ostjerusalem von Nutzen ist und dem Interesse der dort lebenden Bürger dient. Die Besatzer haben ihre Einstellung, und das Volk hat keine andere Wahl, als sich nach dieser Einstellung zu richten.

Noch nie wurde ernsthaft erforscht, wie sich die wirtschaftlichen Bedürfnisse der Araber in Ostjerusalem gestalten. Eine solche Untersuchung würde vermutlich ergeben, daß man eigenständige Beschäftigungsmöglichkeiten in den verschiedenen Wirtschaftszweigen entwickeln müßte. Nicht nur Tourismus und Dienstleistungsgewerbe, sondern auch Produktionsbetriebe, Technologiezentren, Computerindustrie, die die Abhängigkeit von einer Beschäftigung in Israel reduzieren und gleichzeitig den Arabern das so dringend benötigte Gefühl vermitteln würden, daß sie Menschen mit Fähigkeiten und Qualifikationen sind und nicht nur ein Faktor im Dienst der israelischen Wirtschaft.

Wir haben den Arabern nicht viel mehr gegeben als das »Recht«, sich unseren Bedürfnissen anzupassen. Auch bot man ihnen nicht wirklich die Möglichkeit, sich in die High-Tech-Industrie zu integrieren. Die alteingesessenen Araber innerhalb des Bereichs der grünen Linie haben das alles vor den Jerusalemer Arabern durchgemacht. Auch sie können kein Auskommen und keine Zukunft in hochtechnisierten Betrieben finden, wie beispielsweise in der Computerbranche, schon gar nicht, wenn diese Betriebe auf dem Gebiet der Sicherheit forschen und produzieren.

Welche Chance hat ein junger Araber aus Jerusalem, eine Anstellung in einem Unternehmen zu finden, das sich mit Informatik beschäftigt, wenn dieser Betrieb an seiner Stelle beispielsweise einen qualifizierten Einwanderer aus Rußland einstellen kann? Der Araber wird sich gegenüber dem Neueinwanderer in der schlechteren Position befinden. Damit will ich nicht sagen, daß der Betrieb den jungen Araber einem neueingewanderten Juden unbedingt vorziehen sollte, aber allein der Gedanke, daß man ihm die gleichen Chancen einräumen sollte, seine Qualifikation und Eignung für die Aufgabe unter Beweis zu stellen, ist revolutionär und geht über das hinaus, was die Mehrheit der Israelis zu akzeptieren bereit ist.

Der Konflikt zwischen beiden Völkern wird letztendlich nicht anhand der ökonomischen Frage entschieden. Er geht wesentlich tiefer, ist fundamentaler und berührt die Wurzel der Sache. Er besteht schon zu lange Zeit. Dennoch zweifle ich nicht daran, daß die ökonomische Situation und die Chancen für die arabischen Bürger, weiterzukommen, zu arbeiten und erfolgreich zu sein, und zwar nicht nur als Bauarbeiter, Kellner oder Liftboys, einen beachtlichen Einfluß auf die Beziehungen haben würden.

Der Sheikh kam, sah und verblüffte

Das Prinzip ist denkbar einfach: Man muß miteinander reden, sich aussprechen, sich zusammensetzen. Nicht immer besänftigen Worte den Haß. Nicht immer weichen sie die abgrundtiefe Feindseligkeit der Araber auf, aber man darf sich nicht dazu hinreißen lassen, den Sinn von Gesprächen an ihren direkten Ergebnissen zu messen. Man muß jeden Weg der Verständigung suchen, auf allen Ebenen, auf allen Stufen, auch wenn es keinerlei Gewähr dafür gibt, daß das Resultat in einer Beruhigung der Gemüter oder der Kühlung des lodernden Wunsches, Israel die Macht über Jerusalem zu entreißen, greifbar wird.

Man muß immer wieder miteinander reden – das Gespräch suchen, wann immer die Gelegenheit sich bietet, unter völliger Gleichberechtigung. Obwohl wir die Sieger, die Machthaber, die Regierenden sind – vielleicht sogar gerade deshalb –, dürfen wir unseren Gesprächspartnern nicht mit Überheblichkeit begegnen. Sie werden nicht kommen, sie werden aus eigenem Antrieb das Gespräch nicht suchen, und wenn jemand sie kraft seiner Autorität gegen ihren Willen zu einer Unterredung zwingt, wird jede Sekunde des Gespräches reine Zeitverschwendung sein. Noch mehr als das: Wenn die Araber nicht aus eigenem Willen an den Gesprächen teilnehmen, aus freien Stücken und aus der Einsicht heraus, daß ein Treffen auch für sie von Vorteil ist, wird jede erzwungene Unterredung nur noch mehr Wasser auf die Mühlen des Hasses bedeuten.

Manchmal wundere ich mich: Schließlich ist die Sache so klar, so logisch, so einfach. Wie kann jemand sie überhaupt in Frage stellen? Wie kann ein vernünftiger Mensch, der eine wichtige offizielle Position bekleidet, vorschlagen, daß wir die Araber entsprechend den tatsächlich bestehenden Verhältnissen behandeln sollen, was soviel heißt wie: Sie sind die Unterlegenen, wir die Herrscher, und deshalb werden wir ihnen zeigen, was zu tun ist, wann und in welcher Form; und sie werden gehorsam und unterwürfig eiligst unseren Wünschen nachkommen?

In meiner langjährigen Amtserfahrung traf ich immer wieder auf Israelis, die gute Menschen sind, loyal und pflichtbewußt, freundliche Zeitgenossen, die aber, wenn es um die Beziehung zu den Arabern geht, ihre Grundsätze ändern und ihren gesunden Menschenverstand aufgeben für ihre zügellose Gier zu beweisen: »Ich bin der Boß! Ich erteile hier die Befehle. Die Araber brauchen nicht einverstanden zu sein. Sie müssen nichts tun als gehorchen. Und wenn nicht, dann werden sie uns schon kennenlernen.«

Zu dieser banalen Begründung kommt üblicherweise noch die Behauptung hinzu, daß man nichts ändern könne. So sind sie nun einmal, die Araber. Sie verstehen keine andere Sprache als die der Macht. Übst du deine Macht über sie aus – so stellst du eine Autorität dar, und sie werden dir gehorchen. Willst du mit ihnen Gespräche führen, sie logische Worte hören lassen und ihre Herzen mit Argumenten, die dem gesunden Menschenverstand entspringen, erobern, wirst du nicht weit kommen. Diese Sprache verstehen sie nicht. Du verlierst in ihren Augen deine Autorität, und sie werden dich verachten und angreifen und genau das Gegenteil von dem tun, was deiner ursprünglichen Absicht entsprach.

Diese simple und inhaltslose Auffassung konnte ich noch nie gutheißen. Vor zwei oder drei Generationen mag sie vielleicht richtig gewesen sein, aber auch die arabische Gesellschaft hat inzwischen nicht geschlafen, auch sie wurde von Entwicklungen der vergangenen Jahre beeinflußt. Die junge arabische Generation, besonders die, die unter israelischer Regierung aufwuchs, ist alles andere als unterwürfig und auch nicht bereit, ihr Haupt vor der Macht und der offiziellen Autorität zu beugen. Es ist eine rebellische Generation, die sich nicht nur von der Last der Fremdherrschaft löst oder es zumindest versucht, sondern auch von der Autorität der Vertreter der alten arabischen Generation.

Nach den blutigen Unruhen am Tempelberg im Oktober 1990, in denen siebzehn Araber durch israelische Sicherheitskräfte getötet wurden, brauchte man keinen besonderen Spürsinn zu haben, um wahrzunehmen, daß die Luft von Zündstoff knisterte. Wenn die Moslems um ihre Toten weinen und die ganze Welt die israelischen Sicherheitskräfte streng zur Rechenschaft zieht und beschuldigt, einen leichten Finger auf dem Drücker zu haben, und zwar nicht, um abzuschrecken, sondern um zu töten – dann weiß jeder in diesen Dingen erfahrene Mensch, daß ein kleiner Funke genügt, um einen gigantischen Scheiterhaufen zu entfachen. Selbstverständlich taten die Moslems alles, um den blutigen Vorfall für ihre Sache zu verwenden und den Haß gegen Israel zu schüren. Eine derart kostbare Gelegenheit wurde ihnen beschert, warum sollten sie sie nicht nutzen? Am Tempelberg richteten sie eine Dauerausstellung ein, damit, Gott behüte, niemand vergessen sollte, was die Juden den Moslems angetan haben: Die Angehörigen der Opfer ließen nicht zu, daß die Blutflecken der Toten entfernt wurden, sie konservierten fanatisch jeden Tropfen und stellten auf jeden Fleck einen großen Geranientopf. Die versengten Kleider der Toten hängten sie in die Moschee: Die Betenden kamen, sahen, erzürnten sich und nährten ihren Haß. Die Verantwortlichen des *Waqf* waren über die Kleider in der Moschee nicht erfreut und schafften sie in das Islam-Museum am Tempelberg.

Hohe Polizeioffiziere kamen und sagten mir: »Kleider mit Löchern und Blutflecken in einem Islam-Museum?! Sie müssen sofort entfernt werden. Geranientöpfe auf Blutflecken? Man sollte die Blumentöpfe zertrümmern und die Flecken abwaschen.«

Es war also klar, daß wieder einmal Verständigung mit Vertretern des *Waqf* und führenden Moslems nötig war, um die Lunte zu durchtrennen, bevor das Pulverfaß mit einem lauten Knall explodierte.

Bei den Bemühungen, das Leben wieder in normale Bahnen zu bringen, schlug ich dem Polizeipräsidenten vor, ein gemeinsames Treffen von Polizeioffizieren, Vertretern der Stadtverwaltung und Häuptern des *Waqf* zu arrangieren. Ich mußte Yakov Terner nicht lange beknien. Er ist ein offener Mensch, immer empfänglich für einen guten Rat. In der herrschenden, trostlosen Atmosphäre war allen Seiten klar, daß man sich zusammensetzen mußte.

Selbst wenn die Vertreter des *Waqf* bereit gewesen wären, das Gespräch mit dem Polizeipräsidenten und mir in den Räumen der Stadtverwaltung oder auf der Hauptwache der Polizei zu führen, so hätte ich es vorgezogen, daß gerade der Tempelberg uns als Gesprächsort diente – nicht um die Araber zu versöhnen oder ihren Stolz zu fördern, sondern weil ich dachte, daß man an dem Ort, an dem sich die Tragödie ereignet hat, zu einem gemeinsamen Weg und gegenseitigem Verständnis finden muß, damit sich ähnliche Ereignisse in der Zukunft nicht wiederholen. Ich hatte den Eindruck, daß diese Sicht auch von dem Polizeipräsidenten geteilt wurde. Aber einer der hohen Offiziere dachte anders. Mit eindringlicher, spitzer Zunge verkündete er: »Sie müssen entweder in das Gebäude der Polizei oder in das der Stadtverwaltung kommen!« Zu dieser verschrobenen Einstellung gehörte, daß man schließlich beweisen mußte, wer der Hausherr ist, der unmöglich auf seine Ehre verzichten und sich zu einem Treffen mit seinen Mietern in deren Wohnung begeben kann. Auf die in unseren Reihen geäußerten Zweifel, ob die Vertreter des *Waqf* einverstanden sein würden, zu einem Treffen in die Räume der Polizei oder der Stadtverwaltung zu kommen, und die Vermutung, daß sie darauf bestehen würden, daß das Treffen am Tempelberg stattfinde, erwiderte der strenge Polizeioffizier: »Wie bitte? Sie werden nicht einverstanden sein? Dann werden wir sie eben so herbringen. Macht euch keine Sorgen!«

Mein Zorn flammte auf. Nicht immer bin ich stark genug, solch einen glühenden Zorn im Zaum zu halten. Diesmal nahm ich all meine Kräfte zusammen, fest entschlossen, nicht außer mir zu geraten. Ruhig, aber mit einer Stimme, die die Erregung nicht verbergen konnte – wie man mir später bestätigte –, sagte ich: »Ich möchte auf gar keinen Fall, daß man sie gegen ihren Willen hierherbringt. Ich will zu einer Verständigung mit ihnen kommen. Ich will sie mit Respekt behandeln. Ich will, daß sie ihren Gemeindemitgliedern glaubhaft versichern, daß wir ihnen mit Achtung entgegengetreten sind und ihnen nicht unseren Willen aufgezwungen haben. Nur so haben wir eine Chance, etwas zu bewirken. Wenn wir sie mit Gewalt herzwingen, wird die Einigung, die wir erzielen, nicht das Papier wert sein, auf dem sie geschrieben steht.«

Diese Worte hat man verstanden. Der Präsident gab seinem hohen Offizier die Anweisung, die Diskussion einzustellen. Das Treffen fand auf dem Tempelberg statt. Der Polizeipräsident und ich scheuten keine Mühe, unseren Gesprächspartnern zu versichern, daß die israelische Regierung nicht zulassen werde, daß die »Getreuen des Tempelberges« einen Grundstein für den Tempel legten oder provozierende Aktionen veranstalteten, und daß die israelische Regierung zu ihrem Versprechen stehe, die Verwaltung des Tempelberges dem *Waqf* zu überlassen. Erneut wiederholten sie ihre routinemäßigen Klagen. Unsere Ohren sind es leid, sie immer wieder anhören zu müssen, aber unsere Antworten konnten die Befürchtungen und Ängste nicht von ihren Herzen nehmen.

Sie haben ihre Ansichten und wir die unseren. Es ist schwer, die dazwischenliegende Kluft zu überbrücken und die Grundlagen der Demokratie Menschen zu erklären, denen ihr Wesen vollkommen fremd ist, wenn nicht sogar konträr zur eigenen religiösen Überzeugung. Immer wieder erklären wir den Moslems, daß es in einem demokratischen System auch den Andersdenkenden erlaubt ist, ihre Meinung zu äußern und diese zu verbreiten, daß die Behörden, besonders die Polizei, jedoch jedem Versuch, den Tempelberg anzutasten, einen Riegel vorschieben werde.

Der gleichbleibende Charakter der Gespräche und Verständigungsversuche mit den Häuptern des Moslemischen Rates und mit den arabischen Wortführern macht die Sache nicht einfacher: Was sie hinter vorgehaltener Hand sagen, dürfen sie nicht laut äußern. Und man selbst unterliegt der Schweigepflicht. Wenn es hin und wieder in Gesprächen unter vier Augen vorkommt, daß sie dir Dinge sagen, die deinen Ohren angenehm sind – dann nur, weil sie darauf vertrauen, daß du ihre Worte für dich behältst. In der Öffentlichkeit dürfen sie kein gutes Haar an Israel lassen, und es ist ihnen strengstens verboten, die Vergänglichkeit der israelischen Herrschaft anzuzweifeln und das Gewicht der Forderung, daß Israel wie in der Vergangenheit geteilt wird und der arabische Teil an die Araber zurückfällt, in Frage zu stellen. Falls eine derartige Äußerung an die Öffentlichkeit sickern würde, wäre nicht nur die Führungsposition unseres Gesprächspartners, sondern auch sein Leben im wahrsten Sinne des Wortes in Gefahr.

Man braucht folglich ein hohes Maß an Vorsicht und Zurückhaltung. Oft ist es schwierig, der Versuchung zu widerstehen. Beispielsweise, wenn die Moslems Vergleiche anstellen zwischen der jordanischen und der israelischen Staatsmacht. Ungeachtet aller Kritik und der Tatsache, daß sie uns hassen und unser Verschwinden ersehnen, ist es ihnen vollkommen klar, daß sie, auch wenn sie nicht alle Rechte genießen wie die Juden, doch über wesentlich mehr Privilegien verfügen als zu Zeiten der jordanischen Herrschaft. Etwa im Bereich der städtebaulichen Entwicklung, beim Bau von Grünanlagen und im Erziehungswesen: Sie wissen, daß wir nicht genug getan haben, was sie uns bei jeder Gelegenheit und von jeder Bühne herab vorwerfen. Aber insgeheim geben sie zu, daß das wenige, das Israel für sie geleistet hat, bei weitem das übersteigt, was Jordanien oder jede der anderen Mächte, unter denen sie seit Generationen lebten, für sie getan hat.

Ich bin so sehr an die Schweigepflicht gewöhnt, wenn irgendein Araber, oder gar einer aus den Reihen ihrer Autoritäten, ein gutes Wort über Israel verliert, daß ich mir fast auf die Zunge gebissen hätte, als ein verehrter Sheikh mit hohem Amt, Sheikh Yshak Idris Sakuta, aus eigenem Antrieb die Spielregeln brach und nicht nur ein

Wort zugunsten Israels äußerte, sondern es mit Lob überhäufte und zu unserer Überraschung darum bat, seine Worte an die Öffentlichkeit zu tragen.

Es ist anzunehmen, daß wir ohne die Initiative des Geschäftsmanns Yakov Nimrodi nicht in den Genuß gekommen wären, den Sheikh persönlich kennenzulernen und hier in Jerusalem so viele Lobreden von ihm zu hören. Nimrodi hatte nachgedacht, abgewogen und gehandelt: Wenn nur ein kleiner Prozentsatz der Moslems, die den islamischen Titel eines *Haj* erwerben wollen und dafür nach Mekka pilgern, sich unterwegs in Jerusalem aufhalten würden, würde die Stadt davon profitieren. Nicht aus den arabischen Ländern würden die Pilger kommen, dafür ist die Zeit noch nicht reif. Aber Moslems aus Pakistan, aus Afghanistan, aus Indien und anderen Ländern wären uns herzlich willkommen, und wenn man ihnen angemessene Bedingungen schaffen würde, könnte es sein, daß sie nicht abgeneigt wären. Darum hatte Nimrodi in Jerusalem eine Gesellschaft gegründet, deren Namen auf ihren Zweck hindeutet: »Ziara« nannte er sie – ein bekannter und geläufiger Begriff in der Welt des Islams, dessen Bedeutung ein kleiner Besuch auf dem Weg nach Mekka ist. Eine Art kurzes Verweilen, eine Stufe auf dem Weg zu der heiligen Pflicht.

Noch während die neugegründete Gesellschaft auf der Suche nach einem Zugang zu den Moslems war, traf Rabbi David Rosen zu einer Konferenz von geistlichen Oberhäuptern aller Religionen in Malta ein. Rabbi Rosen hat seit geraumer Weile die Gepflogenheit, immer wenn er mit einem islamischen Religionsführer zusammenkommt, diesen zu einem Besuch nach Jerusalem einzuladen. Trotz seiner schlagkräftigen Argumente, daß die Religionsführer aller Religionen die Friedensbotschaft verkünden müßten, ist seine Mühe nicht mit Erfolg gesegnet. Die islamischen Geistlichen lehnen seine Einladungen je nach Wesensart mehr oder weniger höflich ab, mit dem Hinweis, solange die israelische Besatzung andauere, stehe Jerusalem nicht auf der Liste ihrer Reisepläne. Rabbi Rosen hört sich alles an und verzagt nicht. Als er in Malta von der Anwesenheit des Sheikhs Yshak Idris Sakuta erfuhr, wurde er hellhörig und fand heraus, daß der Mann, der aus dem Sudan stammte und seinen ständigen Wohnsitz in Kairo hatte, als geistlicher Berater der Internationalen Moslemischen Liga fungierte und in der islamischen Welt sehr angesehen war.

Der Rabbiner Rosen lud den verehrten Sheikh ein, Jerusalem einen Besuch abzustatten. Anstatt eine Absage, vielleicht sogar mit einer höflichen Begründung, zu erhalten, wie er es gewohnt war, gab man ihm ohne zu zögern positiven Bescheid. Ja, der Sheikh sei bereit zu kommen, man müsse nur die Zeit und das Besuchsprogramm mit ihm abstimmen.

Der Rabbiner Rosen knüpfte Beziehungen zwischen dem angesehenen Sheikh und der Jerusalemer Touristikgesellschaft Ziara, und das Rad begann sich zu drehen. Der Sheikh kam in aller Öffentlichkeit, ohne Geheimhaltungsmaßnahmen, mit einem Direktflug von »EL AL« von Kairo nach Israel.

Aus Gründen, die nur ihnen bekannt sind, haben die Verantwortlichen der Ziara das Besichtigungsprogramm des Gastes zusammen mit den Vertretern des *Waqf* gemacht. Diese haben aus naheliegenden Motiven, die man nicht erst hinterfragen muß, den Tagesablauf des Sheikhs mit Besichtigungen und Gebeten überfüllt, jeden Tag von 4:30 Uhr früh bis spät in die Nacht – die El-Aqsa-Moschee, das Abrahamsgrab in Hebron, Gaza, Rafiah, Han Junis und noch weitere Orte, aber haben absichtlich kein Treffen, nicht einmal ein einziges, mit einem Israeli irgendeines Ranges eingeplant.

Ich dachte, daß ein Besuch von solch einem Gepräge, der mit Gebeten und Treffen mit Moslems beginnt und endet, sein Ziel verfehlt. Ich wußte jedoch nicht mit Gewißheit, ob das Programm den Vorstellungen des Gastes entsprach. Sehr schnell wurden meine Zweifel ausgeräumt. Amir Hashin, der Berater der Stadtverwaltung für die Belange Ostjerusalems, bot dem Sheikh an, sich mit dem Bürgermeister von Jerusalem zu treffen, und der Sheikh schob überraschenderweise nicht vor, daß er den Vorschlag überdenken müsse, und wich auch nicht mit der Begründung aus, sich zuerst mit Dritten beraten zu müssen. Er war sofort einverstanden und fügte gar hinzu, daß ein Treffen mit dem Bürgermeister Jerusalems ihm eine Ehre sei.

Die Hoffnung, es diesmal mit einem Moslem anderer Prägung zu tun zu haben, wurde größer, je länger der Besuch andauerte. Ich wollte mich mit dem Sheikh nicht in meinem Büro treffen. Zusammenkünfte dieser Art sind immer von einer Atmosphäre trockener Förmlichkeit begleitet. Ich zog das Israel-Museum als Treffpunkt vor, in dem zur damaligen Zeit gerade eine faszinierende Ausstellung gezeigt wurde: die biblischen Geschichten in der Kunst des Islams.

Wir sind gemeinsam dort gewesen. Wir haben die Ausstellung besichtigt. Der Gast war beeindruckt. Später setzten wir uns bei einer Tasse Kaffee zu einem Gespräch zusammen, und was wir aus dem Munde des Sheikhs hörten, überstieg um ein Vielfaches das, was wir zu hoffen oder zu träumen gewagt hatten. Selbstverständlich begann er damit, daß er eine Friedensbotschaft überbringe – wir hatten uns denken können, daß er dies sagen würde. Er sei so beeindruckt von seinem Besuch, daß er hoffe, seine Söhne würden seinem Weg folgen und Jerusalem besuchen. All das waren noch plausible Worte aus dem Munde eines hohen moslemischen Religionsführers. Aber dann löste der Sheikh seine Zunge von allen Fesseln: »Ich weile zwar nur für einen kurzen Moment unter euch, aber ich sehe dennoch, was hier geschieht. Ihr selbst seid so mit der täglichen Arbeit befaßt und so sehr um die laufenden Angelegenheiten bemüht, daß ihr nicht bemerkt, was in der Tiefe geschieht. Laßt mich euch sagen, ich bin auf dem Tempelberg gewesen. Die Erde dort singt. Die Erde lacht. Die Betenden sind glücklich. Sie lächeln. Sie beten so wie bei uns in unseren Moscheen. Genau so. In Ruhe und Freiheit. Euch gebührt alle Hochachtung. Alles, was ihr über die Freiheit der Religionsausübung unter israelischer Oberhoheit gesagt habt, ist wahr. Ich konnte mich mit eigenen Augen davon überzeugen.«

Wenn ich nicht davor zurückschreckte, einen Ausdruck der Demagogie zu benutzen, so würde ich ohne zu zögern sagen: Es war wie im Traum. Wir hatten keine Mühe gescheut, um die Welt von unseren ehrlichen Absichten zu überzeugen. Wie eindringlich hatten wir erklärt, daß die Araber von Ostjerusalem unter keinem früheren Regime eine solche Freiheit genossen hatten, wie Israel sie ihnen gewährte und wie sehr es uns enttäuschte, daß die Welt die Wahrheit ignorierte und sich weigerte, uns als treue Wächter der heiligen

Stätten aller Religionen zu sehen. Und da kam dieser Mann, mit dieser Position innerhalb der islamischen Welt, und sprach ohne zu zögern eindeutige Worte aus, die wir selbst manchmal mit kleinlauter Stimme vorbringen, aus Angst, daß man sie uns ohnehin nicht glaubt.

Noch fragten wir uns, ob wir tatsächlich richtig gehört hatten oder ob wir nur vernommen hatten, was wir zu vernehmen wünschten (bisweilen ist es schwierig, beides genau auseinanderzuhalten), da verblüffte uns der Sheikh erneut. Jemand hatte zaghaft die Frage gestellt, ob der Sheikh es erlaube, einige seiner Worte zu veröffentlichen, vielleicht ein paar Äußerungen über einen ermutigenden Besuch auf dem Tempelberg oder einen bescheidenen Hinweis auf einen positiven Eindruck. Bei früheren Treffen mit Moslems hatten wir die Erfahrung gemacht, daß die Antwort auf diese Frage ihnen bereits im Gesicht geschrieben stand, lange bevor sie den Mund dazu öffneten. Nur das nicht. Verboten. Gefährlich. Die israelischen Zuhörer müssen sich zurückhalten und ihr Vorhaben aufgeben.

Man stelle sich also vor, was ich empfand, als unser verehrter Gast sagte: »Etwas davon veröffentlichen? Warum nur etwas? Warum einen Hinweis? Veröffentlicht alles, was ich euch gesagt habe. Sowohl die Moslems als auch die Juden und die ganze Welt sollen die Wahrheit darüber erfahren, wie ihr euch in Jerusalem verhaltet, meine Worte sind zur Veröffentlichung bestimmt.«

Bevor ich fortfahre, das Treffen zu beschreiben, möchte ich etwas in Klammern bemerken. Ich bin bereit, für das Recht und die Pflicht der Presse, die Wahrheit zu berichten, mein Leben zu lassen. Schwerer fällt es mir, auch das Recht der Presse, mit der Wahrheit hinter dem Berg zu halten, wenn die Wahrheit dem Redakteur aus irgendeinem Grund unangenehm ist oder nicht mit seiner Weltanschauung übereinstimmt, zu verteidigen. Hätte der Sheikh Israel, die Regierung, die Jerusalemer Stadtverwaltung und ihr Oberhaupt mit umfangreicher Kritik bedacht und behauptet, wir hätten den Moslems die Ausübung ihrer Religion verwehrt und all unsere diesbezüglichen Versprechen gebrochen, hätte er zornig und entrüstet weltweite Protestkonferenzen einberufen, die Öffentlichkeit alarmiert und eine Bestrafung Israels gefordert, so nehme ich an, daß vermutlich eine oder zwei Zeitungen, vielleicht auch mehr, vielleicht sogar sämtliche Zeitungen diese Worte in herausragender Weise publiziert hätten. Aber in diesem Fall hatte der Sheikh sie enttäuscht, die Journalisten und die Redakteure, und Israel mit übermäßigem Lob überschüttet – es war, als ob alle Zeitungen sich abgesprochen hätten, sie enthielten den Lesern alle seine Worte vor. Vielleicht wollten sie ja den Sheikh schützen, damit die Veröffentlichung seiner Worte ihm keinen Schaden zufüge oder seine Sicherheit gefährde?

Unser Gespräch zog sich lange hin. Ich erklärte dem Sheikh, wie wir die Aufgaben und Rechte am Tempelberg zwischen dem *Waqf* und den Israelis aufgeteilt hatten. Ich berichtete von der Renovierung, die wir an Bauten aus der Zeit der Mamelucken und an archäologischen und historischen Stätten durchgeführt hatten.

Der Sheikh hörte mir mit seinem Lächeln, seinem Humor, seinem ehrgebietenden Gesichtsausdruck und seiner herzerobernden Freundlichkeit zu. Hier und da bat er um Erläuterung. Auch ein, zwei Ratschläge erteilte er.

Ich war ein wenig hin- und hergerissen in der Frage, was ich dem Sheikh als Erinnerung an seinen Besuch überreichen könnte. Ich besaß einen wunderschönen Stich vom Goldenen Tor. Ich beriet mich mit meinen Leuten, die sich bestens im Islam auskannten. Die Radierung sei wunderschön, lobten sie mich. Aber ich war noch nicht zufrieden. Ich suchte nach etwas, was einen eindeutigeren, ausdrücklicheren Bezug zu unserem Gast hatte. Schließlich beschloß ich, ihm einen bildschönen Stich vom Felsendom zu schenken, den ein deutscher Künstler vor Jahren angefertigt hatte.

Bei unserem Treffen sagte ich dem Sheikh: »Ich war unsicher, welches Andenken ich Ihnen überreichen sollte. Ein Bild von der Klagemauer – damit können Sie nichts anfangen. Ein Bild der Grabeskirche – es wird Sie wohl kaum interessieren. Bitte, ich habe mich dazu entschlossen, Ihnen zur Erinnerung den Stich vom Felsendom zu schenken. Ich bitte Sie, einmal auf die Vögel zu achten, die über den Dom fliegen. Sie sind ein deutliches Symbol dafür, daß der Ort von sprudelndem Leben erfüllt ist.«

Aber das Recht der letzten Überraschung, die mit diesem Besuch verbunden war, blieb offensichtlich dem Sheikh vorbehalten. Er dankte mir gerührt für das Andenken und fügte hinzu: »Warum wollten Sie mir kein Bild der Klagemauer schenken? Weil diese eine heilige Stätte der Juden ist? Ich bin durchaus offen für eine Abbildung der Klagemauer und würde sie mit Freude entgegennehmen.« Wir brachten ihm ein wunderschönes Bild der Klagemauer. Er nahm es an und bedankte sich.

Sheikh Yshak Idris Sakuta verließ Jerusalem voller Erlebnisse. Es stellten sich nach seinem Besuch zwar keine langen Schlangen von moslemischen Touristen ein, um auf ihrem Weg nach Mekka in Jerusalem Station zu machen. Aber in meinem Herzen bewahre ich eine bewegende Erinnerung. Wieder einmal wurde die Hoffnung wach: Vielleicht doch? Wenn wir den Weg der Toleranz, Rücksichtnahme, Religionsfreiheit, des Liberalismus bis zu den Grenzen des Machbaren, den Weg der Humanität beschreiten, wird die Stimme des Sheikhs vielleicht allen Schwierigkeiten zum Trotz keine einsame und überraschende Stimme bleiben.

Was hatte der Sheikh gesagt, bevor er Israel verließ? »Der Frieden wird kommen. Er muß kommen. Die arabischen Politiker sind unsere Schüler. Sie handeln in unserem Geist, dem Geist der religiösen Oberhäupter, und wir verkünden den Geist des Friedens. Das ist meine Botschaft: Salam.«

Die Tragödie auf dem Tempelberg

Montag, der achte Oktober 1990 wird in die Geschichte Jerusalems als einer der schlimmsten Tage eingehen, die die Stadt je erlebt hat. In den Schlagzeilen der Zeitungen sprach man vom »Tag des Blutes«, vom »Massaker am Tempelberg« und von der »großen Tragödie«. Zunächst wurden Gerüchte über Dutzende von Toten und Hunderte von Verletzten in die Welt gesetzt. Die Glut der Ereignisse beflügelte die Phantasien und führte zu maßlosen Übertreibungen. Sowohl Araber als auch Juden gossen Öl in dieses Feuer. Das Ausland schürte es noch. Aber auch nachdem das tatsächliche Geschehen durchleuchtet und protokolliert war, ergab sich ein Bild der Realität, das schlimm genug war: Siebzehn Araber waren von den Sicherheitskräften erschossen und Dutzende verwundet worden. Blitzartig und mit einer bisher nie dagewesenen Heftigkeit, die sich nach den tragischen Ereignissen am Tempelberg nicht mehr wiederholen sollte, erlitt das Image Israels als treuer Hüter der heiligen Stätten Jerusalems und Garant für die freie Ausübung aller Religionen einen schweren Schlag.

Bevor ich beginne, die schlimmen Ereignisse aus meiner Sicht zu schildern, muß ich ein paar einschränkende Bemerkungen machen: Ich maße mir nicht an, Objektivität zu beanspruchen. Im Israel des Jahres 1993 hat sich die schlechte Angewohnheit eingebürgert, daß sich führende Politiker der Verantwortung für ihre Fehlleistungen entziehen, indem sie anderen die Schuld dafür zuweisen. Die Kompetenzen der Behörden überschneiden sich, und es werden Klimmzüge unternommen, deren Sinn und Zweck immer derselbe ist: den Zeigefinger von sich selbst abzuwenden und auf einen anderen zu richten, zu sagen, daß man sich die größte Mühe gegeben habe, aber die anderen einem Steine in den Weg gelegt hätten.

Davon habe ich nie etwas gehalten. In Israel gibt es zwei Sorten von Politikern: die, die Verantwortung tragen, aber keine Befugnisse haben (beispielsweise der Bürgermeister von Jerusalem...), und die, die Befugnisse haben, aber keine Verantwortung. Was wir dringend benötigen, und zwar augenblicklich, unverzüglich, da es sich für uns um eine Frage des Überlebens handelt, ist eine Führungsschicht, die Befugnisse mit Verantwortung verbindet.

Solange es eine solche Verbindung nicht gibt und die Beziehung zwischen Autorität und Verantwortung nur scheinbar existiert – begleitet von einer Vielzahl von Beweisen über den Widerspruch zwischen beiden –, kann der Ministerpräsident in der Öffentlichkeit auftreten und Beschuldigungen gegen den bürokratischen Regierungsapparat vorbringen, in einer befremdlichen Art und Weise, die dem Oppositionsführer angemessen wäre, dessen Aufgabe darin besteht, die Regierung zu kritisieren, oder die einem Kommentator zustünde, dem es erlaubt ist, dieses und jenes zu behaupten, ohne unter Beweis stellen zu müssen, daß er es besser machen würde. In zivilisierten Systemen kann der Mensch nur eine von beiden Funktionen übernehmen – nach eigener Entscheidung oder nach dem Urteil der Wähler: Als Oppositionsführer (oder Pressekommentator) kann er scharfe Kritik an den Entscheidungen der Regierung und an ihren Unterlassungen üben, frei von dem Zwang, beweisen zu müssen, daß er im Recht ist. Als Regierungschef hat er alle notwendigen Befugnisse, um ins Lot zu bringen, was ins Lot gebracht werden muß. Wenn er seine Macht nicht genutzt hat und es ihm nicht gelungen ist, Abhilfe zu schaffen, wo Abhilfe geschaffen werden mußte, dann kann er zu seinem Scheitern stehen (falls er den Mut dazu aufbringt), aber der Versuch, die Schuld auf andere zu schieben, ist erbärmlich und verstößt gegen die Regeln einer Demokratie.

Ich könnte behaupten, für alles, was mit der Ordnung am Tempelberg zusammenhängt, nicht zuständig zu sein. Diese Behauptung würde jeder Prüfung standhalten. Die Verwaltung, die Zuständigkeit des *Waqf* für das Terrain und für die Moscheen, die Frage, was dort erlaubt und was verboten ist, wer verantwortlich ist für den reibungslosen Ablauf in dieser heiklen Gegend – all diese Dinge gehörten noch nie in den Zuständigkeitsbereich der Jerusalemer Stadtverwaltung und waren uns nicht anvertraut worden. Alle Kompetenzen liegen bei der Regierung mit ihren Institutionen, Vertretungen, Beamten und Behörden. Auch die Polizei untersteht nicht der Stadtverwaltung.

Was die Voraussetzungen betrifft, so erlaube ich mir zu sagen, ich hatte gar keine Möglichkeit, die schlimmen Ereignisse zu verhindern. Niemand beklagte sich über mich und niemand beschuldigte mich. Niemand hätte mich auch beschuldigen können. Nur weil ich selbst einen höheren Anspruch an mich habe als jeder andere, wiederhole ich in meinem tiefsten Inneren immer wieder: Und wenn doch? Wenn ich zur Zeit des schlimmen Geschehens anwesend gewesen wäre, hätte ich vielleicht vermitteln können, etwas beruhigen können. Vielleicht hätte ich vorab warnen können, alarmieren können, vielleicht von der Polizei verlangen können, mit einem größeren Aufgebot anzurücken, um der Gefahr zu begegnen. Vielleicht hätte ich mehr unternehmen müssen, als ich es tatsächlich getan habe, um den Oberhäuptern der Moslems zu garantieren, daß die israelische Regierung und die Polizei die Bande von Verrückten von Gershon Salomon nicht auf den Tempelberg steigen lassen würde, um einen Grundstein für den dritten Tempel zu legen.

Und noch etwas: Ich kann die Ereignisse jenes bitteren Tages nicht auf objektive Art und Weise schildern, weil ich nicht dabei war. Ich habe auch nicht offiziell die Verkettung der Umstände untersucht. Ich stütze mich zu einem gewissen Grad auf den offiziellen Bericht der Untersuchungskommission, die die Regierung einberufen hat, um den Vorfall zu untersuchen und einen Bericht zu erstellen, und ich beziehe mich gleichzeitig auf Gespräche, die ich ohne jeglichen formalen Auftrag mit verschiedenen Beteiligten führte.

Was also geschah am Montag, dem achten Oktober 1990, auf dem Tempelberg?

Dies ist meine Version: Die Verantwortlichen des moslemischen *Waqf* und religiöse Oberhäupter waren durch die Ankündigungen der »Getreuen des Tempelberges«, am Laubhüttenfest den Tempelberg zu besteigen und dort den Grundstein für den dritten Tempel zu legen, in Aufruhr geraten. Ihre Empörung erklärt sich daraus, daß ihnen die Regeln der Demokratie fremd sind und ihre Auffassung sich von der unseren grundsätzlich unterscheidet. Die gesamte jüdische Bevölkerung, zwischen beiden Polen des politischen Spektrums in Israel, vertraut voll und ganz den Beschlüssen und Verordnungen des Obersten Gerichtshofs, auch wenn sie nicht immer die Auffassung der Richter teilt. Die gesamte jüdische Bevölkerung weiß, daß die Entscheidungen des Obersten Gerichtshofes endgültig sind und jede Exekutive oder Legislative sich nach ihnen richten muß. Die Araber wissen das nicht. Nichts in ihrer Tradition und Lebensweise vermittelt ihnen dieses untrügliche Gefühl der Sicherheit, daß die Entscheidungen des Obersten Gerichtshofes bindend sind.

Wäre das Verständnis der Moslems unserem ähnlicher gewesen und hätte sich ihr Verständnis vom Funktionieren der Demokratie, der Gültigkeit der Gesetzgebung und der Urteile mit unserem gedeckt, hätte die Tragödie verhindert werden können. Ich sage dies mit völliger Gewißheit, denn einige Tage vor dem Zwischenfall hatte der Oberste Gerichtshof die Eingabe der »Getreuen des Tempelberges« und ihr Gesuch, die Grundsteinlegung für den dritten Tempel zu genehmigen, abgelehnt. Die Auffassung des Obersten Gerichtshofs war eindeutig und unmißverständlich. Den »Getreuen des Tempelberges« wurde die Grundsteinlegung untersagt. Noch mehr als das: Ihrem Auftrag treu, Spannungen zu verhindern und Ruhe und Mäßigung zu garantieren, wandten sich Polizeioffiziere am Montag, dem achten Oktober, wenige Stunden vor dem schicksalhaften Geschehen, an die Mitglieder des Obersten Moslemrates und unterrichteten sie darüber, daß sie nicht nur fest entschlossen seien, die Grundsteinlegung zu verhindern, sondern auch jeden Anhänger der »Getreuen des Tempelberges« von der Besteigung des Tempelberges abzuhalten, um Spannungen und Nervosität bei den zum Gebet versammelten Moslems zu vermeiden. In Wirklichkeit bedeutete die Mitteilung der Polizei einen Ausnahmezustand, denn ein Besuch des Tempelberggeländes ist zu den vereinbarten Zeiten gesetzmäßig erlaubt. Aber in Anbetracht der gefährlichen Eskalation der Erregung bei den Moslems handelte die Polizei richtig, als sie den Moslems zusicherte, an dem bewußten Tag den »Getreuen des Tempelberges« nicht einmal einen Besuch des Geländes zu gestatten.

Aber die moslemischen Verantwortlichen glaubten weder dem Obersten Gerichtshof noch der israelischen Polizei noch jedem, der aufrichtig versuchte, sie zu beruhigen und ihre Bedenken zu zerstreuen. Was Argwohn und Mißtrauen anbelangt, so kann ich aus eigener Erfahrung sprechen. Jedesmal, wenn ich versuchte, die Moslems zu beruhigen, sowohl in dem tragischen Kontext der Geschehnisse am Tempelberg als auch in anderen Zusammenhängen, und mich bemühte, sie mit logischen Argumenten zu überzeugen und ihnen zu erklären, wie die israelische Demokratie funktioniert und wie jede Handlung der Exekutive und ihrer ausführenden Organe dem Obersten Gerichtshof unterstellt ist, bin ich gescheitert. Man muß offensichtlich in einem demokratischen System leben, eigene Erfahrungen damit sammeln und an es glauben, um die damit verbundene Lebensweise nachvollziehen zu können und Vertrauen zu entwickeln. Bei meinen Treffen mit moslemischen Oberhäuptern und Vertretern des *Waqf* erklärte ich unzählige Male: »In unserer demokratischen Gesellschaft dürfen die ›Getreuen des Tempelberges‹ existieren, predigen und für ihre Anschauung werben. Das ist völlig legal. So lebt man in einem demokratischen Regime. Aber ihr könnt sicher sein, daß diese Leute sich immer dem beugen müssen, was die israelische Regierung, die israelische Polizei, die Sicherheitskräfte und unser Oberster Gerichtshof ihnen erlauben oder verbieten werden.«

Ein Mensch, dem dies alles bewußt ist und der aus Erfahrung weiß, wie wahr, realistisch und ernst diese Aussage ist, kann sich nur wundern (gelinde gesagt), wenn er die Antwort der Moslems hört: »Ihr spielt mit unserem Schicksal. Ihr macht euch mit euren demokratischen Parolen über uns lustig. Hättet ihr wirklich und wahrhaftig die Absicht, ohne euer Spiel mit uns zu treiben, den ›Getreuen des Tempelberges‹ Einhalt zu gebieten, so würdet ihr sie in eure Gefängnisse stecken. Was erzählt ihr uns für Geschichten über ihr legales Recht, zu reden und uns zu bedrohen, und versprecht, daß ihr ihre Aktionen verhindern werdet, wenn sie gegen das Gesetz oder gegen den Beschluß der Regierung oder eures Obersten Gerichtshofes handeln? Dann verhaftet sie! Wenn ihr sie nicht festnehmt, ist das für uns ein Zeichen, daß alle eure Institutionen sich gemeinsam gegen uns verschworen haben: Eure Regierung beschließt angeblich, den Tempelgetreuen eine Grundsteinlegung auf dem Tempelberg zu verbieten, eure Polizei verkündet, daß sie sie nicht gewähren lassen wird, der Gerichtshof lehnt ihren Antrag ab – aber er, Salomon, wird weiterhin frei herumlaufen und seine Drohungen verbreiten. Ihr seid alle auf einer Seite. Wir sind auf der anderen. Ihr verstellt euch bloß, damit wir euch vertrauen. Aber ihr alle habt ein großes gemeinsames Ziel: uns vom Tempelberg zu vertreiben. Ihr wollt ihm euren Stempel aufdrücken, mit oder ohne Grundstein für euren Tempel. Wir sollen nur verschwinden, damit ihr unseren Platz einnehmen könnt.«

All dies entspricht nicht der Wahrheit. Es entspricht nicht der Realität. Es trifft auch nicht die Positionen und Hauptströmungen innerhalb der israelischen Regierung. Aber es spiegelt unmißverständlich die Ängste der moslemischen Oberhäupter in Jerusalem wider. Es ist uns nicht gelungen, diese Ängste auszuräumen. In meinen Augen liegt darin der hauptsächliche Grund für die tragische Entwicklung des Geschehens am Tempelberg am achten Oktober 1990, der hauptsächliche, wenn auch nicht der einzige. Und noch etwas: Obwohl dieses Mißtrauen, das aus abgrundtiefen Unterschieden in den Weltanschauungen resultiert, den problematischen Hintergrund bildet, hätte man dennoch den dramatischen Vorfall verhindern können, wenn die Polizei sich an jenem Tag in der angemessenen Weise, entsprechend den Umständen und den Prognosen für die zu erwartenden Zwischenfälle vorbereitet hätte.

Ich werde nun die Ereignisse schildern, die sich an den Vortagen dieses vierten Tages des Laubhüttenfestes, des achten Oktober 1990, und auch an dem Tag selbst ereignet haben. Am ersten Oktober, also acht Tage vorher, hatte der Oberste Gerichtshof die Eingabe der »Getreuen des Tempelberges« beraten. Sie hatten darum ersucht, die Polizei solle den Befehl erhalten, ihnen eine Grundsteinlegungszeremonie neben dem Misttor und das Errichten einer Laubhütte neben dem Mughrabitor zu gestatten. Die Polizei hatte dies abgelehnt. In der Erklärung Natan Kremarskis, des Offiziers der Einsatzabteilung für den Bereich Jerusalem, hieß es unter anderem: »Der Polizei lagen Informationen des Nachrichtendienstes über zu erwartende Ausschreitungen als Reaktion auf die Absicht der ›Getreuen des Tempelberges‹ vor, im Rahmen des Laubhüttenfestes den traditionellen Gang zum Tempelberg zu unternehmen und eine Laubhütte in dem engen Durchgang am Mughrabitor zu errichten. Eine Laubhütte an dieser heiklen Stelle konnte einen zusätzlichen Herd für Auseinandersetzungen schaffen und zu einem brisanten Faktor werden, der zu neuen, heftigen Ausschreitungen und Steinwürfen vom Tempelberg auf die Hütte führen konnte. Die Erfahrungen der Vergangenheit zeigten, daß ein Steinhagel auf den zum Tor führenden Damm auch die Betenden an der Klagemauer treffen kann.«

Die Richter des Obersten Gerichtshofes waren im Grunde davon enthoben, über das Schicksal des Antrages zu entscheiden. Nach kurzer Diskussion, in deren Verlauf die Auffassung der Richter deutlich wurde, zogen die Antragsteller ihr Gesuch zurück. Die Nachricht über die Zurücknahme des Antrages und die ablehnende Haltung der Polizei gegenüber dem Vorhaben der »Getreuen des Tempelberges« wurde groß und breit in allen Medien veröffentlicht, einschließlich der arabischen Zeitungen, die in Jerusalem erscheinen.

Die Polizei begnügte sich nicht mit der Publikation. Am dritten Oktober, also fünf Tage vor dem Zwischenfall, trafen der Polizeichef am Tempelberg, Esra Zion, und der Polizeikommandant der Altstadt, Avi Peder, mit den Vertretern des *Waqf* zusammen. An dem Treffen nahm auch der Verwalter der El-Aqsa-Moschee teil. Die Absicht der Offiziere wurde zur Kenntnisnahme der Gesprächspartner offen dargelegt: »Sicher habt ihr in den Zeitungen gelesen, wie die Anhörung des Obersten Gerichtshofes verlaufen ist. Wir sind dennoch selbst gekommen, um die Spannungen abzubauen und um deutliche Worte mit euch zu sprechen. Die Polizei wird den ›Getreuen des Tempelberges‹ keinesfalls erlauben, am Laubhüttenfest den Tempelberg zu besteigen, weder um einen Grundstein zu legen, noch um eine Laubhütte neben dem Mughrabitor zu errichten. Sagt das bitte euren Leuten! Verbreitet diese Nachricht! Ihr könnt sicher sein, daß die Polizei sich an ihre Verpflichtung und Zusage halten wird. Die ›Getreuen des Tempelberges‹ werden nicht hinaufkommen.«

Zu meinem Leid – und ich bin mir sicher, daß im nachhinein auch viele Moslems und ihre führenden Köpfe meine Gefühle teilen – haben die Vertreter des *Waqf* die beruhigende und unmißverständliche Mitteilung ignoriert und sich weiterhin so verhalten, als gebe es eine faktische Grundlage für ihre Ängste und als müßten sie mit ihren Körpern die Moscheen auf dem Tempelberg verteidigen und ihre Beschlagnahme durch die Juden verhindern. Nach dem Freitagsgebet (fünfter Oktober) in den Moscheen rief der Muezzin emphatisch alle moslemischen Jugendlichen dazu auf, am Montag (dem achten Oktober) bereits in den frühen Morgenstunden zum Tempelberg zu kommen. Der Muezzin ließ keinen Zweifel am Zweck der Versammlung aufkommen: »Wir werden unter Einsatz unseres Lebens verhindern, daß die Juden einen Grundstein für ihren Tempel auf dem Tempelberg legen.«

Nach dem Freitagsgebet gossen der Verantwortliche für den Tempelberg, Sheikh Mahmed Hassin, der Verantwortliche für die religiöse Lehre innerhalb des *Waqf*, Akrama Zabari, Dozent an der Universität El Nadjah, Dr. Shlalda und Sheikh El Siluwadi noch Öl in das bereits lodernde Feuer: Vor etwa siebentausend Betenden, die am Tempelberg versammelt waren, wiederholten sie die Worte des Muezzin und riefen die Menge dazu auf, am Montag, dem achten Oktober, zum Tempelberg zu kommen, da die Juden vorhätten, einen Grundstein für einen neuen Tempel zu legen. Die Redner forderten eindringlich, niemand solle fehlen, denn die Absicht der Juden müsse unter allen Umständen vereitelt werden, »wenn es sein muß, auch mit unseren eigenen Leibern«.

In solch einer Situation werden sich die Terrororganisationen wohl kaum zurückhalten, das Feuer noch zu schüren. In Aufrufen von *Hamas* und anderen fundamentalistischen Gruppen wurden die Moslems vor den feindlichen Absichten der Juden gewarnt. Am siebten Oktober, dem Tag vor dem tragischen Ereignis, gingen Vermummte durch Abu Tor und forderten die Araber auf, am nächsten Tag zum Tempelberg zu kommen, um sich dem Vorhaben der Juden entgegenzustellen.

Die Aufrufe drangen natürlich zu den Polizeioffizieren. Am Freitag, dem fünften Oktober, wurde im Büro des Polizeiministers Roni Milo eine Sitzung über die Sicherheitssituation in Jerusalem abgehalten. Der Minister sprach von dem »Eindruck einer zugespitzten Lage in Jerusalem«. Der Polizeipräsident Yakov Terner sagte, es sei keine bedeutsame Veränderung feststellbar. Aber für die Feiertage habe man sich zu einem verstärkten Polizeieinsatz entschlossen.

Am Montag, dem vierten Tag des Laubhüttenfestes, dem achten Oktober 1990, zwischen 3:30 und 4:30 Uhr, begaben sich etwa fünfzig moslemische Gläubige zum Tempelberg zum Morgengebet in der El-Aqsa-Moschee. Um 5:00 Uhr bewegten sich Juden zur Klagemauer. In ihrem Stützpunkt in Talpiot hielten die Soldaten der dritten Einheit des Grenzschutzes eine umfassende Einsatzbesprechung über den Schießbefehl ab, bevor sie sich am Ort des Geschehens einfanden. »Auf eine Vorwarnung wird nur verzichtet, wenn eine unmittelbare, echte, schwere Gefahr für Leib und Leben eines Soldaten oder eines anderen besteht und nur dann, wenn eine Warnung der Abwendung der Gefahr im Wege steht. Gummigeschosse sollen nur dann eingesetzt werden, wenn alle anderen Mittel, wie Tränengas und Schlagstöcke, ausgeschöpft sind – und nur auf ausdrückliche Erlaubnis des anwesenden hohen Offizieres.«

6:00 Uhr früh. Der Strom der moslemischen Gläubigen am Tempelberg schwillt an. Etwa zweihundert Moslems sind bereits dort. Mehr als an einem Wochentag üblich. Der Polizeikommandant der Altstadt wird informiert. Gegen 8:00 Uhr steigt die Zahl der Moslems auf sechshundert an. Auch der Zustrom der Juden für das »*Cohanim*-Gebet« an der Klagemauer nimmt zu.

8:10 Uhr – erster Zwischenfall: Die Moslems verjagen eine Gruppe von Pilgern, die durch das Mughrabitor hinaufgekommen sind. Der Kommandant des Bezirks Jerusalem, Arie Bibi, erteilt den Befehl, das Tor zu schließen, um zu verhindern, daß an diesem Tag Touristen den Tempelberg besuchen.

8:30 Uhr. Erneuter Versuch, die Gemüter zu beruhigen, Spannungen abzubauen, gefährliche Entwicklungen zu verhindern: Der Polizeichef am Tempelberg, Esra Zion, und der Polizeikommandant der Altstadt, Avi Peder, wenden sich aus eigener Initiative an die Häupter des *Waqf* und an weitere moslemische Würdenträger, unter ihnen der Stellvertreter des Mufti, und teilen ihnen mit, daß niemand den Tempelberg besteigen werde. Die Offiziere betonen ausdrücklich, daß man es nicht zulassen werde, daß die »Getreuen des Tempelberges« zum Tempelberg gelangen, auch nicht vereinzelt. Die Offiziere ersuchen ihre Gesprächspartner, für Beschwichtigung zu sorgen. Die moslemischen Würdenträger rühren jedoch keinen Finger. Der diensthabende Kommandant der am Tempelberg eingesetzten Grenztruppen unterrichtet den Kommandanten der dritten Einheit, die sich in ihrem Stützpunkt in Talpiot befindet, davon, daß die Versammlung der Moslems am Tempelberg das gewöhnliche Maß übersteigt. Der Offizier der Einheit, Shlomo Katabi, betritt den Tempelberg und stellt fest, daß sich eine Gruppe arabischer Halbstarker vor der El-Aqsa-Moschee, hinter der Baumgruppe, versammelt hat. Auf dem Vorplatz der Klagemauer befinden sich zu diesem Zeitpunkt, es ist 8:40 Uhr, bereits zehntausend jüdische Gläubige. Auf dem Berg haben sich rund zweitausend Moslems versammelt, die nationalistische Parolen grölen. Die Polizisten vor Ort erstatten ihrem Kommandanten Bericht. Die Polizei beschließt, die Einsatzkräfte zu verstärken.

Um 9:00 Uhr betritt Feisal Husseini den Tempelberg. Die Verstärkung der Grenztruppen trifft ein. Die Polizisten beziehen Stellung mit dem Rücken zur Klagemauer.

Die Atmosphäre an Ort und Stelle ist zum Zerreißen gespannt. Der Kommandant der dritten Einheit, Katabi, der Polizeichef am Tempelberg, Esra Zion, und andere Offiziere sprechen am Mughrabitor mit Vertretern des *Waqf*. Die Polizeioffiziere wiederholen ihre Zusage, daß kein »Getreuer des Tempelberges« den Tempelberg betreten werde. Die Polizisten bitten die *Waqf*-Vertreter nochmals, beruhigend auf die aufgebrachte Menge einzuwirken. Der Strom der Moslems fließt weiter. Der Unterricht an den Schulen wird eingestellt, und die Lehrer fordern die Schüler auf, sich auf dem Tempelberg zu versammeln, mit dem Argument, daß »die Juden kommen werden, um uns Leid zuzufügen«.

Einige Minuten vor 10:00 Uhr beginnen zwanzig- bis dreißigtausend Juden, die für das »*Cohanim*-Gebet« zur Klagemauer gekommen waren, den Platz zu verlassen. Polizisten helfen bei der Räumung von Betenden, die sich vor dem Misttor stauen. Zur selben Zeit versammeln sich etwa zwanzig Anhänger der »Getreuen des Tempelberges« auf einem Platz in der Nähe der Klagemauer, gegenüber dem Aufstieg zum Mughrabitor. Von dort gehen sie in einer Prozession in Richtung Shiloah-Höhle. Eine Polizeieskorte begleitet sie.

Die moslemischen Prediger fahren fort, Hetztiraden gegen die Juden auszustoßen. Alle ehrlichen Bemühungen der Polizei, sie zu überzeugen, daß niemand zum Tempelberg kommen werde, schlagen fehl. Wir werden nie erfahren, ob die Moslems mit ihren Hetzereien weitermachten, weil sie wirklich über die Absichten der Juden beunruhigt waren – in diesem Fall ist es klar, daß das Auftauchen der »Getreuen des Tempelberges« ihre Sorge noch verstärkte und die Spannungen verschärfte – oder ob sie derart fahrlässig handelten, obwohl sie den Versicherungen der Polizisten Glauben schenkten. Im zweiten Fall dürften die Moslems niemand anderem die Schuld dafür zuweisen, daß sie die Beherrschung verloren und die Tragödie auslösten, als sich selbst.

Shlomo Katabi hält fest an seinem Versuch, die Spannungen zu reduzieren, und gibt nicht auf, obwohl alle bisherigen Versuche gescheitert sind. Erneut wendet er sich an die Häupter des *Waqf* und warnt sie, daß die zügellose Aufwiegelei schlimme Exzesse zur Folge haben könnte. Er bittet seine Gesprächspartner, die jungen Männer zu beruhigen, die sich auf dem Tempelberg zusammenrotten und damit beschäftigt sind, in der Umgebung Berge von Steinen zu sammeln und am Tempelberg aufzuhäufen.

10:30 Uhr. Kommandant Katabi verstärkt die Einsatztruppen des Grenzschutzes. Auf dem Tempelberg halten sich zum aktuellen Zeitpunkt vierundvierzig Mitglieder des Grenzschutzes auf. Sie bilden eine Kette vor der Klagemauer, und ihre Aufgabe ist es, einen Kontakt zwischen der tosenden moslemischen Menge und den jüdischen Gläubigen zu verhindern, die immer noch dabei sind, nach Beendigung des »*Cohanim*-Gebetes« den Platz zu räumen. Darüber hinaus befinden sich weitere dreizehn Polizisten auf dem Tempelberg. Eine zusätzliche Deckungseinheit von zehn Leuten des Grenzschutzes steht am Löwentor.

Tschechow hat gesagt: Wenn im ersten Akt eine Pistole an der Wand hängt, wird im letzten Akt damit geschossen. Die Prediger hetzten und hetzten. Kurz vor 11:00 Uhr kam es zum Ausbruch der Gewalt. Lautes Geschrei war aus Richtung Felsendom und El-Aqsa-Moschee zu hören. Zwei- bis dreitausend aufgestachelte Moslems stürmten auf die vierundvierzig Grenzschützer los, die mit dem Rücken zur Klagemauer standen. Die Aufrührer brüllten: »*Itbah el Jahud!* – Schlachtet den Juden!«, »*Allah akbar* – Allah ist groß« und andere nationalistische Parolen. Ein Hagel von Steinen und Eisen ging auf die Polizisten nieder. Laut Befehl des Kommandanten Katabi verteidigten die Polizisten sich mit Tränengas und Gummigeschossen. Die rasende Menge ließ sich nicht aufhalten. Katabi gab einige Warnschüsse in die Luft ab. Auch diese beeindruckten die

Angreifer nicht. Sie bedrängten die Polizisten immer heftiger und schleuderten die Gasgranaten auf sie zurück. Katabi und zehn seiner Leute wurden von Steingeschossen und Gasgranaten getroffen und wichen verletzt nach hinten, Richtung Mughrabitor, zurück. Einige Polizisten schlugen sich zu dem Mahkama-Gebäude durch. Zwei Polizisten schrien von den Beobachtungsposten auf der Klagemauer den Betenden zu, den Platz sofort zu räumen. Telefonisch wurden Krankenwagen alarmiert.

11:00 Uhr. Das Geschehen nimmt eine dramatische Wendung. Als der Kommandant des Bezirks Jerusalem, Arie Bibi, der sich beim Misttor aufgehalten und versucht hat, die Tausende von jüdischen Betenden, die dort feststeckten, zu befreien, das Mughrabitor erreicht und das Kommando über die attackierten Grenztruppen übernimmt, rufen die beiden Polizisten, die in der Polizeistation hinter dem Felsendom eingekesselt sind, um Hilfe. Sie sind dort ganz allein. Hunderte von aufgehetzten, rasenden jungen Moslems stürmen auf sie los und bombardieren die Station mit Steinen. Esra Zion, der Polizeikommandant am Tempelberg, empfängt die Notrufe der beiden Polizisten, die in der Station gefangen sind, beruhigt sie und verspricht, ihnen aus Richtung Löwentor zu Hilfe zu eilen. Aber bevor es den Sicherheitskräften gelingt, die beiden Gefangenen zu befreien, bricht die Verbindung zu ihnen ab. Der Sturm auf die Station wird immer heftiger, und die Polizisten rennen in verschiedene Richtungen um ihr Leben. Nachdem die gewalttätige Menge sich nicht abschrecken läßt und sich nicht zurückzieht, sind die Polizisten gezwungen, abzuziehen, viele von ihnen sind verwundet.

Gleichzeitig mit dem Rückzug der Polizisten des Grenzschutzes vom Tempelberg wird der Steinehagel heftiger – vor allem prasseln dicke Steinbrocken auf den Platz vor der Klagemauer in Richtung Versammlungsplatz der Polizei neben dem Mughrabitor. Junge Moslems toben und schleudern Steine von den Salomonischen Ställen auf die Ofel-Straße, in der sich Tausende von Juden auf dem Heimweg von ihren Gebeten an der Klagemauer befinden. Etliche Juden werden von den Steinen getroffen.

Nun ist es den Kommandanten der Polizei klar, daß es, um den Ausschreitungen ein Ende zu setzen, keine andere Wahl gibt, als auf den Tempelberg zurückzukehren. Ein paar Minuten nach 11:00 Uhr beginnt der Durchbruch der Polizei Richtung Mughrabitor. Unter einem Steinehagel nähern die Polizisten sich dem Tempelberg. Durch die schmalen Öffnungen werfen sie Gasgranaten. Sie finden sich einer entfesselten, rasenden Menge gegenüber. Mit dröhnenden Lautsprechern treiben die Scharfmacher das Heer der moslemischen jungen Männer an und befehlen ihnen, sich mit ihren Körpern den Polizisten entgegenzustellen, die versuchen, zur Polizeistation vorzudringen. Vermummte Männer stürmen auf die Polizisten los. Diese versuchen den Sturmangriff mit Gummigeschossen abzuwehren. Die Polizisten haben den Befehl, das Feuer zu eröffnen, wenn der Sturmangriff nicht aufzuhalten ist. Zuerst schießen sie in die Luft, dann zielen sie.

Der erste Krankenwagen, der das Makassed-Krankenhaus um 10:45 Uhr verläßt, erreicht die Umgebung des Tempelberges gegen 11:00 Uhr. Er hält vor dem Tor der El-Aqsa-Moschee. Bei dem Versuch der Polizei, zum Tempelberg durchzubrechen, um die Ordnung wiederherzustellen, gerät der Krankenwagen in die Schußlinie der Polizei. Der Fahrer und eine Krankenschwester werden getroffen.

11:30 Uhr. Die Aufrührer ziehen sich in die Moscheen zurück. Die Kommandanten der Polizei befehlen: »Feuer einstellen!« In der Nähe des Löwentores fallen junge Moslems mit Steinen über die Polizisten her. Wieder nutzen Tränengas und Gummigeschosse nichts. Die Polizisten sind in Lebensgefahr. Sie schießen scharf.

Und der Polizeipräsident Yakov Terner glänzt durch Abwesenheit. Es muß leider gesagt werden. Alles muß ans Tageslicht. Nach all den Vorzeichen, Warnrufen, nach der Androhung der »Getreuen des Tempelberges« den besagten Grundstein zu legen, nach den Beratungen des Obersten Gerichtshofes und anderen Besprechungen in unterschiedlichen Gremien, nach all den Versuchen, die Polizeioffiziere unternommen haben, um die Gemüter zu beruhigen und das Schlimmste zu verhindern, nachdem kein Zweifel mehr daran bestehen konnte, daß am Montag, dem achten Oktober 1990, auf dem Tempelberg eine enorme Erregung herrschen würde, nach all den

Hetztiraden, die die Muezzins und die Prediger beim Freitagsgebet, drei Tage vor der Tragödie, auf die Menge niedergehen ließen – nach all den bösen Omen zieht sich der Polizeipräsident aus der Affäre, überläßt Vorbereitungen und Strategien anderen und fährt zu einer Fortbildung von Rechtsanwälten der Armee zum Luftwaffenstützpunkt. Er erreicht den Tempelberg erst gegen Mittag. Ein wenig spät. Alles ist bereits geschehen.

Schon um 9:27 Uhr erhält der Südbezirksstab der Polizei erste Informationen über die Ereignisse auf dem Tempelberg. Der zuständige Kommandant, Kommfort, läßt sich Zeit. Er erreicht den Ort des Geschehens erst, nachdem die Grenztruppen den Tempelberg gestürmt haben. Offizier Kommfort hat die Sicherheitskräfte nicht befehligt.

Um den tragischen Ablauf zusammenzufassen: Das Fazit der von der Regierung einberufenen Untersuchungskommission, die Polizisten, die auf dem Tempelberg überfallen worden waren, hätten sich in Lebensgefahr befunden und mit scharfer Munition geschossen, um ihr Leben zu retten und die Zehntausende betender Juden an der Klagemauer zu schützen, basiert auf überprüften Fakten. In Anbetracht der Massen von Steinen und anderen Gegenständen, die von den Aufständischen geworfen wurden, haben die Polizisten ein großes Maß an Geduld und Beherrschung gezeigt und ihre Angreifer zunächst mit Tränengas und Gummigeschossen zurückgehalten. Die Entscheidung der Polizei, gewaltsam zum Tempelberg vorzudringen, nachdem sie sich bereits von dort zurückgezogen hatte, resultierte auch aus der wachsenden Gefahr für die Hunderte von Juden, die nach ihrem Gebet in der Ofel-Straße feststeckten und dem Steinehagel der Angreifer ausgesetzt waren, und erst nachdem es der Polizei gelungen war, den Tempelberg erneut zu erreichen, kam es zu den meisten Todesopfern unter den Aufrührern. Bei ihrer Rückkehr zum Ort des Geschehens wurden die Polizisten von der entfesselten Menge noch brutaler angegriffen als zuvor. Wieder wiederholte sich das Ganze: Gasgranaten und Gummigeschosse ließen die Randalierer nicht zurückschrecken. Für die Polizisten bestand akute Lebensgefahr. Sie hatten keine andere Wahl, als sich mit scharfer Munition zu verteidigen. Im gleichen Moment, in dem die

Masse ihre Angriffe aufgab und sich in die Moscheen zurückzog, gaben die Kommandanten den Befehl, das Feuer einzustellen.

Ich bin kein Polizist. Mir fehlt der nötige professionelle Hintergrund, um die Versäumnisse und Fehler der Polizei zu analysieren. Was ich in dieser Angelegenheit zu sagen habe, ist nicht mehr wert als die Meinung der Durchschnittsbürger: Es genügt nicht, nur festzustellen, daß unter den gegebenen Umständen der Polizei keine andere Wahl blieb, als sich selbst zu schützen und zu verhindern, daß die Tausende von Randalierern die Juden an der Klagemauer und in der Ofel-Straße mit Steingeschossen attackierten. Diese Feststellung kann so richtig und so gerecht sein, wie sie will, aber sie ändert nichts an der Pflicht, folgende Frage zu beantworten: Warum wurden solche Voraussetzungen zugelassen, und war es nicht möglich, sie zu verhindern? Zu meinem großen Kummer muß ich sagen: In den Tagen vor den schlimmen Vorfällen wurde die Polizei mit zahllosen Nachrichten und Informationen überhäuft über die große Nervosität am Ort des Geschehens und über das, was passieren könnte, wenn eine jüdische Menge sich zum Gebet an der Klagemauer versammelte und eine arabische Bevölkerung, aufgewiegelt und verhetzt, sich auf dem Tempelberg zusammenrottete. Hätte die Polizeispitze sich in dieser großen Gefahrensituation mit der nötigen Umsicht verhalten, wäre der Polizeipräsident an jenem Tag nicht zu einem Vortrag zum Luftwaffenstützpunkt gefahren. Hätten die Polizeikommandanten das Ausmaß der Gefahr erkannt, hätten sie erahnt, daß trotz des Fernhaltens der »Getreuen des Tempelberges« eine enorme Spannung herrschen würde, wäre es die Pflicht der Verantwortlichen der Polizei gewesen, noch am Vormittag des bewußten Tages Hunderte von Sicherheitskräften abzustellen und sie an allen problematischen Punkten zu postieren. Sicherheitskräfte, ausgerüstet und vorbereitet, wie es der Situation angemessen gewesen wäre, für jedermann sichtbar und präsent, hätten die arabischen Aufrührer abgeschreckt und mehr »beruhigt« als alle Versuche – die an sich positiv und wünschenswert waren –, auf die Vertreter des *Waqf* und die moslemischen Wortführer einzuwirken. Es hätte zumindest eine realistische Chance dafür bestanden. So gab es nicht die geringste Aussicht, daß eine Handvoll Grenzschutzpolizisten, fünfzig oder fünfundfünfzig an der Zahl, abschreckend und beruhigend wirkten. Im Gegenteil: Wenn Tausende von moslemischen Halbstarken, aufgepeitscht und rasend, wütend entschlossen, ihre Moscheen zu verteidigen (oder Juden zu bekriegen), ein paar Polizisten sehen, ist die Versuchung groß, Krawall zu machen und gewalttätig zu werden, und sie sind angespornt, ihre Kräfte unter Beweis zu stellen.

Die Polizeispitze war mit allen denkbaren Informationen versorgt – und hat sie nicht zu deuten gewußt. Die Untersuchungskommission begnügte sich mit der Schilderung der Tatsachen, und keinerlei personelle Konsequenzen wurden gezogen. Der Polizeipräsident blieb in seinem Amt, obwohl verschiedene Berater des Ministerpräsidenten Yitzhak Shamir sich zuflüsterten, daß man, anstatt ihn abzusetzen, beschlossen habe, eine Weile vergehen zu lassen und dann seine Amtsperiode nicht zu verlängern. In der Realität ist es nicht dazu gekommen. Der Kommandant des Bezirks Jerusalem, Arie Bibi, der es nicht verstanden hatte, die Polizeikräfte richtig einzusetzen und sie nicht verstärkte, wie alle rechtzeitigen Warnungen und Informationen es erforderlich gemacht hätten, wurde tatsächlich seiner Ämter enthoben, erhielt jedoch sofort einen noch höheren Rang.

Und dennoch darf man nicht aufgeben

Es würde unglaubwürdig oder unehrlich klingen, wenn ich behauptete, die bittere Tatsache, daß die Intifada Jerusalem nicht verschont hat, hätte mich nicht überrascht und enttäuscht. Natürlich bin ich enttäuscht, hin und wieder sogar sehr. Damit will ich nicht sagen, es hätte eine realistische Chance dafür bestanden, daß die hunderttausend arabischen Bürger Jerusalems in einer anderen Welt von Begriffen, Erwartungen, Wünschen, Illusionen und unrealistischen Träumen lebten. Die bestand nicht. Der Entschluß Israels, Jerusalem zu annektieren und die Stadt der israelischen Gesetzgebung zu unterstellen, hat – und das durfte man auch nicht erwarten – die Jerusalemer Araber nicht verändert. Er hat sie ihres Selbstverständnisses als Palästinenser nicht enthoben. Wie alle ihre Brüder verabscheuen sie unsere Staatsmacht. Auch unter ihnen gibt es solche, die sogar bereit sind, sich an Terroraktionen als Mittel zum Zweck zu beteiligen. Schließlich genießt Jerusalem bei den Arabern einen besonderen Status: Es ist der Höhepunkt ihres Kampfes. Es ist das Ziel aller Ziele. Sie wollen Jerusalem, und zwar ganz und ohne jeglichen Kompromiß.

Die Araber Jerusalems sind in den Augen aller Palästinenser der Welt die Repräsentanten des höchsten islamischen Interesses. Jedes ihrer Worte und jede ihrer Taten wird peinlich genau, wie mit einem Vergrößerungsglas, von der palästinensischen Führung, der religiösen und der weltlichen, überwacht. Selbst wenn sie ein gewisses Maß an Kooperation mit der jüdischen Stadtverwaltung akzeptieren wollten, um ihre eigenen Bedürfnisse zu befriedigen, würde die Angst vor der islamischen Welt, die wie ein Damoklesschwert über ihnen schwebt, dies verbieten.

Jedesmal, wenn ich mir die Lage in Jerusalem vor der Intifada vor Augen führe, komme ich unweigerlich zu dem Schluß, daß wir uns selbst etwas vorgemacht haben und uns von Illusionen den Blick trüben ließen. In den acht Jahren, die dem arabischen Aufstand vorausgingen, war es ruhig in Jerusalem. Bei den Arabern war es zu ruhig. Es herrschte eine Art Grabesstille, so als ob sie aufgegeben hätten. Als ob sie nicht mehr auf den Untergang Israels hofften. Als ob sie sich mit dem Urteil abgefunden hätten.

Lange vor der Intifada kamen wir einmal zu einem inoffiziellen Treffen, außerhalb der Sitzungen des Stadtrates, mit religiösen und nichtreligiösen Vertretern verschiedener Fraktionen zusammen. Darunter waren auch Mitglieder der *Agudat Israel* (wörtl. Verband Israel, nichtzionistische, ultraorthodoxe Partei, Anm. d. Übs.). Es entwickelte sich ein Gespräch, in dessen Mittelpunkt die Frage stand, worin die größte Gefahr für Jerusalem bestehe. Ich vermute, daß die Vertreter von *Agudat Israel* bei dieser Gelegenheit zweimal in Verlegenheit geraten sind. Einmal, als Anwesende ihnen vorwarfen, die größte Gefahr sei das extreme ultraorthodoxe Judentum, das die Bevölkerung spalte, sie in Gewalttätigkeiten und Tumulte verwickle und unseren erbitterten Feinden in der Welt in die Hände spiele, die leugneten, daß Israel in der Lage sei, die heiligen Stätten für alle Religionen und Glaubensgemeinschaften zu schützen. Und ein zweites Mal, als ich – möglicherweise im Gegensatz zu dem Ansehen als Gegner der Religiösen, das ich fälschlich innerhalb der Bevölkerung, oder eines Teiles davon, genieße – diese Behauptung energisch zurückwies und ihr die Wahrheit entgegenhielt: Die große Gefahr ist die Weigerung der Araber, sich mit der Vereinigung Jerusalems unter israelischer Staatsmacht abzufinden. Darin liegt eine wirkliche Gefahr. Auch wenn es scheinen mag, daß die Beziehungen ruhig verlaufen und die Araber Jerusalems aus der Ruhe in den verschiedensten Bereichen Nutzen ziehen.

Ich gestehe, daß ich trotz meiner Ahnung, daß die Ruhe nicht lange währen würde, was ich in verschiedenen Gesprächen auch immer wieder betonte, dennoch überrascht war, als das, was zu erwarten war, tatsächlich eintraf, nämlich, daß die Intifada das Leben in Jerusalem nicht aus dem Kreis des Terrors und der Gewalt ausgenommen hat. Insgeheim hatte ich gehofft, daß die erlebte Koexistenz trotz allen Widerstandes der Palästinenser dazu beitragen würde, die Äußerungen der Intifada von seiten der Araber Jerusalems gemäßigter, milder ausfallen zu lassen. Auch in meinen düstersten Vorstellungen hätte ich ein derart schreckliches Ereignis wie das Blutbad am Tempelberg vom achten Oktober 1990 nicht vorausahnen können. Abgesehen von diesem Zwischenfall ließen sich keine großen Massen unter den Jerusalemer Arabern von der Intifada mitreißen. Es handelte sich immer nur um einzelne, und wenn nicht um einzelne, dann vielleicht um Dutzende oder maximal Hunderte. Tausende ließen sich nicht vor den Karren der Intifada spannen. Kein Araber hat sich mit unserer Souveränität abgefunden, aber die große Mehrheit begreift, daß Terror keine Lösung für ihr Problem darstellt. Das ist meiner Meinung nach ein wichtiger Punkt.

Es bedarf jedoch nur weniger, einiger Dutzend, um die Lebensruhe zu stören und die Illusionen über den Haufen zu werfen. Von dem Zeitpunkt an, an dem die Intifada ihre Nägel auch in das Fleisch Jerusalems bohrte, setzte das große Fest der Medien ein: »Die Verreinigung Jerusalems wurde nicht vollzogen« »Völliges Scheitern aller Bemühungen, die Stadt wiederzuvereinigen« und ähnliches. Niemand hielt ein, um zu fragen, wie sich das Leben in Jerusalem gestalten würde, wenn wir nicht so hart daran gearbeitet hätten, manchmal ohne die geringste Aussicht auf Erfolg und ohne die leiseste positive Resonanz, einen Zusammenhalt in der Stadt zu schaffen und den Arabern ein Gefühl der Gleichheit zu vermitteln, zumindest in Teilbereichen. Schließlich gibt es keine zweite Stadt wie Jerusalem, in der hunderttausend Araber und vierhunderttausend Juden ohne Grenze nebeneinander leben. Kann sich jemand Angst und Schrecken vorstellen, die in Jerusalem herrschen würden, wenn, Gott behüte, die Beziehungen zu den Arabern die gleichen wären wie zu den Bewohnern von Gaza? Immerhin nimmt das Leben, allen Krawallen, Messerstechereien und Überfällen auf jüdische Autos zum Trotz, seinen Lauf – bei allem Schmerz, aller Trauer und allem Mitgefühl mit den Familien der Opfer.

Die beschränkten Ausschreitungen in Jerusalem und die Teilnahme der Araber an den Aktionen der Intifada boten den Hitzköpfen, den extremen Araberfeinden und auch solchen, die weniger extrem sind, die Gelegenheit, ihre törichten Argumente der Vergangenheit zu wiederholen: Kollektivstrafe – sie allein werde den Arabern eine Lektion verpassen. Mir fehlen die Worte, um diese abwegige Einstellung so zu beschreiben, wie sie es verdiente. Was habe ich im Laufe der Jahre nicht alles gesagt? Daß dieser Weg nicht nur unmoralisch sei und dem jüdischen Wesen, so wie ich es verstehe, nicht entspreche, sondern daß er auch dem Feind in die Hände arbeite. Er gefährde auf ernsthafte und umfassende Weise die Aussicht, daß die Welt unsere Souveränität über Jerusalem als vereinigte Hauptstadt akzeptiert, während die gesamte islamische Welt auf Israel lauert und sein Fallen herbeisehnt. Denn wenn es das Wesen Israels wäre, wegen der Taten einzelner Kollektivstrafen zu verhängen und das Leben seiner arabischen Bürger zu vergiften, hätten wir den Beweis, daß Israel es nicht verdient, über Jerusalem zu regieren, und man es ihm schnellstens entreißen muß.

Zunächst gab es Ansätze, auch von seiten der Sicherheitskräfte, die Araber in Jerusalem so zu behandeln wie die Einwohner von

Judäa und Samaria. Man sprengte das Haus einer Familie, deren Sohn bei einem Terroranschlag festgenommen worden war. Man verhängte eine Ausgangssperre über Beit Mahsir, einen Jerusalemer Stadtteil, weil die Bürger dort ihre Steuern nicht vorschriftsmäßig entrichteten. Ich legte energischen Protest gegen diese Schritte ein: Schließlich ist Jerusalem eine vereinigte Stadt. Schließlich hat das israelische Parlament, die Knesset, Jerusalem der israelischen Gesetzgebung unterstellt. Wenn ein Bürger in Netania, Hadera oder Tel Aviv bei einer kriminellen Handlung, so schlimm und brutal sie sein mag, überrascht wird, wird man dann sein Haus und das Haus seiner Familie in die Luft sprengen? Bestraft man ihn willkürlich, noch bevor das Gericht ihn für schuldig befunden und eine Strafe über ihn verhängt hat? Wenn Bürger in einem beliebigen Stadtteil von Haifa sich weigerten, ihre Steuerschulden zu begleichen, würde man dann eine Ausgangssperre über den Stadtteil verhängen? Wenn es keine unterschiedliche Behandlung für die Araber Jerusalems und für die Araber von Nablus oder Jenin gibt, welche Bedeutung hat dann der unterschiedliche Status der Einwohner der besetzten Gebiete und der einer israelischen Stadt? Die große Mühe, die ich in die Überzeugungsarbeit investiert habe, hat Früchte getragen. Die Regierung hat beschlossen, daß es in Jerusalem keine Kollektivstrafe gibt. Die Gemeinschaft trägt nicht die Verantwortung für die Straftaten einzelner, wie auch keine israelische Gemeinde ein Kollektivurteil tragen muß für die Straftaten ihrer mißratenen Söhne. Es gibt keine Ausgangssperren in Jerusalem und in seinen Stadtteilen, ebensowenig wie es sie in Haifa gibt, mit Ausnahme der polizeilichen Ausgangssperren, die sehr selten über israelische Städte verhängt werden. Die Kriminellen, die Gesetzesbrecher, die Autoanzünder, die Aufrührer und die, die auf jüdisches Leben oder auf das Leben ihrer arabischen Brüder Anschläge verüben, muß man fassen, verurteilen und bestrafen mit der Härte von Recht und Gesetz, aber unter kompromißloser Einhaltung der juristischen Grundsätze, die in einem Rechtsstaat verlangen, daß jeder Mensch als unschuldig gilt, solange seine Schuld nicht bewiesen ist, und daß niemand für die Taten eines anderen belangt werden kann.

Bis auf eine kleine Minderheit, deren Lautstärke über die Dürftigkeit ihrer Argumente nicht hinwegtäuschen kann, haben die meisten Juden in den staatlichen Institutionen, auch den höheren, bei der Polizei und den anderen Sicherheitskräften, begriffen, daß man sich zu den Arabern wie zu Bürgern verhalten muß und sie nicht wie für alle Ewigkeit Besetzte behandeln darf, um das Leben in der Stadt erträglich zu machen.

Aber die Streitbaren, innerhalb und außerhalb der Tore der Stadtverwaltung, lassen nicht locker: in Ordnung. Keine Kollektivstrafe. Die Schuld eines Menschen soll nicht auf seine Familie oder seinen Stadtteil zurückfallen. Keine Ausgangssperre. Kein Sprengen von Häusern. Aber wir müssen die Jerusalemer Araber auch nicht verhätscheln, das Niveau der Dienstleistungen in ihren Stadtteilen anheben, uns um ein intaktes Erziehungswesen kümmern und Geld von Juden in ihren Wohlstand investieren, ihnen Bibliotheken bauen, das Kanalsystem verbessern und Gesundheitseinrichtungen schaffen. Wenn sie sich all diese Einrichtungen wünschen, so sollen sie sich selbst darum kümmern.

Es ist nicht einfach, den Denkfehler, der dieser Argumentation zugrunde liegt, nachzuweisen. Sie entspricht dem, was die Menschen als natürliche Gerechtigkeit empfinden. Sie, die Araber, hassen uns und wollen nicht mit uns kooperieren. Alles, was sie wünschen, ist, daß wir aus Jerusalem verschwinden, und nicht nur aus Jerusalem, und daß wir unsere nationale, selbständige Identität verlieren – warum also müssen wir jüdisches Geld, das uns selbst an allen Ecken und Enden fehlt, etwa um das Leben der Einwanderer aus der ehemaligen Sowjetunion zu verbessern, in das Faß ohne Boden der Araber in Jerusalem schütten? Die Saudis und die Kuwaitis, die Steinreichen, sollen ein Promille von ihren Einkünften an ihre Brüder in Jerusalem abtreten, und all ihre Bedürfnisse werden befriedigt ...

Ich habe diese Argumente nie gelten lassen und nie geteilt. Ich habe eine Meinung über die Saudis und Kuwaitis und über den arabischen Reichtum im Vergleich zur arabischen Armut, aber all dies hat nichts mit den Dingen in Jerusalem zu tun. Hier sind wir die Regierenden. Wir sind in der Verantwortung. Nicht die Kuwaitis und nicht die Saudis und auch nicht die Amerikaner. Wir allein. Als den Regierenden und Verantwortlichen sind uns sämtliche Pflichten auferlegt, und wir dürfen nicht eine von ihnen von uns weisen, denn die Pflicht abzuschütteln hieße die Regierungsgewalt abzuschütteln. Hinzu kommt, daß die Araber Steuern bezahlen und unterm Strich weniger Dienstleistungen erhalten als die jüdischen Stadtteile. Nur wenn wir in die Aufrechnung auch das einbeziehen, was wir in die Restaurierung der Altstadt investieren, in den Wiederaufbau und in die Versorgungsgrundlagen, werden wir vielleicht ein Gleichgewicht in den Ausgaben für Juden und Araber errechnen, und selbst das ist zweifelhaft. Auch die Tatsache, daß die Araber im Stadtrat nicht repräsentiert sind, wenn auch aus freier Entscheidung, hat zur Folge, daß trotz der Wachsamkeit einiger unter uns ihre Bedürfnisse nicht ausreichend berücksichtigt werden.

Allen Tendenzen, zwischen dem Verhalten der Araber und dem Umfang der Aufwendungen der Stadtverwaltung zur Anhebung ihres Wohlstandes und zur Verbesserung ihrer Lebensbedingungen einen Zusammenhang herzustellen, habe ich, so glaube ich sagen zu dürfen, hartnäckig meine Position entgegengestellt, so merkwürdig sie vielleicht vielen Juden erscheint: Es besteht kein Zusammenhang. Es darf keine Bedingungen geben. Unsere Prüfung besteht darin, ob wir die Fähigkeit aufbringen, uns auch in Zukunft um eine Partnerschaft mit den Jerusalemer Arabern zu bemühen und uns weiterhin um sie kümmern, wie es einer Regierung gegenüber gleichberechtigten Bürgern gebührt.

All die Jahre hindurch war ich überzeugt, daß wir jede Chance wahrnehmen, jedem Fünkchen Licht nachgehen müssen, um die Beziehungen zu den Arabern der Hauptstadt zu verbessern und Spannungen auszuräumen, nicht nur aus Gründen der Fairneß und Moral, sondern nicht zuletzt auch, weil es klug und nützlich ist im Hinblick auf die israelischen Interessen.

Zugegeben: Es war nicht leicht, die Auffassung durchzusetzen, daß das der einzige Weg mit irgendeiner Aussicht auf Erfolg ist, auch wenn er eine lange Zeit in Anspruch nehmen wird. Aber was ist in Jerusalem schon leicht? Jerusalem und Leichtigkeit sind zwei Dinge, die einander ausschließen. Alles hier ist schwierig, emotionsgeladen, belastet. Doch ganz langsam weitet sich der Kreis derer, die meine Ansicht teilen und wie ich daran glauben, daß man nicht aufgeben darf. Zunächst war dieser Kreis besorgniserregend klein. Die Mitarbeiter meines Amtes haben mich unterstützt, allen voran Amir Hashin, der hervorragende Berater für die Angelegenheiten von Ostjerusalem, seine Vorgänger, ein paar hohe Beamte der Stadtverwaltung, ein oder zwei Minister, einige hohe Regierungsbeamte. Sie sind nicht zahlreich, aber qualifiziert und der Idee treu. Es kamen ein paar Leute aus den Reihen der Sicherheitskräfte hinzu, aus verschiedenen Einheiten. Wir alle müssen weitermachen. So, als ob es keine Intifada gäbe. Als ob keine Autos in Brand gesetzt würden. Als ob der Haß der Araber nicht glühte.

Man darf nicht aufgeben – trotz der großen Schwierigkeiten und obwohl es schier unmöglich ist, die Richtigkeit dieses Weges an Zeichen des Erfolges an Ort und Stelle zu erkennen. Und man muß auch dann weitermachen, wenn das Gegenteil eintrifft: wenn die Araber die guten Taten als Ausdruck von Schwäche seitens der Israelis und ihrer Regierungsmacht ansehen und ihre Dreistigkeit um so mehr zunimmt, je beharrlicher wir sind. Ein Mensch benötigt unter solchen Umständen ein immenses Potential an Glauben an seinen Weg, um die nötige Ausdauer zum Weitermachen aufzubringen. Zum Glück habe ich diesen Glauben.

Wir haben nicht aufgegeben. Wir haben nach jeder Lücke gesucht. Mit großer Mühe haben wir vor Jahren eine bedeutende Poliklinik im arabischen Teil der Stadt gegründet. Wir mobilisierten die nötigen finanziellen Mittel. Wir errichteten ein entsprechendes Gebäude. Bis auf zwei sind alle Ärzte der Poliklinik, dreizehn an der Zahl, Araber. Ebenso die Schwestern und die Krankenpfleger. Etwa fünfzigtausend arabische Einwohner erhalten dort eine ausgezeichnete medizinische Versorgung, und die Allgemeine Krankenkasse verwaltet die Institution mit großem Erfolg. In einer späteren Phase haben wir ein Institut für Radiologie und zwei Operationsräume angebaut. Dort können zur Zeit hundertsechzig verschiedene ambulante Operationen durchgeführt werden. Um die Poliklinik gründen, aufbauen und unterhalten zu können, bin ich nach Deutschland gereist und habe dort Geld organisiert, das der Jerusalem Foundation und ihren Freunden zu diesem Zweck gespendet wurde. Ich habe viele berühmte Staatschefs bei ihren Besuchen in Israel zu einer Besichtigung der Poliklinik begleitet, Willy Brandt und Helmut Kohl, Jacques Chirac und andere. Sie kamen, sahen und waren voll des Lobes. Die Klinik wird keinen von ihnen in einen Zionisten verwandeln und sie auch nicht dazu veranlassen, in ihren Ländern als begeisterte Befürworter der Souveränität Israels über Jerusalem aufzutreten, aber wenn die Stunde der höchsten Prüfung kommt, wird diese Poliklinik vielleicht positiv ins Gewicht fallen. Die Poliklinik ist ständig geöffnet, auch an Streiktagen, und was für mich am meisten zählt, ist die Tatsache, daß Tausende arabischer Einwohner Jerusalems dort eine qualifizierte medizinische Betreuung zu annehmbaren Preisen erhalten.

Wir haben von den jordanischen Machthabern eine städtische Bibliothek geerbt, arm an Büchern, die in einer elenden Mietskaserne untergebracht war. Sechshundert Leser waren eingeschrieben. Ob die Araber unserem Beispiel folgten, oder ob das im Laufe der Jahre gestiegene Bildungsniveau der arabischen Bevölkerung der Grund war, jedenfalls wurde eine moderne Bibliothek, effektiv organisiert und geführt, im Ostteil der Stadt notwendig. Die Idee dazu hatte ich, als ich auf dem Ehrenplatz saß, um den Friedenspreis des deutschen Buchhandels in Frankfurt entgegenzunehmen, im Rahmen einer Feierstunde, an der der Bundespräsident, der Bundeskanzler und wichtige Repräsentanten des öffentlichen Lebens teilnahmen und die in voller Länge im deutschen Fernsehen übertragen wurde und Jerusalem viel Prestige einbrachte. Als Preisträger des deutschen Buchhandels erhielt ich einen Preis in Höhe von DM 50000,–. Ich war der erste Israeli, der diese Auszeichnung entgegennahm, mit der Jahre später auch Amos Oz geehrt wurde. Während alle Redner mich mit wohlwollenden Worten bedachten, beschloß ich, das Geld für die Gründung einer neuen städtischen Bibliothek in Ostjerusalem zu spenden. Zum Nutzen der arabischen Bevölkerung.

Die Spende war eine gute Grundlage für die Spendenreise, die ich in unterschiedliche Teile der Welt unternahm. Gute Juden und nicht weniger gute Nichtjuden öffneten ihre Taschen, und im Sommer 1992 konnte die Bibliothek in einem attraktiven Gebäude eröffnet werden. Die große Resonanz von seiten der arabischen Gesellschaft bewies den Skeptikern, daß sich die arabischen Jugendlichen unter angemessenen Bedingungen weiterbilden wollen. Siebzehntausend Leser besuchen regelmäßig die Bibliothek. Sie wird professionell geführt. Mit Hilfe des British Council haben wir einen jungen Araber nach England geschickt, um ihn in moderner Bibliotheksführung ausbilden zu lassen.

Aber dies war nicht die einzige kulturelle Institution, die wir einrichteten. Wir bauten neben dem Rockefeller-Museum eine Abteilung des Israel-Museums für Jugendliche, weil es technisch schwer durchführbar war, arabische Jugendliche zum Israel-Museum zu fahren. Das eindrucksvolle Gebäude wurde von dem Architekten Moshe Safdie geplant. Ein berühmter Mann namens Bill Paley hat mich sehr in dieser Sache unterstützt, ein Amerikaner, der viel geleistet, beispielsweise die CBS gegründet und geleitet hat. Paley hatte eine bezaubernde Mutter, die im Alter von achtzig Jahren ihr Leben dadurch bereicherte, daß sie zu malen begann und Erfolg damit hatte. Ich schlug ihm vor, der Abteilung des Museums seinen Namen zu geben, in Erinnerung an seine verstorbene Mutter. Er war einverstanden, und das Gebäude heißt heute »Paley Center«. Tag für Tag kommen etwa hundertfünfzig bis zweihundert arabische Kinder und Jugendliche dorthin, um zu malen und andere künstlerische Tätigkeiten auszuführen.

Eine echte Partnerschaft, die schweren Prüfungen standhielt und immer siegreich daraus hervorging, besteht zwischen der Stadtverwaltung und ihren rund eintausendfünfhundert arabischen Angestellten, ungefähr fünfundzwanzig Prozent der gesamten Belegschaft, was dem Anteil der Araber an der Bevölkerung entspricht. Es gibt keinen Grund, die arabischen Angestellten zu beneiden, denn nicht selten befinden sie sich zwischen den Fronten und leiden unter der Widersprüchlichkeit ihrer Situation. Wenn Randalierer Dienstwagen der Stadtverwaltung mit Steinen bewerfen, unterscheiden sie nicht zwischen arabischen und jüdischen Fahrern. Wenn Geheimdienst, Grenzschutz und Polizei nach Verdächtigen für Terroranschläge suchen, genießen die Angestellten der Stadtverwaltung keinerlei Sonderrechte, die ihnen Immunität verschaffen würden.

Im Gegenteil: Man schikaniert sie unter dem Verdacht, ihre Position als Angestellte der Stadtverwaltung dazu benutzt zu haben, an Anschlägen teilzunehmen, unter der Annahme, ihre Stellung biete ihnen ideale Tarnung. Noch nie haben sich die arabischen Stadtangestellten an Streiks, zu denen arabische Wortführer oder Propagandisten aufriefen, beteiligt. Manchmal kommen sie wegen Busstreiks und ähnlicher widriger Umstände nicht zur Arbeit, aber nie aus freien Stücken. Nicht selten werden sie zu einem bevorzugten Ziel für ihre extremistischen Landsleute, die sie wegen ihrer Loyalität gegenüber ihrem Arbeitsplatz verurteilen und von ihnen fordern, ihre Arbeit aufzugeben oder zu sabotieren. Mir ist kein Fall bekannt, in dem einer solchem Druck nachgegeben hätte.

Besondere Verhaltensweisen, die von höchstem Verantwortungsgefühl zeugen, versetzten mich einmal in große Aufregung – und ich war mit meiner Erregung nicht allein. Auf einen Vorschlag der Verwaltungsspitze hin werden alle zwei, drei Wochen in unregelmäßigen Abständen einige prämierte Angestellte aus den unterschiedlichsten Bereichen der Stadtverwaltung in mein Büro eingeladen. Wir trinken Tee, wechseln ein paar Worte – eine bescheidene und kurze Zeremonie, eine Geste der Anerkennung und Aufmerksamkeit gegenüber den Angestellten, ihrer Loyalität und Treue. Ab und zu höre ich von dem positiven Anklang; es gibt bei den Mitarbeitern einen permanenten Wettstreit darin, wem es gelingen wird, eine solche Einladung zu erhalten. Die Gewinner sehen in ihr eine Belohnung für ihre besonderen Leistungen. Meist handelt es sich dabei um alltägliche Dinge, aber nicht immer. Eines Tages hatten sich hier etwa zwanzig prämierte Mitarbeiter versammelt, darunter sechs Araber. Es liegt in der Natur der Sache, daß sie immer besondere Aufmerksamkeit erregen. Eine Angestellte hatte mit ihren unermüdlichen Versuchen, gemeinsame Delegationen von Arabern und Juden aus Jerusalem zu organisieren, die ins Ausland fuhren und sich mit ausländischen Jugendgruppen trafen, die später in Jerusalem in ihren Familien wohnen sollten, große Erfolge erzielt. Man kann sich leicht vorstellen, wieviele Hindernisse dem im Weg standen. Jüdische Eltern fürchteten, aus Gründen, die ich nicht breit erklären muß, um ihre Kinder, die sich in Tagen der Spannungen und der Intifada fern von zu Hause in der Gesellschaft arabischer Jugendlicher aufhalten sollten. Arabische Eltern hatten Angst vor ihren Nachbarn. – Wieso solch ein ungutes gemeinsames Unternehmen? Die arabische Mitarbeiterin hat auf beiden Seiten, jede mit ihren eigenen Vorbehalten und Ängsten, ihren überzeugenden Charme eingesetzt, nicht lockergelassen und nicht aufgegeben. Die Jugendgruppen fuhren los, kamen heil zurück und hatten eine wichtige Mission erfüllt.

Drei arabische Mitarbeiter, die in den Genuß der Einladung gekommen waren, saßen in meinem Dienstzimmer, ohne ein Wort zu sprechen. Vielleicht hatten sie sich überhaupt gewundert, daß ihre selbstverständliche Tat so anerkannt wurde, daß sie zu diesem Anlaß in das Dienstzimmer des Bürgermeisters eingeladen wurden. Schließlich hatten sie nur eine einfache Bürgerpflicht erfüllt. Sie waren unterwegs mit einem Wagen der Müllabfuhr, um dessen Inhalt auszukippen. Auf einer Verkehrsinsel bemerkte einer der drei ein Paket, das ihm auffällig erschien. Dutzende, vielleicht Hunderte von israelischen Autofahrern waren daran vorbeigefahren und zu ihren Zielen gerast, ohne ihm Beachtung zu schenken. Der Araber bemerkte es. Die drei hätten das Paket ignorieren können. Niemand hätte ihnen vorgeworfen, daß sie, wie die anderen auch, eilig ihrer Arbeit nachgingen, ohne genau hinzusehen. Aber als sie es sahen, hielten sie an. Und mit welch vorbildlichem Verantwortungsbewußtsein sie handelten! Einer hielt den Verkehr an. Ein zweiter hielt Schaulustige von dem Ort fern, damit, Gott behüte, niemand zu Schaden kam. Der dritte lief, um die Polizei zu alarmieren. Und bis die Sprengstoffexperten der Polizei eintrafen und die Bombe entschärften, nahmen die drei arabischen Arbeiter weiter ihre Aufsichtspflicht wahr. Von ihnen zu hören, daß »sie nur ihre Pflicht getan haben« – wenn dieser Spruch auch etwas von einer Nachahmung hat, denn das gleiche haben andere vor ihnen in ähnlichen Situationen gesagt, und so werden auch weitere nach ihnen reagieren –, das konnte ich dennoch nicht gleichgültig hinnehmen.

Und noch weniger konnte ich das außerordentliche Verhalten von zwei weiteren arabischen Arbeitern, zwei Brüdern, die zu diesem

Treffen geladen waren, als eine Alltäglichkeit betrachten. Sie saßen zu Hause in Jebel Mukabir. Es war Abend. Lärm draußen erregte ihre Aufmerksamkeit. Sie gingen hinaus und stutzten. Nahe bei ihrem Haus, am Wegesrand, sahen sie ein Auto auf dem Dach liegen und darin – eine jüdische Familie, eine Mutter mit ihren beiden Kindern in höchster Not. Noch während diese versuchten, aus dem überschlagenen Auto herauszukommen, versammelten sich arabische Jugendliche und begannen, sie zu mißhandeln. Die beiden Brüder zögerten keine Sekunde. Zuerst verscheuchten sie die arabischen Halbstarken. Dann befreiten sie die Familie aus dem Wagen. Sie brachten sie in ihr Haus, leisteten erste Hilfe, gaben ihnen zu trinken, beruhigten sie, nahmen ihnen ihre Ängste. »Ihr seid in Sicherheit«, sagten sie ihnen. »Habt keine Angst und macht euch keine Sorgen!« Sie brachten sie ins Krankenhaus. Sie sorgten dafür, daß ein Abschleppdienst das Auto in eine Werkstatt brachte. Und sie schwiegen. Sie haben nichts davon erzählt. Sich ihrer Taten nicht gerühmt. Nicht nur aus Gründen der Bescheidenheit, auch aus Angst, daß das, was nach allen humanitären Regeln als eine Tat angesehen werden muß, für die einem Menschen Ruhm und Ehre gebühren, bei ihren Brüdern, den Landsleuten der beiden Araber, als ein Akt des Verrats gelten würde, für den es festgelegte Strafen gibt. Erst viel später hatten wir von dem Vorfall gehört und erfahren, daß die beiden Brüder Mitarbeiter der Stadtverwaltung waren, und wir haben ihnen ein wenig Ehrerbietung, bescheiden genug, in meinem Dienstzimmer erwiesen.

Von der großen Angst, gerade davor, was sie von ihren Landsleuten zu erwarten hätten, wird wohl auch die Tatsache zeugen, daß sie anonym bleiben wollten. Erzählt bloß nicht, daß wir das waren! Sagt bloß nicht, wer in das Zimmer des Bürgermeisters geladen wurde. Jemand könnte darauf, Gott behüte, mit Unverständnis reagieren.

Und ich saß bei jener Begebenheit erregt in meinem Dienstzimmer und dachte: Vielleicht ist das Verhalten der drei Araber, die den Sprengstoff fanden, und das der beiden Brüder, die eine Mutter mit ihren beiden Kindern vor einem schlimmen Schicksal bewahrten, vielleicht sind dies die ersten Anzeichen dafür, daß eine Chance, eine winzig kleine und kaum wahrnehmbare, besteht, daß am Ende dieses dunklen Tunnels irgendein kleiner Lichtschein leuchtet. Und vielleicht wäre auch das wenige nicht geschehen, wenn wir nicht so hartnäckig darauf bedacht wären, manchmal auch unter großen Schwierigkeiten, die arabischen Einwohner Jerusalems so zu behandeln, als gäbe es keine Intifada.

Der grüne Rasen des jüdischen Nachbarn

Wieviel Israel auf staatlicher und städtischer Ebene für den Wohlstand und Lebensstandard der Araber in Jerusalem getan hat, ist eine Frage des Maßstabes.

Der erste Maßstab: Was haben wir im Vergleich zu dem jordanischen Regime getan, das neunzehn Jahre lang bestand, von dem Tag, an dem die Briten abzogen, bis zur Wiedervereinigung der Stadt im Jahre 1967. Wenn man noch weiter gehen will, kann man die britische Mandatsregierung in den dreißig Jahren Herrschaft vom ersten Weltkrieg an in den Vergleich mit einbeziehen.

Der zweite Maßstab: Was hätten wir tun können, ja tun müssen, sowohl unter dem Aspekt der Gerechtigkeit, als auch unter dem der israelischen Interessen – und haben es letztendlich nicht getan.

Der erste Maßstab ist günstig für Israel. Selbst nach den strengsten Kriterien würde jede objektive Untersuchung ergeben, daß die israelische Führung im Vergleich zu der jordanischen Herrschaft ein Segen für die Araber in Ostjerusalem war. In privaten Gesprächen geben dies auch die Araber zu.

Das jordanische Regime, auch wenn es den Anschein erweckte, als ob Jerusalem im Mittelpunkt des Interesses stünde und die Heiligkeit der Stadt für die Moslems den höchsten Wert bedeutete, hat nicht nur nichts für die Entwicklung der Stadt getan, sondern sich absichtlich bemüht, ihren Wert zu mindern. Der Hintergedanke dabei war, daß Jerusalem Amman, die Hauptstadt des jordanischen Reiches und des haschemitischen Königshauses, nicht in den Schatten stellen sollte. Jerusalem war ein Fremdkörper. Zwar hatte Hussein begonnen, sich in Jerusalem ein Haus zu bauen, das allerdings nie fertiggestellt wurde, aber die Einwohner, zumindest die Mehrzahl, haßten ihn und betrachteten ihn als Fremdherrscher, obgleich er Araber war wie sie. Hussein ließ Ostjerusalem verkommen. In all den Jahren der jordanischen Herrschaft über den arabischen Teil der Stadt geizte er mit den Mitteln zum Ausbau der Stadt, als ob er über die rebellischen Bürger eine Strafe verhängen wollte.

Was die Israelis nach dem Sechs-Tage-Krieg, im Juni 1967, in Ostjerusalem vorfanden, war bestürzend: Alles war verwahrlost, alles brach zusammen. Die Abwässer flossen durch die Straßen. In den wenigsten Häusern gab es fließendes Wasser. Die städtischen Dienstleistungen entsprachen dem niedrigsten Niveau. Das Erziehungswesen verfügte nur über armselige Einrichtungen.

Ich gebe zu: Die ersten Auswirkungen der Intifada in Jerusalem haben mich so empört (obwohl ich vor Beginn des Aufstandes oft gewarnt hatte, daß ohne eine politische Lösung die künstliche Ruhe auf Dauer nicht aufrechtzuerhalten sei), daß ich übereilt ein paar harte Worte darüber verlor. Vielleicht hätte ich mich anders ausgedrückt, wenn ich Zeit zum Nachdenken gehabt hätte. Die Presse, vielleicht nicht einmal in böswilliger Absicht, sondern aus purer Gewohnheit zu übertreiben, hat meine Worte noch verschärft. Ich hatte gesagt: »Die Koexistenz ist zusammengebrochen.« Diese Aussage ist bereits hart genug. Man hat veröffentlicht: »Die Koexistenz ist tot.« Zwischen beiden Aussagen besteht ein nicht unerheblicher Unterschied. Was zusammengebrochen ist, kann wieder aufgebaut werden. Was tot ist – ist ein für allemal vorbei. Das Urteil ist endgültig. In einem anderen Interview hatte ich erklärt, daß die Stadtverwaltung in der Tat nicht genug für die Araber in Ostjerusalem getan habe, und hinzugefügt, daß das wenige dem Wohl der ganzen Stadt diene.

Aber unabhängig von den provozierenden Vorfällen, von der permanenten Konfrontation zwischen Besatzern und Besetzten, von dem Haß der Araber auf die israelischen Machthaber und den Schikanen von fanatischen Juden gegenüber ihren arabischen Nachbarn erbringt eine objektive Bilanz den Beweis, daß wir, wenn auch nicht sehr viel, dennoch wesentlich mehr getan haben als alle Behörden, staatlich oder städtisch, die vor uns da waren.

Die Bedingungen waren in vielen Fällen äußerst schwierig. Viele Gebiete, die von Jerusalem eingemeindet wurden und im Einzugsbereich der Jerusalemer Stadtverwaltung liegen, haben durch und durch dörflichen Charakter. So Jebel Mukabir, Arab es-Sawahira, Sur Bahir und andere. Der Aufbau einer städtischen Infrastruktur in diesen Gegenden ist mit einem enormen finanziellen Aufwand verbunden, der die Kräfte der Stadtverwaltung übersteigt. Die Entfernungen zwischen den einzelnen Häusern sind groß. Es gibt keine mehrstöckigen Häuser. Die Anlieger drücken sich soweit wie irgend möglich davor, sich an den Erschließungskosten zu beteiligen. Sie waren nicht gewohnt, diese finanzielle Last zu tragen; in den vielen Jahren unter jordanischer Herrschaft hatte dies niemand von ihnen verlangt, aber es war auch nichts getan worden.

Wir sind zwar selbstkritisch hinsichtlich dessen, was wir hätten tun können und was wir unterlassen haben, doch wird ein Araber, der Jerusalem vor dem Sechs-Tage-Krieg verlassen hat und jetzt zurückkehrt, um es zu besuchen, eine andere Stadt vorfinden. Was wir in den fünfundzwanzig Jahren für die Infrastruktur der Altstadt getan haben, hat die Lebensqualität dort um ein Vielfaches erhöht. Wir hatten den Standard der Türken vorgefunden, der noch vom Ende des neunzehnten, Anfang des zwanzigsten Jahrhunderts stammte. Die Verwahrlosung war grenzenlos. Die Einwohner pflegten für den täglichen Bedarf Wasser in Kübeln in die Häuser zu schleppen, denn eine zentrale Wasserversorgung gab es nicht, und die »moderne« Erfindung von Wasserhähnen hatte vor ihren Toren haltgemacht.

Mit extremem finanziellen Aufwand, oft unter der Mißbilligung einiger Verordneter des Stadtrates, die uns zu beschuldigen pflegten, wir verschwendeten die Steuergelder der jüdischen Bürger, um unseren Hassern Gutes zu tun, haben wir in der Altstadt zwei fundamentale Versorgungsgrundlagen geschaffen, die das Leben dort veränderten und den Einwohnern große Erleichterung brachten. Zum einen haben wir ein unterirdisches Leitungssystem zur Trinkwasserversorgung und zur Abwasserbeseitigung verlegt. Das Problem der durch die Straßen fließenden Abwässer haben wir damit aus der Welt geschafft. Die Häuser wurden an das Wassernetz angeschlossen. Das zweite, wir nennen es das trockene Leitungssystem, auch unterirdisch, versorgt mit Elektrizität und enthält Telefon- und Fernsehverkabelung.

Nach Abschluß dieser massiven Bautätigkeit haben wir die Straßen gepflastert und ihr Aussehen verbessert, soweit es in der Gegend und bei dem Alter der Wohnhäuser möglich war.

Alle Arbeiten wurden von der Stadtverwaltung finanziert. Wir haben von den arabischen Einwohnern nicht verlangt, sich an den gigantischen Erschließungskosten zu beteiligen. Es hätte auch gar keine Chance für eine solche Beteiligung bestanden, und wir fanden, daß wir der Stadt diese Maßnahmen schuldig waren.

Noch mehr als das: Um das Bild der Altstadt zu verschönern, nahmen wir es auf uns, eine Reihe von Renovierungs- und Reparaturmaßnahmen an arabischen Geschäften zu finanzieren. Als wir kamen, um den Ladeneigentümern die gute Nachricht zu überbringen, daß die Stadtverwaltung bereit war, Gelder für die Renovierung und das Streichen ihrer Häuserfronten zu investieren, zogen sie erstaunt die Brauen hoch. Kein Regime in der Vergangenheit hatte sich je für das Aussehen ihrer Läden interessiert. Die Israelis führten sicherlich etwas im Schilde, dachten die arabischen Händler. Vielleicht verdächtigten sie uns, daß wir die Ausgaben auf sie umlegen und einen hohen Preis von ihnen kassieren wollten, der über die eigentliche Investition hinausging. Wir versicherten ihnen, daß die Stadtverwaltung sie nicht auffordern würde, sich an der Finanzierung zu beteiligen oder die Kosten später zurückzuzahlen. Es handele sich nicht um ein Darlehen, erklärten wir wiederholt.

Sie haben uns solange nicht geglaubt, bis sie die Ingenieure und Arbeiter ausmessen und prüfen sahen, was und wie man verbessern und verschönern könnte. Aber von dem Augenblick an, an dem sie sich davon überzeugt hatten, daß es uns mit unserer Absicht ernst war, haben sie erneut bewiesen, daß der wache Geschäftssinn der arabischen Händler dem anderer Völker in nichts nachsteht. Weil wir keine Ladenfassade ohne das Einverständnis ihres Eigentümers renovieren durften, denn schließlich betraf diese Maßnahme privates Eigentum, begannen sie Bedingungen zu stellen. Wenn die Stadtverwaltung bereit war, Gelder für sie zu investieren, warum sollten sie dann diese günstige Gelegenheit nicht nutzen? Es kamen

Händler und meldeten ihre Forderungen an, daß es so oder so gemacht werden müsse und daß diese und jene ihre Bedingungen seien. Hier verlangten sie, eine Mauer hochzuziehen, und dort, eine abzureißen. Hier mußte an der rechten Seite des Türbogens etwas hinzugefügt werden und dort etwas weggenommen werden, hier verlangte die Außenbeleuchtung nach einer Änderung, und noch ein paar andere Absonderlichkeiten fielen ihnen ein. Viel Geduld und Ausdauer waren erforderlich, aber schließlich gelangten wir zu einem Einvernehmen. Das Resultat kann man an Ort und Stelle begutachten. Die Fassaden der Läden sehen jetzt ein wenig anders aus.

Wir haben nicht nur in der Altstadt Arbeiten durchgeführt. Auch in den ländlichen Teilen der Stadt herrschte unglaubliche Verwahrlosung. Dort gab es nichts. Als hätte die Zeit stillgestanden, als wäre alles auf dem Stand von vor vielen Jahrzehnten stehengeblieben – keine Elektrizität, kein fließendes Wasser, kein Telefon, keine Kanalisation. Wir investierten Millionen von Dollars in den Ausbau der Versorgungsnetze.

Die Anstrengungen, die riesige Kluft zwischen den jüdischen und den arabischen Stadtteilen zumindest teilweise zu verringern, waren unaufhörlich von einer großen Problematik begleitet, die nicht nur in den so unterschiedlichen Voraussetzungen bestand, sondern auch in der grundlegenden Verschiedenheit der Art der Finanzierung: Jüdische Bürger aus dem Westteil der Stadt tragen zur Finanzierung der Erschließungskosten ihres Stadtteils bei, und die Vorteile von renovierten Fassaden, Begrünungen, Straßen und Gehwegen finanzieren sie aus eigener Tasche mit. Diese sinnvolle Regelung hat in den arabischen Teilen von Jerusalem nie existiert, und es hätte auch keinen Zweck gehabt, sie den Arabern gegen ihren Willen aufzuzwingen.

Am stärksten wirkten sich die Unterschiede in der Wohnungsqualität und dem Erscheinungsbild der Stadtteile in den Vierteln aus, die unmittelbar aneinander angrenzen. Das ist leicht nachvollziehbar. Hier sehen die Araber den Gegensatz ständig, der förmlich ins Auge springt. Um die Privilegien der jüdischen Stadtteile im Vergleich zu den arabischen zu erkennen, braucht man sich nicht anzustrengen. Das Gefühl von Neid und Bitterkeit, das sie auslösen, erinnert an die Tage der großen Einwanderung nach Israel aus den verschiedenen Entwicklungsländern der ganzen Welt. Nicht nur einmal waren Einwanderer, etwa aus dem Atlasgebirge, voller Bitterkeit und Enttäuschung über die schlechten Aufnahmebedingungen. Wenn man den Gründen für ihre Bitterkeit nachging, stellte man fest, daß dort, wo man sie angesiedelt hatte, die Einwanderer Bedingungen genossen, von denen sie in ihren Herkunftsländern nicht einmal geträumt hatten: fließendes Wasser, Elektrizität und komfortable Wohnungen. Aber was war denn das? Einen Ort weiter, der vielleicht schon älter und wohlhabender war, gab es eine hübsche Straßenbeleuchtung und kleine gepflegte Gärten. Das war schon zuviel. Hätten die Neueinwanderer ihre Lebensbedingungen in der neuen Heimat mit denen in ihren Herkunftsländern verglichen, so hätten sie sich darüber freuen und sie genießen müssen. Aber es liegt wohl in der Natur des Menschen, daß der Vergleich so nicht stattfand. Was wirklich für sie zählte, war allein der Vergleich mit dem Nachbarort. Wenn die Nachbarn etwas hatten und sie nicht, verurteilten sie ihre Eingliederung als unzulänglich.

Auch die Araber in Jebel Mukabir und Arab es-Sawahira messen ihre Situation nicht an ihrer Vergangenheit unter jordanischer Herrschaft. Ein solcher Vergleich ergäbe, daß Israel viel für sie getan und das Niveau der städtischen Dienstleistungen angehoben hat. Aber es ist menschlich, daß sie eher die Situation in Talpiot-Ost zum Vergleich heranziehen, das vom nächsten Hügel aus auf sie herabschaut. Der Vergleich läßt leider, mehr als alle Versicherungen, den Eindruck entstehen, daß die israelische Regierung sie benachteiligt, weil sie Araber sind. Sie sehen in Talpiot-Ost, das auf dem Boden errichtet wurde, von dem sie enteignet wurden, einen anderen Lebensstandard: Straßen und Gehwege, Gärten und Straßenbeleuchtung. Die Aufklärung über die Beteiligung der Israelis an der Finanzierung ihrer städtischen Infrastruktur stößt auf taube Ohren. Die Wahrheit kann über jeden Zweifel erhaben sein – in den Augen der Araber liegt hier ein entschiedener Beweis für ihre Diskriminierung vor.

Man kann nicht leugnen, daß ein Araber, der nach Tzameret Habira oder Hagiva Hatzarfatit kommt und dann zu seinem Haus in

Isawiya zurückkehrt, innerhalb weniger Minuten vom zwanzigsten Jahrhundert in das neunzehnte fällt, in bestimmten Fällen gar bis in das achtzehnte. Wenn jemand aus Isawiya kommt, wo arabische Kinder in baufälligen Häusern oder in engen Buden, in denen man drei, vier Schüler an engen Tischen nebeneinander gequetscht hat, unterrichtet werden, und dann als Putzkraft oder Arbeiter einer jüdischen Baufirma in die staatliche Schule nach Talpiot-Ost geschickt wird, nützt das Argument nichts, daß die Juden sich an der Finanzierung des Baus der modernen, gut ausgestatteten Schule beteiligt haben. Es wird dir nicht abgenommen. Verantwortlich ist die israelische Regierung, die überhaupt mit sämtlichen arabischen Erziehungseinrichtungen im Land große Probleme hat. Es wird noch lange dauern, bis es hier zu einer Gleichheit gekommen ist. Man muß dazu anmerken, daß die Stadtverwaltung immerhin einzelne neue Schulen gegründet und sie dem Niveau der Schulen auf jüdischem Gebiet angepaßt hat.

Das ist auch der Grund dafür, weshalb die Araber Israels das übliche jüdische Argument ablehnen, daß sie in Israel mit einem in jeder Hinsicht höheren Lebensstandard als ihre arabischen Landsleute in den arabischen Ländern leben. Jeder arabische Israeli wird auf dieses Argument auf die gleiche Weise reagieren: »Wie kommt ihr dazu, mich mit einem Araber in einem anderen Land zu vergleichen? Wohne ich etwa in Ägypten, Syrien oder Jordanien? Ich lebe hier. Vergleicht meine Situation mit der Situation der Juden! Nur dieser Vergleich zählt.«

Auch die israelische Argumentation, wonach das Erfüllen all ihrer Pflichten gegenüber Israel durch die israelischen Araber eine Honorierung durch den Staat nach sich zöge, der ihre Lebensbedingungen denen der jüdischen Siedlungen anpassen würde, trifft nicht zu. Die Drusen kommen allen ihren Pflichten gegenüber dem Staat nach, allen voran der Pflicht des Militärdienstes. Hat der Staat ihre Lebensbedingungen denen der Juden angeglichen? Herrschen in den drusischen Siedlungen gleiche Bedingungen wie in den jüdischen, was den Ausbau, die Begrünung, den Straßenbau, die Schulen und kulturellen bzw. sportlichen Einrichtungen anbelangt?

Es hat keinen Sinn, darüber hinwegzutäuschen. Die israelischen

Araber sind Bürger zweiter Klasse, und die Araber Jerusalems sind in einer besseren Situation, wenn auch weit entfernt vom Idealzustand.

Das ist die Wahrheit. Die Stadtverwaltung in Jerusalem, deren Finanzbedarf größer ist als der jeder anderen Stadtverwaltung Israels, deren Kasse jedoch die ärmste aller Kassen ist, hat mit ihren beschränkten Mitteln viel getan für die Verbesserung der Lage in Ostjerusalem. Auf keinen Fall behaupte ich, daß sie genug getan hat. Schließlich findet man auch im Stadtrat, der Gelder verteilt und über Vorschläge entscheidet, problemlos Stadtverordnete – anständige Zeitgenossen, treue Anhänger der moralischen Prinzipien und des Grundsatzes der Gleichheit für alle Juden –, die schwerlich nachvollziehen können, warum der arme Jerusalemer mit seinen Steuern den Anschluß Ostjerusalems an den israelischen Staat finanzieren sollte. Das ist Aufgabe der israelischen Regierung. Ein Teil der wirtschaftlichen Entwicklung in Westjerusalem entspringt der Hilfe der jüdischen Welt, insbesondere der Jerusalem Foundation. Nur wenige Juden sind bereit, für Fabriken in arabischen Gegenden zu spenden, die Jerusalem Foundation allerdings hat dort einige Fabriken gebaut. Die Reichen der arabischen Welt helfen überhaupt nicht. Sie unterstützen die bedürftigen Araber in Ägypten genauso wenig wie die Araber in Israel.

Obwohl ich keine Mühe scheute, um die Mitglieder der jüdischen Wohlfahrtsorganisation *Magbit* in den USA davon zu überzeugen, daß die Investition in die Entwicklung von arabischen Fabriken in Ostjerusalem in erster Linie den israelischen Interessen dient, ist es mir nicht gelungen. Ich bin gescheitert. Obgleich meine Argumente gut waren und der Prüfung der Logik und des gesunden Menschenverstandes standhielten.

Mit der Gesellschaft für die Entwicklung von Jerusalem haben wir einen besonderen Fonds eingerichtet, um Neueinwanderer zu ermutigen, sich selbständig zu machen. Der Leitgedanke war, daß nicht immer große, investitionskräftige Fabriken eine Beschäftigungsquelle für Neueinwanderer darstellen, sondern gerade die kleineren Betriebe, in denen Leute mit Eigeninitiative und Einfallsreichtum ihre Spezialisierung und ihre Ambitionen zum Einsatz bringen können. Der Versuch gelang. Mit Hilfe des Fonds wurden kleine Betriebe gegründet oder bereits existierende Fabriken gefördert, und Begabte bekamen dadurch eine Chance und die Möglichkeit, ihr Brot zu verdienen und Neueinwanderer einzustellen. Am Anfang des Projektes haben kleinere Firmen, die von Neueinwanderern gegründet wurden, Unterstützung erhalten. In der zweiten Phase haben wir die Idee weiterentwickelt: Der Fonds half nicht nur solchen Firmen, die von Neueinwanderern gegründet worden waren, sondern auch anderen, die neben alteingesessenen Israelis auch Neueinwanderer beschäftigen, ihnen eine würdige Arbeit geben und damit das Gefühl der Eingliederung in die Wirtschaft und der Befriedigung durch ihre Arbeit.

Die finanzielle Grundlage des Fonds kam aus Spenden von *Magbit*. Die Idee, die Eingliederung von Neueinwanderern in das Wirtschaftsleben, ob als Selbständige oder als Fachkräfte, die von den Fabriken Beschäftigung und Anerkennung erhalten, zu fördern, eroberte die Herzen jüdischer Spender in den USA, und der Fonds half uns, die Beschäftigungsprobleme eines Teils der Einwanderer, besonders der aus den GUS-Ländern, zu lösen.

Ich ließ mich von dieser erfolgreichen Erfahrung anspornen und beschloß, die Sache breiter anzulegen: Aus den Geldern des Fonds könnten wir auch arabische Firmen in Ostjerusalem unterstützen.

Unsere Verpflichtung gegenüber den Arabern ist die gleiche wie die gegenüber allen Bürgern. Wir haben ein vorrangiges Interesse daran, daß sie arbeiten und würdig ihren Unterhalt verdienen, ihre Begabungen einsetzen und ihre Ideen verwirklichen können. In dieser Angelegenheit, wie in vielen anderen auch, besteht nicht nur kein Widerspruch zwischen israelischen und arabischen Interessen, sondern sogar volle Übereinstimmung.

Aber die Konfrontation ist so hart, die Gegensätze sind so extrem und die aktuellen Ereignisse so bedrückend, daß es schwierig ist, nicht nur Juden in den USA, sondern auch in Israel zu überzeugen, daß das, was für die Araber gut ist, manchmal auch für die Juden gut ist.

Um die Idee, der Fonds solle auch arabische Firmen in Ostjerusalem fördern, zu realisieren, habe ich mich an Rolando Eysen, einen Parteigenossen und Stadtverordneten in der Fraktion »Ein Jerusalem«, einen erfolgreichen Geschäftsmann und Miteigentümer der Möbelfabrik Rym, gewandt mit der Bitte, eine Art ideologisches Programm zu formulieren. Es war klar, daß wir auf erhebliche Hindernisse stoßen würden. Uri Sherf, der an der Spitze des Fonds zur Unterstützung von Firmengründungen stand, hat die Schwierigkeiten offen ausgesprochen. Als ich mich an ihn wandte und ihm meine Idee schilderte, arabische Fabriken mit den Spenden amerikanischer Juden zu fördern, fiel es ihm zunächst schwer, sich mit dem Vorschlag anzufreunden: »Jüdisches Geld zur Unterstützung arabischer Firmen?« fragte er.

Rolando Eysen hat sich meine Bitte angehört, und ich bin überzeugt, daß er guten Willens war. Als ich ihn darum bat, formulierte er eine Absichtserklärung: Der Fonds sei bereit, auch arabischen Fabriken bei der Sanierung und Vergrößerung zu helfen. Nur eine Bedingung wollte er daran knüpfen: In der arabischen Firma, die in den Genuß der Unterstützung komme, sollten jüdische Neueinwanderer beschäftigt werden, und zwar in einem Verhältnis von mindestens einem Drittel der Gesamtbelegschaft.

Das war nicht weitblickend gedacht. Eine arabische Fabrik sollte keine Auflage erhalten, jüdische Neueinwanderer zu beschäftigen. Eine arabische Fabrik muß arabische Arbeiter beschäftigen und den Arabern Jerusalems einen Weg in Richtung Fortschritt eröffnen. Noch mehr als das: Eine derartige Abhängigkeit zwischen Hilfe und Beschäftigung von jüdischen Neueinwanderern bedeutet, daß die arabischen Firmen die Gelder des Fonds erst gar nicht in Anspruch nehmen können. Kein arabischer Industrieller, Händler, Unternehmer kann eine solche Verpflichtung eingehen. Er würde sein Leben aufs Spiel setzen. Unter seinen Landsleuten würde er als Verräter und Kollaborateur gelten. Kein Fonds kann unter diesen einschränkenden Bedingungen etwas bewirken.

Sherf konnte nichts auf eigene Faust unternehmen. Er wandte sich an die Verantwortlichen des jüdischen *Magbit* in den USA. Ich konnte deren Bedenken verstehen. Was sollten sie den jüdischen Spendern sagen? Daß man ihr Geld dazu verwenden würde, Arabern in Jerusalem dabei zu helfen, ihre Fabriken auszubauen oder einen neuen Produktionszweig zu eröffnen? Die Spender würden das nicht begreifen. Und was sollte ich ihnen vorwerfen? Verstehen etwa die Juden in Israel, die die Situation vor Augen haben, die erfahren und kompetent sind, daß wir mit der Kontrolle über Ostjerusalem auch die Pflicht übernommen haben, für die Beschäftigung der arabischen Einwohner zu sorgen?

In der Praxis hatte die Idee keine Chance. Das ging, über jeden Zweifel erhaben, aus einem Gespräch mit dem arabischen Lederwarenfabrikanten Hirbawi hervor. Er selbst hat, wie bereits an früherer Stelle beschrieben, ein florierendes Unternehmen aufgebaut, und seine Beurteilung der Chancen, daß arabische Fabrikanten sich gegen finanzielle Unterstützung verpflichten würden, jüdische Neueinwanderer zu beschäftigen, war hochinteressant. Hirbawi, ein gescheiter Mensch, hat offen geantwortet: »Seht mal! Ich selbst beschäftige drei Neueinwanderer aus den GUS-Ländern in meiner Fabrik – einen Zuschneider, eine Modezeichnerin und einen Facharbeiter für Lederverarbeitung. Und wißt ihr, warum ich sie beschäftige und ihnen gute Gehälter zahle? Ganz einfach, weil sie Fachleute in ihren Berufen und für meine Fabrik von Nutzen sind. Aber wenn es irgendeine Auflage oder Forderung oder Bedingung gäbe, nach der ich Juden einstellen müßte, hätte ich alles Erdenkliche unternommen, um sie nicht beschäftigen zu müssen. Schließlich ginge es in diesem Fall für mich nicht darum, ob es sich auszahlt, Fachleute und Experten zu beschäftigen, sondern um einen Teil des großen Kampfes gegen eure Herrschaft, gegen euren Druck und die ganze komplizierte Geschichte.«

Als ich behauptet habe, daß wir für die Araber in Ostjerusalem nicht alles getan haben, was wir hätten tun müssen, selbst unter den erschwerenden und behindernden Umständen, habe ich auch daran gedacht, daß noch nie eine Erhebung über die tatsächlichen Bedürfnisse der arabischen Familien durchgeführt wurde. Womit sollen sie ihren Lebensunterhalt verdienen? Welche Firmen könnten in Ostjerusalem angesiedelt werden? Wie sehen die Probleme der arabischen Schul- oder Hochschulabsolventen aus? Ist es opportun, eine wirtschaftliche Integration zwischen Jerusalem und dem Westjordanland anzustreben? Wie soll die wirtschaftliche Beziehung zwischen Jerusalem und den Städten auf der Westbank aussehen? Diese Fragen und noch viele andere wurden bisher nicht untersucht. Und wenn man sie nicht klärt, besteht auch keine Aussicht, die damit verbundenen Probleme zu lösen.

Ich muß zugeben, daß auch die Gesellschaft für die Entwicklung Jerusalems, eine städtische Gesellschaft, an deren Gründung ich maßgeblich beteiligt war, Ostjerusalem links liegen ließ. Das war nicht meine ursprüngliche Absicht. Unter der Überschrift »Entwicklung Jerusalems« waren alle Stadtteile Jerusalems gemeint. Bereits in der ersten Phase nach der Gründung der Gesellschaft, in der zunächst die wirtschaftlichen Bedürfnisse und Möglichkeiten analysiert wurden, wurden zwölf zentrale Projekte definiert. Keines von ihnen bezog sich auf den Ostteil der Stadt.

Ich habe häufig mit Uzi Weksler, dem Direktor der Gesellschaft, über dieses Thema gesprochen. Uzi, der ausgezeichnete Arbeit geleistet hat und alle Komplimente für seine Initiativen, seine Hartnäckigkeit und Ausdauer verdient, argumentierte, daß die Gesellschaft keine politische Organisation sei und auch nicht die Pflicht habe, politische oder gesellschaftliche Probleme zu lösen. Sie sei eine wirtschaftliche Institution, deren Gegenstand allein wirtschaftliche Interessen seien. Wirtschaftliche Projekte könne man nicht planen und durchführen mit den Geldern der Steuerzahler. Für ökonomische Projekte brauche man private Investoren und Unternehmer, die den Willen und das Geld hätten, um zu investieren und die nicht unbedingt das Wohl Jerusalems und seiner Bürger im Sinn hätten, zumindest nicht in erster Linie, sondern davon ausgingen, daß sie mit ihren Investitionen gute Gewinne erzielten.

Diese Sichtweise, die unter ökonomischen Aspekten richtig ist, erklärt in gewisser Weise die Zurückhaltung in Ostjerusalem. Es gibt keine Unternehmer, keine Investoren für Projekte in Ostjerusalem. Weksler – und alle, die wie er argumentieren – nennt die Dinge beim Namen. Wer sollte sein Geld in ein Gebiet investieren, das Gegenstand einer politischen Streitfrage ist? Die Stadtverwaltung wird nicht investieren, denn ihr fehlen die nötigen finanziellen Mittel. Die Regierung investiert nicht, denn sie sieht darin keine vorrangige Notwendigkeit. Private Investoren lassen die Finger davon, denn es gibt keine Möglichkeit, ihnen politische Stabilität und Gewinne zu garantieren. So lastet auf Ostjerusalem ein schwieriges und komplexes Schicksal. Die Stadtverwaltung kann nicht, die Regierung will nicht, Unternehmer und Investoren schrecken davor zurück, und vermögende Araber investieren nicht in eine Gegend, die sich unter israelischer Herrschaft befindet.

Deshalb war von vornherein die Chance gleich Null, die Gesellschaft für die Entwicklung Jerusalems dafür zu gewinnen, irgendein Projekt in Ostjerusalem zu planen und durchzuführen. Ein solches Projekt war jedoch dringend erforderlich: Ich hatte ein primäres Interesse daran, Wadi El Joz von den arabischen Autowerkstätten zu befreien, ineinander verschachtelte Blechbaracken, die die Gegend verschandelten. Ich habe meinen Einfluß auf die Gesellschaft geltend gemacht, jedoch ohne Erfolg. Die Gesellschaft bestand darauf, daß nur eine jüdische oder arabische oder gemeinsam betriebene Gesellschaft, die auf der Basis der Wirtschaftlichkeit funktioniere, die gigantischen Geldmengen auftreiben könne, die nötig wären, um die Werkstätten zu entfernen, in eigens zu diesem Zweck errichtete Gebäude in einem anderen Gebiet zu verlagern und das freigewordene Areal anderweitig zu nutzen. Zur Gründung einer solchen Gesellschaft kam es nicht. Es fanden sich keine Investoren. Das Projekt platzte.

In einem offenen Gespräch mit Weksler beklagte ich mich darüber, daß er all seine Fähigkeiten dafür eingesetzt hätte, Investoren für Vorhaben im Westteil der Stadt, wie für das Mamilla-Projekt, auszumachen. Er hat die ganze Welt bereist, Investoren geworben, hat die Genialität des Projektes detailliert geschildert und seine Erfolgsaussichten aufgezählt – und viel Zuspruch erhalten. Hätte er in der Angelegenheit des Wadi El Joz-Projektes auch so gehandelt und sich mit dem gleichen Elan bemüht, wäre das Ergebnis möglicherweise anders ausgefallen.

Auf keinen Fall möchte ich behaupten, daß die Intifada ausgebrochen ist, weil wir den Arabern keine ökonomischen Wege und Horizonte eröffneten. Sie hassen uns und wollen unsere Staatsmacht nicht, unabhängig von ihrer wirtschaftlichen Lage. Ich würde nicht einmal denen widersprechen, die behaupten, die Intifada wäre auch dann ausgebrochen, wenn die wirtschaftliche Lage der Araber wesentlich besser gewesen wäre. Aber ich betone energisch, daß die ökonomische Situation einer der Antriebsfaktoren für den Aufstand war.

Den arabischen Jugendlichen hat man keine Chance zum Vorwärtskommen gegeben. Sie konnten nicht am eigenen Leib erfahren, daß man mit Ausdauer und Mühe mit der Zeit eine interessantere, befriedigendere, besser bezahlte Beschäftigung finden kann. Die israelische Feststellung, daß auch jüdische Studenten und jüdische Professoren aus den GUS-Ländern als Kellner, Tellerwäscher oder Putzkräfte ihren Lebensunterhalt verdienen, enthält ein hohes Maß an Heuchelei, denn der jüdische Student und der jüdische Professor sehen in ihrem Job nur die Notwendigkeit der Stunde. Sie wissen, daß die Situation, so unangenehm sie auch sein mag, nur eine Zeiterscheinung ist. Wenn der Student sein Studium beendet haben wird, werden sich ihm andere Laufbahnen eröffnen, und der Professor kann sicher sein, daß sich seine Lage in der Zukunft verbessern wird. Auch die israelische Gesellschaft gibt ihnen dieses Gefühl. Ihr Gewissen quält sie. Sie sieht sich dazu verpflichtet, dem Professor einen angemessenen Platz in einer seiner Qualifikation entsprechenden Stellung zu vermitteln. Und wenn dies in seiner Sparte nicht möglich sein sollte, so wird man sich um eine fachgerechte Umschulung kümmern.

Nichts dergleichen trifft für arabische Jugendliche zu. Selbst wenn sie studiert haben, ausgebildet und ausgezeichnet sind, hat ihre Arbeit in der Küche oder ihr Dienst im Hotel in der Regel nichts von einem vorübergehenden Zustand, es sei denn, ein Akademiker kommt aus einer reichen Familie, die ihm ein Geschäft eröffnen wird, oder er denkt an eine Auswanderung. Wenn er keine reiche Familie hat und nicht aus Jerusalem in ein anderes Land auswandern möchte, sind die besten Voraussetzungen dafür geschaffen, daß sein Herz für verschiedene Verführungskünste von Fundamentalisten und anderen Richtungen empfänglich wird: »*Fatah*« oder »*Hamas*« oder »Islamischer *Jihad*, Heiliger Krieg«. In solchen Fällen wird das vielleicht stichhaltige Argument, daß die Vertreibung Israels aus Jerusalem seine Lage keinesfalls verbessern würde, keine große Schlagkraft haben. Dem hält er entgegen, daß er unter arabischer Herrschaft die gleichen Chancen haben wird wie alle anderen Angehörigen seiner Generation und seines Volkes in den arabischen Staaten.

Diese Hoffnung reicht aus, um arabische Jugendliche in Jerusalem oder in irgendeinem anderen Gebiet unter israelischer Regierung zu einer leichten Beute für den Einfluß fundamentalistischer und extremistischer Gruppierungen zu machen. Auch wenn sich unter einer arabisch-palästinensischen, jordanischen, oder sonst einer arabisch-nationalen Herrschaft seine wirtschaftliche Lage nicht verbessern würde, wäre er zumindest befreit von der Misere, ausgestoßen, diskriminiert und unterdrückt zu sein, nur weil er Araber ist.

Die Ungeduld der Juden und Araber

Die Palästinenser nehmen für sich die »Alles-oder-nichts-Regel« in Anspruch. Viele Jerusalemer und auch andere Bürger Israels haben die fatale Einstellung: »Jetzt sofort oder niemals«. Beide Sichtweisen zeichnen sich durch Ungeduld aus.

Kein historischer Prozeß läßt sich in kurzer Zeit vollziehen. Nur die Völker und Länder, die die nötige Geduld und Ausdauer aufbringen, schaffen es, und das auch nicht immer, ihre Hoffnungen wahr werden zu lassen. Nirgends auf der Welt wurden Einigung und Akzeptanz einer neuen politischen Realität schnell und problemlos erreicht. Westdeutschland war eine festgefügte politische Einheit, in der die typischen Diskrepanzen zwischen den Anschauungen und Standpunkten an der Tagesordnung waren, so wie es in der demokratischen Welt üblich ist. Ostdeutschland war ein politisches Gebilde mit einem totalitären Regime, dem der Strick der kommunistischen Ideologie die Luft abdrückte und nur eine begrenzte Unabhängigkeit gewährte. Ein großer Sturm kam auf und schüttelte die Welt durcheinander, ließ die UdSSR zerfallen und mit ihr die kommunistische Tyrannei, und befreite Ostdeutschland von der

Bürde des Kommunismus. Die beiden deutschen Staaten wurden wieder vereinigt. Die historische Mauer in Berlin wurde niedergerissen. Die Beton- und Steinblöcke wurden meistbietend als Souvenirs verkauft. Aber als alle Feierlichkeiten zu Ende waren, als Stille eingekehrt war, ist die Freude den Schwierigkeiten der Beziehungen zwischen den Bürgern von Westdeutschland und den Bürgern von Ostdeutschland gewichen. Würden die Westdeutschen heute in einem Volksentscheid gefragt, ob sie die Wiedervereinigung der beiden deutschen Staaten wünschten, bezweifle ich, daß die Mehrheit sich dafür entscheiden würde. Die Vereinigung fordert von Westdeutschland und seinen Bürgern immense finanzielle Opfer für den Wiederaufbau der Gesellschaft und des Landes. Und dort gab es keinen Jahrzehnte währenden Grenzkonflikt. Die große Spannung zwischen verschiedenen Religionen entfällt, und es besteht kein abgrundtiefer Haß zwischen verschiedenen Völkern, zwischen Besatzern und Besetzten. Alle sind Deutsche, alle Christen und alle sprechen eine Sprache. Alles, was von den Deutschen im Westen verlangt wird, ist vielleicht eine geringfügige Einschränkung ihres Lebensstandards, um die Situation der »Brüder und Schwestern« im Osten zu verbessern. Und alles, was von den Menschen im Osten gefordert wird, ist, ein wenig Geduld zu haben und nicht zu erwarten, daß alle Unterschiede im Lebensstandard auf einen Schlag sofort verschwinden.

Nicht weniger tiefgreifend und brutal ist das belgische Beispiel. Es ist zweifelhaft, ob es dem neuen König gelingen wird, den Haß zwischen Flamen und Wallonen einzuschränken, ein Phänomen, das man nur schwer nachvollziehen kann. Einhundertundfünfzig Jahre lang baute man einen gemeinsamen Staat, baute die Wirtschaft auf, den Handel, die Industrie und den Tourismus und schuf eine gemeinsame Kultur. Plötzlich kann man nicht mehr zusammenleben, und schon errichtet man Grenzen. Ein Flame wird es vermeiden, die Grenze zu den Wallonen zu überqueren. Ein Wallone wird sich, wenn es nicht unbedingt sein muß, nicht in die Gesellschaft von Flamen begeben. Einhundertfünfzig Jahre! Generationen, die zusammenlebten! Und immer noch Spaltung und Trennung und Haß wegen eines Konflikts, der in der ersten Hälfte des neunzehnten

Jahrhunderts entstand. Und ich habe noch nichts über die Basken in Spanien gesagt und über die Iren und Briten und über das furchtbare Blutbad im ehemaligen Jugoslawien und über die Hindus in Indien und über das Blutvergießen zwischen den selbständigen Republiken in Asien, die bis vor kurzem Teil der UdSSR waren.

Zusammenfassend möchte ich hervorheben: Nationale und kulturelle Unterschiede können nicht innerhalb kurzer Zeit aus der Welt geschafft werden. Das erfordert viel Geduld und einen langen Atem.

Nach dem Ersten Weltkrieg befand sich die Welt in einem Trauma, besonders nachdem das Ausmaß des schrecklichen Schlachtens bekannt geworden war. Obwohl den kämpfenden Parteien damals nur ein Bruchteil der Kriegs- und Vernichtungsmaschinerie des Zweiten Weltkrieges zur Verfügung stand, sind viele Millionen Soldaten und Zivilisten gefallen.

Vor diesem traumatischen Hintergrund von Strömen von Blut, ermordeten Kindern, Waisen und entwurzelten Bevölkerungsgruppen, die zu umherziehenden Flüchtlingen wurden, entstand die Idee, rührend in ihrer Naivität, allen Bürgern der Welt in allen Ländern und Kontinenten Esperanto beizubringen. Wenn es eine Sprache für den ganzen Erdball gäbe, so dachte und hoffte man, würden die Grenzen verschwinden. Eine vereinte Welt würde mit einer Zunge sprechen. Es gäbe keine Kontroversen mehr zwischen den Nationen, keinen Haß und keine blutigen Auseinandersetzungen. Die Idee des Esperanto war wie eine Behandlung von Krebskranken mit Aspirin. Sehr schnell wurde klar, daß die Welt bereits eine Sprache sprach. Die alte Sprache: die des Hasses, der Gewalt, des Nationalismus, der Kriege und des Blutvergießens. Das war nicht gerade das, was die Urheber gemeint hatten, die wollten, daß die Welt sich in eine vereinte Gesellschaft verwandelt, die allerorts Esperanto spricht.

Die Jerusalemer – eigentlich gilt dies für alle Israelis – haben ihre Lektion nicht gelernt. Sie glauben immer noch, daß das, was in der ganzen Welt als unmöglich gilt, in Jerusalem dennoch eine Chance zur Verwirklichung hat. Daß hier ein Wunder geschieht. Daß die Mauern der Entfremdung und des Hasses in Windeseile fallen werden. Daß die Araber sich mit der israelischen Vormachtstellung abfinden, mit Israel kooperieren und den Traum von dem arabischen Jerusalem als Hauptstadt eines Palästinenserstaates aufgeben werden.

Und wenn sich dieser unrealistische Wunsch nicht in dem gewünschten Tempo erfüllt, heißt das, daß alles gescheitert ist. Ähnlich wie der Name der Bewegung: *Shalom Ahshav* – Frieden jetzt – ich habe mich bereits über deren falsche Grundeinstellung geäußert, die ebenfalls der Ungeduld entspringt – ist auch der Wunsch zu sehen, der da lautet: ein vereintes Jerusalem, und zwar sofort. Es ist keine Geduld vorhanden, kein langer Atem. Man überlegt und verkündet, daß das, was sich nicht sofort vollzieht, sich nie vollziehen wird. Wenn die Mauern bis jetzt nicht gefallen sind, werden sie auch in Zukunft nicht mehr fallen.

Diese Ungeduld, dieser Ehrgeiz, die Mauern auf einen Schlag einzureißen, machen es unmöglich, sich gegenüber den Fakten objektiv zu verhalten. Die Jerusalemer werden es mir vielleicht verübeln, aber das wird mich nicht davon abhalten zu sagen, daß sie einfach nicht wissen, wie gut sie es eigentlich haben. Ich habe eine Statistik angefertigt und festgestellt, daß in den drei Jahren zwischen 1990 und 1993 in Jerusalem pro Jahr im Schnitt fünfzehn Zivilisten umgebracht wurden. Zehn von ihnen durch kriminelle Handlungen. Etwa fünf Morde hingen direkt mit dem nationalen, politischen Kampf zusammen. Drei oder vier Tote waren Juden, ein oder zwei Araber.

Jede Ermordung eines Juden, aus welchem Motiv auch immer, ob aus kriminellen oder nationalen Gründen, empfinde ich als ungemein schmerzlich, aber ich habe kein Bedürfnis, mich vor irgend jemandem zu rechtfertigen, wenn ich hartnäckig an meiner Meinung festhalte, daß Jerusalem im Vergleich zu London, Marseille, Paris, New York und vielen anderen Städten der Welt eine ruhige Stadt ist, eine beruhigte Stadt. In Jerusalem ist die persönliche Sicherheit größer als in den meisten Hauptstädten der Welt. Bei Verkehrsunfällen kommen in Israel pro Jahr fünfhundert Menschen um, und einige Tausend werden schwer verletzt und berufsunfähig. Dem stehen wir mit einer erstaunlichen Gleichgültigkeit gegenüber.

Es gibt keine spektakulären Ergebnisse. Es gibt keinen geraden

Weg. Es gibt Hochs und Tiefs. Manchmal scheint es, daß wir einen Schritt voran und zwei zurück machen. Auch ich würde mir wünschen, daß die Reihenfolge sich umkehrt. Es wäre angenehmer, zwei Schritte nach vorne und einen zurück zu machen. Diese Reihenfolge der Schritte verspricht ein schnelleres Vorwärtskommen, vor allem ein sichereres. Aber da es in der Realität nicht so sein soll, begnüge ich mich mit bescheidenen positiven Zeichen – anstatt mich übertriebenen Wünschen hinzugeben, wie die, die keine Geduld aufbringen.

Ich gebe mich mit kleinen, bescheidenen Zeichen zufrieden. Vielleicht haben andere Schwierigkeiten, sie überhaupt wahrzunehmen. Die Geschichte wird letztlich urteilen. Wir haben eine neue Straße zwischen den beiden Teilen der Stadt gebaut. Einige Zeit später traf ich eine Gruppe von arabischen Bürgern. Ich bin es gewohnt, von ihnen heftige Klagen über Diskriminierung und Willkür von Beamten und über ruinierte Geschäfte zu hören. Ihre Begründungen sind hin und wieder dürftig. Was die Klagen gegen die Stadtverwaltung angehen, so bin ich befugt, zu versprechen, daß ich ihnen nachgehen werde, und falls sie sich als berechtigt erweisen – die Dinge ins Reine zu bringen. Es wird viel komplizierter und schwieriger, wenn die Klagen sich gegen Institutionen und Organisationen der Regierung richten, und besonders natürlich gegen die Polizei, die Armee, den Geheimdienst und sonstige Sicherheitskräfte. Hier habe ich keine Kompetenzen, und in der Regel sind mir die Hände gebunden. Diesmal, nicht wie sonst, hatten meine Gesprächspartner eine Klage nur gegen die Stadtverwaltung vorzubringen: »Ihr habt eine neue Straße gebaut – sehr gut. Bis jetzt habt ihr die Straßenschilder auf hebräisch, englisch und arabisch angebracht. Bei der neuen Straße aber nur hebräisch und englisch. Was ist passiert? Sind wir nicht mehr da? Benutzen wir diese Straße etwa nicht?« Sie hatten recht. Ich sagte etwas Entschuldigendes über provisorische Straßenschilder. Die Sache wurde korrigiert. Aber ich sah in dieser Klage ein positives Zeichen. Nach ihrer früheren Sichtweise konnten Ereignisse dieser Art sie nicht aus der Ruhe bringen. Schließlich war alles nur ein Provisorium. Schließlich war die israelische Regierungszeit nur eine vorübergehende Erscheinung. »Ihr werdet schnell wieder von hier verschwinden, und alles, was ihr in der Zwischenzeit macht, interessiert uns nicht.«

Wenn sie aber darüber in Zorn geraten, daß es keine Straßenschilder in arabischer Sprache gibt, dann ist der Protest darüber in meinen Augen ein positives Zeichen dafür, daß sie daran interessiert sind, mit der Stadtverwaltung zu kooperieren, wenn auch in beschränktem Maße.

Die Abriegelung

Durch neue, ausgeklügelte Methoden ist es der Polizei gelungen, die Zahl der in Brand gesetzten israelischen Autos im Grenzbereich zwischen den beiden Teilen der Stadt zu reduzieren. In den Tagen, in denen sich diese Ereignisse häuften, konnte ich den Zorn der Einwohner nachfühlen. Im Durchschnitt wurden vierzig israelische Wagen pro Monat verbrannt. Der Forderung, um die jüdischen Stadtteile, die an die Stadtteile der Araber grenzen, Zäune zu errichten, konnte ich nicht nachgeben. Hätten wir so gehandelt, hätten wir dem Willen des palästinensischen Mobs, der die Autos anzündet, entsprochen. Immerhin steht hinter der Absicht, das Leben der jüdischen Nachbarn zu vergiften, auch eine klare politische Aussage: Versucht nicht, euch mit uns zu vereinen, euch mit uns zu verbünden! Die gemäßigten Araber sagen: Es gibt zwei Teile Jerusalems, einen arabischen und einen jüdischen. Die Extremisten sagen: Es gibt nur ein Jerusalem, und das ist arabisch. Das Errichten eines Zauns zwischen beiden Teilen würde meiner Meinung nach nur eine Auslegung erlauben: Einverständnis mit den Arabern, die sich weigerten, die Vereinigung von Jerusalem unter israelischer Souveränität anzuerkennen, und die davon ausgingen, daß zuerst ein Zaun errichtet und dann die Mauer erneuert würde.

Die Erfolge der Polizei bewirkten, daß das Anzünden von israelischen Autos sich auf Einzelfälle beschränkte. Schmerzlich genug. Die Juden, deren Transportmittel lichterloh verbrennt, leiden sowohl unter dem finanziellen Verlust als auch unter der damit verbundenen Aufregung und dem Versäumnis von Arbeitstagen. Aber hier liegt ein Beweis dafür vor, daß man negative Aktionen bekämpfen und abstellen oder zumindest ihren Schaden reduzieren kann, ohne Mittel einzusetzen, die schädliche politische Konsequenzen haben. Obgleich meine zahlreichen Erfahrungen in diesen Dingen mich gelehrt haben, Prognosen für die Zukunft zu vermeiden, scheint es mir, daß die Polizei bei der Verhinderung dieses Deliktes mehr und mehr Erfolge verbuchen wird.

Die Feststellung, daß das Phänomen der brennenden Autos aufgrund der Abriegelung nachgelassen habe, die einige Monate, bevor dieses Kapitel verfaßt wurde, am fünfzehnten Juli 1993, über die besetzten Gebiete verhängt wurde, entbehrt jeder realistischen Grundlage. Es gibt keinen Zusammenhang zwischen den Erfolgen der Abriegelung in anderen Gebieten Israels und der Sicherheitssituation in Jerusalem, und selbstverständlich kann man die verschiedenen Gebiete nur schlecht miteinander vergleichen.

Die Abriegelung, die die Regierung über die Araber der verwalteten Territorien verhängte, trug meiner Meinung nach zu einer größeren Sicherheit in den meisten Landesteilen bei, aber von einem Totalerfolg kann nicht gesprochen werden – nicht in der gegenwärtigen Stufe der Verhandlungen für ein politisches Abkommen und auch nicht, falls die diesbezüglichen Bemühungen Früchte tragen. Das Gefährliche an den meisten Mordversuchen und Messerstechereien ist die Tatsache, daß nicht Organisationen und Gruppierungen sie verüben, sondern Einzeltäter. Ob diese in Ekstase handeln, aus einer tiefen, mitreißenden religiösen Überzeugung heraus, oder ob es sich um Racheakte für ein Familienmitglied oder einen nahen Freund handelt, der bei einem Zusammenstoß mit den Sicherheitskräften getötet oder verhaftet wurde und eine lange Haftstrafe verbüßen muß – es ist schwer für die Sicherheitskräfte, die Absichten der Messerstecher auszumachen und rechtzeitig zu verhindern. Ein Nachrichtendienst, auch wenn er noch so raffinierte Methoden anwendet und noch so erfolgreich ist, kann zwar Spitzel in die Führungsspitzen oder die Stäbe von Terrororganisationen einschleusen, aber es gibt keine nachrichtendienstlichen Methoden, um kriminelle Pläne eines Einzeltäters, der von niemandem Weisungen erhielt und niemandem Rechenschaft über seine Mordabsichten ablegt, aufzudecken.

Die Abriegelung macht den Palästinensern – praktisch, nicht theoretisch – den Unterschied zwischen Jerusalem und den anderen im Sechs-Tage-Krieg eroberten Gebieten deutlich. Ganz Jerusalem ist ein Teil Israels. Die Sperre schließt die Tore Jerusalems vor den Arabern aus den besetzten Gebieten, läßt den Durchgang zwischen beiden Teilen der Stadt jedoch offen. Soweit unterscheidet sich Jerusalem in nichts von Tel Aviv oder Haifa.

Aber dieser politische Zustand, den ich von ganzem Herzen begrüße und für den ich mich mit aller Vehemenz eingesetzt hätte, falls die Regierung auf den Gedanken gekommen wäre, bei einer Abriegelung Jerusalem so zu behandeln wie die Territorien, forderte einen hohen Preis – wirtschaftlich, gesundheitlich, psychisch, auf dem Gebiet von Arbeit und Erziehung – sowohl von Jerusalems arabischen Einwohnern als auch von den Arabern in den besetzten Gebieten. Das ist keine Kritik gegenüber der Abriegelung; ich möchte nicht, daß hier ein falscher Eindruck entsteht. Vor der Abriegelung hatte die Sicherheit der israelischen Bürger einen gefährlichen Tiefstand erreicht. Wäre es in den jüdischen Städten weiterhin zu diesen schlimmen Morden gekommen, hätte ein bleischweres Bündel aus Haß und Rachegefühlen jede Chance auf eine Verständigung mit den Palästinensern in politischen Verhandlungen auf den Nullpunkt sinken lassen. Wenn man mich nach meiner Meinung gefragt hätte, so hätte ich vermutlich der Regierung und den Sicherheitsbehörden keine bessere Teillösung im Kampf gegen den Terror vorschlagen können als die von der Regierung beschlossene – eine Abriegelung.

Aber – das möchte ich mit aller Vorsicht sagen – ich bin mir gar nicht sicher, ob die Regierung all das Leid registrierte, das damit über die arabischen Einwohner Jerusalems und der besetzten Gebiete kam, und ich bin mir auch nicht sicher, ob sie den positiven Aspekt der Abriegelung gegen den negativen abgewogen hat.

Nur sehr wenige arabische Einwohner Jerusalems hatten sich in der Zeit vor der Abriegelung an den Terroraktionen gegen Israel beteiligt. Auch wenn die Messerstecher und die, die Anschläge auf jüdisches Leben verübten, aus dem östlichen Teil der Stadt kamen, handelte es sich in den meisten Fällen nicht um Jerusalemer Bürger, sondern um Araber aus den besetzten Gebieten, die keine Schwierigkeiten hatten, in die Stadt zu gelangen. Aber den hohen Preis der Abriegelung bezahlten in erster Linie die arabischen Einwohner von Jerusalem, und in den meisten Fällen, wenn auch nicht immer, ohne Schuld zu tragen.

»Wir werden den Juden dort treffen, wo es ihm am meisten weh tut – in seinen Taschen«, sagte der britische General Barker in der Zeit des britischen Mandats in Israel. Ich nehme an, daß die israelische Regierung nicht die Absicht hatte, diese antisemitische Äußerung auf die Araber in Jerusalem anzuwenden. Aber das Resultat war, daß die Abriegelung besonders hart die Taschen der Araber traf und ihnen einen wirtschaftlichen Kampf aufzwang, den sie nicht bestehen konnten. Den ersten Anschlag auf das Einkommen der Händler und Geschäftsinhaber hatten die Araber selbst verübt: Die Intifada, die sie ins Leben riefen, hat die Juden aus Jerusalem und aus den anderen Landesteilen von Ostjerusalem ferngehalten. Die arabischen Märkte, die vorher von Menschen wimmelten und die von zahlreichen Juden besucht wurden, haben schon damals einen ernsten Rückschlag erlitten. Arabische Läden, Autowerkstätten, Restaurants und die ganze vorgelagerte Produktion, die nicht nur die Eigentümer ernähren, sondern auch eine Beschäftigungsquelle für arabische Bürger sind und Einkommen für viele Araber bedeuten, leiden sehr unter der Intifada. Auf die Beschwerde der arabischen Einwohner Jerusalems, an der nichts zu rütteln ist, daß sie für Taten, an denen sie keinen Anteil haben, mit ihrem Einkommen zahlen müssen, gibt es keine Antwort. Keine Verfügung hat den Juden das Einkaufen in arabischen Geschäften und den Besuch arabischer Restaurants untersagt. Es ist die Angst vor Angriffen auf Leib und Leben, die die östlichen Stadtteile für jüdische Besucher verschlossen hat.

Das Einkommen hat sich erheblich verringert. Geschäfte wurden geschlossen. Es tut mir weh, nicht nur weil Bürger in wirtschaftlichen Notlagen zu einer Verbitterung neigen, die ihren Widerstand gegen die in ihren Augen für diesen Zustand verantwortliche Staatsmacht verschärft, sondern auch weil ein freier Verkehr von Bürgern in allen Teilen der Stadt, ein florierender Handel, Treffen zwischen

Bürgern, Besuche von Arabern in jüdischen Kaufhäusern und von Juden in arabischen Geschäften notwendige Berührungspunkte sind und eine wesentliche Grundlage für das Entstehen von Toleranz und gegenseitigem Verständnis.

Die Abriegelung erledigte, was die Intifada nicht geschafft hatte. Nach dem Verlust der israelischen Kunden lebten die arabischen Geschäfte in Jerusalem von vielen arabischen Kunden aus dem Westjordanland. Jerusalem ist das Handelszentrum für arabische Bürger aus Judäa und Samaria. Von dem Augenblick an, in dem sich die Tore Jerusalems für die Araber aus diesen Gebieten schlossen, hat jede Art von Handel einen schweren Schlag erfahren. Nicht nur die Eigentümer der Geschäfte waren davon betroffen, sondern auch viele Arbeiter, die in den Geschäften und Märkten beschäftigt waren. Auch die Zulieferer, die auf Lagern voller Waren, die niemand haben wollte, sitzenblieben. Bei meinen Gängen durch den Ostteil der Stadt hörte ich mir betroffen die vielen Geschichten über die Misere an. In zahlreichen Geschäften ging der Handel bis auf zehn oder fünfzehn Prozent des Umfangs vor der Abriegelung zurück. Wenn diese Situation andauern würde, müßten viele Geschäftsleute ihre Läden schließen und sich nach anderen Einkommensquellen umsehen. Zahlreiche arabische Arbeiter – Verkäufer, Lastträger, Dienstleute und andere, – laufen bereits heute ohne Arbeit herum. Sie zehren in der Zwischenzeit von den Geldern, die sie in den fetten Jahren zurückgelegt haben, aber wenn die Reserven aufgebraucht sein werden, wird ihre schlimme Lage sie zu einer leichten Beute für Terrororganisationen machen.

Große Probleme wurden nicht nur für die arabischen Einwohner Jerusalems geschaffen, sondern auch für die Araber in den besetzten Gebieten. Wegen der Wohnungsnot in Jerusalem und der langen Genehmigungsverfahren für Baupläne in den arabischen Vierteln müssen viele Araber von Jerusalem in andere Städte umziehen. Um Jerusalem herum wurde ein Wirrwarr von Unterkünften aus dem Boden gestampft. Dort nimmt man es nicht so genau mit der Bauaufsicht. Solange der Weg nach Jerusalem offen war, fuhren die Bewohner der näheren und auch der weiter entfernten Städte morgens zu ihrer Arbeit nach Jerusalem und kehrten abends zu ihren

Häusern zurück. Selbst die, die in Wirtschaftszweigen arbeiteten, die nicht von der Abriegelung betroffen waren, konnten ihre Arbeitsplätze nicht erreichen. Zum Beispiel Lehrer. Ihre Arbeit in den Schulen war ihnen sicher und wurde von der Abriegelung nicht betroffen. Aber sie konnten nicht zu ihren Schulen gelangen. Der Unterricht litt unter dem Fernbleiben der Lehrer. Das gleiche gilt für Ärzte und Krankenschwestern, die aus Jerusalem wegziehen mußten und in anderen Städten wohnten und nun nicht zu den Krankenhäusern und Polikliniken gelangen konnten.

Not, nicht nur wirtschaftliche Not, kam über Tausende von arabischen Einwohnern der Westbank. Jerusalem ist nicht nur ein bedeutendes Handelszentrum für die Einwohner von Judäa und Samaria. Sie sind auch auf die medizinischen Dienste der Stadt angewiesen. Jerusalem ist für sie ebenfalls ein wichtiges geistiges Zentrum. Sie kommen, um in den Moscheen Jerusalems zu beten. Viele haben Verwandte in der Stadt, die sie häufig zu besuchen pflegen. Die Unterbrechung der Beziehungen belastete sie sehr.

Alle diese Dinge quälen mich nicht nur als Bürgermeister von Jerusalem, sondern auch als Bürger des Staates Israel. Eine so umfangreiche Beeinträchtigung der Einkommenssituation und der Lebensumstände der Araber von Jerusalem und der vielen hunderttausend Araber in den besetzten Gebieten wird sicher nicht ohne Folgen bleiben. Die Bitterkeit, der Zorn und der Haß, die sich in ihren Herzen stauen, werden sich auf negative Weise entladen. Die dünnen Fäden der Koexistenz werden immer brüchiger.

Besondere Sorge macht mir das Erziehungsproblem. Wir haben in diesen Bereich enorme Energie investiert. Wir haben ein Resultat erreicht, das unter den schwierigen Bedingungen als erstklassige Errungenschaft angesehen werden konnte: Fast fünfzig Prozent aller Schulen im östlichen Teil sind bereits städtische Schulen. Die anderen sind privat oder erhalten Unterstützung von verschiedenen Institutionen. Viele Schulen wurden von den Kirchen gefördert. Die Situation aller nicht städtischen Schulen verschlechtert sich zusehends aufgrund der weltweiten Entwicklungen, an denen Israel keinen Anteil hat. Die Kirchen investieren viel Geld in die Unterstützung von Kirchen und Einrichtungen in Ländern in Osteuropa, die von dem Joch des Kommunismus befreit wurden. Als Folge davon haben sie ihre Fördermittel für die Schulen in Jerusalem erheblich gekürzt. Die reichen arabischen Staaten, die Ölländer am persischen Golf, begleichen mit den Arabern Jerusalems eine Rechnung, für die diese keine Schuld tragen. Sie schieben ihnen die Verantwortung für Arafat oder Hussein zu und lassen sie dafür zahlen, daß diese Sadam Hussein und den Irak im Golfkrieg unterstützt haben. Die reichen Araber haben die finanzielle Förderung der nicht städtischen arabischen Schulen in Jerusalem erheblich reduziert. Die Quellen, aus denen diese sich speisten, sind versiegt. Ihre finanzielle Not hat zur Folge, daß sie keine zusätzlichen Schüler aufnehmen können und sogar die Zahl der bereits vorhandenen Schüler reduzieren mußten. Im Jahre 1993 sind nicht weniger als dreitausend Schüler zu den städtischen Schulen übergewechselt.

Es hat sich herausgestellt, daß wir von der Not der nicht städtischen Schulen der Araber profitieren. So sehr hat sich ihre Notlage zugespitzt, daß sie uns bitten, ihnen einen ähnlichen Status zu gewähren wie den Ultraorthodoxen, die finanziell an den städtisch-staatlichen Rahmen gebunden sind, jedoch die Erlaubnis haben, nach ihren eigenen Lehrplänen zu unterrichten, nach ihrer freien Entscheidung. Sie sind auch bereit, einen verbindlichen Rahmen, wie er in den städtischen Schulen üblich ist, auf sich zu nehmen: Fünf Stunden in der Woche Unterricht in hebräischer Sprache, zwei Wochenstunden Staatsbürgerkunde nach israelischem Lehrplan; und sie sind bereit, sich der permanenten Aufsicht durch unsere Erziehungsbehörden zu unterstellen. Auch wenn solch ein Lehrplan die arabischen Schüler nicht in Zionisten und Befürworter der Souveränität Israels über das vereinte Jerusalem verwandelt, sind die Schulen, die wir beaufsichtigen und die von der Stadtverwaltung finanziert werden, den nicht städtischen Schulen vorzuziehen.

Eine wertvolle Annäherung kam auch aus einer anderen Richtung: Immer mehr arabische Lehrer nehmen an den von der Stadtverwaltung organisierten Fortbildungsmaßnahmen zur Erweiterung ihrer Kenntnisse auf verschiedenen Gebieten der Wissenschaft an der Hebräischen Universität und im Weizmann-Institut teil. Es ist eine natürliche, gesunde Zunahme dieser erwünschten Teilnahme zu verzeichnen. Das Zusammentreffen zwischen arabischen und jüdischen Lehrern in Seminaren und Fortbildungsmaßnahmen schafft positive Berührungspunkte. Die Lehrer treffen sich, reden miteinander, tauschen Meinungen aus. Auch wenn die Chance, daß die arabischen Lehrer ihre Position ändern oder ihre Feindseligkeit gegenüber Israel etwas abbauen, bislang noch nicht viel mehr ist als ein sehnlicher Wunsch, so ist sie es dennoch wert, daß man sich um sie bemüht.

III. Das hochgebaute Jerusalem

Das Fußballstadion

Mehr als einmal hat meine offene Ausdrucksweise Jerusalemer Bürger, und nicht nur sie, verärgert. Aber davon lasse ich mich nicht beirren. Auch in Sachen Fußball werde ich kein Blatt vor den Mund nehmen: Ich bin von diesem Sport nicht begeistert und habe es nicht verdient, daß man mich in die Reihe der Fußballfans aufnimmt. Ich bin kein glühender Fan, nicht einmal ein lauer. Strömten die Massen in Jerusalem oder einer anderen israelischen Stadt auf Tennisplätze oder zu Basketballspielen, könnte ich mich ihnen ohne zu zögern anschließen. Beim Fußball stören mich die unkontrollierte Identifikation und die Gewalt, die dabei entsteht. Zwar haben sich in unserem Land zum Glück bisher keine Tragödien ereignet, wie in Fußballstadien in Europa und in anderen Teilen der Welt, wo es zu schweren Krawallen kam, die Menschenleben forderten. Immer wenn ich Zeuge der rückhaltlosen Begeisterung und Hysterie werde, erschreckt mich jedoch der Gedanke, daß auch wir nicht gefeit sind vor den Gefahren der Gewalt.

Die Hingabe der enthusiastischen Fans für ihre Stars, die Fußballspieler, kennt keine Grenzen. Wer die Fans von *Beytar* Jerusalem noch nicht in ihrer »Trauer« über eine Niederlage ihrer Mannschaft erlebt oder noch nicht gesehen hat, wie sie sich zu hemmungsloser Freude und Ekstase hinreißen lassen, wenn ihre Stars gesiegt haben, kann nicht nachvollziehen, wovor es mir so sehr graut.

Mir ist bewußt, daß man mir entgegenhalten wird, die Begeisterung der Fans sei die treibende Kraft und die Stärke der Mannschaft.

Experten werden hinzufügen, daß eine Lenkung gewalttätiger Impulse und entfesselter Triebe in eine sportliche, wettkämpferische Richtung besser sei als deren Entladung in gefährlicheren Bahnen. Diese Impulse können aber auch über den Fußball, der nicht immer frei ist von politischen und ethnischen Bezügen, gefährlich werden.

Etwas Seltsames ist ihnen eigen, diesen Ausbrüchen von Gewalt: Sie können eintreten, wenn die Mannschaft siegt, aber auch wenn sie verliert. Nur ein unentschiedener Spielausgang läßt unter bestimmten Umständen die hohe Spannung, mal mehr, mal weniger, sinken. Man muß also für zwei kritische Situationen gerüstet sein – für den Sieg, der die Gemüter in Ekstase versetzt, und für die Niederlage, die sie frustriert.

Beytar Jerusalem ist ohne Zweifel der ganze Stolz vieler Bürger unserer Stadt. Es handelt sich um einen ungemein bunten Fußballverein, um den ein ausgeprägter, volkstümlicher Kult entstanden ist. Die Erfolge des Vereins und seine Niederlagen, seine Siege und seine verlorenen Spiele, seine Kämpfe an der Spitze und am Ende der Liga entscheiden über die Laune einiger tausend Menschen in Jerusalem, die ihre Mannschaft treu und brav Samstag für Samstag begleiten.

Was für Tausende von Bürgern Jerusalems – und nicht nur für die Fans des führenden Vereins *Beytar,* sondern auch für die Anhänger von *Hapoel* und die weniger zahlreichen von *Makabbi* – so viel bedeutet, kann den Bürgermeister nicht unberührt lassen, auch wenn er sich nach seiner persönlichen Neigung eher zu anderen Sportarten hingezogen fühlt.

Die Bedingungen im Fußballstadion des YMCA waren in der Tat unzumutbar. Ich war der Meinung, daß es eine Schande für die Hauptstadt und gleichzeitig größte Stadt Israels sei, daß dies die Anlage war, die den Vereinen und Tausenden von Fans zur Verfügung stand. Um in Jerusalem ein Fußballspiel zu sehen – pflegte man zu scherzen –, müsse man als Zuschauer eine körperliche Leistung erbringen, die mindestens mit der der zweiundzwanzig Fußballspieler vergleichbar sei. Darüber hinaus schaffen diese Voraussetzungen extremer Enge und Unbequemlichkeit, wobei die Fans sehr nahe am Spielfeld sitzen, einen Nährboden für Reibereien und Spannungen, die zu Zusammenstößen führen und die Gefahr von Gewaltausbrüchen noch erhöhen.

Deshalb habe ich mich bereits vor Jahren in die Bestrebungen, in Jerusalem ein Fußballstadion zu bauen, das seinen Namen verdient, einspannen lassen, und ich war nicht überrascht, erneut die Erfahrung machen zu müssen, daß etwas, das in anderen Städten mit angemessenem Aufwand realisiert werden kann – das Beschaffen finanzieller Mittel, das Bereitstellen eines geeigneten Geländes und das Einholen der nötigen Genehmigungen –, in Jerusalem mit einem langwierigen, nervenaufreibenden Prozeß verbunden war, der grenzenlose Geduld erforderte.

Denn bekanntlich ist in Jerusalem nichts einfach. Alles ist belastet. Alles ist von Gefühlen und Ängsten überlagert.

Seit Jahren unterstützt die Stadtverwaltung die Sportvereine der Stadt nach einem festgelegten Modus: 55 Prozent des Sportetats gehen an *Hapoel* und fünfundvierzig an *Beytar*. Die Differenz rührt daher, daß das Angebot an Aktivitäten bei *Hapoel* größer ist als bei *Beytar*. *Hapoel* unterhält auch eine erfolgreiche Basketballmannschaft und bietet ein breitgefächertes Programm anderer Sportarten, wie etwa Turnen, an. Etwas hat mich in diesem Zusammenhang immer geärgert: die fragwürdige Praxis des Einkaufs fremder Spieler durch die Vereine, deren Finanzierung ich nie unterstützt habe, weder durch städtische Gelder, noch durch Spendengelder, die auf meine Initiative zurückgingen. Ein Verein muß sich seine Spieler aus eigener Kraft, aus den Jugendlichen, die er betreut, heranziehen. All die Geschäfte von Fußball- und Basketballmannschaften, deren Erfolg von der Beteiligung ausländischer Spieler abhängt, von »Ballsöldnern«, die heute gegen Bezahlung für einen israelischen Verein kicken oder den Korb treffen und morgen ihr Können an einen europäischen Verein vermieten, mindern in meinen Augen den Wert des israelischen Sports.

Aber was den Bau des Stadions anbelangt, so ist es mir gelungen, von Anfang an eine finanzielle Deckung zu sichern, die 80 Prozent des Problems löste. Eine Dame aus Brasilien unterstützte das Projekt und war bereit, die nötige Summe – einige Millionen Dollar – zu stiften (später, als die ganze Sache sich verzögerte, ging ihre Schenkung an die Universität Jerusalem, und ich beschaffte eine andere Spende für die Finanzierung des Stadions).

Nach internen Kämpfen und langen Überlegungen beschlossen wir, mit Hilfe von Experten und Beratern das Stadion auf dem Hügel Shu'afat zu bauen.

Bereits während der ersten Bauphase des Erdaushubs richtete sich der Zorn der Ultraorthodoxen gegen uns. Sie protestierten lauthals. Die Führung in dem Kampf hatte der alte Parteifunktionär der *Agudat Israel*, Rabbi Menahem Porush. »Am Schabbat«, klagten die Ultraorthodoxen, »werden Hunderte, vielleicht Tausende von Fahrzeugen das Stadion ansteuern. Sie werden an den Vierteln der Religiösen vorüberfahren, was einer öffentlichen Entweihung des Schabbats gleichkommen wird. Eine solche Verletzung können wir nicht dulden.«

Wenn Menschen sich hinter ihren Positionen verschanzen, lassen sie sich nicht von logischen Argumenten überzeugen. Sie lassen es nicht zu, daß Fakten ihnen den Kampf zerstören. Unzählige Male mußten wir feststellen, daß die Ultraorthodoxen die Religionskämpfe nicht führen, um wirklich nur zu schützen, was ihnen heilig und teuer ist (wäre dies ihr einziges Motiv gewesen, hätte ich ihnen Verständnis entgegengebracht), sondern um die Juden um ihre geistigen Oberhäupter zu sammeln, um die Spannungen zu vergrößern und ihren Wohltätern im Ausland, vor allem in den USA, zu beweisen, daß sie zusätzliche Geldspritzen verdienen, um im Kampf gegen die Religionsschänder, die provokanten Ketzer, bestehen zu können.

Auch diesmal halfen uns Fakten nicht weiter. Wir hätten ohne Schwierigkeiten nachweisen können, daß die Entfernung zwischen dem Stadion und den religiösen Stadtteilen eine solche Gefahr vollkommen ausschloß. Ein den Schabbat einhaltender Jude würde kein Auto zu Gesicht bekommen und kein Motorgeräusch vernehmen, es sei denn, er bewaffne sich mit einem starken Fernrohr und rüste sein Haus mit Richtmikrophonen aus.

Rabbi Porush, ein weiser und erfahrener Parteifunktionär, wandte sich an den Ministerpräsidenten Menahem Begin und überfiel ihn mit dem Schabbatprotest. Entweder weil er sich überzeugen ließ oder weil Überlegungen hinsichtlich einer Koalition und Zusammenarbeit mit *Agudat Israel* ihn leiteten, versuchte Begin, die Bauarbeiten für das Stadion zum Erliegen zu bringen. Er schickte Yoram Aridor vor, der zur damaligen Zeit stellvertretender Minister im Büro des Ministerpräsidenten war. Wir wiesen ihn ab, wieder und wieder. Schließlich überbrachte er uns ein Schreiben Begins: Dieser wiederholte seine Bitte, das vorgesehene Areal zu räumen, und versprach in seiner Funktion als Regierungschef, uns in zwei, drei Monaten einen adäquaten Platz zur Verfügung zu stellen, an dem das Stadion ohne Streit und Protest gebaut werden könne, wovon wir letztendlich alle profitieren würden.

In der Zwischenzeit wuchs die Erregung innerhalb der religiösen Bevölkerung und wurde heftiger als zu Beginn der Bauarbeiten. Ausgerechnet Anhänger der Arbeiterpartei und des Sportvereins *Hapoel* setzten aus Gründen, die nur ihnen bekannt sein dürften, ein Gerücht in die Welt, wonach wir beabsichtigten, ein internationales Stadion mit fünfundzwanzig- bis dreißigtausend Zuschauerplätzen zu bauen, um dort alle Länderspiele der israelischen Nationalmannschaft stattfinden zu lassen. Wir betonten immer wieder, daß uns dieser Gedanke fernliege, unser Plan zehn- bestenfalls zwölftausend Sitzplätze vorsehe, und wir nicht die geringste Absicht hätten, uns um regelmäßige Länderspiele zu bewerben. Die Religiösen glaubten denen, denen sie glauben wollten, und erhärteten ihre Position: »Das bedeutet eine ungeheuerliche Entweihung des Schabbat. Wir werden es nicht hinnehmen.«

Wir gaben uns geschlagen. Ich gebe jede Kapitulation zu, ohne so zu tun, als handele es sich dabei um eine Heldentat. Wir glaubten Begin, daß er ehrlich vorhatte, nach einem alternativen Standort zu suchen, und zogen es vor, das Stadion nicht zu einem weiteren Stein des Anstoßes für erbitterte Konfrontationen mit den Ultraorthodoxen werden zu lassen, mit all den schlimmen Konsequenzen, die derartige Auseinandersetzungen nach sich ziehen.

Durch Begins Initiative wurde eine Kommission unter der Führung des Ministerialdirektors des Innenministeriums, Haim Kobraski, gegründet und mit der Aufgabe betraut, einen alternativen

Standort zu finden. Die Kommission tagte und tagte, ohne daß irgend etwas dabei herauskam.

Jemand schlug eine andere Lösung vor: Man könne das Stadion der Universität renovieren und ausbauen, so daß es sich für Fußballspiele eigne und ein paar tausend Zuschauer aufnehmen könne. Wir lehnten diesen Vorschlag ab. Die Existenz eines Vereins ist abhängig von dem Verkauf von Eintrittskarten an die Zuschauer. Das Universitätsstadion liegt offen unterhalb einiger breiter Alleen. Tausende von Zuschauern könnten dort ihre Autos parken und das Spiel genießen, ohne auch nur einen Schekel dafür auszugeben. Es hätte eine Möglichkeit gegeben, diesen Mangel aus der Welt zu schaffen: den Bau einer siebzehn Meter hohen Mauer, die den Blick versperrt hätte. So eine riesige Wand hätte, einmal abgesehen von ihrem hohen Preis, auch den Bürgern und Touristen die Sicht genommen, auf Binyanei Ha'ooma, das Regierungsviertel, die Knesset, den Obersten Gerichtshof, das Museum, die Universität und den wunderschönen Rosengarten. Ich war der Meinung, daß man den Bürgern und Touristen das nicht antun dürfe, auch dann nicht, wenn es sich um ein Fußballstadion handelte, das für die Stadt, ihre Sportler und Bürger nötig war.

Wir haben die Idee auch noch aus einem weiteren Grund abgelehnt: Eine Kalkulation zeigte, daß wir in das Universitätsstadion nicht weniger hätten investieren müssen als in den Bau einer neuen Anlage, wobei letztendlich eine schlechtere, teurere und häßlichere Lösung dabei herausgekommen wäre.

Von all den Vorschlägen, die damals gemacht wurden, entschieden wir uns für die Renovierung und Erweiterung des alten Stadions von *Hapoel* im Stadtteil Katamon. Die Absicht war, die bereits bestehende Anlage, die für unsere Zwecke völlig ungeeignet war, abzureißen und dort ein neues Stadion zu errichten. In diesem Fall kam der Protest gerade von nichtreligiöser Seite, wenigstens nicht nur von den Religiösen. Zahlreiche Bürger des Stadtteils, nichtreligiös und religiös, fürchteten um ihre Ruhe und um den Schabbat. Ich vermute, daß viele von ihnen am Schabbat losziehen, um ein Fußballspiel zu sehen und die eigene Mannschaft mit Begeisterung anzufeuern, es jedoch vorziehen, daß der Lärm und Radau sich in angemessener Entfernung von den eigenen Häusern abspielt. Die Bezirkskommission schenkte der Klage der Gegner Gehör. Der Bau eines neuen Stadions auf dem *Hapoel*-Feld wurde uns verboten.

Innerhalb von drei Monaten würde sich eine Lösung finden, hatte Menahem Begin versprochen. Die Monate zogen sich ein wenig in die Länge. Sieben Jahre mußten wir suchen, bis wir ein geeignetes Gelände im Stadtteil Malha gefunden hatten, in dem heute, endlich, das moderne und gepflegte Jerusalemer Stadion steht.

Auch nachdem wir den geeigneten Standort gefunden hatten, gegen den kaum jemand etwas einzuwenden hatte, konnten wir nicht einfach mit den Bauarbeiten beginnen. Ich habe bereits erwähnt: Nichts ist einfach in Jerusalem.

Der lokale Bauausschuß nahm den Bauantrag an. Die Bezirkskommission genehmigte ihn, zwar mit einiger Verzögerung, aber sie genehmigte ihn. Eine Woche, zwei, drei, vier Wochen vergingen – alle Gremien hatten ihre Genehmigungen erteilt, alles war ordnungsgemäß verlaufen, aber die Baugenehmigung wurde uns nicht ausgehändigt. Des Rätsels Lösung war simpel: Die Bezirkskommission hatte zwar genehmigt, aber es fehlte die Unterschrift des Innenministers.

Die Emotionen kochten über. Sportfunktionäre aus allen Kreisen, aller Organisationen und jeglicher politischer Couleur ließen ihren Protest verlauten. Die Fraktion der *Ratz* im Stadtrat entrüstete sich über die Willkür des Innenministers, und das zu recht. Dieses Amt bekleidete damals der Regierungschef Yitzhak Shamir, der Schirmherr des Vereins *Beytar*. Der *Ratz*-Fraktion riß der Geduldsfaden (wie so häufig), und sie beeilte sich, sich mit einer Klage an den Obersten Gerichtshof zu wenden, der den Innenminister anweisen sollte, zu unterschreiben und die Genehmigung auszuhändigen. Während die Stadtverwaltung ihrerseits eine Klage an den Obersten Gerichtshof vorbereitete – mit Vorsicht, Bedacht und Kompetenz, damit diese der Prüfung durch den Obersten Gerichtshof standhielt –, hat die *Ratz* das Unterfangen gefährdet. Ihre Klage war unfundiert, basierte auf schwachen Argumenten und einer wackeligen Beweisführung. Die Stadtverwaltung reichte ihre eigene Klage einige Wochen später ein. Die Richter des Obersten Gerichtshofes verhielten sich klug. Sie behandelten beide Klagen gemeinsam. Man hörte sich alle Beweise an und zog sich zur Beratung zurück. Nach sieben Monaten verkündeten sie ihr Urteil: Es mußte unterschrieben und die Lizenz der Stadtverwaltung übergeben werden.

Tausende von Fußballfans jubelten. Aber sie kannten Yitzhak Shamir und seine politische Taktik schlecht. Shamir weigerte sich, die Baugenehmigung zu unterzeichnen. Immer wieder ging ich zu ihm. Nie erlebte ich ihn erregt, stets wirkte er unbeteiligt. Er behielt immer einen kühlen Kopf, und bevor er etwas tat, ließ er es lieber bleiben, blieb lieber neutral, als Partei zu ergreifen. In dem Zwiespalt zwischen den Klagen der Anhänger des Vereins *Beytar*, die ihm politisch und ideologisch nahestanden und ihn drängten, die Baulizenz zu unterzeichnen, und der Aufdringlichkeit ultraorthodoxer Kreise, seiner Koalitionspartner, die sich auf ihren ursprünglichen Einwand besannen, auch in der neuen Gegend würde ein Stadion zu einer untragbaren Entweihung des Schabbat führen, hielt sich Shamir an verschiedenen Argumenten fest, um ja nicht unterschreiben zu müssen. Eine seiner Behauptungen war, das Stadion stelle einen ökologischen Störfaktor dar, der die Lebensqualität in den Stadtteilen Malha und Katamon beeinträchtigen würde. Auch unsere Drohung, uns erneut an den Obersten Gerichtshof zu wenden mit der Klage, daß man sich an seine Rechtsprechung nicht hielt, konnte Shamir nicht beeindrucken.

In der Zwischenzeit wurde ich mit Beschwerden der Ultraorthodoxen überhäuft, denen Shamir mit der Verzögerung seiner Unterzeichnung Gelegenheit gab, den Kampf wieder aufzunehmen. Man brachte mir Urteile berühmter rabbinischer Autoritäten, die besagten, der Schabbat dürfe auch im Stadtteil Malha nicht entweiht werden. »Geht aus Jerusalem raus!« schlugen sie vor. »Baut das Stadion in angemessener Entfernung, beispielsweise in Beth Shemesh.« Ich erwiderte: »Na fein! Darf man in Beth Shemesh den Schabbat also entweihen? Wohnen dort etwa keine religiösen Juden?«

Und noch einen Ratschlag erteilten sie mir: »Sollen sie doch wochentags ihren Fußball spielen! Nicht gut? Sie werden keine Zuschauer haben? Warum spielen sie dann nicht am Samstagabend!

Was? Es würde noch ein bißchen was kosten, eine Beleuchtung zu installieren, damit sie in der Dunkelheit spielen können? Lohnt es sich etwa nicht, in die Bewahrung der Heiligkeit des Schabbat zu investieren?!«

Ich hatte nichts gegen eine Flutlichtanlage einzuwenden. Ich war dafür, eine moderne Anlage auch nach Sonnenuntergang zu nutzen. »Ich werde mich um eine Flutlichtanlage kümmern«, sagte ich, »aber die Sportvereine werden allein entscheiden, ob bei Tageslicht oder am Abend gespielt wird.«

Wir haben unsere Motive verteidigt. Die Anhänger von *Beytar* machten mobil, verschiedene Funktionäre schickten Nachrichten an Shamir – aber er blieb hart.

Die Zeit verging. Inzwischen erhielt ich eine neue Schenkung für das Stadion, und ich spürte, wenn wir nicht bald mit den Arbeiten beginnen würden, würden wir auch diese Gelegenheit verpassen. Ich gab Anweisungen, mit den Maßnahmen anzufangen, für die man keine Baugenehmigung benötigte. Wir machten uns daran, einen speziellen Rasen auszusäen, der für eine Sportanlage erforderlich ist. Das konnte uns niemand verbieten. Wenn wir trotz der Entscheidung des Obersten Gerichtshofes kein grünes Licht für den Bau von Tribünen erhalten würden, sagte ich, würde die Anlage in Malha zur Not als Trainingsplatz dienen.

Erst nachdem mir klargeworden war, daß alle Möglichkeiten ausgeschöpft waren und Shamir an seiner Weigerung zu unterzeichnen festhielt, griff ich zu einer unkonventionellen Methode: Am sechzehnten Juli 1987 demonstrierte ich allein gegenüber vom Büro des Ministerpräsidenten und Innenministers Yitzhak Shamir. Ein höchst kurioses Bild, zugegeben: Der Bürgermeister von Jerusalem steht allein vor dem Büro des Ministerpräsidenten und hält ein Transparent in die Höhe, auf dem geschrieben steht: »Die Bürger der Hauptstadt Israels haben nach einer vor Jahren eingegangenen Verpflichtung das Recht auf ein Stadion, das von der Unterschrift des Innenministers und Ministerpräsidenten abhängig ist – Viel Spaß beim Unterschreiben!« Passanten hielten an und stellten Fragen. Ich gab Erklärungen ab. Nein, der Ministerpräsident machte sich nicht die Mühe, zu mir herauszukommen. Er schickte nicht einmal einen Beamten nach draußen. Man kann annehmen, daß meine Aktion eine gewisse Wirkung bei ihm hinterließ, aber vermutlich waren es zwei andere Gründe, die schließlich den Ausschlag gaben: Die Befürchtung, wir könnten uns erneut an den Obersten Gerichtshof wenden, und der Zorn Tausender von *Beytar*-Fans in Jerusalem. Schließlich sind sie das Wählerpotential des *Likud*, und es war unerläßlich, sie bei Laune zu halten und nicht zu verärgern, zumindest war dies gleichrangig mit der Pflege der guten Beziehungen zu den religiösen Koalitionspartnern.

Schließlich wurde der Bauantrag unterzeichnet. Das Stadion wurde in einem angemessenen Tempo gebaut. In der Fußballsaison 1992 hat es seine Tore geöffnet. Im Gegensatz zu früheren Prognosen vermißt niemand den YMCA. Wenigstens darin unterscheiden sich die Bürger Jerusalems keineswegs von anderen Zeitgenossen: An verbesserte Bedingungen gewöhnen sie sich schnell; nur das Gegenteil gestaltet sich bisweilen schwierig.

Die Universität der Mormonen

In der Regel bin ich der Meinung, daß ein kluger Mensch den Versuch unterlassen sollte, vorauszusagen oder vorauszuahnen, wie uns die Geschichte einmal beurteilen wird. Die Geschichte hat ihre eigenen Mechanismen, ihre eigenen Maßstäbe und ihre eigene Methode, Situationen, Ereignisse und Menschen zu analysieren und zu bewerten. Der zeitliche Abstand verleiht dem historischen Urteil die Möglichkeit, Prozesse zu erkennen und den Einfluß von Positionen und Aktivitäten einzuordnen, während unsere tägliche Verstrickung in das Geschehen uns daran hindert, ihnen mit der nötigen Objektivität gegenüberzutreten. Dennoch wage ich zu behaupten, daß einer der grundlegenden Maßstäbe – vielleicht auch der wichtigste –, nach dem uns die Geschichte beurteilen wird, unser Verhältnis zu den Minderheiten in Israel sein wird. Trotz der ganzen bekannten Problematik, trotz des unendlichen Leides, welches das jüdische Volk über Generationen hinweg erfahren hat, möglicherweise sogar gerade wegen dieses Leides, werden wir gemessen werden an dem Maß an Toleranz, das wir den verschiedenen Minderheiten in Israel unter unserer Souveränität entgegengebracht haben. Die Versuche, den Bau der Universität der Mormonen in Jerusalem zu verhindern, werden in der historischen Beurteilung, der die jüdische Toleranz gegenüber Anhängern fremder Religionen unterzogen werden wird, nicht gerade als Glanzleistung erscheinen.

Aus meiner Sicht ist ein verständnisvolles Verhältnis zu einer Minderheit, zu jeder Minderheit, zu jeder Weltanschauung, ein Ausdruck von Stärke. Der Versuch, Minoritäten einzuengen, zu verletzen, ihr Existenzrecht und ihre Weiterentwicklung zu beschneiden, ist ein Zeichen von Schwäche und Unsicherheit, dem Erbe aus einer Ära, in der wir selbst als Minorität in der Diaspora lebten.

Ich muß wohl nicht ausdrücklich erwähnen, daß in Utah, USA, dem Zentrum der Mormonen, ein Jude so häufig zu seiner Synagoge gehen und beten kann, wie es ihm gefällt. Würden die Mormonen in Utah, Gott behüte, dieses Recht anzweifeln oder die Schließung einer Synagoge fordern, beziehungsweise den Bau einer neuen Synagoge verhindern, würden die Juden in den Vereinigten Staaten, mit nachdrücklicher Ermutigung durch die israelische Regierung, gemeinsam mit jüdischen Organisationen in der ganzen Welt und auch breiten Kreisen von Nichtjuden den »mormonischen Antisemitismus« mit allen erdenklichen Worten des Protestes verurteilen.

Die Mormonen, die eine herzliche, von Sympathie geprägte Beziehung zu Israel hegen, pflegten zehn Jahre lang junge Anhänger ihrer Religion nach Israel zu schicken und im Kibbuz Ramat Rahel unterzubringen, damit sie das Heilige Land kennenlernten.

Zu keinem Zeitpunkt habe ich darin eine missionarische Absicht gesehen. Als sie im Jahre 1968, ein Jahr nach dem Sechs-Tage-Krieg, zu mir kamen und um die Erlaubnis baten, in Jerusalem eine Abteilung ihrer Universität in Utah zu bauen, sah ich darin nichts Negatives und kam nicht auf den Gedanken, daß man dies unterbinden sollte. Sie fügten hinzu, jedes Jahr würden sie rund einhundertfünfzig Studenten nach Israel schicken, damit sie das Land kennen- und schätzenlernen. Wenn sie nach Utah zurückkehrten, hätten wir ausgezeichnete Botschafter in ihnen.

Das Anliegen schien mir damals leicht realisierbar. Ich habe die Hindernisse, die ihm im Wege stehen sollten, nicht vorausgesehen. Die Mormonen waren mit sämtlichen notwendigen Empfehlungsschreiben ausgestattet und konnten ein gutes »Führungszeugnis« vorweisen. Der israelische Konsul in Los Angeles, in dessen Zuständigkeitsbereich Utah liegt, sparte nicht mit Lob über die Mormonen. Er beschrieb sie als Freunde Israels und brachte seine Meinung zum Ausdruck, ihre Universität in Jerusalem verstärke die freundschaftlichen Bande und diene der Sache Israels. Dies teilte er dem damaligen Außenminister Yitzhak Shamir mit, der von der Idee sogar begeistert war. Der Erziehungsminister Zevulon Hamer hörte aus dem Munde von Leuten, deren Meinung er hohen Wert beimaß, die Universität sei hervorragend und gehöre zu den besten der USA.

Wir sagten den Mormonen, was wir seinerzeit allen in Jerusalem aktiven christlichen Gruppen gesagt hatten, nämlich daß das jüdische Volk in seinem Land eine Sache nicht ertragen könne – eine missionarische Tätigkeit mit dem Ziel, die Juden von ihrer Religion abzubringen. Nachdem wir sechs Millionen Angehörige unseres Volkes im Holocaust verloren haben, können wir keinem Versuch, unserem Volk weitere Seelen zu rauben, mit Toleranz begegnen.

Die Mormonen versicherten uns schriftlich und mündlich, daß sie weit entfernt von jeglicher diesbezüglichen Absicht seien. Im Zentrum der Mormonen, in Utah, seien gar Mormonen zum Judentum konvertiert, aber es sei noch nie vorgekommen, daß Juden zu Mormonen geworden wären.

Zunächst verlief alles ganz harmonisch. Die Mormonen suchten nach einem geeigneten Standort für ihre Universität und beschlossen, ein Grundstück zwischen dem King-David-Hotel und der schottischen Kirche zu erwerben, ein Areal, das zum damaligen Zeitpunkt im Besitz der griechisch-orthodoxen Kirche war und auf dem heute ein wunderschöner Garten grünt. Keine gute Idee – erklärten wir ihnen. Wenn ihre Universität sich im Zentrum der Stadt befände, wäre zu erwarten, daß sie Opfer der Anschuldigungen und Kritik von seiten jüdischer Gruppen würden, und auch wenn wir uns mit dieser Kritik nicht identifizierten und ihnen behilflich wären, diese abzuwenden, so würden sie dennoch in ununterbrochene Konflikte verwickelt.

Sie hörten uns an und verstanden. Sie suchten weiter und fanden ein anderes Grundstück in der Nähe des Auguste-Victoria-Hospitals. Dieses Anwesen war Eigentum der israelischen Bodenverwaltung und wurde den Vertretern der Mormonen aufgrund der Empfehlungen von Shamir, Hamer und meiner Wenigkeit zu den allgemein üblichen Pachtbedingungen überlassen.

Die Mormonen zahlten, ließen einen Bauplan erstellen, erhielten von den verschiedenen Kommissionen sämtliche erforderlichen Genehmigungen und hatten die Absicht, mit dem Bau zu beginnen.

Erst jetzt, in dieser späten Phase, wurden ultraorthodoxe Juden aus verschiedenen Gruppierungen wach und ließen ihren Protest verlauten: »Sie werden die Kinder Israels zur Taufe zwingen! Man darf sie hier nicht hereinlassen! Sie sollen sich von Jerusalem, der Heiligen Stadt, fernhalten!« und noch mehr Einwände der gleichen Art. Den Mormonen half ihre Zusage, nicht missionarisch aktiv zu werden, nicht im geringsten.

Da nun eine Baugenehmigung, die von offizieller Seite erteilt wurde, wie ein Gesetz gilt und keinerlei Möglichkeiten bietet, zurückgenommen zu werden, bildete sich in der Knesset eine Initiative, rückwirkend ein Gesetz zu erlassen, das die Genehmigung annullieren sollte, nachdem sie sich bereits in Händen der Mormonen befand.

Yosef Burg, Yitzhak Shamir und Zevulon Hamer, die zuvor der Idee einer mormonischen Universität mit Sympathie begegnet waren, hüllten sich in Schweigen. Niemand machte den Mund auf. Schließlich gibt es nichts Wichtigeres als den Zusammenhalt der Koalition.

Ich verfolgte die Entwicklung mit dem Gefühl großer Sorge. Die Idee des rückwirkenden Gesetzes und den Versuch, die Genehmigung aufzuheben, lehnte ich strikt ab. Ich erklärte, ein solches Vorgehen würde uns schweren Schaden zufügen.

An die Spitze der Kämpfer für die Aufhebung der Genehmigung stellte sich der Rabbi aus Gora. Mehrmals sandte er mir Boten mit der Forderung, ich solle für die Annullierung der Genehmigung eintreten. Ich antwortete: »Kommt nicht in Frage! Dies würde uns und den Juden in der Welt schaden.«

Bisweilen hatte ich das Gefühl, in diesem Kampf allein zu stehen. Sogar von meinen Fraktionsfreunden im Stadtrat erhielt ich keine nennenswerte Unterstützung. Immer wieder, wie in anderen Zusammenhängen auch, hörte ich das törichte Gemauschel hinter meinem Rücken: Wofür kämpft Teddy? Was ist an diesen Mormonen schon so wichtig? Und immer wieder, wie bei anderen Angelegenheiten auch, gab ich zur Antwort: »Es geht nicht um die Mormonen. Nicht für sie kämpfe ich. Die Juden sind es, die mir am Herzen liegen. Unser Ansehen in der Welt. Unsere Toleranz gegenüber anderen Religionen. Die Notwendigkeit, die Wahrheit zu sagen. Die Verteidigung unserer Erklärung, unter israelischer Souveränität sei in Jerusalem freie Religionsausübung möglich.«

Aber die Gegner hielten an ihrer Opposition fest. Auch die folgende Begründung hat sie von ihrer Position nicht abrücken lassen. Ich sagte, wer befürchte, daß für die Juden in ihrem Land, nachdem sich all unsere nationalen Wünsche erfüllt haben, die mormonische Universität eine Gefahr der Missionierung bedeute, beflecke unser Volk. Der glaube nicht an unsere geistige Kraft. Der bezichtige uns der Anfälligkeit für fremde Einflüsse und stelle damit ferner seine eigene Ghettomentalität und Schwäche unter Beweis.

Zu guter Letzt wurde der Streit beigelegt. Es gelang nicht, ein rückwirkendes Gesetz durchzusetzen, die Genehmigung wurde nicht zurückgenommen. Die Universität steht auf ihrem Platz. Gemäß ihrem Versprechen sind die Mormonen nicht missionarisch tätig. Nicht ein Jude wechselte die Religion und wurde Mormone. Das hohe Studienniveau der mormonischen Institution brachte ihr einen guten Ruf in der Welt ein. Die Beziehung zu Jerusalem verleiht der Universität eine zusätzliche Dimension an Ehre und Prestige. Die besten jungen Mormonen aus Utah und aus anderen Gegenden kommen im Rahmen ihres Studiums nach Jerusalem. Die positiven Erwartungen haben sich erfüllt. Die Ängste wurden nicht bestätigt. Darüber hinaus ist die Zusammenarbeit zwischen einem Jerusalemer und einem amerikanischen Architekten gelungen. Aus architektonischer Sicht ist das Gebäude vielleicht das schönste, das in den letzten zehn Jahren in der Stadt gebaut wurde.

Ein neues Heim für die Stadtverwaltung

Am ersten Dezember 1965 trat ich meinen ersten Arbeitstag als Bürgermeister von Jerusalem an, ein wenig zaghaft, nicht sicher, ob diese Aufgabe auf mich zugeschnitten war und ich auf sie. Beamte luden Stapel von Akten auf meinen Schreibtisch. Eilsachen, dringende Angelegenheiten und Fragen, deren Lösungen bereits mehrfach verschoben worden waren, öfter als es die geduldigste Bürokratie hinnehmen konnte. Im Laufe der folgenden Jahre lernte ich, daß es in Jerusalem grundsätzlich keine normalen Probleme gibt, die Aufschub dulden. Alle Probleme brennen unter den Nägeln. Alle Nöte sind akut. Und jeder Fall, den du heute nicht gelöst hast, nimmt morgen neue Dimensionen an, die noch brenzliger, noch drückender sind und die Chancen für eine vernünftige Lösung verringern.

Die Regel: »Löse niemals alle Probleme gleichzeitig! Gehe schrittweise vor, und am Ende des Tages wirst du erkennen, daß es dir gelungen ist, viele Probleme aus der Welt zu schaffen« ist mir seit vielen Jahren bekannt. Für Jerusalem ist sie jedoch nicht unbedingt zutreffend und auch nicht immer realistisch. Noch mehr als das. Was jeder Manager aus eigener Erfahrung für die Wirtschaft bestätigen kann, ist auch für Jerusalem gültig: Bisweilen löst du mit großem Aufwand ein Problem, aber bevor du mit der Lösung und dem Resultat zufrieden bist, erfährst du, daß fünf weitere Probleme entstanden sind, manchmal jedes einzelne schwerwiegender als das, welches du gerade bewältigt hast.

Unter anderem fand ich in meinen ersten Tagen in der Stadtverwaltung einen detaillierten Plan zur Beseitigung der räumlichen Enge vor. Die Bedingungen waren in der Tat äußerst ungünstig. Zu viele Beamte traten sich in dem kleinen, engen Rathausgebäude auf die Füße. Die Arbeitsbedingungen behinderten Angestellte und

Bürger, die Dienstleistungen in Anspruch nehmen mußten, oder die kamen, um ihre Steuerschulden zu begleichen.

Der Plan für das neue Rathaus stieß mich vom ersten Augenblick an ab. Es bestand die Absicht, ein hohes, mehrstöckiges Gebäude an der Stelle hochzuziehen, an der sich jetzt das Sheraton-Plaza-Hotel befindet. Ich konnte denen nachempfinden, die das Rathaus lieber in angemessener Entfernung von den Gefahren der Grenze gesehen hätten. Schließlich befand sich das alte Gebäude auf der Nahtstelle zwischen dem jüdischen Jerusalem – dem westlichen – und dem arabischen Jerusalem – dem östlichen. In Krisenzeiten, was für die Jahre 1948 bis 1967 häufig zutraf, stand das Rathaus oft in der Schußlinie und war Zielscheibe für Heckenschützen. Durch die Nähe zu den jordanischen Stellungen stand das Gebäude immer wieder an vorderster Front. Dies war unangenehm für die Angestellten und auch für die Bürger, die zu ihrer städtischen Behörde mußten. In der der Altstadt zugewandten Mauer haben wir bis zum heutigen Tag die Löcher belassen, die jordanische Kugeln hineingeschlagen haben.

Das Argument der Planer, es sei wichtig, das Rathaus aus der Gefahrenzone an einen sichereren Ort im Zentrum zu verlagern, enthielt eine Portion Ungeduld und Kurzsichtigkeit. Ich glaubte fest daran, daß die Zweiteilung der Stadt ein provisorischer Zustand sei. In einer der ersten Sitzungen des Stadtrates sagte ich: »Diese Mauer wird fallen. Unser Rathaus wird nicht immer auf der Grenze zwischen zwei Städten stehen, sondern im Zentrum einer vereinten Stadt.« Ich hatte keine Ahnung, daß meine Worte sich so schnell bewahrheiten sollten. Wir befanden uns etwa eineinhalb Jahre vor dem Sechs-Tage-Krieg. Sich über die Stadtverordneten, die erstaunt die Augenbrauen hoben, zu ärgern, hatte keinen Sinn.

Außerdem war ich der Meinung, daß eine Verlegung des Rathauses von der Demarkationslinie zum Zentrum des hebräischen Jerusalem eine gewisse Anerkennung der Teilung der Stadt bedeute und daß darüber hinaus ein Rückzug von der Grenze und der Gefahr den Bürgern einen negativen Eindruck von Feigheit vermittle und ihnen signalisiere: »Haltet euch fern von hier! Zieht nicht nach Jerusalem! Achtung – Grenze! Achtung – Gefahrenzone! In Tel

Aviv oder in Haifa ist das Leben sicherer. Die Stadtverwaltung bringt sich in Sicherheit. Geht auch in Deckung!« Zur damaligen Zeit lebten Neueinwanderer entlang der Grenzlinie, von Shmu'el Hanavi durch Musrara bis nach Kiryat Hayovel, das weit abseits lag. Sie an der gefährlichen Grenze zurückzulassen, während die Stadtväter beschlossen, sich an einen sicheren Ort zu bringen, war in meinen Augen verwerflich.

Darin lag der Hauptgrund für meine Ablehnung des Planes, jedoch nicht der einzige. Das neue Gebäude sollte vierundzwanzig Stockwerke erhalten. Nach meinem Empfinden sollte ein Rathaus nicht alle übrigen Häuser überragen. Dies würde einer überflüssigen Hervorhebung gleichkommen, so, als ob die Stadtverwaltung, ihr Oberhaupt und ihre Beamten mit einem hochmütigen Blick von oben herab auf die Stadt und ihre Bürger schauten.

Was ich nicht voraussehen konnte, war das rapide Wachstum der Stadt und ihrer Bevölkerung. Bereits im Jahre 1965 hatte sich die Bevölkerung im Vergleich zur Einwohnerzahl vor der Teilung 1948 verdoppelt. Damals hatte die ganze Stadt rund einhundertvierzigtausend Einwohner. Nach der Teilung blieben etwa siebzigtausend auf jeder Seite. Niemand konnte 1965 ahnen, daß 1993 in Jerusalem rund sechshunderttausend Menschen leben würden, eine Zahl, die der Anzahl der Juden in ganz Israel zur Zeit des Abzugs der Briten und der Staatsgründung im Mai 1948 entspricht. In Anbetracht dieses Wachstums kann man heute mit Sicherheit sagen, wenn der Plan realisiert worden wäre und heute anstelle des Hotels Sheraton-Plaza das Rathaus in die Höhe ragte, wäre dies bereits zu eng und zu klein, um sämtliche städtischen Abteilungen zu beherbergen. Wir hätten viel Geld und Mühe in eine Übergangslösung für wenige Jahre investiert und wären erneut gezwungen gewesen, die Büros der Stadtverwaltung an verschiedenen Standorten unterzubringen oder einen neuen Bau zu errichten. Nicht nur, daß die Stadt sich ausgebreitet hat – die Stadtverwaltung hat auch ihren Arbeitsbereich erweitert. Sie ist für Angelegenheiten zuständig, die früher in den Bereich der Mandatsregierung fielen: Erziehung, Gesundheit, kulturelle Aktivitäten, Freizeitangebote und noch vieles mehr. Die Büros der Stadtverwaltung waren über sämtliche Stadtteile verteilt.

Ich habe also den Plan abgelehnt und begonnen, einen neuen Plan auszuarbeiten. Wir veräußerten das Gelände, auf dem heute das Hotel Sheraton-Plaza steht. Die Hoteleigentümer hatten den Vorteil, daß ihr Plan, für ein vielstöckiges Gebäude, bereits genehmigt worden war. Nach diesem Plan wurde das Hotel schließlich gebaut, ohne daß die Betreiber sich erst um die Genehmigung bemühen mußten.

Wir kauften für unsere Zwecke ein Grundstück in Migrash Harusim, in der Nähe des alten Rathauses. Dort weihten wir am achtundzwanzigsten Juni 1993 das neue Stadtverwaltungsviertel und den wunderschönen Platz mit dem Namen Safra ein.

Aber ich greife vor. In dieser frühen Phase konnte ich nur die Annullierung des ersten Planes für das Rathaus auf dem Gelände des jetzigen Hotels erreichen. Die Zeit, sich energisch für den Bau des neuen Rathauses in Migrash Harusim einzusetzen, war noch nicht reif. Der Sechs-Tage-Krieg und die Vereinigung der Stadt im Juni 1967 hatten die Prioritäten grundlegend verändert und die Pläne für den Rathausbau auf die unterste Stufe der Dringlichkeitsskala verbannt. Zahlreiche unvorhersehbare, teilweise gravierende und dringende Probleme erhielten Vorrang: die Restaurierung des Jüdischen Viertels in der Altstadt; die dringliche Sorge um die Synagogen der Altstadt; die Wasserversorgung für alle arabischen Bürger; die Sanierung des Abwassersystems. Dazu kamen die gewöhnlichen Belange Jerusalems im sozialen Bereich, bei Schulen und Erziehungseinrichtungen, Straßen, Gehwegen und Begrünungen. Obgleich ich der Meinung war, daß auch die Stadtverwaltung eine würdige Unterkunft benötigte und verdiente, stand mir der Sinn nicht danach. Die Kasse war wie üblich leer, und der Finanzbedarf war wie gewöhnlich gigantisch.

Auch nachdem wir das Areal an das Hotel Sheraton-Plaza verkauft hatten und in einem Tauschhandel mit der Bodenverwaltung das Gelände in Migrash Harusim erworben hatten, bestand weiterhin die Absicht, dort ein hohes Rathaus zu errichten mit sechzehn oder achtzehn Stockwerken. Ich war dagegen gewesen, als es um das Grundstück des Sheraton-Plaza ging, und war auch nicht dafür, als es um Migrash Harusim ging.

Überhaupt, nach dem Sechs-Tage-Krieg überkam viele eine Art Neigung zur Megalomanie: Wir hatten die Stadt wiedervereinigt, nun mußte eine große, hochragende Stadt her. Ich argumentierte, daß eine solche angeberische Atmosphäre nicht zu Jerusalem passe. In Jerusalem müsse man bescheiden bauen, wie es dem traditionellen Geist seiner Bürger entspreche, und dürfe nicht protzen mit überflüssigem Prunk.

Nach dem Zweiten Weltkrieg hatten die Briten das Gesetz außer Kraft gesetzt, wonach es in Jerusalem nur erlaubt war, mit Stein zu bauen. Das Hauptmotiv der Briten war der Mangel an Arbeitskräften.

Auch nach dem Abzug der Briten verfolgten die israelischen Behörden den gleichen Weg – Betonblocks anstelle von Steinbauten, auch in Jerusalem. Die hauptsächliche Rechtfertigung für diese billigere und schnellere Bauweise war die große Einwanderungswelle. Mit meinem Amtsantritt setzte ich mich vehement für zwei Änderungen ein. Die erste konnte ich durchsetzen: Wir ließen das alte Gesetz wieder wirksam werden, wonach in Jerusalem nur mit Stein gebaut werden darf. Mein zweites Anliegen, nämlich den Bau von Hochhäusern weitgehend zu verhindern, wurde erst nach der Wiedervereinigung mit Erfolg gekrönt, als plötzlich große Baugrundstücke zur Verfügung standen. Auch dann konnten wir offiziell erteilte Baugenehmigungen, die Bauherren und Investoren bereits in Händen hielten, nicht mehr rückgängig machen. Aber bei den Plänen, an denen wir noch etwas ändern konnten, haben wir nicht mit Mühe gespart. Beim Laromme-Hotel ist es uns beispielsweise gelungen, fünf Stockwerke zu streichen. Wir entschädigten den Hoteleigentümer durch ein zusätzliches Grundstück. Auf dem Areal des heutigen Liberty Bell Gardens sollten nach dem ursprünglichen Plan sieben Hochhäuser entstehen. Wir verwarfen das Projekt, und nur ein Gebäude, das bereits im Bau war, wurde fertiggestellt. Zu Ehren des zweihundertsten Jahrestages der Gründung der USA stellten wir in der Mitte des Gartens ein Modell der amerikanischen Freiheitsglocke in Philadelphia auf. Auf der Glocke steht der Satz: »Ihr sollt eine Freilassung ausrufen im Lande für alle, die darin wohnen« (Drittes Buch Moses, 25/10), ein Satz, der einen gemeinsamen Wert für die USA und uns repräsentiert. Dort ist ein wunderschöner Park entstanden, voller Aktivitäten, ein wichtiger Treffpunkt für die verschiedenen Bevölkerungsgruppen der Stadt: Nichtreligiöse und Religiöse, Juden und Araber. Es gibt Musik und Puppenspiel und auch ein kleines Theater. Es ist eines der lebendigsten kulturellen und gesellschaftlichen Zentren der Stadt.

Parallel zu der beeindruckenden Zunahme der Einwohnerzahl und der Ausweitung der städtischen Dienstleistungen wuchs die räumliche Enge in den Büros der Stadtverwaltung. Es blieb uns nichts übrig, als Räume an vielen verschiedenen Standorten in der Stadt anzumieten, um dort Behörden und Ämter unterzubringen. In der letzten Phase vor dem Umzug in das Stadverwaltungsviertel waren die Büros auf dreißig verschiedene Orte verteilt. Diese Streuung hatte keinerlei Vorteile – weder für die Kasse der Stadt, die die finanzielle Belastung durch Ankauf oder hohe Mieten tragen mußte, noch für die Effizienz der Arbeit in den Ämtern, deren Abgeschnittensein vom Zentrum und deren räumliche Distanz untereinander das zentrale Abwickeln der Dienstleistungen und die Erhaltung ihres Leistungsstandes erschwerten. Mit Sicherheit machte sie auch den Bürgern der Stadt das Leben schwer, die gezwungen waren, sich von Büro zu Büro die Füße wund zu laufen, statt ihre Angelegenheiten zentral erledigen zu können.

Die Zeit war also gekommen, den Plan in die Tat umzusetzen und das Stadtverwaltungsviertel in Migrash Harusim zu realisieren. Unser Plan basierte auf einer Kombination aus der Restaurierung alter Bausubstanz und dem Bau zweier neuer Gebäude. Der Architekt der Stadtverwaltung, Amnon Niv, reichte den ersten Plan ein. Er war ästhetisch und funktionell. Als ich mich daranmachte, die am besten geeignete Baufirma für den Bau des Komplexes zu suchen, tat sich das Unternehmen der Brüder Reichman, Juden aus Kanada, positiv hervor. Rund acht Bauunternehmen bemühten sich um den Zuschlag. Ohne Berücksichtigung persönlicher Gefühle und der Tatsache, daß es Juden waren, ohne jegliche Erwartung von Spenden und Preisnachlässen, sondern nur in Erwägung ihrer Fähigkeiten und ihrer Leistung unter Einhaltung der zeitlichen Vorgabe, erteilten wir der Firma Reichman den Auftrag für das Projekt. Auf eigene Initiative, mit unserem Einverständnis, sandten die Reichmans einen eigenen, erfahrenen Architekten, Jack Diamond, einen gebürtigen Südafrikaner, der sich in Kanada niedergelassen hatte und über große Erfahrungen in der Planung und dem Bau von Bürohäusern verfügte. Nach ausgiebigen, ausgedehnten Ortsbesichtigungen und der Analyse der Bedürfnisse des Stadtrates und des Umfanges der benötigten Büroräume reichte Diamond einen eigenen Plan ein, der sich ein wenig von dem Amnon Nivs unterschied. Aus beiden Plänen wurde einer gemacht, der schließlich zur Durchführung kam. Und so wurde ein persönlicher Traum wahr, den ich noch im Oktober 1966 in einem Brief dem Architekten Mansfeld beschrieben hatte: »Wie ich Dir erzählt habe, träume ich davon, den Platz vor dem bestehenden Rathaus zu einem zentralen Rathausplatz umzugestalten, um den sich sämtliche Ämter der Stadtverwaltung gruppieren. Es liegt in der Natur der Sache, daß ich mich damit zuerst an Dich wende, da Du den ersten und zweiten Preis für die Gestaltung des ursprünglich geplanten Rathauses erhalten hast.«

Mit Beginn der Bauarbeiten und mit dem Fortschreiten des Projektes wurde der Liquiditätsbedarf immer dringlicher. Zu den handelsüblichen Bedingungen hatten wir von der Firma Reichman Kredit erhalten und begannen, städtisches Eigentum zu veräußern, Grundstücke und Büroräume, die wir in all den Jahren benötigt hatten, um die Stadtverwaltung unterzubringen.

Die Erfahrung, die wir mit dem Jerusalemer Regierungsviertel gesammelt hatten, kam uns jetzt zu Hilfe. Das Regierungsviertel ist sehr gelungen. Bequeme Zugangswege verbinden es mit Hauptstraßen. Es ist voller Leben, jedoch nur von acht Uhr morgens bis zwei oder drei Uhr nachmittags. Von dem Augenblick an, an dem die Ministerien schließen und die Beamten nach Hause gehen, liegt das Viertel verlassen da. Ich sage dies nicht mit kritischem Unterton, sondern nur, um die Situation objektiv zu beschreiben. Daraus folgt, daß zwei Drittel des Tages das ganze Areal, auf dem das Regierungsviertel errichtet wurde, nicht voll genutzt ist. Die Planung hat dies zu verantworten. Jerusalem verfügt, zumindest im Zentrum, nicht über genügend Grund und Boden, um ein solches Gelände nur ein Drittel des Tages zu nutzen.

In das Stadtverwaltungsviertel haben wir viel Energie investiert, um Vergeudung so weit wie möglich zu vermeiden und das Areal viele Stunden am Tag effizient zu nutzen. Das städtische Viertel wird belebt durch Geschäfte, Cafés und Restaurants. Zusätzlicher Profit aus dem Verkauf und der Verpachtung der gewerblich nutzbaren Flächen wird in die Kassen der Stadtverwaltung fließen. Das hilft uns, die Last der Baukosten zu tragen.

Jeder, der bisher den wunderschönen Platz mit den renovierten und neuen Gebäuden betrat, war voll des Lobes. Das Viertel ist eine Augenweide. Aber ohne Hiebe von seiten der Opposition geht es selbstverständlich im Jahr der Kommunalwahlen nicht: »Zu teuer! Zu großspurig!« sagen böse Zungen. Die Opposition ist für eine Demokratie unerläßlich. Öffentliche Kritik und Presse dienen der Stabilisierung des Systems. Ich bezweifle dies nicht und stelle Recht und Pflicht der Opposition, an den Handlungen der Regierung Kritik zu üben, nicht in Frage. Ich bin nie davon ausgegangen, daß die Opposition mich mit ihrer Kritik schonen würde, weil ich in den vielen Jahren meiner Amtszeit als Bürgermeister auch einige gute Taten zu verzeichnen hatte.

Aber auch für Kritiker gilt, daß Tatsachen, Wahrheitsgehalt und Verhältnismäßigkeit peinlichst genau geprüft werden sollten. Tatsachen kann man nicht ignorieren. Es sind nicht nur Kosten entstanden. Wir haben die Tiefgarage unter dem neuen Viertel an eine Privatfirma verpachtet – und rund vierzig Millionen Dollar für das Nutzungsrecht in den nächsten zehn Jahren sind in unsere Kassen geflossen. Es sind etwa achthundert Parkplätze vorhanden, wobei die meisten davon der Öffentlichkeit zur Verfügung stehen und nur etwa zweihundertfünfzig für städtische Angestellte reserviert sind. Ansehnliche Summen nahmen wir, wie bereits erwähnt, durch den Verkauf städtischen Grundbesitzes ein, der auf zahlreiche Standorte verteilt war. Büros und Gebäude, die über die ganze Stadt verstreut waren, sind überflüssig geworden.

»Megalomanie! Protz!« schreien immer wieder die Kritiker. Man konnte mich nicht beleidigen. Schließlich ist Kritik der Lebensraum und das »Betätigungs«-feld der Oppositionellen. Weil sie in ihrem Leben nichts zustande gebracht haben, bleibt ihnen nichts anderes übrig, als Worte in den Raum zu stellen. Man könnte folgende Einteilung vornehmen: Auf der einen Seite stehen Menschen, die handeln, aufbauen, entwickeln und sich um Ästhetik und Lebensqualität bemühen, und auf der anderen Seite gibt es immer irgendwelche Querulanten. Aber wer bereit ist, das Projekt frei von politischem Kalkül zu betrachten, muß bedenken, daß man ein Verwaltungsviertel nicht für zehn Jahre baut. Auch nicht für zwanzig. Nicht einmal für fünfzig. Wer Europa besucht, kann sich von Rathäusern beeindrucken lassen, die bereits seit Hunderten von Jahren auf ihren Plätzen stehen. Sie wurden im Laufe der Zeit zu historischen Stätten. Sie symbolisieren den Zusammenhang zwischen der Vergangenheit, der Gegenwart und der Zukunft. Sie verbinden die lebenden Bürger mit ihrer historischen Stadt. Sie sind eine Quelle des Vertrauens in die Ewigkeit der Stadt. Die Bürger und ihre Nachkommen, die an den Rathäusern vorübergehen, spüren, daß die historischen Gebäude vor ihnen existiert haben und ewig weiterbestehen werden, über die private Lebensspanne hinaus.

Bei uns gibt es viele Menschen, die das nicht verstehen. Sie sind beherrscht von einem Gefühl der Ungeduld. Die historische Dimension ist ihnen vollkommen fremd. Viele Bürger in Israel, und noch mehr im armen Jerusalem, sind bedrängt und erdrückt von den Nöten der Gegenwart – die in der Tat schwerwiegend und zahlreich sind und deren Bewältigung große seelische Energie erfordert. Sie leben von der Hand in den Mund, denken in kurzen Zeitspannen. Es fällt ihnen schwer, Bedürfnisse und Zeiträume über ihre eigene unmittelbare Reichweite hinaus zu sehen. Diese Art der Kritik um ihrer selbst willen, ohne Prüfung der Fakten, machte auch vor dem wunderschönen Platz im Zentrum des neuen Stadtverwaltungsviertels nicht halt. Hier konzentriert sie sich auf die leere Behauptung, ich hätte den Platz unter Preis an die Familie Safra »verschleudert«, auf alle Fälle für einen geringeren Betrag, als andere zu zahlen bereit gewesen wären, für das Privileg, daß der Platz den Namen ihrer Familie trägt. Diese Behauptung entbehrt jeder Grundlage. Von Anfang an hatte ich zugesagt, für die Finanzierung des Platzes eine Spende in Höhe von zehn Millionen Dollar beschaffen zu können. Ich war von der Notwendigkeit der Anlage eines solchen Platzes überzeugt. In früheren Zeiten war unsere Stadt mit Plätzen gesegnet, wie die Städte in Ost- und Westeuropa. Die bekanntesten Plätze, Menora-Platz und Zion-Platz, sind im Laufe der Jahre verschwunden. Jerusalem brauchte einen weiträumigen Platz für verschiedene Anlässe, Konzerte, kulturelle Veranstaltungen und Unterhaltungsshows. Noch vor der offiziellen Eröffnung haben wir dort zu Versuchszwecken zwei Veranstaltungen organisiert. Beide Male versammelten sich rund fünftausend Leute auf dem Platz, und man hätte noch weitere Menschen unterbringen können. Und auch für Demonstrationen ist er freigegeben. Auch dafür braucht man einen großzügigen Platz. Da Jerusalem die Hauptstadt ist, wollen sich viele Menschen hier versammeln, wenn es um Fragen der Stadt oder auch um israelisch-nationale Belange geht. Ich wollte die Bedürfnisse aller befriedigen, die einen angemessenen und würdigen Platz benötigen.

Der Platz ist tatsächlich von zauberhafter Schönheit. Wir haben den Zeitplan pünktlich eingehalten: Fünf Jahre nach der Grundsteinlegung haben wir den Platz eingeweiht.

Wie versprochen, habe ich einen Sponsor für die Finanzierung gesucht und gefunden. Auf diesem Gebiet bin ich ein wenig bewandert. Du kannst den Bürgern per Gesetz Steuern auferlegen, und die Justiz kümmert sich um jeden, der sie nicht bezahlt. Um Spenden von israelischen Bürgern oder gar von Bürgern aus dem Ausland, kann man nur bitten. Es kommt vor, daß man mit dem vorgesehenen Spender Verhandlungen führen und ihm einen Gegenwert für seine Gabe anbieten muß. Bisweilen muß man vorübergehende Enttäuschungen einstecken, bis eine Übereinkunft getroffen wird: Was gibt der Sponsor dir, und was gibst du ihm. Das ist nicht immer einfach und endet nicht unbedingt mit einem Erfolg. Wer nicht mit Geduld und Ausdauer gesegnet ist, der läßt besser die Finger davon. Wer meint, man müsse nur die Zauberformeln Israel oder Jerusalem aussprechen und schon stecke der Spender die Hand in seine Tasche, ziehe ein Scheckheft heraus, notiere den Betrag und unterzeichne mit dankbarer Miene – der irrt.

Bei meiner Suche nach passenden Sponsoren stieß ich auf die Familie Safra, die zu den größten Privatbankiers der Welt gehört und deren Geschäfte sich auf die ganze Welt erstrecken. Vor nicht allzu langer Zeit sind die vierzig größten Bankiers der Welt in Jerusalem zusammengekommen. Der Vertreter der südamerikanischen Banken war ein Mitglied der Familie Safra – nicht weil ihm in Jerusalem jemand wohlgesonnen war, sondern weil dies der Stellung der Familie Safra in der internationalen Bankwelt entspricht.

Seit Jahren zeigen die Brüder Safra fruchtbares Interesse an der Stadt, aber ihre Taschen öffneten sich bislang nur für Projekte, die eng mit dem Judentum verknüpft waren. Ich sage dies nicht mit einem kritischen Unterton. Für viele Bürger Jerusalems stellen Synagogen eine vorrangige Lebensnotwendigkeit dar, und sie haben einen Anspruch auf die Befriedigung ihrer Bedürfnisse, wie jede andere Bevölkerungsgruppe mit ihren unterschiedlichen Anliegen auch. Die Mitglieder der Familie Safra haben ihre Hilfe nicht verweigert. Ich hatte ein spezielles Abkommen mit ihnen getroffen. Sobald der Bau einer Synagoge mit ihren Mitteln beendet war, begann man sofort mit dem Bau einer weiteren. Drei Synagogen waren bereits von ihnen finanziert worden, und sie waren noch zu weiteren Fördermaßnahmen bereit. Sie hatten auch andere religiöse Projekte unterstützt, aber bis zum damaligen Zeitpunkt noch keine sonstigen öffentlichen Vorhaben. Mit Hilfe ihres Rechtsvertreters in Israel, Rechtsanwalt Yigal Arnon, eines der fähigsten Juristen im Lande, ist es uns gelungen, die Safras zu überzeugen, zehn Millionen Dollar für den Rathausplatz bereitzustellen. Es wurde mit ihnen vereinbart, daß der Platz nach ihrer Familie benannt würde.

Die Opposition erhob kreischend die Stimme: »Kümmerlich! Für den Platz hätte man von anderen Spendern eine wesentlich höhere Summe herausschlagen können als die von der Familie Safra!«

Es gibt kein Thema, das nicht für Kritik offen ist. Diejenigen, welche jetzt schrien, ich hätte den Platz zu billig verkauft, haben alle zusammen in ihrem Leben nicht die geringste Spende für öffentliche Zwecke in Jerusalem organisiert.

Die Beziehung zur Familie Safra birgt gute Chancen für die Zukunft. Die Erfahrung lehrt, daß eine erste Spende, die erfolgreich eingesetzt wurde, zuweilen ein Verpflichtungsgefühl des Sponsors nach sich zieht und seinen Willen, sich stärker zu engagieren. Ich hoffe, daß die Familie Safra noch viele Projekte in Jerusalem fördern und sich nicht davon abhalten lassen wird, ebensowenig wie ich mich von denen entmutigen lassen werde, deren Welt allein die Kritik ist, die sie laut herausposaunen, damit sie Schlagzeilen in den Zeitungen für sich verbuchen können.

Manchmal kommt es mir vor, als ob Kritiker sich verletzt fühlten, wenn genaue Fakten an die Öffentlichkeit dringen. Es ist ihnen ein Anliegen, laute Tumulte auszulösen und die Herzen der Bürger mit erfundenen Geschichten zu erobern. Wenn du die Tatsachen offenlegst, verdirbst du ihnen den Spaß. So geschehen in der Sache des Marmors. »Wozu mußte man für die Gebäude des neuen Viertels italienischen Marmor importieren? Wer braucht einen solchen Luxus, der gigantische Kosten verursacht?« schrien die Kritiker. In der Tat ein Beitrag zur Sache, nur mit einem kleinen Haken, daß nämlich gar kein Marmor da ist! In keinem einzigen der dreizehn renovierten und der beiden neuen Gebäude des Viertels wurde Marmor verwendet.

Mehr als 90 Prozent der Baumaterialien, der Elektro- und sonstigen Installationen sind blau-weiße Erzeugnisse. Wir haben darauf geachtet und hatten auch keine Schwierigkeiten damit. Die in Israel erzeugten Produkte sind hervorragend. Nur ein Problem gab es: die Pflasterung des Platzes. Der Jerusalemer Stein eignet sich nicht als Pflaster. Das Betreten ist unangenehm, und er ist nicht von dauerhafter Stabilität. Wir importierten Granit aus Italien. Er ist angenehm und langlebig und bietet den Vorteil der geringen Rutschgefahr. Für einen Platz, der täglich von Tausenden von Menschen besucht wird, ist dies ein wichtiger Gesichtspunkt.

Das Viertel wurde von der Gesellschaft für die Entwicklung Jerusalems gebaut. Mit der Fertigstellung der dreizehn restaurierten und der beiden neuen Gebäude werden alle Dienstleistungsbehörden und alle Ämter der Stadt zusammengelegt. Der Bürger wird nicht mehr gezwungen sein, zwischen all den über die ganze Stadt verteilten Behörden hin- und herzulaufen. Ich nehme an, daß auch die Regierungsbehörden, die die Bürger Jerusalems direkt bedienen, sich in dem neuen städtischen Viertel niederlassen werden.

All die Jahre hindurch führte ich Umstrukturierungsmaßnahmen in der Stadtverwaltung durch. Ein erheblicher Teil der Neuordnung hatte Modellcharakter für sämtliche kommunalen Behörden. Wir waren die ersten, die eine neue Institution einführten: den Stadtverwaltungsprüfer. Begriff und Tätigkeitsfeld existierten vorher nicht. Zahlreiche Behörden folgten unserem Beispiel, bis die Aufgabe und Kompetenz dieser Kontrollinstanz gesetzlich verankert wurde, die heute in jeder kommunalen Behörde eingerichtet sein muß. Wir waren die ersten, die die hohe Position des Administrators der Stadtverwaltung einführten, dessen Aufgabe es ist, alle Aktivitäten der Stadtverwaltung zu koordinieren. Dies hat sich ohne jeden Zweifel bewährt. Auch das Glück war auf unserer Seite. Wir fanden für den Posten des Administrators die qualifiziertesten und hervorragendsten Leute. Der erste war Roni Feinstein – ein äußerst erfolgreicher Mann, der wertvolle Neuerungen einführte, doppelt besetzte und überflüssige Stellen strich, die Dienstleistungen rationalisierte und positive Normen für den Arbeitsablauf der Stadtverwaltung setzte. Zur Zeit bekleidet Yosi Tal Gan dieses Amt. Er kommt aus den städtischen Behörden und erwies sich als kompetent und effizient.

Die Verwaltung Jerusalems war die erste, die den Erziehungsminister darum bat, das städtische Erziehungswesen selbst übernehmen zu dürfen. Eigens zu diesem Zweck haben wir eine Behörde eingerichtet, die städtische Erziehungsbehörde. Auch sie wurde Vorbild für andere Stadtverwaltungen. Diese Behörde ernennt die Schuldirektoren, unterhält Kontakt zur Elternschaft, legt die Budgets der Schulen fest und kämpft sowohl mit dem Erziehungsministerium als auch mit der Stadtverwaltung um die ständig notwendige Erhöhung der Mittel. Die städtische Erziehungsbehörde ist auch verantwortlich für den Bau von Schulen der verschiedenen Interessengruppen – von nichtreligiösen, städtisch-religiösen, ultraorthodoxen und arabischen Schulen. Der ultraorthodoxe Sektor ist dabei besonders kompliziert und verworren. Bei den Ultraorthodoxen ist der Hang zu Abspaltungen sehr verbreitet. Jeder Rabbiner, jede Gemeinde, jede Gruppierung hat die Tendenz, ihre Besonderheit und ihre spezifische Eigenart zu betonen. Jeder Rabbi glaubt, falls er keine *Talmud*-Schule oder keinen *Heder* für die Kinder seiner Anhänger eröffnet, etwas von seiner Autorität oder von seinem Einfluß auf seine Gemeinde einzubüßen. Ich habe meine eigene Meinung zu den nationalen Auswirkungen dieser Aufsplitterung und Abkapselung, aber es ist eine Tatsache, daß nahezu 50 Prozent der jüdischen Kinder in Jerusalem in den ultraorthodoxen Bildungseinrichtungen in ihren unterschiedlichen Formen unterrichtet werden. Wer befürchtet, daß die Ultraorthodoxen sich unserer Lebensweise bemächtigen und uns ihren Weg aufzwingen wollen, nimmt diese Zahl mit großer Besorgnis zur Kenntnis. Die ultraorthodoxen Schulen bringen keine Menschen mit zionistischem Bewußtsein hervor. Ihre Absolventen erwarten nicht mit Ungeduld den Tag ihrer Musterung für die *Tzahal*. Die Absolventen der *Hadarim* und später der *Talmud*-Schulen, zumindest ein großer Teil von ihnen, bilden nicht die ersten Reihen der Verfechter der Demokratie und der Regeln eines Rechtsstaates. Sie haben andere Loyalitäten und Schwerpunkte, nach denen die Gesetze der *Halaha* und die Urteilssprüche der Rabbiner bindender sind als die Gesetze des Staates Israel und seiner gewählten Organe.

Aber der Zustrom zu den Bildungseinrichtungen der Ultraorthodoxen ist nicht eigentlich Ausdruck einer weitgehenden Identifizierung mit der ultraorthodoxen Weltanschauung. Er ist in erster Linie in den Vorteilen und Verlockungen begründet, die die ultraorthodoxe Erziehung bietet: ein langer Schultag, der die Eltern von der Sorge um die nachmittägliche Betreuung ihrer Kinder befreit. Kostenlose Transporte zu den Schulen und zurück nach Hause. Kostenlose Mahlzeiten. Aufgrund der sozio-ökonomischen Struktur der Bevölkerung Jerusalems fallen diese Anreize entscheidend ins Gewicht. In vielen Familien, traditionell oder nichtreligiös, sind beide Eltern berufstätig. Nur so können sie, wenn oft auch nur knapp, das Einkommen für die großen Familien sichern. Wenn die Kinder erst am Nachmittag aus der Schule kommen, nachdem sie dort bereits gegessen haben, bedeutet das eine große Erleichterung für die Eltern. In der ultraorthodoxen Erziehung finden kaum pädagogische Experi-

Mit Yael Aran von »Na'amat Jerusalem«, der Frauenorganisation der Gewerkschaft

Mit Shlomo Lahat, dem Bürgermeister von Tel Aviv

Mit dem Bürgermeister von New York, David Dinkins

Ausflug ins Jüdische Viertel mit Henry Kissinger, 1978

Mit dem Pariser Bürgermeister Jacques Chirac bei einem Besuch in Jerusalem im Dezember 1984

Mit Jane Kirkpatrick, UN-Botschafterin der USA, 1986

Tamar und Teddy Kollek als Gastgeber von Barbara und George Bush, damals Vizepräsident der USA, im Jahr 1986

Empfang des amerikanischen Außenministers George Shultz bei seinem Besuch im Jahr 1987

Gespräch mit Thorvaldur Gardar Kristjansson, dem Präsidenten des isländischen Parlaments, des ältesten Parlaments der Welt

Mit Heinz Kühn, dem Ministerpräsidenten von Nordrhein-Westfalen

Spaziergang durch Jerusalem mit dem österreichischen Bundeskanzler Franz Vranitzky

Zwei Mitglieder der Jüdischen Gemeinde in Wien gratulieren Teddy Kollek zum 70. Geburtstag

»Wir werden nicht zulassen, daß das vereinte Jerusalem auseinanderbricht.«
Bei einer Demonstration in Silwan gegen die israelische Siedlungspolitik

»Nur eine vernünftige Politik wird die Einheit Jerusalems garantieren.«

Mit der Historikerin Barbara Tuchman bei der Verleihung der Ehrendoktorwürde der Brown University, Providence, Rhode Island, an Teddy Kollek

Bei der Eröffnung der Jerusalemer Cinemathek, mit Lia van Leer

Blick vom Ölberg auf die Stadt. Mit dem Nobelpreisträger Yosef Agnon

In der Cinemathek, mit der schwedischen Schauspielerin Liv Ullmann.
Sie hält das Foto einer inhaftierten sowjetischen Dissidentin,
für deren Freilassung sie sich einsetzt

Mit David McLaughlin, dem Präsidenten des Aspen Instituts für Kultur in den USA

Mit Frank Sinatra

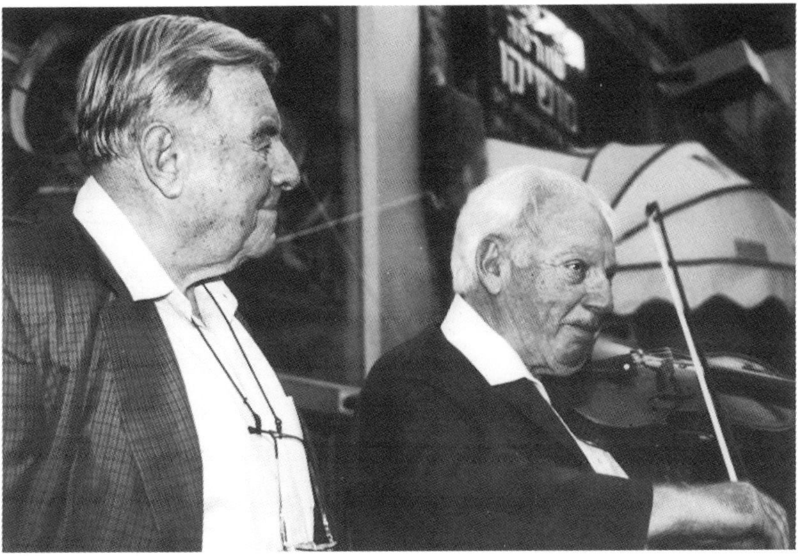

Mit Isaac Stern

Mitglieder einer spanischen Tanztruppe nach ihrem Auftritt in Jerusalem

Mit Pablo Casals und seiner Frau Martita

Galakonzert im Sultanspool. Von links der Flötist Jean-Pierre Rampal, Teddy Kollek, der das Konzert moderierte, der Dirigent Zubin Mehta und die Sängerin Leontyne Price

Eine der seltenen Verschnaufpausen

Im Delphinarium: Spiel mit dem Delphin »Silver«

Mit der sechsjährigen Tochter Osnat

Teddy und Tamar Kollek mit der Enkelin Shira

»Ich liebe ein Gläschen Wein, gutes Essen, erlesene Zigarren...«

Aus dem Familienalbum: Mit Tamar und dem Sohn Amos

mente statt, und der Konservatismus kommt vielen Eltern entgegen. Dort redet man nicht über die Fünftagewoche. Sehr viele Eltern in Jerusalem kommen selbst nicht in den Genuß einer Fünftagewoche. Sie sind nicht Beamte oder Angestellte des öffentlichen Dienstes. Der Plan, die Schulwoche zu verkürzen, beunruhigt sie. Wie sollen sie freitags ihrer Arbeit nachgehen, wenn ihre Kinder zu Hause sind?

Mit großer Mühe ist es uns gelungen, die Einführung der fünftägigen Schulwoche in Jerusalem um ein Jahr hinauszuschieben, noch bevor Erziehungsminister Amnon Rubinstein bekanntgab, daß das gesamte Programm um ein Jahr verschoben würde. Aber die übrigen Anreize, die die ultraorthodoxen Schulen bieten, sind geblieben. Aus dem staatlichen und dem städtischen Haushaltsplan erhalten sie den Anteil, der ihnen zusteht, und hören dennoch nicht auf zu jammern, daß man sie benachteilige. Es gelingt ihnen, zusätzliche Summen aus Spenden zu beschaffen und ihr Angebot an Leistungen zu erweitern. Darüber hinaus begnügen sie sich mit kleineren Gebäuden, mit niedrigeren Gehältern und mit bescheidenerer Ausstattung. Sie investieren weder in die Wissenschaft noch in zeitgemäße Themen. So können sie andere Leistungen finanzieren und gewinnen die Sympathie der Eltern.

Wenn schon die jüdische Erziehung mit so vielen und schwerwiegenden Problemen belastet ist – so gilt dies um so mehr für das arabische Erziehungssystem in Ostjerusalem. Ein Problem, das ich in mehreren Kapiteln dieses Buches bereits angesprochen habe.

Im Laufe der Jahre hat die Gesellschaft für die Entwicklung Jerusalems häufig bewiesen, daß sie ihre unterschiedlichen Projekte pünktlich, schnell, unter Einhaltung der zeitlichen Vorgaben und meist mit erheblichen finanziellen Einsparungen durchführte. So bei der Anlage von Straßen, beim Bau von Gehwegen, bei der Gründung von Schulen und des neuen Zoos, einem der schönsten der Welt, beim Bau des Fußballstadions und noch vielem mehr. Der Vorteil der Gesellschaft ist, daß sie nach streng ökonomischen Grundsätzen handelt, mehr als es die kommunale Gesetzgebung ermöglicht, und daß sie nicht an politische Erwägungen gebunden ist. Die Selbständigkeit der Gesellschaft erregte oftmals die Mißbilligung von Politikern, Stadtverordneten und anderen. Sie fühlten sich übergangen, so, als ob man ihnen Teile ihrer Autorität raube oder ihre Möglichkeiten, ihre eigenen Leute unterzubringen und ihnen gute Jobs zu verschaffen. Wiederholt erinnerte ich an die zwingende Notwendigkeit einer modernen Führung der größten Stadt Israels. Der Stadtrat und seine Verordneten müssen die Aufgaben erfüllen, die die Öffentlichkeit ihnen überträgt – die Erstellung des Haushaltsplans, die Festlegung der Prioritätenskala, die Genehmigung von Plänen. Das Stadtplanungsamt muß die verschiedenen Pläne prüfen, erläutern und an die entsprechenden Kommissionen weiterleiten. Aber die Ausführung muß man den Profis überlassen, die nur die Pflicht vor Augen haben, Pläne optimal zu realisieren, das bereitgestellte Budget nicht zu überschreiten und zwar in kürzester Zeit.

Und noch ein Wort sei gesagt: Die Pflicht, sparsam mit den Geldern der Steuerzahler umzugehen, obliegt meiner Meinung nach jeder Behörde, ob staatlich oder kommunal. Obwohl dies in der Theorie eine selbstverständliche Regel für jeden Minister und jeden Bürgermeister sein sollte, beachten sie nicht alle mit dem nötigen Ernst. Für viele ist sie nur ein Lippenbekenntnis. In Jerusalem gibt es jedoch kaum eine andere Wahl.

Das bescheidene und geringe Einkommen Jerusalems zwingt zur Sparsamkeit – manchmal bis hin zum Geiz. In Jerusalem kommt ein städtischer Angestellter auf einhundertacht Bürger, in Tel Aviv auf eine viel geringere Zahl. Die Angestellten der Jerusalemer Stadtverwaltung behaupten zu recht, daß im Vergleich zu anderen großen Städten Israels mehr von ihnen verlangt und weniger bezahlt wird. Und nicht weniger recht hat ihr »Chef«, der Bürgermeister, mit seiner Erklärung: »Wir haben keine andere Wahl!« Er selbst erscheint auf Platz einundneunzig der Gehaltsstaffel der Jerusalemer Stadtverwaltung. Vor ihm kommt beispielsweise der städtische Veterinär, und das ist auch gut so. Seine Arbeit ist außerordentlich schwierig. Ich könnte sie nicht übernehmen.

Die Wahlen – ob Kommunalwahlen, Parlamentswahlen oder Wahlen für Fachverbände oder ehrenamtliche Organisationen – sind die gängige Ausdrucksform der Demokratie, wenn auch nicht die einzige. Viele Menschen, vor allem wenn sie aus Ländern eingewandert sind, in denen keine Demokratie herrschte, kennen nur die Wahlurnen am Wahltag. Ohne sie zu kritisieren, und selbstverständlich ohne ihr Recht und ihre Pflicht, an den Wahlen teilzunehmen, in Frage zu stellen, glaube ich, daß ein demokratisches System als Lebensform nicht existieren kann, wenn das Wahlrecht das einzige Recht ist, das der Bürger wahrnimmt. Nicht weniger wichtig als dieses Recht ist die Pflicht zum Engagement für eine bunte Palette von Themen und Angelegenheiten des alltäglichen Lebens. Ich meine nicht die großen Entscheidungen in Fragen der Außenpolitik und der Verteidigung und nicht die Wirtschaftspolitik, sondern gerade das, was sich im unmittelbaren Umfeld ereignet. Eine Straße, ein Gehweg, die Straßenbeleuchtung, das Kanalnetz, der Kindergarten und die Schule, die Bürgerbegegnungsstätte und der Kultursaal, das Leben in einer kultivierten Atmosphäre, ein grüner Park zur Erholung und ein Spielplatz für die Kinder.

Engagiert zu sein bedeutet Verantwortung zu tragen, anzuregen, mitzuplanen, Gelder zu sammeln, andere anzuspornen, sich an Aktionen zu beteiligen, und auch die Stadtverwaltung anzusprechen, wenn die Bürger den Eindruck haben, daß sie ihre Aufgaben nicht ordnungsgemäß erfüllt.

Ich war der Meinung, lokale Verwaltungseinheiten mit formellen Befugnissen seien der richtige Weg, um ein breites Engagement der Jerusalemer Bürger zu erzielen. Mit Begeisterung akzeptierte ich entsprechende Vorschläge von Frau Dr. Itzkowitz – einer Expertin in soziologischen Fragen –, als es darum ging, den Stadtteil Talpiot-Ost zu bauen. Als ich begann, die Idee zu verwirklichen, bedrängten mich Gegner von beiden Seiten des politischen Spektrums mit ihren, selbstverständlich konträren, Einwänden. Die Rechten behaupteten erhitzt, ich beschneide die Autorität der Stadtverwaltung und erschüttere Israels Regierungsgewalt über alle Teile Jerusalems durch die Einrichtung arabischer Bezirksverwaltungen. »Wenn man diesen Prozeß erst einmal in Gang setzt«, warnten »Sachverständige«, »wird er kein Ende nehmen. Zunächst werden die arabischen Bezirkskomitees sich mit der Wartung der Kanalisation begnügen, und im Laufe der Zeit werden sie sich, Gott behüte, zu Herrschern über die arabischen Stadtteile entwickeln. Sie werden der israelischen Regierung ihren Willen diktieren, ihr vorschreiben, was erlaubt und was verboten ist, und jedesmal, wenn man sie in ihre Schranken verweist, werden sie einen Schrei ausstoßen, den man von einem Ende der Welt bis zum anderen hören wird, daß Israel den Arabern erneut die Bürgerrechte entziehe.«

Viele dieser Kritiker, die große Sorge um Israels Vormachtstellung vorgeben, haben keine Lösung parat, wie man diese Position unter Verzicht auf Gewalt sichern kann.

Auf der entgegengesetzten Seite des politischen Spektrums stürzten sich die Linken auf die Idee der Bezirkskomitees. »Reine Augenwischerei! Statt den Arabern Ostjerusalems einen Weg zu eröffnen, sich politisch zu artikulieren, schlägt man ihnen diese Bezirksverwaltungen vor, die sowieso über keinerlei Autorität verfügen werden – nur damit die Stadtverwaltung vortäuschen kann, etwas für die arabischen Bürger zu tun.«

Dem Protest lagen nicht ausschließlich politische Motive zugrunde. Jede neue Idee ist beängstigend. Der Mensch ist nur bedingt anpassungsfähig. Beamte fürchteten, man wolle ihre Kompetenz beschneiden. Die Dienstleistungsbehörden sperrten sich dagegen, dem eingefahrenen System – dem althergebrachten –, an das man sich seit vielen Jahren gewöhnt hatte, irgendein neues Glied einzufügen. Politiker, deren persönliche Profile nur sie selbst beeindrukken, fürchteten, die Mitglieder der Bezirkskomitees könnten die Herzen der Bürger der Stadtteile erobern und sie selbst am Wahltag ins Abseits schieben.

In der Regel verlasse ich mich auf eine bewährte Probe, die mich bis heute nie getäuscht hat: Wenn einer meiner Vorschläge oder meiner Handlungen beziehungsweise Unterlassungen dazu führt, daß man mich sowohl von rechts als auch von links scharf angreift, dann ist dies ein Zeichen dafür, daß ich richtig liege.

Ich gab Erklärungen um Erklärungen ab, daß man eine Stadt mit einer Bevölkerung, die einer solchen Vielfalt an Herkunftsländern, Religionen und Kulturen entspringt, nicht führen kann, ohne die Bürger an der Verantwortung zu beteiligen und ohne ihnen ein entsprechendes Maß an Mitbestimmung und Einflußnahme auf ihre Interessenschwerpunkte zu übertragen. In der Frage, was für die Bürger Vorrang hat, ein Café, ein Club, eine neue Straße oder ein Spielplatz, hatte ich nicht vor, den Bürgern alleinige Entscheidungsfreiheit zu überlassen, aber ich glaubte, daß es sinnvoll sei, wenn sie die Fragen erörtern und der Stadtverwaltung ihre Empfehlungen aussprechen könnten und sich auch aktiv an der Realisierung der Projekte beteiligten. Es ist wichtig, den Wunsch der Bürger nach Eigenverantwortung für die Verbesserung ihres Lebensstandards zu aktivieren.

Ich betonte, daß die Bezirkskomitees, jüdische wie arabische, sich nicht mit politischen Angelegenheiten befassen würden, sondern nur mit den laufenden Fragen der Lebensqualität. Ich hatte das Leistungspotential der Zusammenarbeit in den jüdischen Stadtteilen vor Augen, die ich aus der Nähe kannte. Das Gefühl von Solidarität und Verantwortung kommt dort in ehrenamtlicher Tätigkeit, in der Unterstützung des Nächsten und in der Entwicklung von Initiativen für die Verbesserung der Dienstleistungen zum Tragen. Eine große Chance liegt im gemeinsamen Wirken der Einwohner. Ich dachte an die Einwanderungswelle aus der UdSSR in den achtziger Jahren. Mit Hilfe des Joint Distribution Committee haben wir im Jahre 1980 im Stadtteil Talpiot-Ost das erste Bezirkskomitee gegründet. Es leistete einen erheblichen Beitrag zur Linderung der Not der Einwanderer aus der damaligen UdSSR. Bei der großen Einwanderungswelle der letzten Jahre waren die Gemeinden und Stadtteilorganisationen sehr nützlich, die die Einwanderer mit Wärme und Verständnis empfingen und ihnen den Mut gaben, die Schwierigkeiten der ersten Zeit in dem neuen Land zu bewältigen.

Die Stadtverwaltung stellte den Bezirkskomitees bescheidene Mittel zur Finanzierung eines Büros, einer Sekretärin, eines Leiters und eines Ingenieurs als Teilzeitkraft zur Verfügung. Die Beschäftigten der Bezirkskomitees nehmen ferner die Dienste professioneller Berater auf Honorarbasis in Anspruch. Meine Treffen mit den

Mitgliedern der Komitees waren für beide Seiten fruchtbare Dialoge. Sie bereiteten sich sorgfältig vor und erschienen zu jedem Treffen mit der Stadtverwaltung fachkundig und ausführlich informiert in den Themen, die auf der Tagesordnung standen. Wir erklärten ihnen, daß es nicht genüge, der Stadtverwaltung ihre Forderungen zu präsentieren, so berechtigt diese auch sein mochten, da die Kasse der Stadtverwaltung nicht alle Anträge berücksichtigen könne. Nur wenn die Einwohner einen Großteil der nötigen Summen selbst aufbringen würden, könnte die Stadtverwaltung nach ihren Möglichkeiten Zuschüsse gewähren, und Projekte könnten zur Durchführung gelangen.

Das Tätigkeitsfeld der Komitees als Ausdruck der Mitbestimmung ließ den Wunsch der Bürger nach ehrenamtlicher Leistung entstehen. Ein Trupp von Freiwilligen kümmerte sich um Reparaturen in Häusern alter Leute und um die Verbesserung von Dienstleistungen. Die Bezirkskomitees pflegten Grünanlagen in den Stadtteilen. Hunderte von Eltern und Kindern krempelten die Ärmel hoch, nahmen Sägen und Hammer in die Hände und machten sich an die Arbeit. So bauten sie die eindrucksvollen Abenteuerspielplätze in Bak'a und Neve Ya'akov. Die Stadtteile wurden mit Leben erfüllt, und man feierte auf den Spielplätzen mit dem tiefen Gefühl der Befriedigung und Gemeinsamkeit.

Die Bezirkskomitees wurden in Stadtteilen und Gegenden eingerichtet, in denen zwischen zehn- und zwanzigtausend Bürger und mehr wohnen. Die Einwohner wählten die Komitees in kommunalen, überparteilichen Personenwahlen. Um eine Satzung für die Wahlen aufzustellen, habe ich eine Kommission ernannt unter der Leitung des Distriktrichters im Ruhestand Felix Landa und unter Mitwirkung von Fachleuten. Die Wahlen für das Komitee von Lev Ha'ir, zwischen Saker Garden und Mahane Yehuda, waren ein Fest für die Demokratie. Jeder Kandidat präsentierte den Einwohnern seine Pläne zur Verbesserung der Lebensqualität und bat um ihr Vertrauen. Mehr als 30 Prozent der Einwohner des Stadtteils gingen zu den Wahlurnen, um ihr Komitee zu wählen. Die Satzung und die Erfahrungen damit sind nun Grundlage für die Wahlen in allen Stadtteilen, in denen Bezirkskomitees tätig sind.

Zwar sind die Bezirkskomitees nicht beschlußfähig im Hinblick auf Verpflichtungen der Stadtverwaltung und ihrer Kasse. Aber im Laufe der Jahre wurden zwischen den Komitees und den städtischen Dienstleistungsbehörden Kommunikationswege geschaffen. Gemeinsame Gremien der Stadtverwaltung und der Bezirkskomitees haben Pläne erarbeitet und Prioritäten sowie Wege für die Kooperation in den unterschiedlichsten Bereichen festgelegt. Die Stadtverwaltung und die Komitees erarbeiten gemeinsam Projekte zur Schaffung von mehr Wohnraum in den Stadtteilen. Die Mitglieder der Bezirkskomitees und aktive Bürger empfanden zu recht, daß sich ihnen neue Wege eröffneten und daß die Verwaltung ein offenes Ohr für sie hat und in ihnen wertvolle Partner bei der Verbesserung der Lebensqualität sieht; wenn sie auch nicht zu jeder Zeit auf jede Sache eingehen kann. Die Komitees verstärkten bei den Bürgern den Wunsch, durch eigene Initiativen Einfluß auf ihr Leben zu nehmen.

Hand in Hand mit den Bezirkskomitees arbeiten in den Stadtteilen dreiundzwanzig Bürgerbegegnungsstätten, die Möglichkeiten in gesellschaftlichen, kulturellen und sportlichen Bereichen bieten. Dieses straffe System, der lange Arm der Stadtverwaltung, paßt sich in den Gemeinden an die Bedürfnisse und Wünsche der Bürger an. In Ramot entstand ein neues Modell einer Stadtteilorganisation – ein Bürgerrat. Das Bezirkskomitee, eine gewählte Bürgervertretung, hat sich dort mit der Bürgerbegegnungsstätte zusammengeschlossen. Das war ein großer Schritt nach vorn: Der Bürgerrat, eine gewählte Vertretung, leitet ein großes Dienstleistungszentrum, verfügt über einen Etat, welcher seinem Namen alle Ehre macht und der ihm Handlungsfreiheit und Möglichkeiten zu Eigeninitiativen einräumt und Gelegenheit bietet, in breitem Umfang in unterschiedlichen Bereichen aktiv zu werden.

Die Stadtverwaltung hat die großen Vorteile des Bürgerrates unter dem Gesichtspunkt der Effizienz erkannt: Sie übernimmt weiterhin all die Aufgaben, die sie besser erfüllen kann als jede andere Stelle. In Angelegenheiten, in denen die Bürger die besseren Ergebnisse erzielen können, übernehmen sie selbst die Verantwortung. In keinem Fall wurde die Kompetenz der Stadtverwaltung bei der Festlegung der allgemeinen Politik und der Verteilung der Mittel angetastet.

Das Netz der Bezirkskomitees erbringt Erfahrungen und dehnt sich immer weiter aus. Zur Zeit sind vier arabische Bezirkskomitees und dreizehn jüdische tätig, eines davon in einem ultraorthodoxen Stadtteil.

Trotz des Erfolges haben immer noch nicht alle, die gegen das Projekt waren, ihren Widerstand aufgegeben. Menschen, deren Lebensinhalt allein die Politik ist, haben bekanntlich Schwierigkeiten, sich von logischen Argumenten überzeugen zu lassen.

Die vier Bezirkskomitees, die im arabischen Sektor entstanden, haben die israelische Staatsmacht nicht erschüttert und sich nicht in anti-israelische Zellen verwandelt.

Mir war von Anfang an klar, daß die Araber der Idee mit Mißtrauen begegnen würden, so wie sie jeden neuen Vorschlag behandeln. Sich engagieren? Verantwortung übernehmen? Mit der jüdischen Stadtverwaltung zusammenarbeiten, um gemeinsam Probleme zu lösen? Weshalb? Erstens haben sie noch nie in ihrem Leben eine vergleichbare Erfahrung gemacht. Zu keiner Zeit, unter keiner früheren Staatsmacht hat man nach ihnen gefragt, sich für ihre Wünsche interessiert und ihnen vorgeschlagen, Verantwortung zu übernehmen und mitzubestimmen. Zweitens, wenn Israel oder die Jerusalemer Stadtverwaltung ihnen einen solchen Vorschlag machte, dann bestand kein Zweifel daran, daß sich dahinter irgendeine schlechte Absicht verbarg. Es war Vorsicht geboten. Vielleicht hatte die Stadtverwaltung vor, die Verantwortung auf die arabischen Bürger abzuwälzen, sie der Unterlassung zu beschuldigen und sich vor der Pflicht, sich um sie zu kümmern, zu drücken. Und wie immer gilt: Warum einfach, wenn es auch kompliziert geht. Man kann die Idee der Bezirkskomitees nicht durch städtische Gesetzgebung durchsetzen. Man kann nicht die Araber (und auch nicht die Juden) dazu zwingen, sich zu engagieren, wenn sie es nicht wünschen.

Und es gibt keinen anderen Weg, so lehrt uns die Erfahrung, als das Gespräch zu suchen, zu erklären und den Versuch der Überzeugung zu unternehmen – mit unendlicher Geduld, mit Ausdauer, immer wieder, beharrlich, ohne zu verzweifeln, trotz der Steine, die im Weg liegen. Denn die Idee ist gut, und es lohnt sich, sich um sie zu bemühen.

In der Zusammenarbeit mit den arabischen Bezirkskomitees haben wir einige schöne Erfolge zu verbuchen. Für die arabischen Bürger ist es nicht einfach, als Mitglieder in den Bezirkskomitees aktiv zu werden und sich an ihren Projekten zu beteiligen. Immer wieder werden sie von ihrem eigenen Volk – vor allem von den Extremisten – des schlimmen Verrats und der Kollaboration verdächtigt. Auf solche Kollaborateure wartet eine harte Strafe. Die richtige Erklärung der arabischen Bürger, nur das Wohl ihres Volkes im Auge zu haben, überzeugt die Gegner in den wenigsten Fällen. Mehr als einmal mußte ich die Erfahrung machen, daß Araber, die als Mitglieder der Bezirkskomitees gewählt worden waren, sich zurückziehen und jede Form von Mitarbeit einstellen mußten, nachdem sie und ihre Familienangehörigen bedroht worden waren. Nicht selten hat auch die eigene Familie Anteil daran, wenn ein Mitglied das Komitee verläßt. Die Frau, die Kinder, die alten Eltern bedrängen ihre Familienangehörigen, sich nicht in Gefahr zu bringen und sie selbst nicht zu gefährden.

Für die arabischen Bezirkskomitees häuften sich Schwierigkeiten und Drohungen, je länger sich die Intifada hinzog. Wenn Juden ermordet werden und ihre Freunde, Familien und Nachbarn »Tod den Arabern« schreien und die verzerrten Gesichter zeigen, daß es den Schreiern mit ihrer Absicht ernst ist, dann fällt es den arabischen Bürgern schwer, sich im Rahmen von Bezirkskomitees zu engagieren und mit der Stadtverwaltung zu kooperieren. Sie ziehen sich lieber in ihre Häuser zurück. Ich bedaure dies sehr. Aber ich kann es nachvollziehen.

Trotz aller Schwierigkeiten ist es uns gelungen, auch mit den arabischen Bezirkskomitees positive Aktionen durchzuführen. In vielen Fällen wurde das arabische Komitee zu einer Art Sieb. Die arabischen Bürger, wie die jüdischen auch, haben in ihrem Alltag mit Problemen und vielen Schwierigkeiten zu kämpfen. Ihr Ansprechpartner ist die Stadtverwaltung und oft genug der Bürgermeister persönlich. In vielen Angelegenheiten kann die Stadtverwaltung keine Abhilfe schaffen. Ihr fehlt die Befugnis. In anderen

Fällen kann ein Arrangement gefunden werden, auch ohne daß der arabische Bürger die Hilfe des Bürgermeisters oder die hoher Beamter der Stadtverwaltung in Anspruch nehmen muß. Wir haben die arabischen Bezirkskomitees angeleitet, sich die Klagen und Anliegen der Bürger in ihrer Gegend anzuhören. So wurde der direkte Kontakt zwischen den Bürgern und den Komitees hergestellt. Die Leiter der Komitees oder die Mitarbeiter erklären den arabischen Bürgern, was in den Befugnisbereich der Stadtverwaltung gehört und was nicht. In Belangen, die in die Zuständigkeit der Stadtverwaltung fallen, sammelt der Leiter die Bitten, Wünsche und Klagen und bringt sie konzentriert bei der Stadtverwaltung vor. So wurde die Abwicklung verschiedener Vorgänge verbessert und den arabischen Bürgern Erleichterung gebracht.

Mit Hilfe des Bezirkskomitees und der engen Zusammenarbeit konnte das Kanalisationsproblem im Stadtteil Et Tur gelöst werden. Wir stellten einen Teil der erforderlichen Mittel zur Verfügung. Wir lieferten Pläne und Material. Der Stadtteil brachte einen Großteil der benötigten Summe aus Spendengeldern, die in Jordanien gesammelt wurden, auf. Aber die Haupterrungenschaft bestand darin, daß es dem Komitee gelang, arabische Bürger zu einer freiwilligen Mitarbeit an der Lösung des Kanalproblems in ihrem Stadtteil zu mobilisieren. In meinen Augen ist dies der wichtigste Ausdruck von ziviler Verantwortung: die Arbeit für die Gemeinde auf ehrenamtlicher Basis. Es ist fraglich, ob dies vor der Gründung der Bezirkskomitees im Laufe der vielen Jahre seit Bestehen der arabischen Stadtteile je vorgekommen ist.

Die Kooperation ist bisweilen unerläßlich, auch wenn man von den finanziellen Aspekten einmal absieht. Selbst wenn die Stadtverwaltung all das benötigte Geld für den Bau der Kanalisation in Et Tur aufgebracht hätte, ist es zweifelhaft, ob wir die Arbeiten hätten durchführen können. Die Trasse, in die das Kanalnetz verlegt werden sollte, war mit den Jahren mehr und mehr verschwunden. Jeder, der in der Nähe der Trasse wohnte, hatte sie zu seinem Vorteil genutzt, den Zaun entfernt, den Garten etwas vergrößert. Hätten wir versucht, die Bürger in ihre Grundstücksgrenzen zu verweisen, um die Trasse freizulegen, wären wir auf gewaltigen Widerstand gestoßen. Jeder Versuch, ihnen das Land wieder wegzunehmen, hätte polizeiliches Vorgehen und Gewaltanwendung erfordert. Die erzürnten Gemüter auf beiden Seiten hätten sicherlich noch an Haß und Feindseligkeit zugelegt. All dies hat das Bezirkskomitee von Et Tur uns und den Bürgern erspart. Weil sie selbst das Kanalnetz bauen wollten, unterlagen sie keinerlei Zwang, und es gab keinen Grund, die israelische Staatsmacht zu bekämpfen. Das Bezirkskomitee hat alles selbst geregelt. Die Zäune wurden entfernt. Die Gärten rückten ein wenig zusammen. Die Trasse wurde freigelegt. Alles in Ruhe.

Die Kooperation mit dem arabischen Bezirkskomitee von Beit Hanina trug bei zur Verbesserung der dortigen Lebensqualität. Wir bauten einige neue Gehwege. Wir pflanzten Bäume. Aber die Mitglieder der Bezirkskomitees baten uns, einen neuen Kindergarten zu bauen, und erklärten, daß der Kindergarten in ihren Augen und in den Augen der Stadtteilbewohner Vorrang habe. Wie ich es bereits in anderen Fällen gemacht hatte, schlug ich ihnen vor, eine Spende für den Großteil der Ausgaben zu organisieren, wobei sie allerdings den verbleibenden Teil selbst aufbringen müßten. Sie willigten ein. Mal sehen, was dabei herauskommt. Jede dieser gemeinsamen Aktionen festigt die positiven Beziehungen zwischen der Stadtverwaltung und den Bezirkskomitees.

Kleingeistige Kritiker – kleingeistige Kritik

Meine Kritiker lieben den Vorwurf der Megalomanie. Sie lassen kaum eine Gelegenheit aus, mich des Größenwahns zu bezichtigen. Sie haben einen vermeintlichen Fehler an mir entdeckt, und nun lassen sie nicht locker. Das Interessante daran ist, daß gerade die unbedeutendsten Menschen, Funktionäre, deren einzige Stärke ihre Stimme ist, stets am lautesten schreien. Alles, was ich in Jerusalem tue, ist in ihren Augen zu groß, zu teuer, zu protzig. Im Grunde liegt dies auch auf der Hand: Von dem tiefen Punkt, an dem sie stehen, von diesem Standpunkt aus muß alles, was um sie herum geschieht, in der Tat als zu groß angelegt erscheinen.

Was haben sie nicht alles über den Zoo, den wir gebaut haben, verlauten lassen. Nach alter Manier: »Wozu brauchen wir ihn? Wem nützt er?« Ich habe ihre Stimmen ignoriert, und wir haben gebaut. Ein großer Teil der Ausgaben wurde von der Jerusalem Foundation aus Spendengeldern finanziert. Das ist die Art Jerusalems, sich mit der enormen Diskrepanz zwischen Bedürfnissen und leeren Kassen auseinanderzusetzen. Wir haben unser Werk noch nicht vollendet – die Elefanten haben noch keine Bleibe; ein Haus für die Giraffen fehlt – ich werde die nötige Spende für die Fertigstellung schon auftreiben. Aber es ist ein wunderschöner Zoo geworden. Der Garten ist herrlich, der großzügige See und das neue Konzept für die Präsentation der Tiere ziehen Tausende von Besuchern an – Bürger Jerusalems, Juden und Araber, und auch viele Touristen.

Was haben sie mir nicht alles an den Kopf geworfen, als wir begannen, den Bau des städtischen Stadions zu verwirklichen. Immer die gleichen Klagen: So eine Anlage im armen Jerusalem? Fehlt es der Stadt sonst an nichts? Nach dieser verstaubten Sicht braucht Jerusalem überhaupt nichts. Keine nennenswerte Anlage für seine Fußball- und Basketballvereine. Keine Säle für Theater und Konzerte, keine Verwaltungsviertel für die Behörden, kein Museum, das dem Namen Jerusalem in der Welt der Kunst viel Ehre einbrachte. Man muß Müll beseitigen, die Straßen reparieren, Synagogen und Mikwes bauen und den armen Menschen Sozialhilfe zahlen. Alles andere – gibt es ja in Tel Aviv. Eine Stunde Fahrt. Wenn eine so törichte Einstellung, Gott behüte, auch noch in die Praxis umgesetzt würde, wäre Jerusalem zu dem Status einer theoretischen Hauptstadt und praktisch zu dem einer entlegenen Provinzstadt verdammt. Wer könnte, würde aus Jerusalem fliehen. Wer nicht unbedingt müßte, würde erst gar nicht nach Jerusalem ziehen. Ich wollte – und zu meiner Freude ist es mir gelungen – einen anderen Weg beschreiten: Wer Jerusalem liebt, weil es die Hauptstadt Israels und die schönste Stadt der Welt ist und weil für Tausende von Jahren Jerusalem und keine andere Stadt der Welt Gegenstand der Gebete der Juden in den Diasporaländern war, wird hier alles vorfinden, was ein moderner Mensch benötigt. Jeder für seine eigene

Welt: Musik, Theater, kulturelles Leben, Museen und Sportanlagen, moderne Industrie, Nachtleben, Diskotheken und großzügige Parks, Schwimmbäder und Pubs. Beides, das Heilige und das Weltliche. Ohne Widerspruch.

Von dem Stadion waren nach seiner Fertigstellung alle begeistert, nach zwanzigjährigem Kampf, und obwohl viele nicht sicher gewesen waren, ob der Bau tatsächlich realisiert werden würde. Die Fußballfans, die sich auf dem Platz des YMCA gequält hatten, stürmten das neue Stadion. *Beytar* Jerusalem gewann die Landesmeisterschaften – eine ehrenvolle Auszeichnung für Jerusalem, nur ein Jahr, nachdem die Mannschaft in die zweite Liga abgestiegen war. Es stellte sich heraus, daß es in Jerusalem weitaus mehr Fans gibt, Anhänger von *Beytar* Jerusalem oder solche, die einfach nur guten Fußball mögen, als die vier- oder fünftausend, die das unerträgliche Gedränge auf dem alten Platz des YMCA auf sich genommen hatten. Dreizehntausend Sitzplätze bauten wir in dem wunderschönen Stadion. Zu viele? Nicht genug, wie sich nach den Erfahrungen des ersten Jahres herausstellte. Es muß erweitert werden. Die Planer haben das Stadion so geschickt angelegt, daß man an jeder Seite noch fünftausend Sitzplätze anbauen kann. Und das werden wir auch tun. Zuerst werde ich eine Finanzierungsquelle finden, um fünftausend Plätze an einer Seite hinzuzufügen, dann können achtzehntausend Zuschauer sitzen und unter angenehmen Bedingungen zusehen. Wenn das auch nicht ausreicht, werden wir noch weitere fünftausend anbauen. Dann haben wir ein Stadion für dreiundzwanzigtausend Zuschauer. 15 Prozent mehr, als das Bloomfield Stadion in Tel Aviv faßt. Das wird, wie ich hoffe, reichen für die kommenden Jahre.

Was *Beytar* Jerusalem für den Fußball ist, ist *Hapoel* Jerusalem für den Basketball. Diese Mannschaft hat noch nicht die Spitze ihrer Leistungsfähigkeit erreicht. Für die Basketballfans in Jerusalem haben wir eine moderne Halle mit zweitausend Sitzplätzen errichtet. Noch bevor die Stimmen der Kritiker verstummten, die in der üblichen Form jammerten, daß dies ein Schlag ins Wasser gewesen sei, hat sich herausgestellt, daß der Platz für seine Besucher zu klein ist. Wären dort fünftausend Sitzplätze, wären auch sie mit begeisterten

Zuschauern besetzt. Wegen der örtlichen Gegebenheiten besteht keine Möglichkeit, dort mehr als fünfhundert Plätze anzubauen. Wir brauchen jetzt eine Basketballhalle, die sechs- oder siebentausend Zuschauer faßt. Aber die Tausende, die kommen, um die Spiele von *Hapoel* Jerusalem mit dem größten Basketballspieler, made in Israel, Mickey Berkowitz, zu sehen, werden sich gedulden müssen. Mir schwebt bereits eine neue Halle vor, und ich bin schon auf der Suche nach den nötigen Geldern.

Jerusalem, die Hauptstadt Israels, die größte seiner Städte, kann auf all dies nicht verzichten, selbstverständlich nicht als Ersatz für Industrie und einen blühenden Handel, und auch nicht als Ersatz für die Schaffung moderner Arbeitsplätze im Technologiebereich. Aber auch in diesen Bereichen ist uns ein entscheidender Durchbruch gelungen. Nachdem ich bei unzähligen Gelegenheiten den Ministerpräsidenten, Ministern und Volksvertretern wieder und wieder in den Ohren lag, sie sollen Industrieunternehmern in Jerusalem Standortvorteile bieten, um sie für Investitionen in der Hauptstadt zu gewinnen, hat sich in den Jahren 1992 bis 1993 etwas bewegt, besonders seit die Regierung Rabin am Ruder ist. Uzi Baram, von Kindesbeinen an ein begeisterter Jerusalemer, tut viel für die Entwicklung des Tourismus in Jerusalem und trägt zur Verstärkung der Anziehungskraft der Stadt bei. Die Bemühungen werden in den kommenden Jahren Früchte tragen und machen sich schon jetzt bemerkbar.

Günstige Angebote, Subventionen und Sonderkonditionen für Industrieunternehmen öffneten die Tore Jerusalems für Investitionen in einem Umfang und Ausmaß, die in früheren Jahren ihresgleichen suchten. Die Unternehmer, das Kapital und die Technologie haben Jerusalem für sich entdeckt. Innerhalb von zwei Jahren hatte Jerusalem einen Zuwachs von zweihundertacht Industriebetrieben zu verzeichnen, die sich zum Teil in der Industriezone ansiedelten, die wir für diesen Zweck zur Verfügung gestellt haben; mit vierzig weiteren Unternehmen stehen wir in Verhandlungen.

Unter den bedeutenden Firmen gebührt dem Pharmaunternehmen Teva das Lob, die erste gewesen zu sein. Die bemerkenswerteste Investition der letzten Jahre ging von der internationalen Computerfirma Intel aus, die in Jerusalem ihre weltweit größte Filiale errichtet und beabsichtigt, nahezu eine weitere Milliarde Dollar zu investieren. Das wird eine ganz große Sache – gleichzeitig werden Hunderte hochqualifizierter Arbeitsplätze entstehen, und der israelische Export wird zunehmen. Der bekannte Computerhersteller Digital baut zur Zeit eine Fabrik in Jerusalem. Die Triebkraft in diesem Bereich ist der Direktor der Gesellschaft für die Entwicklung Jerusalems, Uzi Weksler, der unermüdlich rührig ist.

In zehn oder zwölf Jahren wird sich das Gesicht der Stadt von Grund auf verändert haben. Sie wird ein Industriestandort sein – nicht nur nach israelischem Maßstab. Die dahingehende Entwicklung wird die sozio-ökonomische Struktur verändern. Die Gesellschaft wird eine andere sein, eine vollkommen andere. Das geregelte Einkommen vieler Bürger wird sich erhöhen und den Durchschnitt anderer israelischer Städte erreichen. Die Bürger, deren steigendes Einkommen ihre Kaufkraft verbessern wird, werden mehr konsumieren, mehr kaufen und den Handel zum Blühen bringen. Sie werden zu Verbrauchern mit einem gesteigerten Konsum von Kunst und Unterhaltung, zu deren Förderung sie beitragen werden. Sie werden das Wohnniveau anheben. Sie werden höhere Steuern an die Stadt zahlen und keine Unterstützung durch die Sozialbehörden benötigen. Die Fabriken werden in verstärktem Maß auch Arbeitsplätze für die arabischen Bürger der Stadt bieten, und so werden sie Anteil haben an dem Bemühen, die Lage dieser Bevölkerungsgruppe zu verbessern. Dies wird ein wertvoller, wichtiger Beitrag sein zur Festigung von Israels entschiedener Forderung: Jerusalem muß eine vereinte Stadt bleiben, eine Hauptstadt, und zwar nur eine israelische; die arabischen Bürger sind jedoch gleichberechtigt, und die Regierung ist verpflichtet, sich für ihr Wohl und ihre Lebensqualität entschieden einzusetzen.

Die Idee, das historische Ereignis – dreitausend Jahre nachdem König David Jerusalem zur Hauptstadt Judäas erklärt hat – zu feiern, hat sich schon vor einiger Zeit in meinem Hirn eingenistet. Auch wenn diese Idee sich als sensationell herausstellt und man sie gerne übernimmt, verzichte ich auf persönliche Gewinnbeteiligung. Eines ist mir klar: Die Umsetzung dieses Einfalls von der Theorie in die Praxis übersteigt die Kräfte Jerusalems und seiner Stadtverwaltung. Uns fehlen die nötigen finanziellen Mittel. Nur wenn sich die Regierung und das Weltjudentum das Konzept zu eigen machen und mit vereinten Kräften das nötige Geld dafür bereitstellen, wird es in die Tat umgesetzt werden können.

Die ideologische Grundlage ist klar umrissen, gerade in diesen Tagen, in denen der politische Kampf um Jerusalem sich seinem Höhepunkt nähert, der die Chance auf Frieden mit den Palästinensern entscheidend beeinflussen kann: Noch nie war Jerusalem die Hauptstadt eines anderen Volkes als des jüdischen und seines Staates Israel. Dieses Faktum hat jede historische und objektive Prüfung im Laufe der dreitausend Jahre, seit König David Jerusalem zur Hauptstadt des Judäischen Königreiches machte, bestanden. Generationen lösten sich ab, Großmächte standen und fielen, Besatzer wurden zu Besetzten. Die Römer herrschten hier – und sahen in Jerusalem nicht die Hauptstadt ihres Imperiums. Es herrschten die Byzantiner, die Perser, die Türken und die Araber. Alle hatten sie ihre eigenen Metropolen. Lediglich die Kreuzfahrer, die hier einen künstlichen Staat errichteten, sahen in Jerusalem eine Hauptstadt. Aber sie waren nicht ein Volk und haben auch nicht lange existiert. Einunddreißig Jahre lang, von 1917 bis 1948, herrschten hierzulande die Briten. Ihre Hauptstadt war und blieb London. Neunzehn Jahre lang, von 1948 bis 1967, beherrschten die Jordanier die Stadt. Sie bauten im gleichen Zeitraum Amman zu ihrer Hauptstadt aus. Und noch mehr als dies: Aus Angst, Jerusalem könnte Amman von dem Status als Metropole des haschemitischen Königreiches verdrängen, verurteilte Hussein absichtlich Jerusalem zu dem Dasein einer rückständigen, unbedeutenden Stadt, die nach Wasser dürstete, deren

Abwasser durch die Straßen floß und Häuser und Straßen mit Gestank erfüllte.

Von allen Völkern und Religionen haben allein wir zu allen Zeiten und unter allen sich verändernden Gegebenheiten Jerusalem zu unserer Hauptstadt erklärt und ihr die Treue gehalten. Wir träumten von Jerusalem, solange wir hier waren, und auch als stärkere Mächte uns verbannt und aus Jerusalem vertrieben hatten. Wir beteten Jerusalem an. Wir sehnten uns danach. In allen Diasporaländern, in die wir verstreut wurden, ob im Westen oder im Osten, unter dem Islam oder dem Christentum, ob wir verfolgt oder vorübergehend von einem Regime gnädig geduldet wurden, haben wir unsere Augen immer nach Jerusalem gewandt. Alle Synagogen wurden nach Jerusalem ausgerichtet. Dies wiederholte ich unermüdlich vor den amerikanischen Präsidenten, mit denen ich zusammentraf, vor den Außenministern aus der ganzen Welt, die hierherkamen oder die ich in ihren Ländern besuchte, vor allen Vermittlern und Friedensstiftern und auch vor den Arabern und ihren Anführern in Jerusalem und sonstwo.

In Tausenden von Jahren hat sich hier eine brutale Tradition entwickelt, die ihresgleichen sucht. Jede Kultur vertrieb die vorangegangene und bemühte sich, deren Spuren zu verwischen. Als ob die Stärke und die Chancen einer neuen Kultur gefestigt würden, nur weil die vorausgegangene Kultur vernichtet wurde. Die Römer zerstörten den jüdischen Tempel. Solange er an seinem Platz stand, war ihre Herrschaft über Jerusalem nicht vollkommen. Es kamen die Christen und entfernten die Tempel der römischen und griechischen Götter. Die Mohammedaner folgten und ließen ihren Zorn an den christlichen Kirchen aus, die sie in Moscheen verwandelten. Die Kreuzfahrer kamen und nahmen eine »Umerziehung« in ihrem Geiste vor: Die Moscheen wurden wieder zu Kirchen. Die Mohammedaner kamen zurück, und die Christen unterlagen – unverzüglich änderten die Kirchen ihr Antlitz und wurden erneut zu Moscheen. Zu keiner Zeit hatte ein respektvolles Verhältnis zu den vorangehenden Kulturen bestanden, zur Heiligkeit der fremden Religion, zur Verpflichtung, die Gläubigen der Religionen, die nicht die der Sieger waren, mit Achtung zu behandeln.

Es wurden frühere Kulturen zerstört und neue Kulturen etabliert – immer mit der Gewißheit, die sich in der Realität noch nie bewährt hat, daß die neue Kultur für alle Ewigkeit überdauern würde. Aber wie bereits erwähnt, hat keine der destruktiven Mächte Jerusalem zur Hauptstadt ihres Landes oder ihrer Kultur erklärt. Sie hatten ihre eigenen Hauptstädte.

Auch das jordanische Regime war nicht besser: Es zerstörte in den Jahren seiner Herrschaft über Ostjerusalem, nach der Gründung des Staates Israel, achtundfünfzig Synagogen im Jüdischen Viertel und verwandelte einen Teil davon in Esels- und Schafställe.

Auch die entschiedensten Feinde Israels und die größten Gegner seiner Souveränität über Jerusalem können die Tatsache nicht leugnen, daß Israel sich anders verhalten hat. Nicht nur, daß Israel keine islamischen oder christlichen Bauten zerstörte und streng ihre Unversehrtheit überwacht, man ist sogar so weit gegangen, die Rechte der Moslems auf den Tempelberg anzuerkennen. Die israelische Regierung des Jahres 1967 – eine Koalition, in der auch der Vorsitzende des *Likud*, Menahem Begin, saß – überließ die Herrschaft über den Tempelberg den Arabern. Dies war eine eindrucksvolle Demonstration politischer Klugheit. Es ging um eine schwierige, emotional schwer belastete Entscheidung der Regierung. Obgleich die Versuchung groß war, sich wie Sieger und Besatzer zu gebärden, wie andere Völker und andere Besatzer dies zuvor praktiziert hatten – um so mehr, da der Tempelberg eine heilige Stätte des Judentums ist, der Platz des Tempels –, siegte die Stimme der Vernunft. Rund eine Milliarde Mohammedaner leben weltweit. Zionisten, so nehme ich an, gibt es unter ihnen nicht. Aber es ist auch nicht nötig, daß alle Muslime der Welt zu Israelhassern werden und eine Front gegen uns bilden.

Die meisten Moslems, besonders die, die weit entfernt von unseren Grenzen leben, identifizieren sich nur oberflächlich mit den Palästinensern, und der Kampf der Palästinenser gegen uns ist für sie nur von geringem Interesse. Aber die heiligen Stätten des Islam bedeuten ihnen viel. Seit eintausendzweihundert Jahren beten Moslems auf dem Tempelberg. Am Ausgang des letzten Ramadans versammelten sich hier zweihunderttausend Moslems zum Gebet – ein weiterer Beweis für die freie Religionsausübung, die wir selbst in der Zeit der Intifada und trotz großer Sicherheitsprobleme garantieren. Sie knien sich zwar in Richtung Mekka, ihrer heiligen Stadt, aber es darf kein Zweifel daran aufkommen, daß eine tiefe religiöse Beziehung sie mit Jerusalem verbindet.

Dieses ausgewogene Bild, das einerseits die Beziehung der Juden zu Jerusalem zum Ausdruck bringt, die in ihrer historischen Dimension und in der Tiefe ihrer Wurzeln in anderen Religionen und anderen Nationen ihresgleichen sucht und andererseits die Aufrichtigkeit der israelischen Absicht dokumentiert, die Rechte der Moslems und Christen auf ihre heiligen Stätten zu respektieren, ist werbewirksam für Israel und muß der ganzen Welt präsentiert und bei jeder Gelegenheit immer wieder vor Augen geführt werden.

Aber die Forderung der Araber, Jerusalem auch als ihre Hauptstadt anzuerkennen, entbehrt in der Realität jeder Grundlage, und wir müssen sie im Keim ersticken. Der Anspruch, Jerusalem solle als Hauptstadt beider Länder dienen, ist absurd. Es kann keine Hauptstadt für zwei Länder gleichzeitig geben. Dieses Ansinnen ist, es tut mir leid, Ausdruck mangelnder Reife. Ein Spielzeug kann tagelang neben einem Kleinkind liegen, ohne daß dieses Interesse an ihm zeigt. Aber in dem Augenblick, in dem ein anderes Kind damit spielen möchte, wird das erste sein Spielzeug energisch verteidigen. Jerusalem ist kein Spielzeug. Es ist der Lebensnerv des jüdischen Volkes und des Staates Israel. Wir haben niemals auf Jerusalem verzichtet. Andere, die die Stadt gewaltsam beherrschten, haben es nie ihren Hauptstädten vorgezogen und nie zur eigenen Metropole deklariert. Auch nicht die Araber, in deren Macht dies bis 1967 gestanden hätte.

Israels Entschlossenheit – sowohl von seiten der Regierung als auch der Knesset und des gesamten Volkes – wird in Begriffen wie Fähigkeit und Hartnäckigkeit gemessen. In der Fähigkeit und Hartnäckigkeit, den Arabern und all ihren Unterstützern und auch unseren Wohltätern ausnahmslos klarzumachen: Bis hierher und nicht weiter! Eine Stadt kann nicht Hauptstadt von zwei getrennten politischen Identitäten sein. Dafür gibt es in der ganzen Welt kein einziges Beispiel. Unterschiedliche Staatswesen leben nach unterschiedlichen Gesetzen, wie es ihrer Tradition und ihren Wertesystemen entspricht. Jedes verfügt über eine eigene Polizei, deren Pflicht es ist, für Ordnung und Einhaltung der Gesetze zu sorgen. In jedem politischen System amtieren eigene Richter, die an die Gesetze und Verordnungen gebunden sind. Jedes System unterhält Zollbehörden, die nach eigenen Bestimmungen handeln. Ich wundere mich über die Araber, denen so widersinnige Vorstellungen logisch erscheinen. Wenn beispielsweise ein Straftäter ein Verbrechen in einem Teil der Stadt begehen und in den zweiten Teil fliehen würde, sozusagen von einer Metropole in die andere, müßten die Behörden dann über seine Auslieferung verhandeln? Den Gedanken, Jerusalem erneut zu teilen und aus einer Hauptstadt zwei zu machen, müssen die Araber sich aus dem Kopf schlagen, und es scheint mir, daß die Realisten unter ihnen wissen, daß diese Idee nicht den Gegebenheiten entspricht und keine Aussichten auf Verwirklichung hat.

Wegen der Brisanz des Themas, das viele Unwägbarkeiten enthält, ist es heute schwer, die Zukunft Jerusalems mit Bestimmtheit vorherzusehen und genaue Aussagen zu machen über den zukünftigen Status der Araber in der Stadt, über die Beziehungen zwischen Arabern und Israelis und über das Verhältnis der Araber zur administrativen Autonomie der Palästinenser oder einem anderen Status, den die besetzten Gebiete einmal haben werden, wenn eine dauerhafte Regelung gefunden sein wird. Für viele Probleme gibt es noch keine Lösung. Viele Einzelheiten werden in der Zukunft entschieden werden, und zwar nicht nach Vorgaben, die von vornherein feststehen, sondern durch gemeinsames Vortasten und aufgrund der Lektionen, die das tägliche Leben erteilt. Aber grundlegende Prinzipien muß man schon zum jetzigen Zeitpunkt definieren: Jerusalem wird nicht geteilt. Es wird die Hauptstadt Israels bleiben, und nur die Hauptstadt Israels, eine vereinte Stadt unter israelischer Souveränität.

Die religiöse Beziehung der Araber zu Jerusalem und ihre seelische Bindung an die Stadt sind echt und real und keineswegs bloße Vorgabe und natürlich nicht nur Teil ihres historischen Kampfes gegen den Zionismus und gegen Israel. Eine kluge Regierung wird diese Bindung nicht ignorieren. Hinsichtlich der Religion braucht Israel seine Herrschaft und Souveränität auf dem Tempelberg nicht durchzusetzen. Die Stätte wird unter der Verwaltung der Moslems bleiben. Man muß viel Geduld und Ausdauer zeigen. »Bis zur Ankunft des Messias«, beten die Rabbiner und Vertreter der *Halaha*, und sie wissen warum: Es ist nach ihren Gesetzen verboten, den Tempelberg zu besteigen. Juden dürfen keine Plätze betreten, die nur dem Hohepriester vorbehalten waren. Sie glauben, daß der Tempel im Himmelreich erbaut werden wird, durch höhere Mächte. Das Herabsinken zu seinem Platz auf dem Tempelberg verzögert sich bis zur Ankunft des Messias. Und wir müssen uns nach diesem Glauben nur mit Geduld wappnen. Der Messias wird kommen, und dann werden ohnehin alle Streitigkeiten beigelegt und sämtliche Konflikte gelöst.

Im Jahre 1993 verstarb der Mufti, die oberste religiöse Autorität und der Verantwortliche für den *Haram*, den Tempelbergbezirk. Als ich seinen Nachfolger begrüßte, erklärte ich ihm, seine Autorität über den Tempelberg werde nur bis zur Ankunft des Messias dauern, und er, der Messias, werde über die Zukunft des Tempelberges entscheiden. Einer der moslemischen Gesprächspartner, der einen sehr hohen Rang in der islamischen Hierarchie bekleidet, gab mit Begeisterung seine Zustimmung zu diesem Arrangement.

Wir müssen die moslemischen und die christlichen Gläubigen in ihren verschiedenen Sekten und Splitterungen mit Respekt behandeln. Das Prinzip der Wechselbeziehungen liegt in der Natur des Menschen und der Völker und sollte im Umgang zwischen Nachbarn, Religionen und Nationen beachtet werden. Aber in unserem Konflikt haben wir als Staatsmacht die bedingungslose Pflicht, uns an unseren eigenen Werten zu orientieren, auch wenn die andere Seite sich anders verhält.

Den Minoritäten unter uns müssen wir volle Rechte garantieren, wie wir es zu allen Zeiten für die Juden in der Diaspora gefordert haben. Es steht uns nicht zu, von den Nichtjuden zu verlangen, daß sie die Rechte der Juden in ihren Ländern schützen und sie vor jeglichen Anschlägen bewahren, und jedesmal zum Himmel schreien, wenn jemand diese Rechte verletzt, es sei denn, die gleichen Rechte gelten für die Minderheiten, die unter uns leben, für Moslems, Christen und Angehörige anderer Religionen.

Israel achtet grundsätzlich die Rechte der Minoritäten, und das ist mit das Wichtigste, was die Regierungen in all den Jahren geleistet haben. Dennoch ist auch viel Unsinniges geschehen, wofür wir einen hohen und überflüssigen Preis zahlen mußten. Die meisten Dummheiten wurden in den Tagen der *Likud*-Regierungen begangen. Es war eine Dummheit ersten Grades, von einem beliebigen Armenier die zweifelhaften Besitzrechte an St. John zu erwerben, einem Hospiz, das der griechisch-orthodoxen Kirche gehörte. Der Armenier war nicht berechtigt, das Besitztum zu veräußern. Es war dumm, das Gebäude von ihm zu erwerben und diesen Blödsinn auch noch aus Staatsgeldern zu finanzieren. Um dem Ganzen die Krone aufzusetzen, haben die Käufer ihr »Eigentum« auch noch ausgerechnet an einem Karfreitag, dem heiligsten Tag der Christen, mit Pauken und Trompeten gestürmt, was, ob nun mit Absicht geschehen oder nicht, in jedem Fall eine Mißachtung des Nächsten und seiner Gefühle bedeutet. Das Schlimme an diesem Zeitpunkt wird verständlich, wenn man sich vorstellt, Christen in einem anderen Land würden an unserem Yom Kippur jüdisches Eigentum besetzen und dabei auch noch die Trommeln schlagen.

»Die *Goyim* werden vergessen.« Nein. Da geben wir uns Illusionen hin. Schließlich brüsten auch wir uns damit, das jüdische Volk habe ein unendliches Erinnerungsvermögen. Niemals vergißt es, was seine Feinde ihm angetan haben, und ewig ist es seinen Freunden verbunden. Es stellte sich heraus, daß auch die Nichtjuden sich nicht beeilen mit dem Vergessen. Seit der Besetzung von St. John, die außerdem zu einem so unglücklich gewählten Zeitpunkt geschah, wird jedes Gespräch mit guten Freunden Israels, die Jerusalem besuchen oder mich in ihre Städte einladen, mit der Frage eröffnet: »Was geht dort vor? Wozu habt ihr das nötig? Warum macht ihr es euch und uns, euren wahren Freunden, so schwer, mit so übereilten Aktionen, die eure Behauptung unglaubhaft machen, das kultivierte Israel habe einen Anspruch auf die Souveränität über das vereinte Jerusalem, weil es die Rechte der Angehörigen anderer Religionen nicht antasten wird?!« Ich antworte, so gut ich kann, und bin mir bewußt, daß meine Antwort unbefriedigend sein muß.

Es muß für uns Gebot sein, den Moslems und Christen nicht zu nahe zu treten. Nicht das ist es, was unsere Souveränität über Jerusalem sichert. Im Gegenteil: Genau das ist es, was unsere Vormachtstellung erschüttert. Ich werde immer wieder sagen, bei jeder Gelegenheit und zu jedem Anlaß, daß ich ein entschiedener Gegner all der überflüssigen und schädlichen Aktionen in Silwan und im Moslemischen Viertel war. Der ganze fingierte Umzug von Ariel Sharon in das Moslemische Viertel war nichts als eine prahlerische Demonstration. Wohnt Sharon etwa dort? Ist er dort zu Hause? Hatte er je die Absicht, seinen Wohnsitz dorthin zu verlegen? Wem nützte die Angst, die die Moslems befallen hat, hinter der Initiative Sharons steckten Hintergedanken: die Enteignung der Araber, ihre Vertreibung aus ihren Häusern, aus Jerusalem. Gar nicht zu reden von den gigantischen Ausgaben für die Bewachung dieses Hauses und der jüdischen Familien, die im Moslemischen Viertel wohnen.

Wir müssen den Arabern die Sicherheit vermitteln, daß wir keine üblen Absichten gegen sie im Schilde führen. Nur in diesem Gefühl der Sicherheit liegt die Chance dafür, daß sich im Laufe der Zeit Formen eines Zusammenlebens zwischen Juden und Arabern in Jerusalem festigen. Wir tun damit nicht den Arabern einen Gefallen, sondern uns selbst.

Im städtischen Bereich mußte ich auch einige Enttäuschungen einstecken. Ich ignoriere sie nicht. Unzählige Vorschläge haben wir den Arabern gemacht, ihnen Verantwortung und Kompetenzen zu übertragen, damit sie sich um die eigenen Belange selbst kümmern. Sie sind nicht darauf eingegangen. Sie haben sich noch nicht abgefunden. Sie schrecken immer noch vor einer Kooperation mit der zionistisch-jüdischen israelischen Stadtverwaltung zurück. Immer noch verhalten sie sich gegenüber der israelischen Staatsmacht so, als sei diese eine Zeiterscheinung, die vom Erdboden verschwinden wird.

Dennoch keimten erste Knospen der Bereitschaft von seiten der Araber, ihre Angelegenheiten selbst in die Hand zu nehmen und mit uns zusammenzuarbeiten, so unauffällig wie möglich, ohne viel Aufhebens und ohne daß es öffentlich bekannt wird. Unter großen Schwierigkeiten, stockend und zaghaft, wächst bei der arabischen Bevölkerung die Einsicht, daß die Bezirkskomitees auch für sie von

Nutzen sind. Vier Komitees arbeiten bereits in vier moslemischen Bezirken. Wir wollen ihnen noch weitere Kompetenzen in städtischen Angelegenheiten übertragen, etwa in den Bereichen Wasser, Abwasser und Stromversorgung, Gehwege, Straßen und Gärten, Schulen und Kliniken in ihren Wohnbezirken. Sie sind bereit, darauf einzugehen – jedoch langsam, vorsichtig, bedächtig. Jedes moslemische Bezirkskomitee (dies gilt auch für die jüdischen Komitees im Westteil der Stadt) erhält von der Stadtverwaltung beachtliche Unterstützung. Die Sache wird sich entwickeln und Kreise ziehen.

Wir leben mit der ständigen Kritik der Opposition in der Stadtverwaltung. Wie in anderen Zusammenhängen versucht man auch hier, Angst zu verbreiten und den Teufel an die Wand zu malen: Die Befugnisse, die den arabischen Bezirkskomitees übertragen werden, sind gefährlich. Sie werden eine Teilung der Stadt zur Folge haben. Die Araber werden die erhaltenen Kompetenzen ausnutzen, um eigenständige Machtzellen aufzubauen.

Ich ließ mich nicht beeindrucken und auch nicht beirren. Die Bezirkskomitees können nur kraft der Befugnisse, die ihnen die Stadtverwaltung erteilt, und nur mit ihrer finanziellen und fachlichen Unterstützung arbeiten. Ihre Abhängigkeit von der Stadtverwaltung schließt eine Verselbständigung aus. In Montreal in Kanada leben seit vielen Jahren Franzosen und Engländer. Die Mehrheit ist französisch. Die Regierungsbehörden liegen in den Händen der Mehrheit. Aber dem englischen Sektor wurden weitgehende Befugnisse erteilt, Angelegenheiten in den Bereichen Erziehung, Kultur, Gesundheit und Entwicklung selbst in die Hand zu nehmen.

Ich dachte an das dreitausend Jahre zurückliegende Ereignis der Erklärung König Davids, Jerusalem zur Hauptstadt des Königreichs Judäa zu erheben. Nicht nur für Werbezwecke kann dieses Jubiläum und alles, was damit verbunden werden kann, nützlich sein. Ein geschicktes Ausschöpfen könnte viele Touristen in die Hauptstadt bringen und der Entwicklung von Handel, Fremdenverkehr, Kulturleben und Unterhaltung dienlich sein.

Aber während ich erste Kontakte zu Regierungsmitgliedern, Intellektuellen, Musikern und Literaten aufnahm, kam eine andere

»Feier« über uns: fünfhundert Jahre seit der Vertreibung aus Spanien. Ein seltsames Volk sind diese Juden. Es ist durchaus möglich, daß sie Tragödien feiern. Ich habe das nie verstanden. Was gab es hier zu feiern? Wofür müssen Juden in ihrem Land und auch im Ausland Spanien dankbar sein? Für die grausame Folter der Inquisition? Für den brutalen Mord an Tausenden von Juden, die an ihrem Glauben festhielten? Für die Vertreibung der Juden aus Spanien, nachdem sie viele Jahre in das Handelswesen des Staates integriert waren und das kulturelle Leben entscheidend geprägt hatten? Daß wir aus politischen Gründen, aufgrund der Bedeutung Spaniens und seines Gewichts in der Europäischen Gemeinschaft kein Trauerjahr für die Vertreibung aus Spanien ausriefen und Spanien in der ganzen Welt brandmarkten, kann ich nachvollziehen. Aber eine Feier? An feierlichen Zeremonien teilzunehmen? Delegationen zu senden? Verzeihen ist eine Sache. Die Vergebung ist für mich als menschliche und nationale Geste annehmbar. Man kann durchaus vergeben, ohne sich zum Gespött zu machen.

Ich wartete, bis diese Geschichte vorüber war. Die beiden historischen Ereignisse, dreitausend Jahre seit König David und fünfhundert Jahre seit der Spanienvertreibung, zusammenzubringen, in einem Atemzug zu nennen, kam in meinen Augen einer Erniedrigung Jerusalems und König Davids gleich.

Nach dem Abschluß der »Vertreibungsfeierlichkeiten«, und erst nachdem dieser Unsinn anderen Dingen Platz gemacht hatte, verstärkte ich meine Bemühungen, das große Ereignis – dreitausend Jahre seit dem Jerusalem König Davids – mit Inhalt zu füllen. Jerusalem hat viele Freunde. Es ist nicht nötig, sie anzuspornen. Sie lieben Jerusalem. Ihre Liebe speist ihr literarisches und musikalisches Schaffen. Sie schreiben Romane und Gedichte über Jerusalem. Sie komponieren Musikstücke für Jerusalem. Ich muß sie nicht erst für Jerusalem gewinnen. Das ist gar nicht erforderlich. Sie sind keine Schriftsteller und Musiker im Dienste einer Sache. Ihre Schaffensfreiheit würde nichts dergleichen dulden. Aber ich rede ein paar Worte mit ihnen. Lenke ihre Aufmerksamkeit auf bestimmte Projekte. In freimütigen Privatgesprächen erklären sie ihre Liebe zu Jerusalem. Und dann – als natürlichste Sache der Welt – verspricht mir Saul Bellow, ein neues Buch über Jerusalem und König David zu schreiben. Und Leon Uris bricht in Begeisterung aus und verspricht ebenfalls ein Buch über Jerusalem. Und Martin Gilbert ist aufgeregt und kann es kaum erwarten, über Jerusalem zu schreiben. Und Leonard Bernstein, ein großer Jude und Liebhaber Jerusalems, der die Herzen berührt, kündigt von sich aus ein großes Oratorium über das Thema 3000 Jahre Jerusalem und König David an – zu meinem großen Kummer will das Schicksal es anders und nimmt uns Lenni vor der Zeit. Der nichtjüdische Komponist Krzysztof Penderecki erfuhr von Bernsteins Projekt, das zu vollenden ihm nicht mehr vergönnt war, und teilte mir mit, daß er stellvertretend für ihn das musikalische Werk schreiben werde.

Es gibt eine Menge vielversprechender Ansätze und nach meiner Meinung gute Chancen, das Ereignis zu einem beachtenswerten touristischen Anziehungspunkt ersten Grades werden zu lassen. Aber die finanzielle und organisatorische Last kann die Stadtverwaltung nicht tragen. Nur wenn die israelische Regierung und das Weltjudentum die Idee aufgreifen und die nötigen organisatorischen und finanziellen Mittel bereitstellen, wird es möglich sein, Prestige und politischen Nutzen daraus zu ziehen. All dies wird nur dann möglich sein, wenn es in Jerusalem zu Entspannung und Ruhe kommt.

IV. Verweigerte Hilfe und leere Taschen

Die verschlossene Kasse der israelischen Regierung

Das von Ignoranz geprägte Verhältnis der israelischen Regierungen zu den Bedürfnissen Jerusalems, insbesondere zu denen der arabischen Bevölkerung Ostjerusalems, läßt sich ausladend, aber auch mit wenigen Worten beschreiben. Ich hatte einmal Ministerpräsident Yitzhak Shamir zu Gast. Wir zeigten ihm verschiedene Sehenswürdigkeiten und auch Stadtviertel, deren Sanierung noch anstand. Nach dem Besuch der David-Zitadelle sagte Shamir in einer improvisierten Pressekonferenz, unter dem tiefen Eindruck, den der Ort in ihm hinterlassen hatte: »Eine Stadt wie Jerusalem, mit einem Bürgermeister wie Teddy Kollek, braucht keine finanzielle Hilfe von der Regierung. Ihr kommt ausgezeichnet zurecht.« Es bestand für mich kein Zweifel daran, daß der Ministerpräsident mir schmeicheln wollte. Ich dankte ihm, mußte sein Kompliment jedoch zurückweisen. Keine städtische Behörde, dies gelte nicht nur für das arme Jerusalem mit seinem hohen Anteil an kinderreichen, bedürftigen Familien, sei in der Lage, auch nur einen Bruchteil der Summe aufzubringen, die für Ostjerusalem erforderlich wäre.

Der Ministerpräsident – und dies trifft ebenso für andere Ministerpräsidenten, Finanzminister, Wirtschaftsminister, Verkehrsminister, Minister für Handel und Industrie zu und alle, die in all den Jahrzehnten mit der Sache zu tun hatten – glaubte die Regierung von ihrer grundsätzlichen Pflicht befreit, Gelder für die Sanierung des arabischen Teils des vereinten Jerusalems bereitstellen zu müssen.

Wir dürfen in dieser Frage die Argumentation nicht gelten lassen, daß sich auch die jordanische Staatsmacht gegenüber Jerusalem nicht in der erforderlichen Art und Weise verhalten hat. Sie hatte es vorgezogen, in den Ausbau von Amman zu investieren – und das war kein Zufall. König Hussein und sein Stab hatten befürchtet, Jerusalem werde ihre Hauptstadt ins Abseits drängen, und, entgegen ihren öffentlichen Erklärungen, sahen sie in Jerusalem nicht ihre Hauptstadt und behandelten es auch nicht wie eine heilige Stadt.

Der Vergleich zwischen Israel und Jordanien hinkt, weil wir keine andere Hauptstadt haben als Jerusalem und weil es für uns keine andere gleichermaßen heilige und kostbare Stadt gibt. Hussein hatte, im Gegensatz zu den israelischen Regierungen, keinerlei Interesse an der Entwicklung Jerusalems, aber das Ergebnis war das gleiche: eine Hand, die sich nicht öffnete, und Taschen, die verschlossen blieben. Seht zu, wie ihr zurechtkommt! – sagten sie uns, die wir nicht einmal einen kleinen Prozentsatz der benötigten Summen aufbrachten.

Nachdem wir das Ausmaß der Vernachlässigung und Verwahrlosung, die wir im Jahre 1967 in Ostjerusalem vorfanden, begutachtet hatten, arbeiteten die Ingenieure der Stadtverwaltung und ihre Beamten Dutzende von detaillierten Plänen aus, wie man die arabischen Bürger von ihrer Not befreien könnte. Den Großteil der Pläne mußten wir ad acta legen. Die Regierung hielt ihre Kassen verschlossen, und in der Kasse der Stadtverwaltung herrschte gähnende Leere. So wurden Projekte zu Schubladenplänen.

In einem enormen Kraftakt, der oftmals die finanziellen Möglichkeiten der Stadtverwaltung überstieg, brachten wir Gelder für die Entwicklung und die Verbesserung der Versorgungsgrundlagen in Ostjerusalem auf. Zugegeben: Es waren äußerst bescheidene Summen, die für die Straßen, Gehwege, Kanalisationen, Schulen und Straßenbeleuchtungen bereitgestellt werden konnten. Summen, die nicht einmal für die Spitze des riesigen Eisberges reichten.

Trotz unserer Bemühungen bestand keine Chance, daß das Resultat anders ausfallen könnte, als es tatsächlich der Fall war. Wir jagten mit winzigen Budgets hinter gigantischen Problemen her und konnten sie nicht lösen. Ganze Stadtteile im Osten Jerusalems leiden heute noch unter einer mangelhaften Kanalisation. In Tzoba gibt es überhaupt kein Kanalsystem. In Jebel Mukabir ist die Kanalisation veraltet. Sie beruht noch auf dem alten türkischen System der Sickergruben. Auch in anderen Gegenden ist das Problem noch nicht behoben. Der Direktor der städtischen Wasserwerke, in dessen Verantwortungsbereich die Kanalisation fällt, ist ein tüchtiger Mann, motiviert und kompetent. Er versprach, alle arabischen Stadtteile innerhalb von fünf Jahren an das moderne Kanalnetz anzuschließen. Er arbeitet nach marktwirtschaftlichen Regeln, ohne städtisches Budget. Sein Etat stützt sich auf Gelder, die von den Bürgern aufgebracht werden. In den jüdischen Stadtteilen funktioniert dieses System. Die Bürger finanzieren die Aufwendungen. In den arabischen Stadtteilen stoßen seine Bemühungen auf große Schwierigkeiten. Nicht immer sind die Eigentumsverhältnisse der Häuser eindeutig. Nicht in allen Fällen sind die Einwohner bereit, die hohen Kosten zu tragen. Ich glaube nicht, daß man dieses Problem ohne Subventionen aus der Kasse des Staates lösen kann.

Indes konnten wir beträchtliche Erfolge beim Anschluß der Häuser an das Wassernetz verzeichnen. Die Wasserversorgung in Ostjerusalem und in den umliegenden Dörfern war ausgesprochen rückständig. Am Herodestor ist heute noch eine kleine Bude zu sehen, die dem Wasserverkäufer der Altstadt gehörte. Er pflegte von Haus zu Haus zu gehen mit zwei Eimern voll Wasser, das er den Hausfrauen verkaufte. Das Wasser entnahm er einem Rohr in seiner kleinen Bude, das mit irgendeiner Wasserquelle verbunden war. Viele der Einwohner des arabischen Jerusalem schöpften Wasser aus Zisternen, in denen sich Regenwasser sammelte. In einem regenarmen Jahr quälte der Wassermangel die Einwohner mehr als alles andere.

Heute sind 99 Prozent der Häuser Ostjerusalems und der umliegenden Dörfer an das moderne Wassernetz angeschlossen. Darin sehe ich eine der bedeutendsten Errungenschaften der Stadtverwaltung. Auch die arabischen Bürger wissen das zu schätzen, obgleich sie sich hüten werden, wie in jeder anderen Angelegenheit auch, ihre Zufriedenheit darüber öffentlich zum Ausdruck zu bringen.

Und noch ein Erfolgserlebnis hatten wir: Wir hatten die arabischen Bürger ermutigt, zur Verbesserung ihrer Situation Eigeninitiative zu entwickeln. Wir regten gemeinsame Projekte an. Für diesen Zweck stellten wir eigene Summen bereit. In Jebel Mukabir und in Silwan beispielsweise bauten wir gemeinsam mit den Bürgern Treppen für die Allgemeinheit. Die Stadtverwaltung lieferte die notwendigen Baumaterialien, die Einwohner stellten ihre Arbeitskraft zur Verfügung.

Wie bereits in anderem Zusammenhang erwähnt, haben die Bürger des Stadtteils Et Tur eine segensreiche Eigeninitiative gezeigt. Sie wandten sich vor ein paar Jahren mit dem Vorschlag an die Stadtverwaltung, ein gemeinsames Projekt für die Sanierung der Kanalisation in ihrem Stadtteil in Angriff zu nehmen. »Gebt uns nur das Material«, baten sie, »die Arbeiten führen wir selber aus.« Wir willigten gerne ein. Auf dieser Basis entstand das Bezirkskomitee von Et Tur, das die Verantwortung für die Kanalisation übernahm. Wir lieferten den Plan für die Durchführung der Arbeiten sowie Material und Rohre. Wir stellten die notwendigen Karten und das Know-how. Sie organisierten Geld von den Einwohnern und begannen mit der Arbeit. Aber nach kurzer Zeit kamen sie zur Stadtverwaltung und behaupteten, ihnen sei das Geld ausgegangen und sie könnten für die Beendigung des Projektes auf keinerlei weitere Geldquellen zurückgreifen. Sie schlugen vor, nach Jordanien zu fahren und dort um Hilfe für die Finanzierung der Kanalisation zu bitten. Wir berieten uns mit den zuständigen Institutionen und beschafften ihnen die Erlaubnis, nach Jordanien zu fahren. Sie kamen zurück und berichteten: Die Jordanier (wir haben nie überprüft, ob es tatsächlich die Jordanier waren oder vielleicht eine gemeinsame Kasse Jordaniens und der PLO) seien bereit, das nötige Geld zur Verfügung zu stellen. Aber nur unter einer Bedingung. Sie wollten eine offizielle Bestätigung der israelischen Behörden, daß das Geld wirklich dem Projekt der Kanalisation zufließe und daß das Bezirkskomitee kein politisches Organ sei und sich nicht mit politischen Angelegenheiten befasse.

Kein Problem, sagten wir. Wir gaben ihnen das gewünschte Schreiben über die Aufgaben des Bezirkskomitees und die Bestätigung, daß es sich nicht mit politischen Fragen beschäftige. Um jeden Zweifel auszuräumen, fügten wir hinzu, das Komitee sei eine gewählte Bürgervertretung und nicht von der israelischen Regierung eingesetzt.

Sie kamen zurück und brachten das Geld mit. Ich denke, daß es bis zum heutigen Tag das einzige Projekt ist, das gemeinsam von der Stadtverwaltung Jerusalems, dem Königreich Jordanien und der PLO getragen wurde. Dies ist ein ausgezeichnetes Beispiel für die Zusammenarbeit an einem Gemeinschaftsprojekt. Die Kooperation mit dem Bezirkskomitee von Et Tur dauert bis zum heutigen Tage an und hielt auch der Prüfung durch die Ereignisse der Intifada stand. Wir führten gemeinsam mit dem Komitee nicht nur Bauvorhaben, sondern auch gesellschaftspädagogische Projekte durch.

Im Erziehungswesen haben wir nicht genug getan. Die meisten arabischen Schüler werden immer noch in Schulen unterrichtet, die offiziell privat, in Wahrheit aber Institutionen der jordanischen Oberschicht sind und deren Finanzierung aus externen Quellen stammt. Der Versuch, die städtischen Schulen in Ostjerusalem dem israelischen Lehrplan zu unterstellen, war ein ausgesprochener Mißerfolg. Ich habe das vorausgesehen. Die Schulen leerten sich. Nicht nur nationale und nationalistische Gründe hinderten die Araber daran, den israelischen Unterrichtsplan zu akzeptieren – sie hatten auch einen logischen und konkreten Grund: Die Hochschulen in Israel sind nahezu hermetisch abgeriegelt für die Absolventen arabischer Schulen. Arabische Universitäten gab es in den ersten Jahren nach dem Sechs-Tage-Krieg nicht. Die Araber klagten: »Die Absolventen der Gymnasien können nur in arabischen Universitäten in arabischen Staaten studieren. Aber dort wird man sie nicht nehmen, wenn sie nach dem israelischen Lehrplan das Abitur gemacht haben. Laßt uns nach dem jordanischen Lehrplan unterrichten!«

Nach meiner Einschätzung war die Klage berechtigt. Ich setzte mich dafür ein. Schließlich kam das Erziehungsministerium der Forderung nach. Die leeren Schulen füllten sich erneut mit Schülern.

Allen Bemühungen zum Trotz werden arabische Schüler in Jerusalem unter schlechteren, bisweilen sogar unzumutbaren Bedingungen unterrichtet. Nicht um anderen genüge zu tun und nicht um eventuell vorgebrachten Klagen zuvorzukommen, sondern um unserer selbst willen müssen wir zugeben: Hier sind wir gescheitert. Was die Erziehung in Ostjerusalem anbelangt, haben wir den Arabern zusätzliche Nahrung geboten für das Gefühl, benachteiligt und minderwertig zu sein.

Eine mittellose Stadt

Man sagt mir: Auch in Tel Aviv fehlt es nicht an Problemen. Auch in Haifa sind die Bedürfnisse größer als das Einkommen. Jede Großstadt kämpft gegen Not, Mangel und Armut. Auch Jerusalem. Mag sein, daß die Probleme in Jerusalem etwas drängender sind, im Prinzip sind sie jedoch überall gleich.

Ich antworte: Unsinn. Wer so argumentiert, weiß nichts über Jerusalem, oder aber er kennt sich aus, zieht es jedoch aus Bequemlichkeit vor, die Tatsachen zu ignorieren.

Die Realität sieht folgendermaßen aus: Die Fakten widersprechen jedem, der behauptet, man könne den Problemen und der Armut Jerusalems so begegnen wie den Problemen jeder anderen israelischen Stadt. Ein Vergleich ist schlechthin unmöglich. In vielen Punkten sind die Unterschiede so gravierend, daß man nicht einmal von einer Ähnlichkeit sprechen kann. Nicht eine einzige Stadt in Israel hat die Probleme, die Jerusalem hat, oder zumindest kann man sagen, einen Teil unserer Probleme hat keine andere Stadt.

Eine kleine Episode soll die besondere Situation der großen Familien innerhalb der ultraorthodoxen Bevölkerungsschicht verdeutlichen. Ein Mann, der seit vielen Jahren in Jerusalem ansässig ist, kam mit einer Bitte zu mir. Er hatte einen Bruder mit geringem Einkommen, der siebzehn Mäuler zu stopfen hatte. Jetzt hatte sein alter Kühlschrank den Geist aufgegeben. Könnte ich ihm nicht einen neuen besorgen? Nun bin ich ja als »Schnorrer« bekannt. Warum »ja« zu neuen Kunstschätzen für das Museum und Millionen für das Fußballstadion und »nein« zu einem neuen Kühlschrank für eine kinderreiche ultraorthodoxe Familie?

Bis ich mit diesem und jenem gesprochen, einen schönen neuen

Kühlschrank besorgt, mich von anderen Verpflichtungen freigemacht hatte und dazu kam, die Familie zu besuchen, um mich nach ihrem Befinden zu erkundigen und zu sehen, wie sich der Kühlschrank in seiner neuen Umgebung machte, verging eine ganze Weile. Man empfing mich mit Wohlwollen. Ich sagte: »Ich bin gekommen, um euch und eure siebzehn Kinder zu begrüßen.« Und man antwortete mir: »Es sind bereits achtzehn!« Ich entschuldigte mich für die Verspätung.

Selbst wenn ich einen Moment lang die ethnischen und religiösen Probleme außer acht ließe (die Beziehungen zwischen Juden und Moslems, die zentrale Position Jerusalems im Kampf der Palästinenser, die Bedeutung, die die christliche Welt Jerusalem beimißt, die Relation zwischen nichtreligiösen und religiösen Juden, namentlich den Ultraorthodoxen), so fiele die Tatsache, daß Jerusalem eine ausnehmend arme, mittellose Stadt ist, immer noch schwer ins Gewicht. Dieser Zustand bestimmt das tägliche Leben. Jerusalem verfügt nicht über eine breite ökonomische Grundlage, weder in der Industrie noch im Handel. Der Hauptanteil der Jerusalemer Bevölkerung setzt sich aus Regierungsbeamten, Universitätspersonal, Mitarbeitern der verschiedenen religiösen Institutionen oder Angestellten der Touristikbranche zusammen. In Jerusalem arbeiten nur etwa 12 Prozent der Berufstätigen in Industriebetrieben – das entspricht der Hälfte des Landesdurchschnittes, der bei rund 25 Prozent liegt.

Tel Aviv hat von Grund auf andere Voraussetzungen. Alle großen Firmen haben dort ihre Niederlassungen, alle großen Banken, Versicherungsgesellschaften, Wirtschaftsunternehmen, Großbetriebe, Großkaufhäuser. Die städtischen Grundsteuern bemessen sich nach dem genutzten Gelände. Die Stadtverwaltung Tel Avivs kassiert eine doppelt so hohe Abgabe pro Einwohner wie die Jerusalemer Stadtverwaltung. Diese Tatsache fällt um so mehr ins Gewicht, wenn man bedenkt, daß die Bevölkerung von Tel Aviv circa 320000 Einwohner umfaßt, denen 550000 in Jerusalem gegenüberstehen.

Nicht nur das Grundsteueraufkommen und die deutliche Differenz der Einwohnerzahlen machen die Unterschiede zwischen beiden Städten deutlich. Der Reichtum Tel Avivs rührt auch von der Tatsache her, daß die Stadt über ein großes Kontingent an teuren Grundstücken verfügt. Jerusalem dagegen hat keinerlei städtisches Grundeigentum vorzuweisen. Wie kommt das? Es datiert aus der Zeit des britischen Mandats. Die Bürgermeister der Städte oder der jüdischen Landwirtschaftssiedlungen pflegten vor der Staatsgründung die britischen Herrscher zu bedrängen, ihnen Grund und Boden zuzuteilen. In vielen Fällen gaben die Briten nach und bereicherten die städtischen Behörden mit Grundbesitz, dessen Wert mehr und mehr gestiegen ist. Die Bürgermeister der arabischen Städte bewiesen keine vergleichbare Umsicht. Die Entwicklung ihrer Siedlungen war nicht ihr oberstes Anliegen. Araber, die als Bürgermeister von Jerusalem amtierten, baten um nichts, und man hat ihnen auch nichts gegeben. Die Juden, die seit dem Unabhängigkeitskrieg Bürgermeister von Jerusalem waren, übernahmen von ihren Vorgängern nicht die Gleichgültigkeit gegenüber den Bedürfnissen der Bürger und der Stadt. Im Gegenteil. Sie bewiesen Findigkeit und Initiative. Aber die entscheidenden Würfel waren vorher gefallen, und die Situation war nun nicht mehr zu ändern: Die Stadtverwaltung von Jerusalem hat nicht einmal einen Quadratmeter Grundbesitz. Sie besitzt nichts, was sie verkaufen könnte, um wenigstens zum Teil die Diskrepanz zwischen den zahlreichen Bedürfnissen und den niedrigen Einnahmen auszugleichen. Zwar ist Jerusalem mit tausend Synagogen, Kirchen und Moscheen gesegnet, die zum geistigen Reichtum der Stadt beitragen, aber sie müssen nicht einen Schekel Steuern zahlen.

Ich ging einmal mit Anwar Nusseibah durch die Stadt, einem der Häupter der arabischen Bevölkerung, der in der Vergangenheit Gouverneur von Jerusalem gewesen war. Mit großem Stolz zeigte ich ihm, was wir in Altjerusalem machen – wir bauen, renovieren, säubern und restaurieren moslemische, christliche und jüdische Stätten. Er war begeistert: »Wunderbar, wunderbar, wirklich wunderbar. Ihr leistet Großartiges. Wir hätten dies alles nie getan.«

Was er sagte, entsprach der Wahrheit. Sie hätten es niemals getan. Und sie haben auch nie die Engländer gebeten, den Stadtverwaltungen, die ihnen unterstanden, Grund und Boden zu überschreiben.

Jerusalem ist eine Stadt der Neueinwanderer. Dies ist Anlaß zu großem Stolz, aber auch der Ursprung vieler Probleme. 1948, mit der Gründung des Staates Israel, zählte Jerusalem in dem Teil, der uns geblieben war, rund sechzigtausend Juden und nur wenige Araber. Nach neunzehn Jahren, als Jerusalem unter israelischer Herrschaft wiedervereinigt wurde, zählte die jüdische Bevölkerung etwa 180000 Seelen. In den Jahren, die seit damals verstrichen sind, hat sich die jüdische Bevölkerung mehr als verdoppelt. Auch die nichtjüdische Bevölkerung wuchs gleichermaßen an.

Heute leben im vereinten Jerusalem rund 370000 Juden, etwa 150000 Moslems und rund 15000 Christen.

Ein großer Segen kam über die Stadt, als in den Jahren der Masseneinwanderung, 1950/1951, Zehntausende von Juden aus den orientalischen Ländern nach Jerusalem strömten. Für viele der Juden aus diesen Ländern war Jerusalem das Ziel aller Träume und Sehnsüchte. Ihr ganzer Zionismus war in dem Wort »Jerusalem« konzentriert. Über Israel wußten sie nur wenig. Über Jerusalem sehr viel. Jerusalem öffnete ihnen seine Tore. In Jerusalem empfing man die Neueinwanderer aus den orientalischen Ländern mit offenen Armen.

Es ist überflüssig, zu sagen, so und nur so hätten sich alle verhalten sollen. Nicht alle Städte Israels reagierten wie Jerusalem. Daraus resultiert, daß 70 Prozent der Jerusalemer Juden aus den orientalischen Ländern stammen oder Nachkommen der Juden sind, die von dort einwanderten. In Tel Aviv sind es 25 Prozent und in Haifa 15 Prozent. Und noch mehr als dies: In den orientalischen Ländern gab es auch reiche Juden. Viele von ihnen wanderten aus, aber die wenigsten kamen nach Israel. Die wenigen, die kamen, haben sich in Ramat Gan und Tel Aviv niedergelassen. Für Jerusalem konnten sie sich nicht erwärmen. Nach Jerusalem zog es nur die Mittellosen. Gute Juden – aber arme Juden; große Familien, bettelarm, die ihre gesamte Habe zurücklassen mußten. Sie hatten keine gesuchten Berufe. Sie hatten ihre eigene kulturelle Tradition, die westliche

Kultur hingegen war ihnen fremd, und es fiel ihnen schwer, Freude daran zu empfinden. Erst nach vielen Jahren begriffen wir, wie wichtig es gewesen wäre, die Kultur und die Tradition der Neueinwanderer zu fördern.

Die Eingliederung der Neueinwanderer war äußerst problematisch. Zweifellos verfügte die Jerusalemer Stadtverwaltung nicht über die Mittel, um ihre Aufnahme unter annehmbaren Bedingungen zu vollziehen. Auch die Regierung – ob sie nun tat, was in ihrer Macht stand, oder ob sie Fehlentscheidungen traf bei der Verteilung von Schwerpunkten – bot ihnen nur schlechte, miserable Aufnahmebedingungen, die viele Jahre lang die Gesamtsituation entscheidend prägten. Keine Schwierigkeit schreckte die orientalischen Juden ab. Sie waren bereit, da sie keine andere Wahl hatten, unter kaum zumutbaren Verhältnissen in Durchgangslagern zu wohnen. Sie waren bereit – es blieb ihnen nichts anderes übrig –, in enge Wohnungen zu ziehen. Infolge der Überforderung durch erdrükkende soziale Probleme baute man ihnen Wohnungen von neunundzwanzig Quadratmetern. In solch armselige Löcher wurden acht, zehn oder noch mehr Familienmitglieder gezwängt.

Der Start der Neueinwanderer war schwierig und problembelastet. Die dürftigen Verhältnisse und die drückende Enge zwangen den Kindern der großen Familien einen Kampf auf, dem sie nicht gewachsen waren. Ohne eine ruhige Ecke für die Erledigung der Hausaufgaben waren sie ständig umgeben von all dem Lärm und Trubel in den winzigen Wohnungen. So schmolz die Chance dahin, daß die junge, in Israel geborene Generation die Fähigkeit entwikkeln würde, die erzwungenen Grenzen zu sprengen und sich einen Weg zu höherer Schulbildung zu bahnen.

Mit den Jahren verbesserte sich die Lage. Explosiv stieg die Zahl der Juden orientalischer Herkunft an, die an den Hochschulen studieren. Aus diesen Einwanderern kristallisierte sich eine dünne Schicht von Wohlhabenden und Erfolgreichen heraus. Viele Bauunternehmer sind jüdische Kurden, darunter einige sehr vermögende. Orientalische Juden fügten sich erfolgreich ins Jerusalemer Handelsleben ein und bewiesen, daß Innovationsbereitschaft und Talent sich auszahlen. Heute, nach über vierzig Jahren, sind sephardische Juden oder deren Nachkommen in der Regierung vertreten, dienen als Offiziere in der Armee und sind Abgeordnete der Knesset. Ich frage niemals jemanden nach seiner Herkunft, aber ich weiß, daß unter den hohen Beamten der Jerusalemer Stadtverwaltung die Mehrheit sephardischen Ursprungs ist.

Doch der Großteil der Neueinwanderer und ihrer Nachkommen blieben nach den israelischen Maßstäben von 1993 minderbemittelt, wenn sich ihre Situation auch im Vergleich zu den Anfängen verbessert hat. Nicht nur sie, aber auch viele von ihnen, müssen immer noch die Unterstützung des städtischen Sozialamtes in Anspruch nehmen oder Einkommenszuschläge erhalten. Als Bürger stellen sie keinen Faktor dar, der die leere Kasse der Stadtverwaltung füllen hilft. Die Last, die auf dieser Kasse ruht, findet noch aus einem weiteren Grund in keiner anderen Stadtverwaltung ihresgleichen. Auch viele der Tausenden von Ultraorthodoxen haben Schwierigkeiten, ihre großen Familien zu ernähren. In meinen Augen haben sie nicht weniger Anspruch auf Unterstützung als andere Bürger Jerusalems auch. Aber die Belastung für die Stadtkasse ist gravierend. Zur Verdeutlichung: Die Summe, die die Stadtverwaltung Jerusalems aus eigenen Mitteln zur Verfügung stellen kann, beträgt eintausend Schekel pro Bürger im Jahr. In Tel Aviv liegt sie bei zweitausend Schekel, ist also doppelt so hoch.

Die Herkunft der Bürger Jerusalems hat entscheidenden Einfluß auf den kulturellen Charakter der Stadt und sogar auf ihre äußere Gestalt. Ich greife vor: Jede Eigentümlichkeit der menschlichen Kultur hat Ehre und Achtung verdient, auch wenn sie uns fremd sein sollte. Die menschliche, warme Atmosphäre des Zusammenlebens in Marokko oder Algerien, die Einfühlung in die jüdische Tradition, die Folklore, die im Zusammenhang mit den Schabbatabenden und Feiertagen entstand, die Familienführung und die Lebensart, die Lieder und Melodien, die von einer Generation zur nächsten weitergegeben wurden – all dies und vieles andere waren bezeichnend für die Kultur der Neueinwanderer, die nach Jerusalem kamen. Sie hatte etwas von Schönheit, Anmut und Stolz.

Andere kulturelle Äußerungen, insbesondere die in der westlichen Welt üblichen, waren den Neueinwanderern fremd. Klassische oder moderne Musik, in der üblichen Bedeutung des Wortes, Theater, Ballett, das Museum und auch die städtischen Grünanlagen fanden keinen Zugang zu den Herzen der Neueinwanderer. All dies entspricht auch nicht der Überlieferung der Ultraorthodoxen oder der arabischen Bürger Jerusalems; so bleiben also nur siebzig oder achtzigtausend jüdische Bürger in Jerusalem, etwa 15 Prozent der Gesamtbevölkerung, die als natürliche Konsumenten der westlichen Kultur gelten können.

Es war nie meine Absicht, die Bürger Jerusalems von ihrer traditionellen Kultur zu entwurzeln und ihnen andere, fremde Kulturen aufzudrängen. Wir bemühten uns, so gut es ging, Folklore und Kultur der Neueinwanderer zu erhalten. Wir haben das unzweifelhafte Recht der Ultraorthodoxen anerkannt, sich in ihre Häuser zurückzuziehen und sich vor allem zu hüten, was in ihren Augen nach fremdartigen, negativen Einflüssen aussieht. Das Recht der Araber auf Pflege ihrer Kultur und auf ein Leben nach ihren überlieferten Bräuchen habe ich nie in Frage gestellt. Aber ich wollte, daß die Bürger auch andere kulturelle und künstlerische Ausdrucksformen kennenlernen, die ihnen vorher fremd waren.

Der Weg wurde langsam eben, aber immer noch blieb viel zu tun. Wir hatten jedoch auch herausragende Erfolge zu verzeichnen. Die Konzertsäle Jerusalems sind voll mit Zuhörern. Die Menschen strömen in das Museum. Karten für Theateraufführungen sind im voraus ausverkauft. Stolz und glücklich sehe ich in all diesen kulturellen Einrichtungen viele der Juden aus den orientalischen Ländern oder ihre Töcher, Söhne und Enkel.

Dem Israel-Museum haben wir die beste Jugendabteilung der Welt angegliedert. Viele Menschen kommen von überall her, um sich dort umzusehen und von uns zu lernen. Durch organisierte Besuche dieser Abteilung für die Jugend haben wir einer großen Anzahl von Schülern, darunter zahlreiche Juden sephardischer Herkunft, die Kunst der Malerei und Bildhauerei nähergebracht.

Auch öffentliche Parks, blühende Bäume, Rasen und Blumenbeete waren vielen Neueinwanderern von ihren Herkunftsländern her unbekannt. Weder in Whitechapel, im Lower East End, noch in der Nalewki in Warschau, noch in Casablanca gab es Bürgerparks und Spielplätze. Die energischen Aktivitäten, die wir in diesem Bereich an den Tag legten, wurden in den ersten Jahren mit Staunen, wenn nicht sogar mit Empörung, aufgenommen: »Ist es das, worauf ihr Wert legt? Bäume, Blumen und Rasen? Saniert erst einmal unsere Wohnblocks und die Synagoge!« Ich glaubte, daß wir sowohl das eine als auch das andere tun mußten und daß zwischen beidem kein Widerspruch bestand. Ich sah in den Grünanlagen der einzelnen Stadtteile auch eine Erweiterung des familiären Lebensraums, der die Enge erträglicher machte.

Die Idee begann die Herzen zu erobern. Nicht augenblicklich, nicht spektakulär. Ganz langsam lernten die Neueinwanderer aus allen Diasporaländern wie die alteingesessenen Bürger, die Schönheit der Gartenanlagen zu genießen, das Grün für die Augen, den Spielplatz der Kinder, auf dem auch Erwachsene hin und wieder ein Stündchen Wohlbehagen finden. An diesen Orten findet auch das notwendige Zusammentreffen aller ethnischen Gruppen statt.

Auch das demokratische Leben Jerusalems wurde lange Jahre von der soziologischen Struktur der Stadt beeinflußt. Ob sie aus dem Orient kamen, aus den kommunistischen Ländern der UdSSR oder Osteuropas oder aus Südamerika, das demokratische Leben in seiner gesamten Bandbreite – kontinuierliche und konsequente Beteiligung am Entscheidungsprozeß, Verantwortungsgefühl für das Schicksal des eigenen Wohnviertels und Teilnahme an dem Höhepunkt des gesamten Prozesses, nämlich an den Wahlen – war ihnen aus ihren Herkunftsländern nicht vertraut. Dort hatten sie sich im allgemeinen damit abgefunden, sich zu fügen und den Herrschern, die sie in Ruhe und frei von Schikanen leben ließen, Dankbarkeit zu zollen.

Auch hier sind keine Wunder geschehen, es wurde uns nichts geschenkt, und nicht immer wurden wir durch die Resultate ermutigt, bisweilen sogar enttäuscht. Ganz langsam ist es uns gelungen, der Mehrzahl der Bürger klarzumachen, was die wahre Prüfung für ein Leben in Demokratie ist: die Anteilnahme am Geschehen und die Bereitschaft, Dinge durch ein Mittragen der Verantwortung zu ändern. Ich kann mit Genugtuung sagen, daß die Jerusalemer Bürger, die Angehörigen aller Bevölkerungsgruppen, einen nationalen Rekord aufgestellt haben: In keiner anderen Stadt Israels gibt es ein so hohes Maß an freiwilliger Beteiligung an den unterschiedlichsten Aktivitäten wie Spendensammlungen für verschiedene Zwecke, Aktionen für Ältere und Behinderte, Hilfe für geistig behinderte Kinder und noch vieles mehr. Diese Prüfung hat Jerusalem mit Bravour bestanden.

V. Ideeller und materieller Wert

Das Galakonzert

Es ist anzunehmen, daß die Politiker, die Herren dieser Welt, die Staatsoberhäupter mächtiger Länder größeren Anteil an dem Schicksal Jerusalems und seinem internationalen Status haben werden als berühmte Künstler, Musiker, Maler, Bildhauer und Schriftsteller. Die Macht der Politiker beruht auf ihrer umfassenden Kompetenz, Beschlüsse zu fassen und durchzuführen. Selbst durch und durch demokratische Systeme funktionieren nach diesen Mechanismen. Künstler haben keinerlei Autorität. Wenn sie in dieser materiellen Welt überhaupt einen Einfluß haben auf diejenigen, welche die Entscheidungen treffen, und auf die Beziehung von Regierungen und Machthabern zu den Phänomenen dieser Welt – dann ist dieser Einfluß nur indirekt, oft nicht nachvollziehbar, und seine Früchte werden erst nach Jahren geerntet. Ohnehin wird kein Staatsmann zugeben, daß er sich von dem Standpunkt eines Künstlers beeinflussen ließ. Sie, die Politiker, sind schließlich allwissend.

Aber wenn ich zwischen engen Beziehungen zu bedeutenden Künstlern und solchen zu Staatsmännern, sei ihr Gewicht für die weltlichen Entscheidungen auch noch so groß und ihr Einfluß allumfassend, wählen müßte, dann würde ich nicht eine Sekunde lang zögern: Die Künstler sind es, die meinem Herzen nahestehen. Der Umgang mit ihnen bereitet mir große Freude. Auch wenn ich kein großer Kenner von Musik, Malerei und Literatur bin, die Atmosphäre, die sie umgibt, fasziniert mich. Der ästhetische und geistige Genuß, den ihre Werke vermitteln, zählt für mich zehnmal mehr als all die Zeichen von Macht und Stärke, mit denen die Politiker ihre Gesprächspartner zu überschütten pflegen, um ihre Namen und Positionen ins rechte Licht zu rücken.

Zu meinem Glück muß ich mich nicht entscheiden, und das eine schließt das andere nicht aus. Ich unterhielt enge Beziehungen sowohl zu den bedeutendsten Politikern als auch zu den größten Künstlern – mit einer Einschränkung: Mit keinem einzigen Politiker entwickelte sich eine enge Freundschaft. Man traf sich, man empfing mich mit allen – manchmal übertriebenen – Ehren, wie es einem Bürgermeister von Jerusalem gebührt, man hörte mir aufmerksam zu. Manchmal konnte ich mit meinen Argumenten überzeugen, und manchmal rückte man von gegensätzlichen Positionen keinen Zentimeter ab. Israel, das über Christen bestimmt, die sich seiner Staatsautorität beugen müssen, ist ein seltsames Phänomen für jeden Christen in der Welt, und Politiker bilden da keine Ausnahme. Ich traf mich mit amerikanischen Präsidenten und mit Regierungschefs, Außenministern und Senatoren, Kongreß- und Parlamentsmitgliedern. Wir sprachen über Jerusalem. Wir tauschten Briefe aus. Wir besuchten uns gegenseitig. Weiter nichts.

Aber zwischen mir und großen Künstlern wurden Beziehungen geknüpft – ich hoffe, ich kann dies ohne Anmaßung sagen – von einer persönlichen Art, geprägt von tiefer Sympathie und Zuneigung.

Das jüdische Volk wurde mit großen Künstlern gesegnet. Sie sind in zweifacher Hinsicht wertvoll für Jerusalem: Sie haben einen ideellen und einen materiellen Wert. Im Herzen jedes dieser Künstler war immer Platz für Jerusalem. Es brauchte nicht viel, um darin eine Flamme zu entfachen. Das war ein Segen für die Stadt.

Eine gigantische Demonstration von Solidarität mit Jerusalem, ermöglicht durch den Erfolg unserer Bemühungen, die Großen der Musik zu einer gemeinsamen Aufführung zu versammeln – ein äußerst seltenes Erlebnis in der Musikwelt –, fand im Jahre 1977 im Sultanspool statt. Es war das erste Mal, daß wir eine Veranstaltung von einem solchen Ausmaß in diesem zauberhaften natürlichen Amphitheater organisierten.

Ich muß kurz ausholen, um den Hintergrund dieses bedeutenden Konzerts zu schildern: Ministerpräsident Menahem Begin wünschte von ganzem Herzen, daß Israel am Unabhängigkeitstag 1977, zehn Jahre nach dem großen Sieg im Sechs-Tage-Krieg und der Befreiung Jerusalems, seine Stärke in einer prachtvollen Parade der *Tzahal* in Jerusalem demonstriere. Selbst Militärkommandanten, zivile Staatsmänner ohnehin, hatten bereits damals begriffen, daß der Reiz großer Militärparaden der Vergangenheit angehörte und ihre Kosten ihren Nutzen bei weitem überstiegen. Begin, von dieser Position enttäuscht, machte einen Kompromißvorschlag: Keine Militärparade, sondern ein Aufmarsch der Untergrundbewegungen, der *Hagana, Etzel* und *Lehi,* an dessen Spitze kein geringerer als er selbst marschieren würde. Ich schlug vor, auf Paraden und Aufmärsche zu verzichten und die zehn Jahre seit der Befreiung Jerusalems mit einem gewaltigen Konzert im Sultanspool zu feiern. Der Ministerpräsident war nicht gegen ein Konzert, aber es erforderte große Mühe, die Idee des Aufmarsches, der im Sultanspool enden sollte, aus seinem Kopf zu verbannen. Allein das Argument, die Mitglieder der Untergrundorganisationen hätten sich zwar durch Heldentum ausgezeichnet, seien jedoch noch niemals aufmarschiert und seit ihrer Glanzzeit seien sie auch schon etwas in die Jahre gekommen, wodurch diese Parade nicht gerade dazu geeignet wäre, die Welt mit der Stärke Israels zu beeindrucken, hat ihn schließlich überzeugt.

Das Konzert war in jeder Beziehung überwältigend, aufregend, herrlich. Selbst die Tatsache, daß ich als Moderator fungierte, konnte seinen Wert nicht schmälern, sondern hat dem Konzert vielleicht ein zusätzliches Quentchen Würze verliehen. Nicht, daß ich mich um diese Aufgabe gerissen hätte. Daß ich sie übernehmen sollte, war in keinem früheren Plan vorgesehen, und ich selbst war nicht erpicht darauf, mit so bedeutenden Künstlern wie Mstislav Rostropovich, Isaac Stern, Jean-Pierre Rampal, der großen Sängerin Leontyne Price und dem Dirigenten Zubin Mehta in Konkurrenz zu treten. Jeder Mensch mit einem Fünkchen Verstand weiß, wenn sie auf einer Bühne stehen, ist der angemessene Platz für alle anderen ein bescheidener Sitz auf den Zuschauerrängen. Indes – in Jerusalem ist nichts unmöglich. Eine Woche vor dem Konzert ging im Westen der Stadt ein Katjuschageschoß nieder (die Menschen tun gut daran, nicht zu vergessen, daß es bereits viele Jahre vor der Intifada in Jerusalem Sicherheitsprobleme gab, die in anderen Städten Israels unbekannt waren). Mir wurde angst und bange. Das fehlte noch. Ich wußte, daß zu dem Konzert im Sultanspool etwa zwanzigtausend Menschen erwartet wurden. Wenn, Gott behüte, dort ein Katjuschageschoß oder eine Granate einschlüge, während die Menge auf engstem Raum versammelt war ... Ich wagte nicht auszusprechen, wie sehr ich von Angst gepackt wurde. Wer von dem Luftdruck und den Splittern verschont bliebe, liefe Gefahr, von der in Panik geratenen Menge zertrampelt zu werden.

So sehr ich versuchte, mich zu beruhigen und die große Angst aus Kopf und Herz zu verbannen – so wenig gelang es mir. Als ich kurz vor Beginn des Konzerts am Veranstaltungsort ankam und die Menschenmenge sah, die sich dort drängte und sich ungeduldig und hektisch einen Weg zu bahnen versuchte, wurden mir einen Augenblick lang die Knie weich, so daß ich den ganzen schönen Einfall fast bereute. Was würden die Tausende von Menschen, die sich so verhielten, um einen Platz zu ergattern, tun, um ihn zu verlassen, wenn ...

Ich unterrichtete Zubin Mehta von meinen Sorgen. Ich fragte ihn, wo auf der Bühne ich mich unauffällig postieren konnte, so nah wie möglich am Mikrophon, damit ich im Falle einer Katastrophe das Publikum dirigieren und beruhigen, die Evakuierung leiten und vielleicht verhindern könnte, daß es zu Opfern käme. Er sah mich mit jenem ihm eigenen kecken Blick an und sagte: »Ich habe verstanden. Du wirst so nah wie möglich am Mikrophon stehen. Du wirst es nämlich in der Hand halten, denn du wirst das Konzert moderieren.«

Ich erwiderte: »Augenblick mal. Schließlich ist kein Ansager vorgesehen. Was soll er für eine Funktion haben? Und außerdem weiß ich nicht einmal, was das Orchester spielen wird ...«

Er antwortete: »Es stimmt, daß wir eigentlich keinen Ansager brauchen. Aber du brauchst ein Mikrophon. Ich werde dir erzählen, was gespielt wird. Hier hast du eine Aufstellung.«

Und so wurde ich zum Moderator. Zu unserem Glück blieb meine Aufgabe auf das Ansagen der Künstler und der Stücke beschränkt.

Der große Erfolg des Konzerts resultierte zum Teil aus der Neuheit und dem Mut, solch eine Aufführung unter freiem Himmel zu veranstalten. Mir war bewußt, daß das Amphitheater seine Schwächen hatte. Wenn wir dort weitere Aufführungen veranstalten wollten, an denen zahlreiche Menschen teilnehmen und angemessene Bedingungen zum Sitzen und Zuhören vorfinden sollten, mußten wir noch viel Geld investieren.

Architekten und Spezialisten für Akustik fertigten detaillierte Pläne an. Ein großes Problem bestand darin, daß man in dem Areal keine feststehende Muschel errichten durfte, die die Sicht das ganze Jahr hindurch, auch wenn keine Aufführungen und Konzerte stattfanden, verstellen würde. Der fertige Plan ergab, daß zu seiner Verwirklichung eine gewaltige Summe nötig war. Ich fand einen Juden in einer höchst achtbaren Position, den eine innige Beziehung mit Israel verband. Er kam, sah und hörte – und war zu einer Spende bereit. Nach einer Weile stellte sich heraus, daß wir uns verkalkuliert hatten. Genauere Berechnungen zeigten, daß nicht die Summe, die wir zunächst ermittelt hatten, sondern eine wesentlich höhere vonnöten war. Ich atmete tief durch (wie peinlich!) und entschuldigte mich bei dem Sponsor, suchte nach einer größeren Spende und stieß auf die Familie Hassenfeld – eine Mutter und ihre beiden Söhne, die das Familienoberhaupt beerbt hatten. Ihr guter Wille kennt keine Grenzen. Sie brachten den ganzen erforderlichen Betrag auf, und ihre Hände sind noch immer offen. Sie helfen uns, Ensembles aus dem Ausland nach Israel zu bringen, und finanzieren die Differenz zwischen den Einnahmen aus dem Kartenverkauf und den Kosten der Aufführungen. Sie helfen uns auch, die Ausstattung und andere Einzelheiten zu verbessern.

Arthur Rubinstein, einer der ganz Großen unserer Zeit, einer der bedeutendsten Pianisten aller Zeiten, war in Liebe mit Jerusalem verbunden. Bei seinen Besuchen in der Stadt habe ich ihm viele Stunden lang als Chauffeur und privater Fremdenführer gedient. Er liebte unsere Stadtrundfahrten und freute sich wie ein Kind über jeden neuen Park, über jedes schöne Gebäude, das hinzugekommen war. Er war begeistert von den Mahlzeiten im Restaurant von Mishkenot Sha'ananim. Noch im hohen Alter genoß er gutes Essen, gute Weine und dicke Zigarren. Auch in diesem Punkt waren wir uns einig. Ich erinnere mich an seinen letzten Besuch im Lande. Er war damals fünfundachtzig Jahre alt. Gewisse Alterserscheinungen kann man in diesem Alter nur schwer verbergen. Die Gesetze der Natur gewinnen die Oberhand. Aber Arthur war voller Leben und Energie und machte Pläne, als beuge er sich nicht der Macht der Jahre und den Einschränkungen, zu denen sie verdammen. Was konnten wir ihm schenken, um unserer Verehrung und Liebe Ausdruck zu verleihen? Neben Mishkenot Sha'ananim stellten wir eine Bank auf mit der Aufschrift: Arthurs Bank. Von dort sieht man über ganz Jerusalem. Manchmal gehe ich dorthin, setze mich, schaue auf die Mauern und denke an die vielen wundervollen Stunden, die ich in der Gesellschaft des großen Künstlers, dieses ausgesprochenen Liebhabers Jerusalems, verbracht habe.

Einen großen Beitrag leistete Rubinstein zur musikalischen Aktivität im Musikzentrum in Mishkenot Sha'ananim. Er verlieh dem Ort Glanz. Seine Meisterklassen bei den »Künstler-Workshops« waren für junge israelische Pianisten unvergeßliche musikalische und menschliche Begegnungen. Seine öffentlichen Auftritte rissen Massen von begeisterten Anhängern mit. Der internationale Klavierwettbewerb, der seinen Namen trägt, hat Israel ein hohes Renommee in der internationalen Musikszene eingebracht und zieht viele erstklassige junge Pianisten an.

Arthur Rubinstein war mit Leib und Seele Jude, wenn auch nicht religiös. Ich weiß nicht, ob ihm klar war, daß er uns mit seinem Testament eine außerordentlich komplizierte Aufgabe gestellt hat, die nur mit großer Mühe erfüllt werden konnte. Er hatte angeordnet, seinen Leichnam zu verbrennen und die Asche über dem Rubinsteinwald zu verstreuen, der nicht weit vom Denkmal für John F. Kennedy angepflanzt worden war. Nicht weniger und nicht mehr. Er hatte nicht bedacht, daß in Israel das religiöse Establishment alle Begräbnisarrangements und alle Friedhöfe streng kontrolliert und darin – aus seiner Sicht durchaus berechtigt – eine Quelle für seine Macht und Autorität sieht.

Rubinsteins Angehörige handelten schnell, um den ersten Teil des Testaments zu vollstrecken. Als der Inhalt bekannt wurde, berieten sie sich mit niemandem, weder mit mir noch mit sonst jemandem in Israel, ließen unverzüglich den Leichnam verbrennen und die Asche in eine Urne geben. Aus ihrer Sicht eine vollendete Tatsache. Es gab keine Leiche mehr. Es gab niemanden, den man begraben konnte. Und in der Tat war die religiöse Elite schockiert und erklärte den Krieg. Obwohl Rubinstein mich nicht zum Vollstrecker seines letzten Willens bestellt hatte, fühlte ich, daß die Herzensnähe zwischen uns beiden mich dazu verpflichtete, für die Erfüllung des Testaments dieses genialen »Schlitzohrs« zu sorgen. Der Rabbiner Ovadya Yosef, der israelische Hauptrabbiner, und der Rabbiner Shalom Mashash, das Oberhaupt der Religionsgerichte in Jerusalem, haben mir viele Stunden gewidmet, zu jeder Tages- und Nachtzeit große Bereitschaft und guten Willen gezeigt, mir Gehör zu schenken und sogar mich zu verstehen. Aber die Leiche eines Juden verbrennen, wie es die Nichtjuden tun? Sie in einen Krug füllen? Sie verstreuen, anstatt sie zu begraben? Wie könnten wir!

Es bestand keine Chance, die Rabbiner mit logischen Argumenten zu überzeugen. Freiheit von jeglichem religiösen Zwang und die Achtung des Willens eines jeden Menschen im Leben und erst recht nach seinem Tod sind bescheidene Werte, unter freien Menschen üblich, dem Geist der Religionsführer jedoch vollkommen fremd.

Vor den Ohren der Rabbiner zu behaupten, es sei das gute Recht Arthur Rubinsteins gewesen, zu verfügen, daß sein Leichnam verbrannt und die Asche über dem Wald, der seinen Namen trägt, verstreut würde, war Zeitverschwendung. Die Erklärung, seine Angehörigen hätten keinen Frevel begangen, als sie den letzten Willen ihres Geliebten erfüllten und seine Leiche verbrannten – eine leere und wertlose Aussage. Wir hätten natürlich Arthurs letztem Willen auch gegen den rabbinischen Einspruch entsprechen können. Ein Hubschrauber hätte die Asche einfach über dem Wald verstreuen können. Aber ich habe Übereinkunft und Einvernehmen einem Streit vorgezogen. In jeder Auseinandersetzung mit den Religiösen halte ich mich daran. Man kann nicht Tag und Nacht predigen, daß die Pflicht, mit den mit uns verfeindeten Palästinensern Wege des

Verständnisses zu finden, lebensnotwendig ist, und gleichzeitig die Pflicht zur Verständigung und zum Frieden mit Vertretern unseres Volkes, deren Weltanschauung, Glaube, Lebensweise und heilige Werte andere als die unseren sind, ignorieren.

Eine vollendete Tatsache wurde geschaffen, so argumentierte ich in den langwierigen Verhandlungen mit den Rabbinern, und es gibt keinen Weg, das Rad zurückzudrehen. Wir haben keine Leiche. Es gibt keine Möglichkeit einer Bestattung. Man kann Asche nicht in eine Leiche zurückverwandeln. Wir bitten nicht darum, die Urne auf einem jüdischen Friedhof zu begraben.

Der Weg wurde freigegeben. Mit der Billigung der Rabbiner, wenn auch zu ihrer Unzufriedenheit, haben wir die Urne mit der Asche neben dem Kennedywald begraben, auf der Grenze zum Rubinsteinwald. Ein herrliches Plätzchen, mit einer Sicht bis zum Mittelmeer. Wir haben eine Plastik von Israel Hadany, in der Form eines Flügels, aufgestellt. Hätte ich mit Arthur reden können, hätte ich ihm erklärt: »Wenn wir uns über alle religiös-formalen Einschränkungen – auf die man Rücksicht nehmen muß in einer gespaltenen Gesellschaft wie der unseren – hinweggesetzt und die Asche über dem Wald verstreut hätten, würden viele Leute diesen Ort meiden, und du wolltest doch gerade, daß die Bevölkerung den Rubinsteinwald genießt.«

Nicht leicht war es, Beziehungen zu dem Cellisten Pablo Casals zu knüpfen. Ihre Anfänge reichen bis in die Zeit vor der Vereinigung Jerusalems zurück.

Das Verhältnis des Cellisten zu Israel war anfangs unklar. Der Wunsch, ihn zu einem Konzert in Binyanei Ha'ooma einzuladen, wurde zunächst wegen der hohen Kosten zurückgestellt. Wir bemühten uns, ein Galakonzert in den USA zu veranstalten, um von wohlhabenden Gästen Unterstützung zu erhalten.

Casals hielt an seinem Grundsatz fest, nicht in einem Land zu spielen, das Beziehungen zu dem spanischen Diktator Francisco Franco, den er aus tiefstem Herzen verabscheute, unterhielt, wodurch er seine Fans in jenen Ländern strafte. Da die USA derartige Beziehungen pflegten, zählten sie zu den von Casals boykottierten

Ländern. Aber Menschen sind bisweilen launisch, und große Menschen sind oft besonders kapriziös.

Jedenfalls stellte sich bei den Kontakten mit Casals heraus, daß seine Sympathie für Israel ihm wichtiger war als sein Boykott der USA. Als er uns mitteilte, daß er ausnahmsweise dazu bereit sei, bei einem Konzert in einem Privathaus in den USA zu spielen und alle Einnahmen der Finanzierung seines Auftrittes in Jerusalem dienen sollten, ließen wir keine Zeit verstreichen. Ich wandte mich an David Rockefeller, einen alten Freund und Israelliebhaber, und bat ihn, uns sein prächtiges Haus in New York zur Verfügung zu stellen. Innerhalb kurzer Zeit ließ Rockefeller seine Möbel aus dem Haus schaffen. In einem der Räume drängten sich rund einhundertvierzig geladene Gäste, die alle gern für das Vergnügen zahlten, Casals in einem privaten Konzert zu hören, und noch mehr für die Ehre, auf der Liste der privilegierten Gäste zu stehen. Mit diesem Geld wurde der größte Teil der Ausgaben für das Konzert in Binyanei Ha'ooma bestritten.

Größeren Kennern der Musik als ich es bin, fehlten bereits vor langer Zeit die Worte, um den Zauber des Spiels von Casals zu beschreiben. Schrittweise näherte sich dieser hervorragende Cellist Israel und seinen Politikern und zeigte ihnen, daß er ein Herz für unser Land hatte. Eine besondere Beziehung verband ihn mit Golda Meir, deren Sohn Cello spielte, und mit Ben Gurion. Eines Tages spielte er für beide in seinem Zimmer im King-David-Hotel. Danach blieb ich noch bei Casals. Er sagte: »Schade... Sieh mal, ich bin sechs Jahre älter als Ben Gurion und denke, daß ich geistig reger bin als er.« Er wollte nicht seine geistige Beweglichkeit rühmen, sondern bedauerte das Schicksal seines Freundes Ben Gurion.

Vor einiger Zeit rief mich der Pianist Eugène Istomin, der die junge Witwe von Casals geheiratet hat, an. Er und seine Frau waren auf einem griechischen Schiff in der Gegend unterwegs. Sie kamen nach Jerusalem. Wir saßen lange beisammen und tauschten Erinnerungen und Anekdoten über den großen Pablo Casals aus.

Von all den Künstlern und großen Persönlichkeiten, mit denen mich freundschaftliche Beziehungen verbanden und deren tiefe Verbundenheit mit Jerusalem für mich Quell der Hoffnung war, sind mir zwei besonders wichtig. Der erste ist der Geiger Isaac Stern. Er gab Jerusalem alles, was ein Mensch zu geben in der Lage ist. Er hat das Musikzentrum in Mishkenot Sha'ananim gegründet. Die Idee stammte von ihm. Er hatte sich an die Rothschilds gewandt, sie mit seiner warmherzigen Persönlichkeit in seinen Bann gezogen und beachtliche Summen für die Errichtung des Zentrums und die laufende Finanzierung seiner Aktivitäten gesammelt. Mit Hingabe und Ausdauer hat er das Musikzentrum mit Leben erfüllt. Er hat die ausgezeichnete Idee der »Künstler-Workshops« entwickelt und die faszinierenden Begegnungen zwischen begabten israelischen Künstlern und den größten Musikern und Interpreten der Welt ermöglicht. Nur er war in der Lage, Komponisten und Interpreten von internationalem Rang zu den »Künstler-Workshops« zu bringen. Der große Name Isaac Stern und die herzliche Atmosphäre der Kreativität, die er dem Musikzentrum verlieh, zogen sie an und machten sie zu begeisterten Unterstützern des Projekts.

Dieser große Künstler ging auf in seinem Engagement für Jerusalem und das Musikzentrum. Selbst wenn ich ein Meister des Ausdrucks wäre, blieb mir keine andere Wahl als zuzugeben: Mir fehlen die Worte. Ich habe einfach keine Worte, um Isaac Stern zu danken, im Namen Jerusalems und in meinem eigenen, für all das, was er für die Stadt getan und ihr gegeben hat: Zeit, Kraft, Anregung, Liebe und Hingabe.

Man könnte meinen, daß ein Mensch, der sämtliche Gipfel internationalen Ruhms erklommen, alle Titel und alle möglichen Worte der Bewunderung erhalten und höchste Ehren erlangt hat, eine Neigung zur Überheblichkeit, zur Distanziertheit, zur Zurückgezogenheit entwickelt. Isaac Stern sprengte dieses Klischee und ließ es zerfallen: ein geselliger Mensch, ein beispielloser Freund, eine exzellente Gesellschaft für köstliche Mahlzeiten, ausgezeichneten Wein, guten Witz und charmanten Humor. Das Zusammensein mit ihm ist ein großes Vergnügen. Es ist eine Freude, ihm zuzuhören. Es ist ein Glücksfall für einen Menschen, sagen zu können, daß Isaac Stern zu seinen lieben Freunden zählt. Mir wurde dieses Glück beschert: Ich liebe ihn und seine Frau Vera. Seine umfassende Hingabe für Jerusalem sucht ihresgleichen. Nur über sehr wenige Menschen auf dieser Welt kann ich mit solcher Bewunderung sprechen.

Zwei-, dreimal im Jahr kommt er nach Israel. Immer hat er eine gute Nachricht im Gepäck, die mein Herz höher schlagen läßt. Nicht nur mit großen Angelegenheiten, nicht nur durch seine wunderbare Musik, nicht nur durch seine brillanten Ideen. Er trägt eine Flasche Kognak mit sich herum, einzigartig in ihrer Qualität, und weitere, in Spezialbehälter verpackte Delikatessen. Ein solcher Genuß wird mir nur selten zuteil. Ich genieße eine Gesellschaft wie die seine über alles, mit solchem Kognak, mit solchem Lachs ... Während ich erzähle, packt mich erneut die Sehnsucht, und ich warte ungeduldig auf seinen nächsten Besuch. Ja, ich gebe es zu, ich habe meine Schwächen.

Die Erziehung, die Stern seinen Kindern angedeihen ließ, ist eine Geschichte für sich. Seine Tochter Shira ist eine reformierte Rabbinerin, hat einen reformierten Rabbi, Don Waber, geheiratet und steht einer Gemeinde in den USA vor. Vor vielen Jahren führte ich eine erbitterte Debatte mit den Religiösen in Israel und Jerusalem über ihren kompromißlosen Kampf gegen die Reformbewegung. Sie waren strikt dagegen, ein Grundstück für die Errichtung einer Synagoge der Reformjuden in Jerusalem zur Verfügung zu stellen. Ich ließ nicht locker. Das Judentum muß facettenreich und nach allen Seiten offen sein. Jede Schattierung muß das Recht haben, ihren Glauben und ihren eigenen Weg zu verfolgen. Die Absicht, alle Juden über einen Kamm, namentlich den orthodoxen, zu scheren, würde Millionen amerikanischer Juden von Israel entfernen, deren Sympathie für das Land und für Jerusalem von großer Bedeutung ist. Ich gewann diesen Kampf. Der Bewegung des fortschrittlichen Judentums, den Reformjuden, wurde ein Grundstück für den Bau eines Zentrums in Jerusalem überlassen. Es wurde die Bedingung daran geknüpft, die man akzeptierte, daß niemand in Amerika zum Rabbi ernannt würde, bevor er ein Jahr in Israel verbracht hat. Diese Regel galt auch für Shira, Isaac Sterns Tochter, und ihren Mann Don. Beide lebten hier ein Jahr lang, bevor sie die Ernennung zum Rabbi erhielten. Beide zählen zu den begeisterten Freunden Israels und Jerusalems.

Wer Schwierigkeiten hat, die beiden »bitteren Pillen« zu schlukken, zum einen den Begriff der Rabbinerin (ein Titel, mit dem das orthodoxe Judentum sich nicht abfinden kann, weil nur ein Mann Rabbiner werden kann) und zum anderen die Bezeichnung reformiert (ein Begriff, den die orthodoxen Juden nicht nachvollziehen können, denn jede Abweichung von der *Halaha* und jeder Versuch, ihre Gebote den zeitgemäßen Erfordernissen anzupassen, kommt für sie einer Gotteslästerung gleich, was noch schlimmer ist als die Säkularität), dem kann ich nur folgenden Vorschlag machen: Machen Sie sich die Mühe, die Rabbinerin Shira persönlich kennenzulernen. Sie macht es einem leicht. Sie strahlt Wärme und Liebe aus und ist im Judentum und seinen geistigen Schätzen bewandert. Sie und ihr Mann sind der lebendige Beweis dafür, daß man in Israel zwischen der Orthodoxie und den neueren modernen Strömungen im Judentum keine diskriminierenden Unterschiede machen sollte.

Isaac Stern also hat viele Musiker und Interpreten nach Jerusalem gebracht – und dem Musikzentrum von Mishkenot Sha'ananim zu internationalem Ruhm verholfen. Das »Budapester Streichquartett« hat sich im Laufe der Jahre eine hohe Position in der zeitgenössischen Kammermusik erworben. Die Musiker sind inzwischen verstorben. Der letzte, er starb erst vor kurzem, war Sasha Schneider, ein begnadeter Musiker und charmanter Mensch. Mit Sterns Ermutigung kam er nach Jerusalem, um zu unterrichten und zu spielen. Er hat intensiv mit jungen israelischen Musikern gearbeitet.

Die andere Persönlichkeit, von der ich Ermutigung, Kraft und Inspiration empfing und deren Worte mich stets in ihren Bann zogen, ist Isaiah Berlin, einer der besten Freunde, die ich je hatte. Er, der zu den berühmtesten Philosophen unserer Zeit zählt und ein eifriger Jude und Zionist ist, hat mir eine Freude bereitet, deren Ausmaß man nicht oft genug beschreiben kann. Berlin, ein halbes Jahr älter als ich, schrieb mir einmal, er habe keinen näheren Freund auf der Welt als mich. Jedes Treffen mit diesem wundervollen, klugen Menschen ist für mich eine Quelle höchster geistiger Erbauung. Ich treffe ihn ab und zu für ein, zwei Tage in Oxford. Er kommt hin und wieder nach Jerusalem. Er ist mein Prüfstein. Ich erzähle ihm von meinen Ideen, Absichten, Gedanken, Zweifeln und Konflikten. Er ist ein perfekter Zuhörer. Dann zerlegt er alles in kleinste Einzelteile, seziert es mit einem Skalpell und nimmt eine gründliche Analyse vor. Jedes Zusammentreffen mit ihm ist eine Bereicherung für mich.

Noch mehr Freunde Israels und Jerusalems wurden im Laufe der Jahre zu meinen persönlichen Freunden. Ich habe mich sehr mit Leonard Bernstein, dem Komponisten, Dirigenten und Lehrer, angefreundet. Er war ein begeisterter Freund Jerusalems und Israels. Zum ersten Mal kam er im Jahr 1948 hierher, noch vor der Staatsgründung. Bereits damals war er ein berühmter, bedeutender Musiker. Mit den Jahren hat er sich eine außergewöhnliche Position erarbeitet. Er war der beste Lehrer und ein Vorbild für unsere Zeit, hat große Mühe in die Ausbildung der jungen Generation investiert. Lenny hatte einen engen Freund in Jerusalem, den Maler Yosi Stern, der viele Jerusalemer Persönlichkeiten gemalt hatte. Yosi war ein außergewöhnlicher Künstler und Mensch, der all seine Bekannten faszinierte.

Bei meinen Besuchen in den USA, die meist kurz waren und unter Zeitdruck stattfanden und nicht genug Muße boten, um zu genießen, jedoch genügten, um von der Macht und Größe beeindruckt zu sein, zog es mich stets nach Chicago. Dort habe ich einen guten Freund, den Schriftsteller und Nobelpreisträger Saul Bellow, der ein preisgekröntes Buch über Jerusalem geschrieben hat. Ich verbrachte faszinierende Stunden in der Gesellschaft dieses seltenen Menschen. Wir haben ein herzliches Verhältnis zueinander. Ich habe bereits erwähnt, daß er sich sofort an die Arbeit machte, als ich ihn anregte, zum dreitausendsten Jahr, nachdem König David Jerusalem zu seiner Hauptstadt erklärt hatte, ein weiteres Buch zu schreiben. Auch die große Tänzerin Martha Graham verliebte sich in Jerusalem, und ihre Liebe blieb nicht unerwidert. Jerusalem dankte ihr gebührend. Sie kam immer wieder mit ihren ausgezeichneten Ensembles hierher.

Leon Uris erlangte mit seinem Roman »Exodus« internationalen

Ruhm. Er ist ein überzeugter Jude und ein enger Freund. Einmal sagte ich ihm: »Mit deinem Buch hast du uns vor ein Problem gestellt. Deine Helden, vielleicht sollte ich besser sagen, unsere Helden, sind groß, größer als in der Realität. Wer die gewöhnlichen, durchschnittlichen Israelis mit den Figuren in ›Exodus‹ vergleicht, wird enttäuscht sein. Das passiert, wenn die Erwartungen zu hoch sind.« Uris zeigte keinerlei Reaktion. Es mag sein, daß ich mich als »Literaturkritiker« irrte. Menschen lieben es, in Büchern größere Menschen anzutreffen als in ihrem Alltagsleben. Die enorme Verbreitung des Buches und die Tatsache, daß ein Film danach gedreht wurde, liefern den Beweis dafür, warum Uris ein Schriftsteller mit internationalem Ruhm ist, während ich mich mit der Aufgabe des Bürgermeisters von Jerusalem begnügen muß.

Ein Ereignis mit dem Namen Marc Chagall

Den Namen Marc Chagall zu nennen genügt, um die Herzen höher schlagen zu lassen, erst recht die jüdischen – nicht nur, weil er unserem Volk angehört, sondern auch aufgrund der Erregung und Identifikation, die seine Gemälde auslösen, Bilder, die Erinnerungen an sein jüdisches Städtchen Witebsk, seine Menschen und Landschaften ausstrahlen.

Aber ich glaube, nicht die Unwahrheit zu sagen – nie würde ich ein Wort aussprechen, das ich nicht zu seinen Lebzeiten Chagall selbst zu sagen gewagt hätte –, wenn ich behaupte, daß sein Judentum nicht nur die Quelle seines Stolzes und seiner Inspiration war, sondern auch die Ursache für einen gewissen inneren Widerspruch und Konflikt. Er war durch und durch Jude, aber er strebte nach dem Horizont und der Anerkennung eines Malers, der der ganzen Welt angehört. Nicht von seiner persönlichen jüdischen Identität wollte er sich distanzieren, sondern er wollte seine Kunst von der engen Fessel der Zugehörigkeit befreien. Chagall war zweifellos der herausragendste jüdische Künstler unserer Zeit, aber in ihm herrschte ein innerer Konflikt zwischen seiner Identität und dem Wunsch nach universeller Geltung. Als er seine großartigen Arbeiten in

Jerusalem ausführte – die herrlichen Fenster im Hadassah-Krankenhaus, die Wandteppiche und den Mosaikfußboden in der Knesset – erhielt er große Bewunderung sowohl von den Kritikern als auch vom »einfachen Volk«. Aber seine Seele war gespalten, als ob diese Arbeiten in Jerusalem ihm erst recht den Stempel des jüdischen Künstlers aufdrückten und ihn daran hinderten, seine Flügel auszubreiten in seinem Streben nach dem Rang eines internationalen Künstlers.

Ich will mir nicht anmaßen, ein Kunstkritiker zu sein – mir genügt das Betrachten und der Genuß, der damit verbunden ist –, doch sei mir die Äußerung erlaubt, daß dieser innere Konflikt dazu führte, daß seine strahlende Originalität in den letzten Jahren seines Lebens einer Art Routine Platz machte, oder waren es die hohen Jahre, die die Quellen seiner Kreativität schwächer werden ließen? Bis in seine letzten Tage hat Chagall seine Bilder mit Schönheit und der Magie der Farben überflutet, seine früheren Gemälde jedoch waren origineller.

All dies hinderte Chagall nicht daran, Israel zu lieben und häufig zu besuchen. Seit wir Mishkenot Sha'ananim in eine Herberge für Gäste und Künstler verwandelt hatten, hat er bei seinen Besuchen dort gewohnt. Zwischen uns entstand auch eine herzliche persönliche Freundschaft, und es scheint mir, daß uns ein hohes Maß an gegenseitiger Zuneigung verband.

Die Schilderung meiner Beziehung zu Chagall ist unvollständig, wenn ich nicht die Rolle eines meiner engen Freunde, Joe Boxenbaum, erwähne, eines der wundervollsten Menschen, denen ich in meinem Leben begegnet bin. Joe verfügte über reichlich finanzielle Mittel, war ein erfolgreicher Geschäftsmann, wenn auch nicht übertrieben vermögend, so doch immer bereit, ohne daß man ihn besonders drängen mußte, für Jerusalem zu spenden. Es war ihm ein natürliches Bedürfnis, aus freien Stücken, aus eigener Initiative, und er brauchte keinerlei Ermunterung.

Bei meinem Werben um Sponsoren halte ich mich an eine einheitliche Regel: Ich bin jedem gleichermaßen dankbar und staffle meinen Dank nicht nach der Höhe der Spende oder ihrem Umfang im Verhältnis zu den bestehenden Möglichkeiten. Joe Boxenbaum war einer der eifrigsten Spender, obgleich er nicht der Vermögendste von ihnen war. Niemand war großzügig wie er. Fernab vom Scheinwerferlicht der Publicity, in aller Stille, öffnete Joe seine Taschen für zahlreiche öffentliche Belange. Seine Bereitschaft, sich für gesellschaftliche Aufgaben einspannen zu lassen, kannte keine Grenzen. Er gründete eine eigene Stiftung, deren Ziel es ist, die soziale Kluft zwischen den verschiedenen Bevölkerungsschichten zu schließen. Den größten Teil seines Vermögens stellte er der Stiftung zur Verfügung, und den kleineren Teil wollte er seinem Sohn vererben. Jedes Jahr verteilt die Stiftung Gelder für die Ausbildung und die Unterstützung bedürftiger Bürger. Die Studentenorganisation *Perah*, die sich loyal um diese Bevölkerungsgruppen kümmert, lebt von den Geldern, die Joe Boxenbaum gespendet hat.

Das Glück war Joe wohlgesonnen. 1931 kam er per Schiff zu seinem ersten Besuch nach Israel. Es waren schöne Tage. Der Krieg war noch in weiter Ferne. Niemand hörte ihn heranrücken. Hitler war noch der Held der Münchener Bierkeller, während Deutschland unter wirtschaftlicher Not litt und unter dem Joch des Versailler Vertrages stöhnte. Auf dem Deck des Schiffes traf Boxenbaum zwei bedeutende Juden, die beide der jüdischen Kunst und Kultur ihre persönliche Handschrift aufprägen würden: Marc Chagall und Haim Nahman Bialik. Zwischen den dreien entstanden freundschaftliche Beziehungen. Die Freundschaft zwischen Joe und Chagall festigte sich, wurde enger und hielt bis zu Chagalls letzten Tagen an. Joe liebte ihn von ganzem Herzen. Nicht zuletzt aufgrund dieser Freundschaft entstand die Nähe Chagalls zu Israel und Jerusalem.

Bei einem seiner Besuche schlugen wir Chagall vor, eine außergewöhnliche Ausstellung zu organisieren. In den frühen zwanziger Jahren waren Chagall und seine Frau Bella von Witebsk nach Paris gezogen. Bella entdeckte dort ihr schriftstellerisches Talent. Wie ihr Mann pflegte sie ihre Erinnerungen an ihren gemeinsamen Geburtsort Witebsk und schrieb zwei Bücher über das Leben dort.

Es kann sein, daß Bellas Bücher nie aus der Anonymität herausgetreten wären, wenn Chagall nicht die wunderschönen Zeichnungen zu dem ersten Buch, »Brennende Lichter«, angefertigt hätte. Die Zeichnungen machten das Buch berühmt. Clevere Verleger kauften die Rechte und übersetzten es ins Englische, Französische, Deutsche und in viele andere Sprachen.

Wir schlugen Chagall vor, diese berühmten Zeichnungen, deren Wert mit den Jahren gestiegen war, in Jerusalem auszustellen. Er willigte gern ein. Gleichzeitig veranlaßte ich die Übersetzung des Buches ins Hebräische und seine Veröffentlichung in Israel. Die Ausstellung fand erwartungsgemäß großes Interesse und erhielt begeisterte Kritiken. Als es Zeit wurde, sich von den Zeichnungen zu trennen und sie nach Frankreich zurückzubringen, sagte Chagall wohlwollend: »Wenn die Zeit gekommen ist, werden diese Zeichnungen euch gehören, dem Israel-Museum.« Wann die Zeit gekommen sein würde, erläuterte er nicht näher. Ich interpretierte seine Worte im üblichen Sinne, also nach seinem Tod. Einige Male, zu verschiedenen Anlässen, wiederholte seine Tochter Ida das Versprechen ihres Vaters. Vor seinem Tod und auch danach.

Aber es kam nicht zu einer Schenkung. Ich hätte diese Bilder sehr gern entgegengenommen, aber meine Achtung vor Ida und selbstverständlich vor ihrem bewundernswerten Vater hielt mich zurück. Ein-, zweimal erinnerte ich Ida beiläufig an das Versprechen, das ihre und das ihres Vaters. Sie leugnete das Versprechen nicht, sagte aber auch nicht: »Komm, nimm sie mit!«

Bis Joe Boxenbaum wieder einmal zu Hilfe kam. Eines Nachts klingelte in meinem Haus das Telefon. Es war schon ziemlich spät. Ich streckte die Hand nach dem Hörer aus, es war Joe. Wenn Joe mitten in der Nacht anruft, ist das ein Zeichen dafür, daß es um eine eilige Sache geht, die keinen Aufschub duldet. Er meldete sich aus Paris. Er hatte Ida besucht und hatte eine wichtige Botschaft für uns. Sie war bereit, mir nun die ersehnten Zeichnungen zu überlassen. Wenn ich gleich zu ihr nach Paris käme, würden sie uns gehören. Eine solche Gelegenheit darf man nicht verpassen. Wenn ich sie versäumt hätte, hätte ich mir das nie verziehen. Wenn Joe Ida in einer Geberlaune und bei dem Wunsch, ein Versprechen einzulösen, angetroffen hatte, durfte man keinen Augenblick zögern. Schließlich ändern sich Launen schneller, als der Flug zwischen dem Flughafen Ben Gurion und Paris dauert.

Ich sagte zu Hause Schalom. Im Büro gab ich keine Einzelheiten über das Ziel meiner Reise bekannt. Am nächsten Vormittag landete mein Flugzeug in Paris. Es ist angenehm, zur Erfüllung einer einzigen Aufgabe ins Ausland zu fliegen. Es erspart einem innere Konflikte und die Entscheidung, wem man Vorrang gibt. Vom Flughafen fuhr ich direkt zu Idas Haus. In der Gesellschaft von Joe Boxenbaum und einer von Idas Töchtern aßen wir zu Mittag. Den Nachmittag verbrachten wir mit einem interessanten Gespräch. Dann nahmen wir ein Abendessen ein – über die Zeichnungen fiel kein einziges Wort. In der Nacht schlief ich tief und fest. Am nächsten Morgen begab ich mich zum Flughafen. Gepäckträger halfen mir, fünf Koffer mit einem unbezahlbaren Schatz zu transportieren: Einhundertzwei Originale von Chagall. Nicht nur die Zeichnungen für Bellas Buch. Gut gelaunt, hatte Ida noch vieles hinzugefügt. Zum Beispiel ein wunderschönes Bild aus dem Jahre 1920, das Portrait des berühmten jüdischen Schriftstellers Perez Markisch im Alter von zwanzig Jahren. Er war später unter Stalin ermordet worden. Seine Witwe und sein Sohn, David Markisch, ein Journalist und Schriftsteller, leben in Israel. Wir luden sie in das Museum ein. Es war ein bewegender Augenblick. Die Witwe von Perez Markisch und sein Sohn betrachteten das Bild mit Tränen in den Augen.

Glücklich und in bester Laune, wie immer, wenn eine langwierige und unablässige Bemühung, Jerusalem um ein Kulturgut zu bereichern, zu einem gelungenen Abschluß findet, landete ich auf dem Flughafen Ben Gurion. Ich ordnete an, die Koffer in das Israel-Museum zu bringen, und eröffnete jedem, der es wissen wollte, daß ich verreist und zurückgekommen war und was ich mitgebracht hatte.

Ich glaube, ich muß nicht erwähnen, daß ich, wenn ich gewußt hätte, daß ich mich eines Verstoßes gegen das französische Gesetz schuldig machte, dies vermieden und mich an die Vorschriften gehalten hätte. Die Gesetze zu respektieren, ist eine notwendige, allgemeingültige Regel, die für jeden Menschen gilt, erst recht für den Bürgermeister von Jerusalem. Aber ich hatte nicht gewußt – und niemand hatte sich die Mühe gemacht, meine Aufmerksamkeit darauf zu lenken –, daß man nach französischem Gesetz keine Kunstgegenstände, Bilder oder Plastiken ohne Genehmigung des französischen Kulturministeriums ausführen darf, und daß dabei kein Unterschied besteht zwischen einem Kunstwerk, das man käuflich erworben hat, und einer Schenkung oder einem Erbstück. Diese Verordnung ist Ausdruck der legitimen Absicht, kulturelles Erbe zu erhalten; schließlich geht es um den Stolz und das Prestige der französischen Kultur.

Noch während sich die Museumsangestellten mit dem Auspacken der Koffer abmühten und jeder, der den Schatz zu Gesicht bekam, in Aufregung geriet, ging ein lauter Aufschrei durch Frankreich: Der Bürgermeister von Jerusalem hat eigenmächtig das Gesetz übertreten und die Bilder nach Israel geschmuggelt. Als Bürgermeister habe ich schon so manches erlebt und viele Beschimpfungen aus dem Munde und der Feder politischer Gegner über mich ergehen lassen müssen. Jetzt »stellte sich heraus«, daß ich zu all den anderen Sünden auch noch ein übler Krimineller war, ein Schmuggler in der Tarnung eines Bürgermeisters . . .

Die Situation war äußerst unangenehm. Hier planten wir eine große Ausstellung der Werke, die ich mitgebracht hatte, während die französischen Behörden mit eindeutigen, scharfen Worten verlangten, man müsse die Bilder unverzüglich nach Frankreich zurückbringen.

Auch Ida, Chagalls Tochter, war in einer prekären Lage. Als angesehene französische Staatsbürgerin durfte sie auf keinen Fall in einen Schmuggelhandel verwickelt oder der Mittäterschaft an einem so schweren Vergehen verdächtigt werden. Sie selbst schwieg.

Was galt es zu tun? Die Kunstschätze zurückzubringen, nachdem sie ihre Heimat in Israel erreicht hatten, wie es von Chagall selbst und von seiner Tochter versprochen worden war – kam nicht in Frage. Solange die Bilder noch in Idas Händen waren, hatte ich sie nur als ein Versprechen angesehen und gehofft, daß es sich erfüllte, aber ich war mir nicht sicher gewesen. Jetzt, wo sie uns gehörten, wie konnte ich da auf sie verzichten? Aber als Krimineller nach dem französischen Gesetz zu gelten? Die kulturellen Beziehungen zwischen Israel und Frankreich aufs Spiel zu setzen? Ida in eine unzumutbare Lage zu bringen? Eine derartige Störung des Verhältnisses könnte einen äußerst ungünstigen Einfluß auf andere Spender haben, die Jerusalem Kunstwerke aus ihren Privatsammlungen vermachen wollten, und der Gewinn der Bilder Chagalls würde einen großen Verlust in der Zukunft bedeuten.

Die Rettung nahte, wie so häufig im Leben, aus einer unerwarteten Ecke. In Israel hielt sich damals Theo Klein auf, ein jüdisch-französischer Rechtsanwalt, mit jüdischen Angelegenheiten befaßt, der als Präsident der jüdischen Organisation CRJF amtierte und auch ein Haus in Jerusalem besaß. Klein kannte die politischen Verhältnisse in Frankreich genau. Kurz nachdem die Affäre für Zündstoff gesorgt hatte, kam er zu mir und bot mir in seinem fließenden Hebräisch seine wertvollen Dienste an. Er, der gescheite Jude, hatte eine Idee, wie man dem französischen Gesetz Genüge tun und die Bilder in Jerusalem belassen konnte. Ich spitzte die Ohren. Auf zwei Hochzeiten zu tanzen ist ein schöner Traum, aber von einem bestimmten Alter an gibt man die Versuche auf, ihn zu realisieren. »Hören Sie mal zu!« sagte er mir in einem Ton, der seine Befriedigung über seinen Einfallsreichtum nicht verbergen konnte. »Die Franzosen verlangen, daß die Bilder nach Frankreich zurückgebracht werden, dies ist ihre Vorbedingung, und erst dann werden sie in Verhandlungen über die Ausfuhrgenehmigung einwilligen. Bitteschön. Das französische Konsulat in Jerusalem ist französisches Territorium nach der Definition des Völkerrechts. Wenn Sie einverstanden sind, werden wir die Bilder zum französischen Konsulat bringen, und ich werde für die Erteilung der Ausfuhrgenehmigung von dort nach Israel sorgen.«

Wir brachten die Bilder nach »Frankreich« zurück. Der kurze Weg zum französischen Konsulat in Jerusalem ersparte uns komplizierte logistische Arrangements und große finanzielle Aufwendungen. Der findige Anwalt reiste nach Frankreich zurück und sprach mit wem auch immer, erledigte, was zu erledigen war – und wir erhielten die Genehmigung, die Bilder von »Frankreich« nach Israel zu überführen. Genau auf demselben Weg, auf dem wir die Bilder nach »Frankreich« transportierten, haben wir sie aus »Frankreich« zurückgebracht – vom französischen Konsulat zum Israel-Museum.

So wurden die Bilder, Ida und ich den Verdacht der Illegalität los und waren rehabilitiert. Alle waren erleichtert und feierten. Der französische Premierminister, der französische Kulturminister und ich tauschten herzliche Briefe aus.

Wie meinen Augapfel, als meinen größten Schatz, hüte ich ein persönliches Andenken an Marc Chagall in meinem Haus. Die Geschichte liegt achtundzwanzig Jahre zurück.

Am ersten Dezember 1965, einen Monat nachdem ich zum erstenmal zum Bürgermeister von Jerusalem gewählt worden war, machte ich meinen Antrittsbesuch im Rathaus. Mein Vorgänger, Mordehai Ish Shalom, erwartete mich in seinem Büro. Bei diesem Treffen sollte der alte Bürgermeister dem neuen das Rathaus übergeben. Ich bat Marc Chagall und seine Frau Bella, die an jenem Tag Gäste in unserem Haus waren, mich bei meinem Antrittsbesuch im Rathaus und zu der Zeremonie zu begleiten, um zu sehen, wie unsere Demokratie funktioniert, und damit wir ein gemeinsames Erlebnis hätten. Aber Marc sah mich mit gleichgültigem Blick an und sagte einfach, all dies sei nichts für ihn und er könne mir nur herzlichst Erfolg wünschen. Schließlich gingen Tamar und ich allein. Ish Shalom begrüßte mich, ich begrüßte ihn. Ein paar ausgewählte Politiker und hohe Beamte applaudierten. Ich war nun Bürgermeister von Jerusalem – wenn auch mit halbem Herzen.

Ich kehrte nach Hause zurück. Meine Laune hatte einen jener Tiefpunkte erreicht, die einen bekannten Vorteil haben: Von diesem Tiefstand aus kann sie nur besser werden.

Zu Hause erwartete mich eine wundervolle Überraschung: Was konnte Marc Chagall in den Stunden tun, in denen er auf meine Rückkehr wartete? Er fand in meinem Bücherregal sieben, acht Bücher, über seine Malerei. Er suchte und fand ein paar Buntstifte meiner Kinder. Er schrieb, malte und zeichnete auf die Seiten der Bücher ganz besondere »Original-Chagalls« – unter ganz besonderen Umständen. Ich sah sie, und meine schlechte Laune verflog: Die Bilder trösteten mich über die komplizierte und schwierige Aufgabe meines neuen Amtes hinweg. Ich wußte damals noch nicht, wie schwer, wie kompliziert sie sein würde, aber ich wußte auch nicht, wie kreativ, bereichernd und befriedigend.

In den seltenen Momenten, in denen ich mir ein wenig Muße und das Schwelgen in Erinnerungen gönnen kann, blättere ich in den Chagall-Büchern und den Bildern, die er vor vielen Jahren gezeichnet hat, und genieße das ungemein.

Das Israel-Museum

Das Israel-Museum in Jerusalem gehört zu den erfolgreichsten und renommiertesten Museen der Welt – das werden bescheidene Stimmen behaupten. Andere werden sich mit dieser Charakterisierung nicht begnügen, sondern hinzufügen: Es ist das gelungenste, das vielseitigste, das beste der nach dem Zweiten Weltkrieg in der ganzen Welt gebauten Museen. Wenn auch seit Kriegsende beispielsweise das Guggenheim Museum in den USA entstand, und weitere ausgezeichnete Museen in anderen Ländern, wollen diejenigen, die das Museum außerordentlich schätzen, es ganz oben auf der Skala ansiedeln. Zwei Dinge kann ich mit Sicherheit behaupten. Erstens: Es gibt keine Stadt, die arm ist wie Jerusalem und solch ein wunderbares Museum vorweisen kann. Zweitens: Ich habe einen bescheidenen Anteil an der Gründung des Museums, an seiner Ausstattung, seiner Erweiterung und Instandhaltung – die nicht aus den Taschen der Bürger der Hauptstadt finanziert wurden, nicht aus der armen Kasse der Stadtverwaltung und nicht auf Kosten anderer Aktivitäten im Bereich der Erziehung, der Stadtentwicklung, Bauplanung, Begrünung und der sozialen Unterstützung in ihren verschiedensten Formen.

Zu einem solchen Museum von internationalem Rang, in dessen Sälen und Magazinen sich Kunstschätze im Wert von rund zwei Milliarden Dollar befinden (diese Summe beruht auf einer Schätzung, denn viele der großen Werke haben keinen festgelegten Marktwert und wurden nie zum Verkauf angeboten), wäre es nie gekommen ohne fünfundzwanzig Jahre kontinuierlicher Bemühungen, Sammler und wohlhabende Mäzene oder zeitgenössische Maler und Bildhauer dazu zu bewegen, für das Museum zu spenden und ihm ihre Schätze nach ihrem Tod zu überlassen.

Einige Bürgermeister in Israel schreckten nicht davor zurück, als Nachahmer zu gelten, und beschritten den Weg des Schnorrens, obgleich ihre Städte verhältnismäßig finanzkräftig sind und gar keine Notwendigkeit dazu bestünde. Aber nicht die Angst, Konkurrenten Geheimnisse preiszugeben, hält mich davon ab, die genaue Technik der Beschaffung von Schenkungen großer Werke für das Museum preiszugeben, sondern die Tatsache, daß man diese Fähigkeit nicht erlernen kann. Freunde, die hin und wieder im Ausdruck ihrer Bewunderung übertreiben, behaupten, daß ich neue, exklusive Verfahren entwickelt hätte, mit deren Hilfe ich große Maler und Bildhauer dazu veranlassen würde, sich mit Jerusalem und seinem Museum zu identifizieren und zu glauben, daß eine Schenkung ihrer Werke an das Israel-Museum sie zu ihren Lebzeiten oder nach ihrem Tod in perfekter Weise verewigt.

Die Beziehung zu Künstlern und Kunstsammlern begann bisweilen mit einer Schenkung und führte im Lauf der Zeit zu ihrer Teilnahme an vielfältigen anderen Projekten, die in Grenzbereichen der Kunst liegen. Ich erzähle die Geschichte eines Juden, auf den dies zutrifft, die Geschichte von Walter Haas.

Die Familie Haas ist tief in San Francisco in Kalifornien verwurzelt. Der Großvater von Walter Haas, oder sein Urgroßvater, kam im Jahre 1848 mit seiner fleißigen Familie aus Deutschland. Niemand empfing sie feierlich, und niemand gab sich die Mühe, ihnen Unterkunft zu verschaffen und Arbeit zu besorgen. Sie ließen sich nieder, so gut es ging. Sie machten sich auf, klopften an die Türen und boten allerlei Leinen und Stoffe an. Erschöpft und mit abgewetzten Sohlen ernteten sie den Lohn für ihre Mühe. Langsam vergrößerten sie ihr Geschäft. Wie in der komischen Geschichte von dem Juden, der sein Vermögen macht. Er baut eine Bude und noch eine Bude, dann kauft er einen kleinen Karren, den er mit letzter Kraft vor sich herschiebt, bis er genug verdient hat, um ein Pferd zu kaufen, und dann einen winzigen Laden und noch einen, er gründet eine kleine Ladenkette und dann eine große Kette, und zu guter Letzt stirbt ein reicher, kinderloser Onkel und hinterläßt schwere Millionen – aber hier starb kein reicher Onkel, und keiner hinterließ ein millionenschweres Erbe, sondern die Millionen wurden durch den enormen Einsatz der Familie über Generationen hinweg angehäuft. Auch das Glück spielte dabei eine Rolle. Die Familie belieferte die Goldsucher in Kalifornien mit Hosen aus einem strapazierfähigen, groben Stoff. Sie waren die Vorläufer einer neuen Mode, der Jeanswelle, die seither rollt und die Märkte erobert. Sie gründeten die ersten Jeansfabriken der USA. Ein Mitglied der Familie hieß Levi, und die berühmten Levis-Jeans sind nach ihm benannt.

Einige Jahre lang war Haas einer der großen Spender für die jüdische *Magbit*. Als die Mitglieder von *Magbit* ihn darum bitten wollten, seine Spenden zu erhöhen (schließlich sind die Bedürfnisse stets groß und die Quellen nie ausreichend), wandten sie sich an mich: Ein diplomierter Schnorrer wie ich hat sich den Ruf eingehandelt, er besitze die Macht, in die Taschen von Juden, bisweilen auch von Nichtjuden, zu greifen und dort für Bewegung zu sorgen. Ich bin hingefahren, habe ihn getroffen, habe mit ihm gesprochen und meine Bitte vorgebracht. Er war einer der ersten, der eine Million Dollar auf einen Schlag spendete. Heute ist dies keine Seltenheit mehr, aber vor Jahren war so etwas eine phantastische Neuheit, und ein Dollar war ein Dollar.

Das Familienoberhaupt starb in hohem Alter, mit mehr als neunzig Jahren. Seine Angehörigen kamen zur Eröffnung des Israel-Museums und versprachen, uns ein Gemälde aus seiner Sammlung zu schenken. Neben all ihren anderen Eigenschaften waren das Familienoberhaupt und seine Frau auch große Kunstsammler. Die Familie hielt Wort. Ein großartiges Gemälde von Georges Braque hängt nun im Museum.

Die Beziehungen, die ich zu Sammlern unterhielt, mußten einer zusätzlichen Prüfung standhalten: Würden auch die Erben, die Töchter, Söhne und Schwiegersöhne sich an Projekte gebunden fühlen und sie weiter fördern, oder würden sie von dem Augenblick an, in dem das Familienoberhaupt starb, ihre eigenen Wege gehen und keinerlei Interesse an der besonderen Bindung zu Jerusalem zeigen? Die Kontinuität der Beziehungen oder ihr Abbrechen hing in erster Linie von Faktoren ab, auf die wir keinerlei Einfluß hatten: vom

Verhältnis innerhalb der Familie, der Erziehung der jungen Generation, ihrer Verbundenheit mit dem Judentum, ihrer grundlegenden Einstellung zu Israel. Es ist mehrmals vorgekommen, daß Erben zunächst Jerusalem den Rücken kehrten und die Richtung ihres Familienoberhauptes nicht weiterverfolgen wollten, wir aber nach einiger Zeit doch wieder einen Zugang zu ihren Herzen fanden.

Im Falle des Sammlers, von dem unsere Geschichte handelt, war ich nicht sicher, ob die Kinder sich verpflichtet fühlen würden, die Handlungen ihres Vaters weiterzuführen. Mit einer der Töchter und ihrem Gatten spazierte ich einmal durch San Francisco. Nachdem wir andere Sehenswürdigkeiten besucht hatten, schlenderten wir durch einen herrlichen Park, einen besonders schönen, und sie erzählte mir, daß ihr Großvater den Garten der Stadt gestiftet habe. Ich fing sofort Feuer. Einen solchen Garten an der Promenade von Armon Hanatziv – ich konnte es bis in meine Fingerspitzen fühlen – würde die Umgebung mit zauberhafter Schönheit bereichern, nicht nur zur Erbauung der Jerusalemer Bürger, sondern auch als Attraktion für Touristen. Bei verschiedenen Anlässen hatte ich bemerkt, daß Reiseleiter ihre Busse dort anhalten und die Touristen die schöne, seltene Aussicht genießen lassen: das Tote Meer und die Wüste Judäa, die Altstadt und die arabischen Dörfer, die wie biblische Dörfer aussehen und über die Hänge verstreut sind, und etwas abseits die Neustadt. Nachdem ich meine Bewunderung für den Park ihres Großvaters in San Francisco ausgesprochen hatte (der Garten war in der Tat einmalig, und bei solch einer Gelegenheit Dinge auszusprechen, die denen, welche man für die Sache Jerusalems gewinnen will, Freude bereiten, ist eine altbewährte Taktik), kam ich vorsichtig auf den Punkt. Solch einen herrlichen Park in Jerusalem anzulegen... Ich wüßte bereits eine geeignete Lage dafür...

Gelinde gesagt: Meine Worte lösten keine Begeisterungsstürme aus. Damit kein falscher Eindruck entsteht, muß ich ergänzen: Das Phänomen, daß große Mäzene oder reiche Leute aus eigenem Antrieb Projekte in Jerusalem anregen oder unterhalten oder von meinen Vorschlägen begeistert sind und unverzüglich einwilligen, ist nur eine verschwindend kleine Randerscheinung. Normalerweise muß ich mich ein, zwei Jahre lang bemühen, manchmal sogar fünf oder sechs, bis ein Mensch überzeugt ist. Und wenn nicht dieser – dann suche ich nach einem anderen Sponsor. Ich gebe zu, daß ich oftmals die Lust verliere. Das ermüdende Werben. Die vielen Stunden. Die Reisen. Schließlich weiß jeder, der einmal versucht hat, Spenden zu sammeln oder Menschen dazu zu bewegen, sich von ihrem Geld zu trennen in dem Bewußtsein, es nie wieder zurückzuerhalten, daß mehr als ein, zwei Worte der Schmeichelei und ein paar Loblieder erforderlich sind. Auch Geduld, ein ungeheures Maß an Geduld braucht man und ein dickes Fell, um eine Ablehnung nach der anderen zu verkraften, mal mehr, mal weniger höflich formuliert, und dennoch nicht aufzugeben, nicht zu verzweifeln, nicht zu verbittern und nicht nervös zu werden. Auch wenn für mich letztendlich kein Zweifel daran besteht, daß Jerusalem, langfristig gesehen, jedem eine Gnade gewährt, dem es erlaubt, seinen Namen hier zu verewigen, hat der Spender dennoch einen kleinen, aber gewichtigen Vorteil: Die Bank löst seinen Scheck nur ein, wenn er von ihm unterzeichnet ist.

Auch im Fall des Parks an der Promenade habe ich schwer gearbeitet, fünf lange Jahre, bis ich das Herz eroberte und die Tasche sich öffnete. Die damit verbundenen Kontakte waren jedoch äußerst angenehm. Die Erben waren höflich, kultiviert, freundlich, nur eben nicht überzeugt und begeistert von dem Projekt.

Jerusalem und die Spenderfamilie hatten das Glück, daß in San Francisco einer der größten Architekten der USA für Garten- und Landschaftsplanung lebte. Er hatte für die Familie einen Platz entworfen, den diese der Stadt San Francisco schenkte. Diesen Mann verbindet eine enge Beziehung mit Israel. Er ist der Sohn von Rose Halprin, einem langjährigen Mitglied der Internationalen Zionistischen Direktion. Er und seine Schwester besuchten in ihrer Jugend vier Jahre lang eine Schule in Israel, und obwohl sie sich nicht hier niederließen, identifizieren sie sich mit Israel und haben einige Projekte im Land durchgeführt. Die Planung des wunderschönen Parks an der Promenade von Armon Hanatziv lag in den Händen von Lawrence Halprin, und er hat wahre Wunder vollbracht. Alle Hoffnungen, die wir an die Promenade und den Park knüpften, wurden erfüllt. Seine Schönheit zieht viele Jerusalemer an, Israelis aus allen Teilen des Landes und begeisterte Touristen aus der ganzen Welt. Ich stelle mir voll Schrecken vor, was geschehen wäre, wenn ich den Plan des Ministers für Touristik, Moshe Kol, akzeptiert hätte, der dieses Areal für den Bau von Hotels vorgesehen hatte. Drei, vier riesige Hotels sollten dort entstehen. Als ich äußerte, sie würden die Skyline von Jerusalem zerstören und eine nicht wiedergutzumachende urbane Katastrophe bedeuten, hat man mich zunächst wie einen halsstarrigen Nörgeler behandelt, der die Entwicklung des Tourismus in Jerusalem behindert, und hat, vor allem hinter meinem Rücken, ein paar kluge Bemerkungen über meinen altmodischen Konservatismus hinzugefügt. Ich habe meine ganze Kraft eingesetzt und Jerusalem vor diesem Desaster bewahrt. Für Hotels gibt es mehrere schöne Standorte, aber die Promenade ist einmalig.

Ein großes Verdienst bei der Entwicklung der Promenade und ihrer Fertigstellung ist einer außergewöhnlichen Frau zuzuschreiben. Ihr Name ist Gita Sherover. In der Geschichte der Familie Sherover in Jerusalem gehen Erfolg und Glück einher mit schweren Schicksalsschlägen. Miles Sherover war nach Israel eingewandert und hatte sich in Jerusalem niedergelassen, nachdem er mit Geschäften mit der UdSSR viel Geld gemacht hatte. Es scheint mir, daß er und der Millionär Armand Hamer die Pioniere des Handels mit der kommunistischen Großmacht waren. Sie hatten verstanden, welch enormes Potential in den wirtschaftlichen Beziehungen zu den Sowjets steckte trotz, vielleicht gerade wegen der politischen Spannungen. In Israel verliebte Sherover sich in die schöne Gita. Sie konnten sich ein Leben in Wohlstand und offene Taschen für die Bedürfnisse der Öffentlichkeit erlauben. Mit ihrer Hilfe bauten wir das Jerusalemer Theater.

Miles Sherover ist vor einigen Jahren gestorben. Gita, die reiche Erbin, die ein großes Industrieunternehmen in Venezuela, Sherovers Geschäftsland, und Vermögen in den USA besitzt, blieb in Jerusalem und erhöhte den Umfang ihres Einsatzes für die Öffentlichkeit. Später erlitt sie einen schrecklichen Schlag: Gabi, ihr einziger Sohn aus erster Ehe, ihr ein und alles, verstarb in jungen Jahren.

Ich kannte Gita noch aus der Zeit vor dem Zweiten Weltkrieg. Zunächst trafen wir uns auf zionistischen Kongressen. Die junge Frau, Abgesandte einer Zionistischen Jugendbewegung in Danzig, klug und aufgeweckt, zog viel Aufmerksamkeit auf sich. Unsere Bekanntschaft dauerte über Jahrzehnte an, und es tat mir in der Seele weh, sie trauern zu sehen. Ihr war nichts auf der Welt geblieben als der starke Wunsch, Gabis Namen unsterblich zu machen.

Gabi spazierte gern in der Umgebung der Promenade und pflegte dort, allein mit der Schönheit der Natur, viele Stunden zu verbringen. Gita wollte seinen Namen an dem Teil der Promenade verewigen, der für Gabi die Quelle großer Freude war. Die Pläne lagen bereit. Wir wollten die Promende verlängern, auf der einen Seite bis an die Stadtgrenze, bis nach Abu Tor, und auf der anderen Seite um Armon Hanatziv herum.

Weil Gabi den Teil, der die Verbindung zur Stadt herstellt, so sehr geliebt hatte, bat Gita darum, diesen Abschnitt gestalten zu dürfen. Eine einzige Bedingung stellte die selbständige Frau: Sie wollte allein vorgehen. Ohne Partner. Weder mit der Jerusalem Foundation wollte sie zusammenarbeiten noch mit sonst jemandem. Wir stellten ihr unsere Pläne zur Verfügung, nachdem sie alle Phasen des Genehmigungsverfahrens durchlaufen hatten, und unsere Architekten, die diese entworfen hatten. Gita Sherover hat sich damit nicht begnügt. Wir waren finanziell an die Spenden der Familie Haas gebunden. Wir hätten zwar erneut an die Familie herantreten können mit dem Nachweis, daß die finanziellen Berechnungen zu niedrig angesetzt waren, und sie darum bitten, die Spende aufzustocken – wie wir es in zahlreichen anderen Fällen praktiziert haben. Aber mit einer solchen Bitte ist immer ein Gefühl des Unbehagens verbunden, und stets habe ich den Eindruck, die Spender verdächtigten mich, sie durch eine knappe Kalkulation zu der Spende überredet zu haben, um dann noch mehr Geld aus ihnen »herauszuquetschen«. Die Familie Haas war allerdings nicht weniger von den Plänen begeistert als alle übrigen. Gita war jedenfalls von allen Einschränkungen befreit und brauchte keine Spender. In ihrer großen Liebe zu Gabi hat sie auf der ihm gewidmeten Promenade weder auf Schönheit noch auf Qualität verzichtet. Wenn sie uns zeigen wollte, wie eine

Promenade auszusehen hat und was machbar ist – so ist ihr Erfolg beeindruckend. »Ihr« Teil der Promenade, der »Gabis Teil« ist, übersteigt alles.

Die Promenade – eineinhalb Kilometer Schönheit und Lebensfreude. Tausende von Bürgern kommen im Sommer Tag für Tag dorthin. Die Gegend ist bei Joggern sehr beliebt. Morgens und abends wird dort gelaufen. Freitags nachmittags füllt sich die Promenade mit Hunderten von Kindern und ihren Eltern. Durch die Lüfte fliegen Drachen, und über den Boden trippeln die Füßchen. Ein herrlicher Anblick. Bis zum heutigen Tag besucht Gita täglich die Promenade, sie kümmert sich persönlich um jedes Detail und genießt die Tatsache, daß sich der Park zu einem angenehmen und kultivierten Ort der Begegnung zwischen Juden und Arabern der Umgebung entwickelt hat.

In der Vergangenheit kam es vor, und ich nehme an, daß es sich auch in Zukunft wiederholen wird, daß der Abschluß eines Projektes die Notwendigkeit eines weiteren Projekts in aller Deutlichkeit offensichtlich werden ließ. Die Promenade brachte Glück und Freude für viele Bürger, machte aber auch das Fehlen eines Parks im Stadtteil Talpiot-Ost deutlich. Es gab dort ein Areal, das für einen Park vorgesehen war. Also raffte ich mich wieder einmal auf und machte mich auf eine neue Reise, auf die Suche nach einem Spender für den Park von Talpiot-Ost. Ich fand ihn. Der Park wurde angelegt. Jetzt war ich zufrieden, zumindest was diese wunderschöne Gegend anbelangt: Von der Promenade bis zum Stadtzentrum herrscht nun Kontinuität. Der Park führt unmittelbar zu einem der architektonisch interessanten Bürgerzentren. Die Bürgerbegegnungsstätte ist in diesem Stadtteil sehr aktiv und bietet ein vielseitiges Angebot. Die angestrebte wichtige Verbindungslinie zwischen dem Stadtzentrum und diesem Stadtteil ist entstanden. Um den Park zu beleben, organisieren die Einwohner von Talpiot-Ost jährliche Festivals. Lokale Gruppen von Kindern, Jugendlichen und jungen Leuten proben im Bürgerzentrum und treten im Park auf.

Um wenigstens einen Teil der Pläne, die sich mit (manchmal ...) erschreckender Geschwindigkeit nacheinander in mein Hirn bohren, realisieren zu können, suchte ich nach neuen Ideen, um die Sympathien der Juden in der ganzen Welt zu gewinnen. Einer der schönsten, gelungensten Plätze ist der Skulpturengarten des Museums. Der Künstler, der den Garten schuf, heißt Isamu Noguchi, ein in den USA geborener Japaner und bekannter zeitgenössischer Bildhauer. Der Sponsor war Billy Rose, der nicht nur den schönen Garten finanzierte, sondern auch Dutzende wertvoller Plastiken stiftete, die er sein ganzes Leben lang gesammelt hatte. Seinerzeit war Billy Rose eine bedeutende, berühmte Persönlichkeit in New York, besaß zwei Theater und schrieb eine tägliche Kolumne in einer Zeitung mit hoher Auflage. Damals kannte man das Wunder der Tonbandaufnahme noch nicht. Große Journalisten schrieben bei Interviews mit und übten sich in Stenographie. Rose galt als der schnellste Stenograph unter ihnen. Auch an der Börse erwarb er sich den Ruf eines Magiers.

Es ist fraglich, ob es in New York viele Menschen gibt, die sich an Billy Rose erinnern, aber dem Billy Rose Garden in Jerusalem haftet ein Hauch von Ewigkeit an.

Gelder und Kunstwerke für das Israel-Museum sammelte ich schon in den Tagen vor meiner Wahl zum Bürgermeister. So wurde ich darin zum erfahrenen Experten. Als Bürgermeister gründete ich die Jerusalem Foundation, und alles, was ich seither in diesem Bereich getan habe, wurde über die Jerusalem Foundation abgewickelt. Das Museum bauten wir im Stil eines mediterranen Dorfes, Haus für Haus, mit geringen Abwandlungen. Ich überzeugte Juden, Gebäude zu finanzieren, die ihren Namen tragen würden, selbstverständlich die gesamten Baukosten und in einigen Fällen auch die Fixkosten zu übernehmen. Wir fügten erst dann ein neues Gebäude hinzu, wenn wir eine Sammlung hatten, die den Bau rechtfertigte, und für das Gebäude ein Gönner gefunden war. Natürlich muß die gesamte Sammlung ständig durch neue Exponate erweitert werden. Ich ging zu den Juden in der ganzen Welt, die als große Sammler bekannt sind, und sprach mit ihnen in einer Sprache, die uns einander näherbrachte und sie nicht abschreckte: »Hier, in der Stadt, in der Sie gelebt, Ihre Kinder großgezogen und Kunstschätze gesammelt haben (ob in San Francisco oder Chicago, Paris oder Antwerpen, New York oder an irgendeinem anderen Ort), haben Sie Ihr glückliches Leben verbracht. Es versteht sich von selbst, und ich respektiere dies ohne Frage, daß Sie Ihrer Stadt etwas zurückgeben möchten, indem Sie ihr und ihren Kindern die Kunstwerke, die Sie gesammelt haben, vererben. Was also möchte ich von Ihnen? Aus der großen, berühmten Sammlung, die Sie Ihrer Familie und Ihrer Stadt hinterlassen, könnten Sie doch bitteschön ein einziges Bild oder einen einzigen Kunstgegenstand Jerusalem überlassen. Damit wollen wir uns begnügen. Wir bitten Sie nicht, uns dieses Objekt zum jetzigen Zeitpunkt zu schenken. Ein Sammler liebt die Werke seiner Sammlung. Behalten Sie sie in ihrer Umgebung, genießen Sie sie, und vermachen Sie sie erst nach hundertzwanzig Jahren Jerusalem.«

Und das funktionierte. Nicht in jedem Fall, nicht immer. Aber in vielen Fällen ließen sich die Sammler überreden, machten Zusagen und hielten sich daran. Hin und wieder wurden Erben durch ein in Jerusalem ausgestelltes Objekt angezogen. Sie kamen zu Besuch. Sie lobten die Stadt vor ihren Freunden, wurden selbst zu Freunden Jerusalems und setzten die Förderung der Stadt fort.

Um Jerusalem den Sammlern näherzubringen, entwickelten wir noch eine weitere Idee, die – nach ihren Ergebnissen zu urteilen – gar nicht schlecht war. Wir wandten uns an alle Sammler, die uns versprochen hatten, Jerusalem ein Bild zu hinterlassen, und schlugen vor, die Bilder und Kunstgegenstände in einer Sonderausstellung des Museums zu präsentieren – selbstverständlich nur als Leihgaben, für drei bis vier Monate. Die meisten waren einverstanden. Einige Sammler teilten mit, sie hätten sich noch nicht endgültig entschieden, welches der Gemälde oder Objekte aus ihrer Sammlung in ihrem Testament dazu bestimmt würde, sich auf den Weg nach Jerusalem zu machen, und behielten sich deshalb das Recht vor, nicht unbedingt das für die Ausstellung geschickte Bild zu vererben, sondern ein anderes. Wir hatten nichts dagegen. Andere Sammler erzählten, diese Initiative habe sie dazu gezwungen, eine Entscheidung zu fällen. Viele kamen zu der wundervollen Ausstellung und genossen es, die Schätze vorzufinden, die sie geschickt hatten.

Auch Jahre nach der Ausstellung der Schenkungen, nachdem bereits einige Werke, die dort präsentiert waren, gemäß den Versprechen der Sammler zu uns zurückgekommen und Eigentum des Museums geworden waren, hatte dieses Ereignis noch eine positive Nachwirkung. Vor nicht allzu langer Zeit erhielten wir Besuch von einer Sammlerin, einer faszinierenden Persönlichkeit, einer mehr als achtzig Jahre alten Dame, die von der Natur geliebt und gnädig von ihr behandelt wurde. Sie wirkt jünger, als es ihrem Alter entspräche, ist aktiv und voller Charme. Diese Sammlerin kam, besichtigte, war beeindruckt und erfüllte das Ziel ihrer Reise: Sie wollte den Platz sehen, an dem der Pissarro, den sie und ihr Mann dem Museum zugedacht hatten, einmal hängen sollte. Die genaue Stelle wollte sie sehen, das Gebäude und die Gesellschaft, in der das Bild, für dessen Stiftung sie sich entschieden hatte, verweilen würde. Und sie war nicht zufrieden, bis sie peinlichst genau erkundet hatte, ob man in Jerusalem begriff, welche Behandlung ihres gestifteten Bildes, an dem sie so sehr hing, würdig sei.

Die Rothschilds und Israel – eine Liebesgeschichte

Die über Generationen währende Beziehung zur Familie Rothschild war ein großer Segen für Israel und Jerusalem. Nicht immer und nicht in jeder Frage herrschte bei den Mitgliedern der Familie Rothschild Einigkeit. Aber trotz der Meinungsverschiedenheiten hielt eine Sache alle Rothschilds in ihren Zweigen, Verästelungen und ihren verschiedenen Ländern zusammen: Auf ganz unterschiedliche Art folgten sie treu und fest dem Weg des Familienoberhauptes, jenes »Großzügigen« (Beiname Baron Edmond de Rothschilds, Anm. d. Übs.), der am Ende des letzten Jahrhunderts die ersten *Moshavot* in Eretz Israel unterstützte und sie vor dem Schicksal der Auflösung bewahrte.

Meine Beziehung zu Guy de Rothschild kam unter besonderen Umständen zustande. Der Schriftsteller Arthur Koestler hatte das Land vor dem Zweiten Weltkrieg als Journalist besucht. Nach dem Krieg kam er wieder. Ich war damals noch Mitglied des Kibbuz Ein Gev.

Koestler wurde begleitet von Guy de Rothschild, beide kamen in der Uniform der französischen Armee. Wir verbrachten ein paar Wochen miteinander. Ich diente ihnen als Fremdenführer. Im Laufe der Jahre wurde Guy de Rothschild ein sehr guter Freund Jerusalems.

James Rothschild, der Sohn des »Großzügigen«, war der Rothschild mit der engsten Bindung an Jerusalem und an Israel in unserer Zeit. James lebte in England. Nach seinem Tod übernahm seine Frau Dorothy (wir nannten sie Dolli) den Vorsitz der *Hanadiv*-Stiftung (wörtl. Großzügigen-Stiftung, Anm. d. Übs.). Gemäß dem Testament und letzten Willen von James finanzierte Dorothy den Bau der Knesset und des Obersten Gerichtshofes. Für den Gerichtshof legte sie den Grundstein, der Bau wurde jedoch erst nach ihrem Tod fertiggestellt. Ich kannte James kaum. Nur ein- oder zweimal habe ich ihn getroffen. Er stand Ben Gurion sehr nahe. Nicht nur Geld hat er gespendet, sondern auch die topographische Lage der Regierungs- und Justizgebäude hat er festgelegt: Unten, an der tiefer gelegenen Stelle, sollte das Regierungsviertel entstehen. Darüber würde sich die Knesset befinden, und über dieser, noch höher, würde sich der Oberste Gerichtshof erheben. Der Gedanke war richtig. So hat James Rothschild die drei Organe – Exekutive, Legislative und Jurisdiktion – nach ihrer Stellung eingestuft, und so wurden das Regierungsviertel, die Knesset und der Oberste Gerichtshof in der Tat angeordnet. Der Knesset entstand kein Nachteil und auch keine Schmälerung ihrer Bedeutung. Die Knesset ist das Symbol der Souveränität und der Ausdruck des Willens des Volkes. Niemand stellt das in Frage. Aber der Oberste Gerichtshof, als Ausleger der Gesetze, ist auch für die Knesset bindend.

Zwischen mir und Dolli, James' Witwe, entstand eine sehr herzliche Beziehung. Sie war eine wundervolle Frau. Ein-, zweimal im Jahr pflegte Dolli Israel einen Besuch abzustatten. Ihre Hingabe für Jerusalem und Israel ist kaum zu beschreiben. Sie interessierte sich für jede Einzelheit, die mit der *Hanadiv*-Stiftung und der Jerusalem Foundation im Zusammenhang stand. Niemals gab sie sich damit zufrieden, nur zu erfahren, wofür man ihr Geld verwendet hatte. Immer wollte sie wissen: »Was braucht ihr noch? Wie kann ich euch helfen?« Und stets fügte sie hinzu: »Habt keine Hemmungen, an mich heranzutreten! Alles was in meiner Macht steht, werde ich für euch tun.« Eine wahrhaft loyale Freundin, die das große Vermögen nicht arrogant werden ließ.

Lord Jacob Rothschild, der Erbe von Dorothy und James, war nicht nur wegen der familiären Tradition und des Rothschild-Vermächtnisses mit Jerusalem verbunden, sondern auch durch einen meiner guten Freunde, den Philosophen Isaiah Berlin, der ihn bei seinem ersten Besuch in Israel begleitete. In guter Gesellschaft, wenn ich so sagen darf, fuhren Berlin, Rothschild, Isaac Stern und ich durch das Land und besichtigten das römische Amphitheater von Caesarea und seine Altertümer. Es war nicht schwer zu bemerken, wie Jacob sich mehr und mehr begeisterte. Damals wurde er zum Verbündeten Israels und hat später Großes geleistet. In seiner Jugend hielt sich Jacob von den Familiengeschäften fern und schlug eine andere Richtung ein. Seine Professoren in Oxford prophezeiten ihm eine brillante Zukunft als glänzender Historiker, aber letztlich verzichtete er auf die akademische Laufbahn und führt heute weitverzweigte Geschäfte. Dolli ernannte ihn zum Erben ihres Besitzes und zum Vorsitzenden der *Hanadiv*-Stiftung.

Viel hat Edmond de Rothschild, der Enkel des »Großzügigen« für Israel getan. Aus persönlichen Gründen distanzierte er sich im Laufe der Jahre von seiner Familie in England und ließ sich in Frankreich, später in der Schweiz, nieder. Er überschrieb seinen enormen Besitz in Caesarea an die Caesarea-Gesellschaft und bestimmte, daß ihre gesamten Einnahmen in israelische Bildungseinrichtungen in Israel fließen.

Ein weiteres Mitglied der Familie Rothschild, das viel für Bildungswesen und Wissenschaft in Israel getan hat, ist Lord Victor Rothschild. Er war ein bedeutender britischer Wissenschaftler auf dem Gebiet der Agrarwissenschaft. Victor fühlte sich besonders mit dem Weizmann-Institut verbunden, der Hebräischen Universität und dem gesamten wissenschaftlichen Bildungswesen in Israel.

Jacobs Cousin Evelyn Rothschild, der die Familienbank geerbt hat, unterhält enge Beziehungen zu Israel und besucht häufig das Land.

Miriam, die Schwester Lord Victors, ist eine angesehene englische Wissenschaftlerin. Sie steht mit dem Weizmann-Institut in Verbindung und zählt zu meinem Freundeskreis. Es ist interessant, die Laufbahnen der Rothschilds zu verfolgen. Als Wissenschaftler leisten sie, unabhängig von dem Namen Rothschild, Hervorragendes, aber ich nehme an, daß sie sich nicht gekränkt fühlen, wenn ich behaupte, daß ihnen ihre Herkunft, wenn sie auch verpflichtet, doch nicht eben schadet.

Mit einem tiefen Gefühl der Sympathie und Hochachtung werde ich das Kapitel über die Rothschilds mit Bat Sheva Rothschild abschließen, die dem französischen Zweig der Familie entspringt. Die Rothschilds spendeten, bauten, brachten ihre Freundschaft und Solidarität mit Israel zum Ausdruck und werden dies auch weiterhin tun – davon bin ich überzeugt –, aber nur Bat Sheva war eine Pionierin und wanderte nach Israel aus. Seit Jahrzehnten lebt sie in Israel. Sie ist hier die einzige ihrer großen Familie. Ihre Welt ist der Tanz und das Ballett. Sie gründete das Bat-Sheva-Ensemble und später die Bat-Dor-Truppe. Beide erlangten internationale Anerkennung. Ihre Stärke bestand darin, daß sie all die Jahre hindurch ursprünglich israelische Motive mit klassischen Tanzformen kombinierten. Der Tanz ist ein kostspieliges Geschäft. Im Vergleich zu Musik und Theater ist die Schar seiner Anhänger klein. Hätte Bat Sheva sich mit der Gründung der Ensembles begnügt, ist anzunehmen, daß diese nur schwerlich hätten bestehen können. Bat Sheva kannte die Probleme der Tanztruppen. Sie stand all die Jahre hindurch an ihrer Seite und kam unermüdlich für ihre Kosten auf.

Die Familie Rothschild, mit ihren vier Generationen, war ein großer Segen für Israel und wird es auch in den kommenden Generationen bleiben. Ihr Beitrag für Bildung, Wissenschaft, Kunst, für die Knesset, den Obersten Gerichtshof, die Fernuniversität und das Bildungsprogramm in den Medien, den wundervollen Park in Zihron Ya'akov und Dutzende anderer Institutionen in allen Teilen des Landes ist ein

Beispiel für eine Hingabe und ein Pflichtgefühl, die einmalig sind und ihresgleichen in anderen jüdischen Familien suchen.

Eine weitere Eigenschaft haben die Rothschilds, eine sehr seltene, die man fast nirgendwo findet und für die ihnen große Ehre gebührt. Sie geben, schenken, spenden, bauen, fördern und finanzieren – ohne Gegenleistung. Nichts von dem, was sie unterstützen, trägt ihren Namen. Weder die Knesset noch der Oberste Gerichtshof, der in einem der interessantesten und attraktivsten Gebäude Israels untergebracht ist. Sie selbst achten streng darauf, daß die Bauwerke nicht ihren Namen erhalten.

In meinen Augen verdienen auch Sponsoren Hochachtung, die die Verewigung ihres Namens an ihre Spende knüpfen, sei es an eine Spende für ein Gebäude, einen Platz, eine kulturelle Einrichtung, einen Park oder eine Allee. Es ist nichts Falsches daran. Aber ich kann nicht umhin, bedingungslose Förderer wie die Familie Rothschild besonders zu bewundern. Ihr Verhalten strahlt Schönheit und geistige Größe aus.

Über das hinaus, was die Rothschilds mit ihrem Privatvermögen finanziert und unterstützt haben – wobei ihre Spenden von außerordentlicher Wichtigkeit für die Gesamtsituation der armen Stadt waren –, halfen sie durch ihren Einfluß auch Israel und Jerusalem, sich Wege zu Banken und verschiedenen Finanzierungsgesellschaften zu ebnen. »Neben der Kutsche der Rothschilds«, pflegen die Juden seit Generationen zu sagen, »geht es sich sogar gut zu Fuß«. Die Realität hat gezeigt, daß diese scherzhafte Redensart sich im Leben als wahr erwiesen hat. Die herzliche Beziehung der Rothschilds zu Israel und zu Jerusalem wird von Generation zu Generation weitergegeben, als sei sie ein untrennbarer Teil ihrer familiären Verpflichtung und ihres geistigen Erbes. Die Welt ändert sich, neue Werte verdrängen die altbewährten. Staatsgebilde entstehen und fallen. Imperien brechen auseinander. Menschen passen sich den modernen Gepflogenheiten an. Jede Generation sucht nach neuen Idealen. Aber die Loyalität der Rothschilds zu Israel und zu Jerusalem ist unerschütterlich und hält allen Prüfungen der Zeit stand. Für mich ist sie eine wunderbare Quelle der Genugtuung und des Vertrauens.

VI. Jerusalem und die israelischen Regierungen

Sechs Ministerpräsidenten – und ein Bürgermeister

Achtundzwanzig Jahre lang habe ich die Last des Bürgermeisteramtes von Jerusalem getragen. Die menschliche Landschaft, die mich umgab, hat sich verändert. Junge Menschen wurden alt und zogen sich von ihren Ämtern zurück. Manche machten sich auf und davon und verließen den Bereich der Lebenden. Kaum einer von denen, deren Kreise sich schon damals, als Diener des Volkes auf staatlicher oder städtischer Ebene, mit den meinen berührten, steht noch auf seinem Posten.

Im Laufe dieser langen Zeit kreuzten meine Wege als Bürgermeister die von sechs verschiedenen Ministerpräsidenten. Ob sie aus den Reihen meiner Partei stammten und zwischen uns eine langjährige Bekanntschaft bestand (die nicht immer positiv zu dem Beziehungsgeflecht zwischen ihnen und unserer Hauptstadt beitrug) oder ob ich sie nur flüchtig kannte und wir keine gemeinsamen politischen Wurzeln hatten – jedenfalls kann ich sagen, und dies nicht unbedingt zu ihrem Lob, daß sie sich alle durch ein gemeinsames Merkmal auszeichneten: durch den großzügigen Geist, mit dem sie Jerusalem verbal bedachten, ohne dabei mit Begriffen wie »ewige Hauptstadt«, »Herz der Nation«, »Krone des jüdischen Volkes« und so weiter zu sparen. Womit sie mehr oder weniger, mit nur geringfügigen Abweichungen, ihrer Pflicht gegenüber Jerusalem Genüge getan haben und keineswegs dazu beitrugen, Jerusalem zu stärken und seine zentrale Stellung im Leben des jüdischen Volkes fest zu verankern. Der Minister Korfo hat in seiner Zeit als Verkehrsminister diesen Tatbestand am treffendsten formuliert, als er bei der Einweihung einer neuen Straße sagte: »Jerusalem steht an erster Stelle in unseren Herzen, aber nicht auf unserem Haushaltsplan.«

Da dies hier so etwas wie ein »Rechenschaftsbericht« ist, werde ich die Hilfe, die mir in einigen Fällen zuteil wurde, erwähnen, wenn sie auch im Vergleich zu den Problemen und Erfordernissen denkbar gering erscheinen mag. Der erste, der uns zu Hilfe kam, war Yaakov Shimshon Shapira, der Justizminister, der sich im Auftrag der Regierung um unsere Angelegenheiten kümmerte. Er half uns unter anderem bei der Auseinandersetzung mit dem Finanzministerium, und als Resultat seiner Bemühungen zahlt die Regierung nun Immobiliensteuern für ihre Gebäude in Jerusalem.

Golda Meir machte einen einmaligen, aber gewaltigen Vorstoß für den Bau von Schulen.

Shimon Peres als Ministerpräsident und späterer Finanzminister half uns mit einem Zuschuß aus den Mitteln des Sporttotos beim Bau des Fußballstadions, für das wir viele Jahre hindurch gekämpft hatten, ebenso bei der Anerkennung von Binyanei Ha'ooma als einer förderungswürdigen Institution und bei der Einrichtung der Gesellschaft für die Entwicklung Jerusalems.

Als ich zum ersten Mal zum Bürgermeister gewählt wurde, stand ein alter Freund von mir an der Spitze der Regierung. Levi Eshkol und ich waren nicht nur alte Bekannte, er war in meinem letzten Jahr im Ministerpräsidentenbüro mein »Chef« geworden. Obgleich unser persönliches Verhältnis gut war, kann ich nicht mit Bestimmtheit sagen, ob es nicht doch von den engen Beziehungen, die seinerzeit zwischen Ben Gurion und mir bestanden, überschattet wurde. Meine energische, konsequente, kompromißlose Unterstützung der Forderung Ben Gurions, eine juristische Untersuchungskommission zu berufen, die prüfen sollte, wer den Befehl für die Spionageaffäre in Ägypten erteilt hatte, die nach und nach ans Tageslicht kam, machte mir Eshkol vielleicht nicht zum Feind, war aber mit Sicherheit auch nicht förderlich für die Freundschaft zwischen uns. Dennoch war Eshkol in meinen Augen der beste Ministerpräsident, den wir nach Ben Gurion hatten, auch wenn sein Stil mir nicht gefiel.

In der Praxis trennten sich unsere Wege, weil ich mich nur schwer mit seiner Art, Entscheidungen zu treffen, abfinden konnte, mit der ich nicht einverstanden war. Viel Sympathie für Menschen mit selbständigem Denken, die seine Position anzweifelten und ihm widersprachen, brachte er nicht auf. Auch Konsequenz war nicht seine Stärke.

Ich hatte ihm geraten, das Testament von Zev Jabotinsky zu respektieren und anzuordnen, daß seine Gebeine nach Israel gebracht würden, und sein Entschluß geht zum Teil auf mich zurück. Obwohl ich mir sicher war, daß ich mit diesem Schachzug den Zorn von Ben Gurion auf mich ziehen würde, war ich überzeugt, daß dies ein Schritt war zu Versöhnung und Toleranz zwischen den streitenden Teilen der Bevölkerung und zwischen den beiden Ideologien, der der *Mapai* und der der Revisionisten, die noch vor der Staatsgründung die Bevölkerung spalteten, für ständige Reibereien sorgten und Mauern des Hasses errichteten. Im allgemeinen spürte ich jedoch, daß Eshkol nicht geneigt war, mir in einem Maße Gehör zu schenken, das für mich unerläßlich war, und ich zog es vor, das Amt des Leiters des Ministerpräsidentenbüros niederzulegen.

Ich nehme an, daß mein Anschluß an die *Rafi* auch nicht dazu beitrug, Eshkols Sympathie für mich zu steigern. Auch meine Erklärung, der Hauptgrund für meinen Anschluß an die *Rafi* liege nicht in der Enttäuschung über den Weg der *Mapai*, die jahrzehntelang meine politische Heimat gewesen war, sondern entspringe einem tiefen Gefühl der persönlichen Verbundenheit mit Ben Gurion und dem Bedürfnis, ihm zu folgen, konnten den Zorn der Führer der *Mapai* nicht besänftigen. Dieser Zorn begleitete mich noch eine Weile als Bürgermeister Jerusalems. Mehr als einmal hatte ich den Eindruck, allein die Tatsache, daß ich der Bürgermeister war, füge der Sache Jerusalems echten Schaden zu. Einige der erbitterten Vertreter der *Mapai* übertrugen, ohne zu unterscheiden, ihre Wut auf meine Person auch auf Jerusalem, und die Trennungslinie zwischen beidem verwischte sich. Sie gingen so weit, daß nach den Kommunalwahlen im Jahre 1965 die Spitzen der *Mapai* eine städtische Koalition zwischen der *Rafi* und der *Herut* möglich gemacht hatten, jedoch eine Teilnahme daran, trotz meiner Bitten, ablehnten. Sie zogen es vor, sich in der Opposition zu profilieren, statt mit mir, dem »Verräter«, und mit der *Herut* zusammenzuarbeiten. Ben Gurion hatten sie längst hinter sich gelassen und sich weit von ihm entfernt, nicht nur von seiner Partei, sondern sie hatten ihn aus den eigenen Herzen verbannt, aber an seinem Gebot einer Koalition »ohne *Herut* und ohne *Meki*« (israelische kommunistische Partei, Anm. d. Übs.) hielten sie fest und weigerten sich zu begreifen, daß die Regel, die für Ben Gurion im Regierungsbereich Gültigkeit hatte, auf kommunaler Ebene keinen Pfifferling wert war.

Das wenige, das ich über Levi Eshkol sagen werde, ist folgendes: Sein Handeln, oder besser gesagt, sein Nichthandeln in Angelegenheiten Jerusalems in seiner Funktion als Regierungschef – sowohl vor dem Sechs-Tage-Krieg als auch nachher – ist es, was mich so enttäuschte. Eshkol, der Mann der Tat, der sich nie durch große Worte und leidenschaftliche Reden auszeichnete, verhielt sich so, wie alle anderen auch: Er erklärte Jerusalem zum Gegenstand seiner Besorgnis, begnügte sich jedoch mit Parolen. In der Realität blieb Jerusalem während seiner Regierungszeit eine vergessene Hauptstadt, die ohne Hilfe des Regierungschefs gegen ihre großen Schwierigkeiten ankämpfen mußte.

Ich habe noch ein weiteres kleines Problem mit Levi Eshkol: Sein abweisendes Verhalten gegenüber Ben Gurion kann ich ihm nicht verzeihen. Ich verstehe, daß es politische Meinungsverschiedenheiten gibt. Ich verstehe, daß Menschen, die sich einmal nahestanden und zwischen denen jahrelang ein Verhältnis der Zusammenarbeit, der Freundschaft und Achtung bestand, sich plötzlich nicht mehr wohlgesinnt sind. Ich behaupte nicht, daß in der schwierigen Auseinandersetzung zwischen Ben Gurion und Eshkol der erstere die ganze Wahrheit für sich in Anspruch nehmen kann und der zweite stets im Unrecht war. Eines jedoch kann ich nicht begreifen und werde mich auch nie damit abfinden, nämlich, daß man hier versucht hat, Menschen aus dem Bewußtsein zu verdrängen, oder zumindest den Versuch unternahm, ihre großen Leistungen in Vergessenheit geraten zu lassen. Als Ben Gurion aus der Regierung ausschied und nach Sde Boker ging, benahmen sich seine Freunde ihm gegenüber nicht so, wie es Verstand, Logik, Achtung und Freundschaft gegenüber einem der größten Juden aller Zeiten, mit Sicherheit dem bedeutendsten Juden bei der Staatsgründung, im Unabhängigkeitskrieg und in den ersten Jahren des Staates, geboten hätten, sondern wie zu einer politischen Randfigur, der man in kläglichen Abrechnungen unbequeme Positionen heimzahlt. Man weigerte sich sogar, ihm, dem Ex-Regierungschef, einen Wagen zu seiner privaten Nutzung zur Verfügung zu stellen. Erst Jahre später wurde die Regelung verabschiedet, wonach einem Ex-Regierungschef ein Wagen, ein Chauffeur, eine Sekretärin und ein Büro im Regierungsgebäude für den Rest seines Lebens zusteht.

Einige Freunde, mich eingeschlossen, konnten diese Schande nicht auf sich beruhen lassen. Wir teilten die Kosten unter uns auf und kauften Ben Gurion einen Privatwagen zu seiner freien Verfügung. Ich weiß nicht, ob ihm selbst bekannt war, wer das Auto für ihn gekauft hatte. Auf jeden Fall begleitete ein Wagen der Sicherheitskräfte, wie es sich gehörte, aus Gründen der Sicherheit, den Privatwagen, den Ben Gurion fuhr.

Ben Gurion die kalte Schulter zu zeigen, ihn abzuschütteln, als sei er eine Landplage, war auch das, was die Regierung Eshkols anläßlich der großen Militärparade in Jerusalem am Unabhängigkeitstag im Jahre 1968, etwa ein Jahr nach dem Sechs-Tage-Krieg, praktizierte. Ben Gurion, der die *Tzahal* aufgebaut hatte, wofür ihn selbst seine entschiedensten politischen Gegner in den Oppositionsparteien bewunderten, war nicht eingeladen worden, mit den Größen des Volkes und seinen Vertretern auf der Ehrentribüne Platz zu nehmen. Aus tiefer Solidarität mit ihm und aus nachdrücklichem Protest gegen dieses zum Himmel schreiende Unrecht verzichtete ich als Bürgermeister von Jerusalem auf meinen Platz auf der Ehrentribüne und ging mit Ben Gurion zu einem der entfernten Plätze. Ben Gurion schwieg. Seit vielen Jahren, aus verschiedenen Zusammenhängen, kannten wir diese verschlossene Miene, die er in heiklen Situationen aufzusetzen pflegte. Er gab seine Gefühle nie öffentlich preis, ließ seine Nächsten nie an seinen Empfindungen teilhaben. Als wir die abgelegene Tribüne erreicht hatten, wurde ihm zumindest eine Stunde der Genugtuung zuteil. Nach alter Gewohnheit erklomm er mit seinen hastigen, kurzen Schritten die

Holztreppe, in einem Tempo, mit dem Schritt zu halten wesentlich jüngeren Menschen Probleme bereitet hätte. Tausende von Bürgern auf den Tribünen in der näheren Umgebung unserer Plätze erkannten die weiße Mähne und erhoben sich, um dem hochgeschätzten Mann zu applaudieren. Die Geschichte ist voller Beweise dafür, daß »das einfache Volk« häufig Dinge begreift, die über den Horizont der hochverehrten Politiker mit all ihren Titeln hinausgehen. Das Befremdende an diesem schmerzlichen Zwischenfall war, daß zur damaligen Zeit Moshe Dayan Verteidigungsminister in Eshkols Regierung war, Ben Gurions Günstling und eifriger Bewunderer. Ich habe Dayan nicht gefragt, ob er darüber informiert war, daß man Ben Gurion nicht auf die Ehrentribüne gebeten hatte, die sein verdienter Platz gewesen wäre. Auf jeden Fall hätte er, als er selbst auf der Ehrentribüne eintraf und ihn dort nicht vorfand, fragen müssen: Wo ist David Ben Gurion?

Natürlich hatte die große Militärparade, so kurz nach dem brillanten Sieg im Sechs-Tage-Krieg, einen anderen Charakter als andere Aufmärsche. Die Freude und der Stolz, das Siegervolk zu sein, gingen einher mit der Überzeugung, die Ära der Kriege im Nahen Osten sei nun beendet und die Araber seien unwiderruflich aus ihren Träumen erwacht, Israel vernichten zu können. Moshe Dayan, ruhmreich und von allen bewundert, formulierte dieses Gefühl mit knappen, prägnanten Worten: »Wir warten auf einen Telefonanruf der Araber.« Nach nicht allzu langer Zeit, als die Sowjets ihren Einfluß in Ägypten ausbauten, neue Waffen zum Ausgleich der Kriegsverluste lieferten und Teile des Kriegsgerätes sogar selbst bedienten, schrieb der erfahrene Journalist Shalom Rosenfeld in »Ma'ariv«: »Der Telefonanruf ist angekommen. Man sprach russisch.«

Ich weiß nicht, ob Ben Gurion schon damals hören konnte, daß über den Suez-Kanal in russischer Sprache gesprochen würde, aber wie unzählige Male zuvor und viele Male später hatte dieser großartige Mensch recht behalten, der nicht nur über einen ausgezeichneten analytischen Realitätssinn verfügte und nach ihm handelte, sondern auch über einen erstaunlichen Weitblick. In der Zeit seiner ersten Besuche nach der Vereinigung der Stadt, in den ersten Tagen nach dem Krieg, als in der Altstadt noch Heckenschützen am Werk waren, versammelten sich einige Freunde in meinem Haus, darunter auch Ben Gurion. Ich glaube, daß sie mit den Worten, die er damals äußerte, nicht zufrieden waren. Als sie sagten, die Araber wären nach dieser Niederlage wohl bereit, Frieden zu schließen, bemerkte er: »Die Araber sind ein stolzes Volk und werden sich mit der Niederlage nicht abfinden, und auf keinen Fall werden sie Frieden mit uns schließen wollen. Wir müssen uns aus allen Gebieten, die wir besetzt haben, zurückziehen, außer aus Jerusalem. Unsere Geschichte verpflichtet uns dazu, ganz Jerusalem zu bewahren.« So sprach Ben Gurion zu den erstaunten Zuhörern. Sie hatten Schwierigkeiten, seine Worte nachzuvollziehen. Mit solchen Problemen hatte Ben Gurion große Erfahrung. Manch einem war es in der Vergangenheit schwergefallen zu verstehen, warum es notwendig war, im Erziehungswesen politische Tendenzen zu vermeiden, oder warum es keinen anderen Ausweg gab, als die *Palmah* aufzulösen, warum das Arbeitsamt staatlich und überparteilich sein mußte und nicht die Mitglieder der eigenen Partei bevorzugt werden durften, warum man die Grenzen des Siedlungsgürtels im Zentrum des Landes sprengen und den Negev besiedeln mußte. Und nun, wo alle den großen Sieg feierten und die Stimmung ihren Höhepunkt erreicht hatte, sprach er von der Notwendigkeit des Rückzuges. Gerade jetzt, in den neunziger Jahren, muß man sich in Erinnerung rufen, daß Ben Gurion vor vielen Jahren, bei verschiedenen Anlässen, seine Gewißheit zum Ausdruck brachte, daß die russischen Juden nach Israel einwandern würden.

Kurze Zeit später hat Ben Gurion in der Öffentlichkeit ein weiteres großes Wort der Wahrheit ausgesprochen: die Besatzung, jede Besatzung, verderbe das Volk der Besatzer. Im scheinbar vereinten Israel würden ein Volk von Herren und ein Volk von Sklaven leben. Die Juden würden den lebensnotwendigen Bereich der körperlichen Arbeit an die arabischen Lohnabhängigen abtreten. Das arabische Volk werde das arbeitende Volk sein, und das jüdische das der Weisungsbefugten. Das sei nicht das Ziel des Zionismus gewesen, und auf Dauer werde dies die Existenz des Staates gefährden und seine Bürger korrumpieren.

Seine Worte wurden vernommen. Die Politiker hörten aufmerksam zu und wiesen sie mit einem Kopfschütteln zurück, ob mit Geringschätzung oder mit Sympathie für den großen Mann, dem wohl das Alter den Verstand verwirrt hatte. Viele Jahre und unangenehme Erfahrungen waren nötig, bis jeder vernünftige Mensch verstanden hatte, daß Ben Gurion auch in diesem Punkt die Zukunft vorausgesehen hatte, lange vor der Zeit.

Ich habe nicht den geringsten Zweifel daran, daß David Ben Gurion ein Prophet war. Der »Spiegel« hat ein Sonderheft über Juden und Deutsche herausgebracht, das ein Interview mit Ben Gurion aus dem Jahre 1965 enthält. Auf die Frage des Journalisten nach seiner Beurteilung der Situation des geteilten Deutschland hat Ben Gurion geantwortet, daß er noch keinen einzigen Deutschen getroffen habe, der an die Möglichkeit der Wiedervereinigung glaube. Er selber glaube jedoch, daß die Wiedervereinigung zustande komme, wenn Rußland zur Demokratie werde, was in etwa zehn bis zwanzig Jahren der Fall sein werde.

Ich nehme an, daß der Journalist den Worten seines Gesprächspartners keinen Glauben schenkte. Wer hätte damals an solche Prophezeiungen geglaubt? Wer konnte in solchen Kategorien denken? Wie war es möglich, daß die mächtige UdSSR, die bis zu den Zähnen bewaffnet war und unerbittlich mit ihren Nuklearwaffen drohte, so daß die ganze westliche Welt vor ihr zitterte, zerbrechen und auseinanderfallen würde? Ben Gurion irrte sich um wenige Jahre. Es geschah nicht nach zwanzig Jahren, im Jahre 1985, sondern es geschah 1991. Dieser Mensch hatte prophetische Sinne und eine Fähigkeit, internationale Prozesse vorauszusehen, die niemand außer ihm besaß.

Vor einer Weile habe ich aus dem Munde eines äußerst kompetenten und glaubwürdigen Mannes etwas erfahren, das ich bis dahin nicht wußte: Als Ben Gurion sich von seinen Ämtern in der Regierung zurückzog, hat er sich vom Generalstab der *Tzahal* verabschiedet. Eine Stunde lang hörten der Generalstabschef und die Generäle seinem faszinierenden Vortrag zu. Drei Viertel des Vortrags, etwa fünfundvierzig Minuten, widmete er China. Zum damaligen Zeitpunkt war China ein armes Land, zerrissen von inneren Konflikten, am Rande der Hungerkatastrophe. Auch hier hat Ben Gurion Weitblick bewiesen: China werde zu einer gigantischen Großmacht werden, sagte er dem Generalstab. China werde das Joch der UdSSR abwerfen. Es werde einen eigenen Kommunismus entwickeln, mit der wachsenden Tendenz, privatwirtschaftliche Initiativen zu entfalten. China werde lernen, seine enormen Bodenschätze zu nutzen, vor allem seine Ölvorkommen. China werde sich dem Westen öffnen. Israel dürfe keine Mühe scheuen, um Wirtschaftsbeziehungen zu dem asiatischen Riesen aufzunehmen. China werde Israel anerkennen und enge Beziehungen zu ihm unterhalten.

Der Generalstab hörte zu. Es ist fraglich, ob einer der damals Anwesenden David Ben Gurions Worte der Prophezeiung ernst nahm.

Ein angesehener arabischer Journalist hatte Gelegenheit, Ben Gurion vor der Staatsgründung zu interviewen. Das Gespräch fand in Ägypten statt. Ben Gurion kam dorthin, um vor einer amerikanisch-englischen Kommission, die über die Zukunft von Eretz Israel beriet, auszusagen.

Dieser Journalist kam nach dem Sechs-Tage-Krieg nach Jerusalem. Wir brachten ihn in unserem Haus mit Ben Gurion zusammen. Der Journalist fragte: »Wird es einmal Frieden zwischen Israel und den Arabern geben?« Ben Gurion antwortete: »Mir wird es nicht vergönnt sein, aber Sie sind noch jung, Sie werden es erleben.«

Am 26. Februar 1969 starb Ministerpräsident Levi Eshkol. Die Entscheidung innerhalb der *Mapai* fiel diesmal schnell und unwiderruflich, da man Moshe Dayans Weg blockieren wollte. Pinhas Sapir, ein mächtiger Mann innerhalb der Partei, lockte Golda Meir aus ihrem Haus in Ramat Aviv, in das sie sich zurückgezogen hatte, nachdem sie ihr Amt als Parteivorsitzende niedergelegt hatte, und legte ihr Israel zu Füßen. Am 17. März 1969 stellte Golda Meir in der Knesset die Regierung vor, an deren Spitze sie stand.

Zwischen Golda und mir bestand stets ein schlechtes Verhältnis. Sie war eine starrköpfige Frau, nachtragend und rachsüchtig. Nie verzieh sie die geringste und unbedeutendste Verletzung dessen, was sie als ihre Ehre betrachtete. All die Jahre hindurch war ich mit ihrem politischen Weg nicht einverstanden. Sie beging jeden erdenklichen Fehler, immer wieder, sowohl in ihrem Handeln als auch in ihrer Ausdrucksweise. Manchmal war sie ausgerechnet dann scharfzüngig, wenn gerade eine moderate, weiche, für Spannungsabbau sorgende Sprache erforderlich gewesen wäre. So hat sie beispielsweise das palästinensische Volk unnötig provoziert, als sie energisch behauptete, daß es ein solches Volk gar nicht gebe. Den Zorn der orientalischen Juden zog sie mit der Bemerkung auf sich: »Die schwarzen Panther sind alles andere als liebenswert.« Man muß sich mit unterschiedlichen Bevölkerungsgruppen entsprechend auseinandersetzen und sie auch für ihre Fehler zurechtweisen, aber eine verletzende Sprache hat noch nie Vorteile gebracht und keinerlei Probleme gelöst.

Vielleicht fiel es ihr schwer, mir meine Nähe zu Ben Gurion und meine Unterstützung für ihn zu verzeihen, obwohl ich im Laufe der Jahre einige Male versuchte, den Streit zwischen beiden zu schlichten, und keine Mühe scheute, den tiefen Abgrund zwischen ihnen zu überbrücken.

Ich war überzeugt, daß sie einen Fehler machte, als sie sich weigerte, Nahum Goldmann, dem damaligen Präsidenten der »Internationalen Zionistischen *Histadrut*« (Gewerkschaftsorganisation, die durch die Initiative von Theodor Herzl auf dem ersten zionistischen Kongreß in Basel gegründet wurde, Anm. d. Übs.) zu erlauben, nach Kairo zu fahren und sich aufgrund einer Einladung mit Präsident Abdul Nasser zu treffen. Sie behauptete zwar, Goldmann sei ein freier Mensch und könne besuchen, wen und wo immer er wolle, aber es war allen klar, daß Goldmann ohne ihren Segen nicht fahren würde, um sich mit Nasser zu treffen. Ich dachte nicht, daß ein Treffen zwischen Goldmann und Nasser eine dramatische Wende in den Beziehungen zwischen Ägypten und Israel bringen würde, aber ich glaubte, daß man jeden Spalt in der Mauer des Hasses ausnutzen sollte, um Wege des Friedens zu suchen. Und auf jeden Fall sollten wir, vor uns selbst und auch vor der Welt, diejenigen sein, die nach einer solchen Lücke suchten, auch wenn die Chancen noch so gering sind. Ich glaube immer noch, daß man 1972/1973 mit Ägypten zu einer Verständigung über die Räumung des Suezkanals und über einen Rückzug auf fünfzehn Kilometer vor dem Kanal hätte gelangen können – wie Moshe Dayan es vorgeschlagen hatte. Aber Golda war dagegen. Dayan pflegte nicht für seine Ansichten zu kämpfen, und so braute sich der entsetzliche Yom-Kippur-Krieg zusammen.

Golda war fanatisch und kompromißlos in ihren Positionen, und keine Macht der Welt hätte sie beeinflussen können.

Ich habe vor einiger Zeit zusammen mit meinem Sohn Amos meine Autobiographie verfaßt. Es gab darin einige Textstellen, die meine Arbeit für die Regierung betrafen. Da ich mich streng an die Pflicht zur Genauigkeit halten wollte, gab ich meinem Freund Zev Sharef einen Entwurf des Buches, der sich gut auskannte und meinem Wunsch nachkam, das Manuskript zu lesen und nach Bedarf zu kommentieren. Sharef, Minister in Golda Meirs Regierung und einer derer, die ihr besonders nahestanden, wußte nicht, welch schrecklichen Fauxpas er beging. Als Golda von Sharefs Zusage, mein Buch zu korrigieren, erfuhr, brach sie augenblicklich in grenzenlose Wut aus.

Was die Macht der Partei anbelangte, war Golda eine energische Fanatikerin. Sie glaubte, nur eine starke Arbeiterpartei könne das Land auf den richtigen Weg führen. Alles geschah hinter verschlossenen Türen, alles war von Geheimnissen aus der bekannten »Küche« umwittert. Einmal, so erinnere ich mich, hatte sie eine Sitzung der der Partei angehörenden Minister einberufen, um eine äußerst wichtige Frage zu erörtern: den Bau neuer Schulen in Jerusalem. Wir waren in dieser Sache in einem bedrängenden Rückstand, und schnelle Abhilfe war dringend notwendig. Golda war nicht dazu zu bewegen, Dr. Yosef Burg, der das Amt des Innenministers in ihrer Regierung bekleidete, aber einer anderen Partei angehörte, der *Mafdal* (religiös-nationale Partei, Anm. d. Übs.), zu dem Gespräch zu bitten. Einige Freunde sprachen ihr gut zu, die Teilnahme von Burg, dem die Stadtverwaltung und ich als Bürgermeister unterstanden, sei unerläßlich. Auch für die Sache sei es von Nutzen, den Innenminister in den Entscheidungsprozeß einzubeziehen, statt ihn zu verärgern und in eine gegnerische Haltung zu drängen. Und schließlich gehe es um eine Besprechung, die nicht einmal den Funken eines Geheimnisses enthalte... Golda verweigerte ihr Einverständnis. Burg verstand nicht, warum die Frage des Schulbaues eine innerparteiliche Angelegenheit sein sollte, bei der einem Minister der Regierung die Teilnahme verweigert wurde. Dennoch verdient Golda Lob, was die Schulpolitik anbelangt. Sie hat die Sache vorangetrieben, und wir haben bei dem Versuch, den riesigen Rückstand bei den Bildungseinrichtungen in Jerusalem aufzuholen, immense Fortschritte erzielt. Dafür sind wir ihr zu Dank verpflichtet.

Sie war eine Frau mit viel Stärke – auch politische Gegner, selbst ihre Erzfeinde, müssen dies zugeben. Sie besaß nicht die Fähigkeit, tief in die Dinge vorzudringen. Ihre Weltanschauung war ungemein vereinfacht und extrem. Sie prüfte sämtliche Fragen in erster Linie aus ihrem persönlichen Blickwinkel. Hattest du sie verletzt, oder dachte sie, du hättest sie verletzt – bestand keinerlei Aussicht auf Amnestie.

Nicht leicht und auch nicht schnell trennte sich »Großmutter Golda« (in der Tat hatte sie in der Öffentlichkeit und vielleicht auch bei sich selbst das Image der sorgenvollen Oma) nach dem Yom-Kippur-Krieg vom Ministerpräsidentenstuhl.

Selbst die erbittertsten Gegner Goldas werden nicht unterstellen, daß auf ihren Schultern die Schuld für die Tragödie des Yom-Kippur-Krieges lastete. Sie selbst behauptete nach dem Krieg – und diese Behauptung enthielt neben dem Wunsch, sich von jeder Schuld und Verantwortung reinzuwaschen, ein Fünkchen Wahrheit – in einer simplifizierenden Formulierung, wie sie typisch für sie war: »Die Generäle hatten mir gesagt, es gehe in Ordnung. Was hätte ich tun können? Verstehe ich mehr davon als sie?« Gerüchte gingen um, daß Golda in den ersten Kriegstagen, als eine reale Gefahr für die Existenz Israels bestand, mit Selbstmordgedanken gespielt habe. Sie hat diese Gerüchte weder bestätigt noch dementiert. Sie zog es vor, diese traurige Angelegenheit im Dunkeln zu lassen.

In den Augen vieler, und ich schließe mich ihnen an, ist die Regel einfach und brutal: Die Verantwortung der Führungspersönlichkeiten – ob es sich um den Regierungschef handelt, um den Bürgermeister, den Generalstabschef der Armee oder um den Inhaber einer anderen Schlüsselposition – ist unbeschränkt, unwiderruflich und unteilbar. Ich habe nichts gehört, ich habe nichts gesehen, ich habe nichts begriffen, Amtsträger haben mich hintergangen, ich habe meinen Beratern Vertrauen geschenkt, und sie haben mich enttäuscht – all diese möglicherweise zutreffenden Argumente sind dazu geeignet, zu erklären, warum der Politiker sich so oder so verhielt, aber sie befreien ihn nicht von Verantwortung und Schuld.

Ich glaube, Golda war klug genug, um zu begreifen, daß sie nach dem Yom-Kippur-Krieg nicht Regierungschefin bleiben konnte. Aber in dieser Sache ist es so wie in anderen auch, daß die Diskrepanz zwischen Vernunft und Gefühl, zwischen Klugheit und Machtbesessenheit selbst noch so gescheite Menschen in die Irre führen kann. In den Wahlen Ende des Jahres 1973, die wegen des Krieges um einige Monate verschoben worden waren, hatte sich Golda erneut an die Spitze der *Ma'arah* gestellt. Sie hat einen knappen Sieg erzielt und wurde wieder zur Ministerpräsidentin gewählt. Dieses Mal allerdings für eine kurze Periode. Golda war nach dem Krieg ein völlig anderer Mensch. Ihre nahen Bekannten waren erstaunt über ihre Veränderung. Sie war plötzlich zaghaft und ängstlich. Ihre berühmte persönliche Stärke war gebrochen. Sie neigte immer wieder zu Rührseligkeit. Shimon Peres und Moshe Dayan weigerten sich zunächst, Mitglieder ihrer Regierung zu werden. Sie flehte sie immer wieder an in einer Sprache, die vor dem Krieg undenkbar gewesen wäre. Als sie sich zum guten Schluß einverstanden erklärten, war Golda außer sich vor Erregung. Sie bat sie auf ungewöhnliche Weise zu sich, brach in Tränen aus und dankte ihnen mit großer Rührung für »das größte Geschenk, das ihr mir machen konntet«. Vor dem Krieg hätte Golda sich eher auf die Zunge gebissen, als solche Worte in den Mund zu nehmen, mit einem solchen Unterton der Selbsterniedrigung, besonders vor Menschen, die noch nie zu ihren engsten Vertrauten und Bewunderern gezählt hatten.

Die Regierung hatte keine lange Lebensdauer. Die Protestbewegungen im Gefolge des Krieges fanden die Unterstützung breiter Bevölkerungsschichten. Vielleicht war es nicht unbedingt gerecht, den Kopf von Golda Meir und von Moshe Dayan, dem Verteidigungsminister der Regierung, zu fordern, aber die Politik ist kein Gericht, in dem Gerechtigkeit das leitende Prinzip ist. Schließlich konnte Golda sich der lauten Forderung nicht widersetzen, daß auch die politische Ebene für Unterlassungen und Fehler bezahlen müsse und man nicht die ganze Last auf den Rücken des Militärs abwälzen durfte.

Golda trat zurück, und bevor sie sich in ihrem Haus in Ramat Aviv verschanzte, krank, enttäuscht und verbittert, vollzog sie noch einen letzten politischen Akt: Sie machte – gemeinsam mit Pinhas Sapir, der sich mit aller sapirischen Entschiedenheit weigerte, als Regierungschef zu kandidieren, mit der bei Politikern so ungewöhnlichen Behauptung, dieser Aufgabe nicht gewachsen zu sein – ihren gesamten Einfluß geltend, damit die Partei Yitzhak Rabin zum Ministerpräsidenten wählte, und nicht, Gott behüte, den von ihr gehaßten Shimon Peres. Die Mehrheit der Parteiführer war für Shimon Peres. Man hatte ihm seinen Rückzug aus der *Mapai*, die Gründung der *Rafi* und die Loyalität mit seinem bewunderten Vorbild Ben Gurion vergeben. Der Großteil war damals der Meinung, Peres habe bessere Qualitäten, um dieses Amt zu führen, als Rabin. Peres galt als gebildeter, erfahrener, als ein Mann mit ausgezeichneten analytischen Fähigkeiten, aber Golda konnte ja nicht verzeihen.

Rabin wurde Ministerpräsident, ohne politische Erfahrung, ohne sich wirklich in der Parteienwelt und ihren Institutionen auszukennen. Er selbst hat das in seiner Autobiographie zugegeben: »Wegen zweier Kriege wurde ich zum Regierungschef gewählt. Wegen des Sechs-Tage-Kriegs, an dem ich als Generalstabschef teilgenommen hatte, und des Yom-Kippur-Kriegs, gerade weil ich an diesem Krieg nicht beteiligt war.«

Zu meinem Bedauern bestand zwischen Rabin und mir kein Verhältnis, das sich durch große Nähe auszeichnete. Nicht weil der Unterschied in den Anschauungen unüberbrückbar und Verständigung ausgeschlossen gewesen wäre, sondern weil er zu Recht in mir einen Menschen sah, der Peres sehr nahestand. In den damaligen Beziehungen zwischen ihnen war es unmöglich, mit beiden gleichzeitig befreundet zu sein. Man mußte sich entscheiden. Hatte man sich einen der beiden zum Freund gewählt, hatte man sich auch den anderen gewählt, nämlich zum Feind.

Immer wieder, bei verschiedenen Anlässen, versuchte ich, den

Streit zwischen Peres und Rabin zu schlichten oder zumindest etwas an Feindseligkeit abzubauen. Ich bin gescheitert.

Rabin, ein gebürtiger Jerusalemer, der in Jerusalem gekämpft, die Konvois befehligt hatte, die die dürstenden und hungernden Einwohner im Unabhängigkeitskrieg mit Lebensmitteln versorgten, und Generalstabschef der *Tzahal* war, als die Stadt von der fremden Herrschaft befreit und wiedervereinigt wurde, stand dem Schicksal Jerusalems nicht gleichgültig gegenüber. Aber auch er hob sich nicht wesentlich von den übrigen Regierungschefs ab. Er hat nicht genug getan. Auch ihn konnte ich nicht für ein Engagement für die zentrale Rolle Jerusalems in der jüdischen und der westlichen Welt gewinnen. Auch ihn konnte ich nicht von dem Gedanken überzeugen, daß Jerusalem und der Kampf um Jerusalem vorrangiges Ziel sein müßten. Daß Jerusalem ein Magnet für Einwanderer aus der ganzen Welt sein könnte. Daß man das Ansehen Jerusalems verbessern könnte, indem man es mit Investitionen und durch den Ausbau der Wirtschaft unterstützte und sich konsequent darum bemühte, Jerusalems säkulare Kultur zu stärken.

In einer Sache – ich habe sie bereits erwähnt – konnte ich überzeugend auf ihn einwirken, und dafür gebührt ihm herzlicher Dank. Der damalige Erziehungsminister seiner Regierung, Aharon Yadlin, und ich gingen zu Rabin und erklärten ihm, es werde sich positiv für Israel auswirken, wenn wir klug handelten und die arabischen Schulen nach ihren eigenen Lehrplänen unterrichten ließen. Hätten wir versucht, den arabischen Schulen Israels Lehrpläne aufzuzwingen – wie viele, denen es an Weitsicht mangelte, es verlangten –, wären die Abgänger der arabischen Schulen nicht zu den Hochschulen der arabischen Länder zugelassen worden. Die Araber hätten ohnehin den israelischen Plan abgelehnt und ihr eigenes System entwickelt. Dieser Prozeß hätte uns jede Chance genommen, auf die Charakterbildung der arabischen Jugendlichen Einfluß zu nehmen, und hätte sie völlig der Indoktrinierung gegen Israel überlassen. Wir haben ohnedies im Bereich des Schulbaues in den arabischen Gegenden Jerusalems nicht allzuviel getan und somit eine große Gelegenheit versäumt, unseren Einfluß durch das Bildungssystem zu erweitern und damit die Aussicht auf eine friedliche Koexistenz in der Stadt zu verbessern.

1977 büßte die Arbeiterpartei ihre Machtposition ein, die sie dreißig Jahre lang, seit Bestehen des Staates und viele Jahre zuvor, in der zionistischen *Histadrut* und der Jewish Agency innegehabt hatte. Diesmal führte Shimon Peres die Partei bei den Wahlen an und zahlte den hohen Preis für schlimme Fehler und Versäumnisse der Regierung der Arbeiterpartei.

Nun kam zum ersten Mal ein Mensch an die Spitze der Regierung, der, wie soll ich sagen ... nicht aus meiner »politischen Heimat« stammte. In politischer und gesellschaftlicher Sicht kamen wir aus verschiedenen Richtungen. Menahem Begin war ein großer Anhänger von Zev Jabotinsky. Ich folgte David Ben Gurion. Ich nehme an, daß Begin mir meine »Jugendsünden« nicht nachtrug: In den Tagen der »Saison« (Jagdsaison, Bezeichnung für den Kampf zwischen *Hagana* und *Etzel* im Jahre 1944, bei dem Hunderte von *Etzel*-Mitgliedern an die Briten ausgeliefert wurden, Anm. d. Übs.), war ich im Auftrag der *Hagana* und der gewählten Institutionen des *Yeshuv* für die Kontakte zur britischen Polizei verantwortlich gewesen. Die Führung der Jewish Agency, die in jener Zeit in jeder Hinsicht als Regierung des *Yeshuv* galt, war felsenfest davon überzeugt, daß die Aktionen der »Abtrünnigen«, *Etzel* und *Lehi*, der Sache schadeten und vom Hauptziel entfernten, der Errichtung des Staates Israel nach dem Krieg. Das deutlichste Beispiel dafür war der Mord an Lord Moyne, der uns nicht zuletzt auch einen loyalen Freund kostete – Sir Winston Churchill, der mit Lord Moyne befreundet gewesen war. Die Untergrundorganisationen akzeptierten nicht die Autorität der provisorischen Regierung, und diese »Regierung« hatte keine andere Wahl, als sich von den Briten helfen zu lassen. Als wir Fallschirmspringer entsandten, um Juden im besetzten Europa zu helfen, geschah dies mit dem Einverständnis und der Kooperation der britischen Regierung, und auch als man beschloß, die Aktivitäten von *Etzel* und *Lehi* einzuschränken, mußte man auf die britische Polizei zurückgreifen. Jedenfalls handelte es sich um einen Beschluß, und als man mich damit beauftragte, war ich verpflichtet, ihn auszuführen. Begin war der Kommandant der *Etzel* und sah die Auslieferung seiner Freunde und Kämpfer in die Hände der Briten als einen furchtbaren Akt des Verrates an. Ich konnte nicht erwarten, daß er vergessen und verzeihen würde. Ich muß allerdings sagen, daß er nie das Gespräch auf das brachte, was in seinen Augen der abstoßendste Teil jener unglücklichen Affäre war. Die Beziehungen zwischen uns verliefen korrekt. Einen gewissen Ausgleich schaffte vielleicht mein Bemühen, Levi Eshkol dazu zu veranlassen, die Gebeine von Jabotinsky im Namen der israelischen Regierung ins Land zu bringen und ein Staatsbegräbnis für ihn anzuordnen, obwohl dies nicht im Sinne Ben Gurions war.

Begins Frau, Aliza, bewunderte ich sehr. Meine Frau Tamar traf sie oft bei ihrer ehrenamtlichen Arbeit und schätzte sie ungemein. Eine außerordentlich bescheidene Frau, die in ihrer öffentlichen Arbeit wahre Wunder vollbrachte und stets vor jeder Form von Bekanntmachung und vor der Öffentlichkeit davonlief. Viele gute Taten, die sie in die Wege geleitet hatte, wurden erst nach ihrem Tod bekannt.

Als Begin mich zum Flughafen einlud, um unter der Delegation zu sein, die Präsident Sadat empfing, wußte ich seine Umsicht zu schätzen. Das vereinte Jerusalem, die Hauptstadt des Volkes Israel, war bei ihm über jede politische Diskussion erhaben. Das Unterzeichnen des Friedensvertrages mit Ägypten war seine höchst beeindruckende politische Leistung und wird sicherlich nicht vergessen werden.

Nur ein einziges Mal wurden die korrekten Beziehungen zwischen Ministerpräsident Begin und mir getrübt. Kurze Zeit, nachdem Juden arabische Bürgermeister auf der Westbank attackiert und sie schwer verletzt hatten, wurde ich von einem Journalisten in San Francisco, das ich auf einer meiner Reisen besuchte, gefragt, ob ich glaube, Begin habe bei diesen furchtbaren Aktionen seine Hände im Spiel. »Ich bin sicher, daß er nichts damit zu tun hat« – sagte ich –, »aber er trägt die ideelle Verantwortung für die Gewaltakte gegen die Araber«. Und ich erklärte: »Viele Male, immer wieder, mit Hartnäckigkeit und Ausdauer, habe ich versucht, Begin zu überreden, mit deutlichen Worten Anschläge von Juden gegen Araber, arabische Institutionen, christliche Kirchen und andere Stätten zu verurteilen. Ohne Erfolg. Nicht ein einziges Mal hat Begin seine Mißbilligung dieser Handlungen geäußert.« Und darin lag seine »ideelle Verantwortung«, wie ich sie nannte, denn ein Ministerpräsident, der solche Taten nicht mit Worten der Schmach und Brandmarkung verurteilt, ermutigt zu ihrer Wiederholung und bestärkt die Täter in ihrem abscheulichen Tun.

Nach einer Woche kam ich nach Israel zurück. Ich habe stets Wert darauf gelegt, daß mich kein Gefolge bei meinen Reisen begleitet und mich niemand bei meiner Rückkehr willkommen heißt. Ich hätte das als Zeitverschwendung, unnötigen Verschleiß von Autos und Vergeudung von Benzin betrachtet. Diesmal allerdings erwartete mich ein befreundeter Beamter und warnte mich: »Deine Worte in San Francisco haben hier für Schlagzeilen gesorgt und Wirbel gemacht.«

Ein paar Tage vergingen, und ich traf Begin. Bei irgendeiner Zeremonie in Jerusalem gab man uns nahe Plätze auf der Ehrentribüne. Begin ging an mir vorüber, warf mir einen stechenden Blick zu und sagte, so daß ich nicht wußte, ob er es ernst oder scherzhaft meinte: »Ideelle Verantwortung, was?!« Ich gab keine Antwort. Als ich zu seinem Haus kam, um ihm mein Beileid zum Tod seiner Frau auszusprechen, empfing er mich freundlich, als sei nichts zwischen uns vorgefallen.

Eine Handlung Begins bedauere ich besonders. Er beging einen groben Fehler, als er Geula Cohens Launen nachgab und ihr »Jerusalem-Gesetz« unterstützte. Es ist ein schädliches Gesetz, dessen hohen Preis wir bereits bezahlt haben und weiterhin bezahlen werden. Es hat alle Botschaften aus Jerusalem vertrieben und den Widerstand der ganzen Welt gegen Israels Souveränität über Jerusalem verhärtet.

Leider kann ich nicht behaupten, daß die Regierungszeit meines Freundes Shimon Peres revolutionäre Erneuerungen für Jerusalem gebracht hätte. Wie bereits erwähnt, trug er während seiner Amtszeit zwar zu wichtigen Fortschritten beim Bau des Fußballstadions durch die Zuwendung der Gelder aus dem Sporttoto bei, half durch die Anerkennung von Binyanei Ha'ooma als einem bedeutsamen Faktor für die Entwicklung des Tourismus in der Stadt und unterstützte schließlich die Gründung der Gesellschaft für die Entwicklung Jerusalems. Aber eine grundlegende Änderung der Situation der Stadt hat er auch nicht bewirkt.

Und noch eine kleine Rechnung habe ich mit Peres zu begleichen. Unabhängig von dem Verhältnis zwischen dem Ministerpräsidenten und dem Bürgermeister verurteile ich scharf und unmißverständlich seine Versuche, die Herzen der Religiösen zu erkaufen, damit sie ihn zum Ministerpräsidenten wählten, und auch den Handel, den er mit einigen Knesset-Abgeordneten abschloß, um sicher zu gehen, daß sie ihre Parteien verrieten und ihn unterstützten. Selbst die Friedensbemühungen, über deren Bedeutung zwischen Peres und mir völlige Übereinstimmung herrscht, rechtfertigen ein solches Verderben des politischen Klimas nicht.

Von der Regierung übersehen

In dem komplizierten Verhältnis zwischen den israelischen Regierungen und Jerusalem sind wir in einer Sache gescheitert. Alle Regierungen, ohne Ausnahme, verstanden, daß Jerusalem eine expandierende Stadt ist, aber keine Regierung hat begriffen, daß die Stadt viel komplizierter und problematischer ist als irgendeine andere Stadt. Wir haben es unzählige Male erklärt. Wir haben es unzählige Male bewiesen. Wir dachten, die Regierungen hätten es verstanden. Wir irrten uns.

Man behandelt Jerusalem nur nach quantitativen Maßstäben – wie dreieinhalbmal Petah Tikva oder etwa zweimal Tel Aviv. Keine Regierung hat vollkommen begriffen, daß das Problem nicht nur quantitativer Natur ist. Es ist uns nicht gelungen, irgendeine Regierung Israels davon zu überzeugen, daß das komplexe Leben in Jerusalem, mit allen seinen Aspekten, zu einer anderen Einstellung als der zu irgendeiner anderen Stadt im Lande zwingt. Denn es gibt keine andere Stadt in Israel, deren jüdische Bevölkerung, deren politische Brisanz, deren Beziehungen zu Moslems und Christen und deren Armut der Bewohner mit der Jerusalems vergleichbar wäre.

Das gilt auch für das Erziehungswesen. Die Regierungen halten sich für Jerusalem an die Maßstäbe, die für ganz Israel gelten. So und so viele Schüler gibt es in Jerusalem – na schön. Wie üblich dividiert man sie durch die übliche Klassenstärke und erhält damit die Anzahl der Schulklassen. Danach richtet sich die Zuwendung der Regierungsmittel für das Bildungswesen in Jerusalem. Dieser Maßstab mag für andere Städte richtig sein. In Jerusalem geht er vollkommen an der Realität vorbei. Die vielen ultraorthodoxen Gemeinden sind gespalten. Jeder kleine Kreis, jedes Grüppchen von Juden steht loyal hinter einem Rabbi und muß einen eigenen *Heder*, eine eigene kleine *Talmud*-Schule oder eine Schule für seine paar Schüler haben. Die Bildungseinrichtung wird in den Augen der jeweiligen Gruppe zum Statussymbol par excellence für das geistige Niveau der Gemeinde, ihren Wert und die Achtung, die man dem Rabbi und seinem Ruf in der ultraorthodoxen Bevölkerung entgegenbringt. Wegen dieser Aufsplitterung sind die Klassen in den *Hadarim* und in den Schulen viel kleiner als die, die der Kalkulation des Erziehungsministeriums zugrunde liegen. Die Erziehungsbehörde in Jerusalem erhält in der Regel eine Summe, die proportional gesehen dem Etat anderer Städte entspricht, in Übereinstimmung mit der Zahl der Schüler im städtischen Zuständigkeitsbereich. Aber in Jerusalem ist die Anzahl der Klassen wesentlich höher als in anderen Städten. Die Rechnung geht nicht auf, denn die Realität ist eine andere. Jerusalem erhält effektiv wesentlich weniger Geld pro Schüler als andere Städte.

Die Politik der israelischen Regierung nach dem Sechs-Tage-Krieg im Jahre 1967 basierte auf der Prämisse, daß die Jerusalemer Stadtgrenze auch die Grenze Israels sein würde. Dies hat sich im Laufe der Jahre immer wieder geändert. Es ist nicht auszuschließen, daß jetzt, nachdem die Vereinbarung mit der PLO unterzeichnet ist, sich erweisen wird, daß diese Annahme die Prüfung der Zeit bestanden hat. Aber die Politik, die daraus resultierte, hat Jerusalem eine äußerst schwere Last auferlegt. Große, breit gestreute Stadtteile wurden in großer Entfernung vom Stadtzentrum gebaut. Die Wege für die städtischen Dienstleistungen wurden länger und unerträglich teuer. Nur das politische Bedürfnis, Israels Grenzen zu sichern, macht eine solche breite Streuung neuer Stadtteile nötig. Man kann Jerusalem die Gelder nicht nur nach der Anzahl der Bürger zuteilen. Die Regierung müßte hier ihre Politik mitfinanzieren.

Die Zersiedlung und die großen Entfernungen beeinflussen auch das Erziehungssystem. Wenn viele Bürger in die neuen Stadtteile umziehen, treten parallel zwei finanzielle Belastungen auf. In dem neuen Stadtteil müssen Kindergärten und Schulen gebaut und die damit verbundenen Dienstleistungen finanziert werden. In dem Stadtteil, aus dem die Einwohner kamen, werden die Schulen nicht auf einmal leer, sondern leeren sich nach und nach. Bürger bleiben in dem alten Stadtteil zurück, und auch sie benötigen ihre Bildungseinrichtungen.

Eine weitere negative Auswirkung: Jerusalem ändert immer mehr sein Gesicht und die demographische Zusammensetzung seiner Bevölkerung. Viele junge Menschen, nichtreligiös und zionistisch, arbeitende Menschen, kehren Jerusalem den Rücken. In Ma'ale Adumim oder in Givat Haradar oder an anderen Orten winken ihnen verlockende Bedingungen. Hätte die Regierung begriffen, daß sie ihnen ähnliche Voraussetzungen in Jerusalem schaffen müßte, hätte diese Abwanderung vermieden werden können. Aber wenn ein Jerusalemer Paar seine Wohnung in der Stadt verkaufen und für die Hälfte des Preises eine Wohnung in Ma'ale Adumim kaufen kann – dann ist es schwer, der Versuchung zu widerstehen. Mit dem restlichen Geld kann das Paar eine zusätzliche Wohnung für eines seiner Kinder kaufen, und bisweilen wird die Differenz auch noch für die Anschaffung neuer Möbel ausreichen. So verliert Jerusalem viele Bürger von der Sorte, die es benötigt, berufstätige Bürger, mit zionistischer Weltanschauung.

Auch die staatlichen Zuweisungen für Synagogen berücksichtigen nicht den Unterschied zwischen Jerusalem und anderen Städten. Auch hier ist der Maßstab der gleiche wie für andere Orte. So und so viele Bürger in einem Stadtteil haben Anspruch auf eine sephardische und eine aschkenasische Synagoge. Aber in Jerusalem ist der Prozentsatz der Bevölkerung, die die Gebote achtet, höher. Auch die säkulare Bevölkerung ist traditionsgebundener als der Durchschnitt in anderen Städten. Aus diesem Grunde braucht Jerusalem mehr Synagogen.

Es gibt keine andere Stadt im Land, die so viele Probleme mit der Sicherheit hat. Wo zwei Völker – mehr als 400000 Juden und rund 150000 Araber – Tür an Tür leben, vor dem Hintergrund eines permanenten Konfliktes, der Intifada und den Aktionen der Terrorkommandos, ist es kein Wunder, daß das Problem der individuellen Sicherheit die jüdischen Bürger beunruhigt. Ich möchte auf gar keinen Fall, daß Jerusalem den Status eines Grenzgebietes erhält. Das ist nicht notwendig. Eine derartige Definition hätte einen äußerst negativen Einfluß auf den Tourismus und machte die Chance zunichte, Industriebetriebe, Dienstleistungsbetriebe und Handelsunternehmen nach Jerusalem zu locken. Jede Regierung Israels müßte es als ihre Pflicht ansehen, die Jerusalemer Stadtverwaltung bei ihrer täglichen Auseinandersetzung mit den Sicherheitsproblemen zu unterstützen. Diese Last kann Jerusalem unmöglich allein tragen.

Die israelische Regierung unter Yitzhak Rabin zeigt ein großes Maß an gutem Willen, Fehler wiedergutzumachen, die ihre Vorgänger begangen haben. Mir bleibt nur zu hoffen, daß der gute Wille auch am Ort des Geschehens Wirkung zeigen wird.

Nichts als Worte

Der Abgrund zwischen der Arbeiterpartei in ihren verschiedenen Metamorphosen und der revisionistischen Bewegung kann auf vielerlei schillernde Art, aber auch kurz und bündig beschrieben werden: Die Revisionisten glaubten, daß sie die Erlösung für Israel durch eine Deklaration nach der anderen zustande bringen würden. Die Arbeiterpartei glaubte, daß sie zur Verwirklichung der zionistischen Idee durch noch einen Hektar Land, noch einen Baum, eine weitere Kuh beitragen würde. Das ist der klassische Unterschied zwischen einer Bewegung der Aktionen und einer Bewegung der Deklarationen. Während die Revisionisten überzeugt sind, daß in dem Moment, in dem eine Deklaration erfolgt und begeisterte Reden geschwungen werden, das Problem bereits gelöst sei, so weiß der Anhänger der Arbeiterbewegung, daß nur im hartnäckigen Handeln, kontinuierlich, geduldig und ausdauernd, eine Chance liegt, hier einen jüdischen Staat aufzubauen.

Diese grundlegende Unterscheidung hat all die Jahre hindurch die

Abgrenzung markiert. Aber gerade hier in Jerusalem wurde diese historische Differenzierung weitgehend verwischt. Minister und Ministerpräsidenten, unabhängig von der jeweiligen politischen Anschauung, haben viel verkündet und wenig getan.

Jerusalem, so wurde festgestellt, wird ständig durch die internationale Lupe begutachtet. Es befindet sich in einem permanenten Zustand des Brennpunktes. Alles, was hier geschieht, und alles, was hier nicht geschieht, zieht die Aufmerksamkeit der ganzen Welt auf sich, der Christen, der Moslems, und selbstverständlich der Juden. Was Jerusalem braucht, sind noch mehr Juden, viele Juden, viele Neueinwanderer und noch mehr Wohnungen und noch weitere Fabriken, mehr Investitionen, mehr Industrie und Beschäftigungsquellen. Um dies zu erreichen, ist eine Grundbedingung erforderlich: *Ruhe.*

Hätten wir zehn, fünfzehn ruhige Jahre, würde Jerusalem blühen. Würden noch weitere Tausende von Juden kommen, um hier zu leben und zu arbeiten, wäre dies eine wesentlich größere Errungenschaft als sämtliche leeren Erklärungen über Ewigkeit und die ewige Hauptstadt und die Heiligkeit der Hauptstadt und all die hochtrabenden Worte, die man zu den verschiedenen feierlichen Anlässen verkünden kann.

Für Israel gibt es nichts Wichtigeres als die Einwanderung. Sie ist nicht nur eine ideologische Forderung, sondern gleichsam eine Grundbedingung für Israels Existenz in einem riesigen arabisch-islamischen Raum. Was die Einwanderung begünstigt und was Einwanderer abschreckt – das müßte der entscheidende Faktor für das Verhalten und die Maßnahmen der israelischen Regierungen sein.

Tausend neue Einwanderer in den Jerusalemer Großraum sind für Israel wichtiger und stärken die Stadt mehr als alles, was in Judäa und Samaria geschieht, und mehr als alle Erklärungen über Groß-Israel.

Die Juden werden nicht kommen, wenn die Kriegsgefahr auf der einen Seite und die Arbeitslosigkeit auf der anderen Seite weiterhin kennzeichnend für das Leben in Israel bleiben.

Wir brauchen den Frieden nicht, weil wir den Arabern etwas schulden. Wir schulden ihnen überhaupt nichts. Aber wir schulden den Frieden uns selbst. Der Friede ist unerläßlich für uns. Wir müssen auf Teile von Judäa, Samaria und Gaza verzichten. Das Festhalten an diesen Gebieten, an ihrer Besetzung, bringt Israel keinerlei Sicherheit. Es bietet uns auch keine Einkommensquellen. Es macht uns weder glücklicher noch reicher. Es etabliert nur den blutigen Konflikt für die Ewigkeit. Es ist das Öl, das das Feuer der Intifada nährt. Es ist der Herd für permanente Unruhen. Es schreckt die Neueinwanderer ab und hält sie von Israel fern, insbesondere von Jerusalem.

Rund 120000 Juden sitzen in Gilo, Talpiot-Ost, Neve Ya'akov, Hagiva Hatzarfatit, Ramat Eshkol und Ramot – in Gebieten, die bis zum Juni 1967 hinter der grünen Linie lagen und menschenleer waren. Ihre Zahl ist größer als die Summe aller Siedler in der Westbank und im Gazastreifen. Die Lebensweise der jüdischen Bevölkerung in Jerusalem hinter der grünen Linie unterscheidet sich wesentlich von der Lebensweise der Juden in den verwalteten Territorien. Die Kinder in Jerusalem gehen ohne Militäreskorte zur Schule. Ihre Eltern gehen ohne Uzi in den Händen zur Arbeit. Es muß nicht der Grenzschutz eingesetzt werden, um die Kinder zu ihren Geigen- oder Klavierstunden zu begleiten. Trotz der Spannungen, die sich seit Beginn der Intifada verschärften, ist die Lebensweise im Großraum Jerusalem erträglich. Es gibt jedoch Extremisten, die sich damit nicht abfinden können und ab und zu in Aktion treten, um die Ruhe zu stören.

Ferner besteht eine deutliche Diskrepanz im Verhalten der Regierungen, besonders der *Likud*-Regierungen, gegenüber der jüdischen Bevölkerung in Jerusalem und der jüdischen Bevölkerung in den besetzten Gebieten. Für diese Gebiete sind die staatlichen Taschen offen, großzügig, überquellend. Mittel für die Planierung von Wegen und Straßen, für den Bau von Gehwegen, die Errichtung von Schulen, Synagogen, geräumigen Bürgerzentren, Schwimmbädern und die Anlage öffentlicher Parks, für alles, was die Bürger für die Sicherung ihres Wohlstandes benötigen, werden bereitgestellt. Für Jerusalem hingegen bleiben die Kassen verschlossen.

Schon seit Jahren protestiere ich: Worin unterscheiden sich die 120000 Juden, die sich im Raum Jerusalem niedergelassen haben, der vor Juni 1967 nicht unter unserer Hoheit stand, von den neunzig- oder hunderttausend Juden, die sich nach 1967 in den besetzten Gebieten ansiedelten? Warum muß ich hier um jede Schule, jede Synagoge, jedes Jugendzentrum, jede Straße, jeden Gehweg und sogar um die geringsten Beträge für Zäune und Sicherheitsbeleuchtungen kämpfen, während es dort alles im Überfluß gibt?

Zum Beispiel die Synagogen: Ich habe Streit, bisweilen einen verbitterten Streit, mit den Ultraorthodoxen, weil sie sich nicht damit begnügen, ihr eigenes Leben zu leben, so wie es ihnen gefällt, sondern auch uns am liebsten ihre Bräuche und Lebensweise aufzwingen würden. Aber dies hat nichts zu tun mit meiner Überzeugung, daß die Pflicht der Behörden, Synagogen für die Öffentlichkeit zu bauen, nicht geringer ist, als ihre Verpflichtungen in anderen Bereichen.

Kurz nachdem ich zum Bürgermeister von Jerusalem gewählt wurde, habe ich eine erstaunliche Entdeckung gemacht: Die Stadtverwaltung pflegte unter der Regierung der *Mapai* an die Kinder in den Kindergärten ein Glas Milch auszugeben. So kultiviert waren sie, die Leute von der *Mapai*, daß sie den Kindern der Ultraorthodoxen das Glas Milch vorenthielten. Schließlich sprachen die jiddisch und hißten vielleicht nicht einmal die israelische Flagge am Unabhängigkeitstag. Wieso sollte man sie also auf Kosten der Steuerzahler mit Milch füttern?

Ich ordnete sofort an, diese törichte Ungerechtigkeit abzustellen. Die Ultraorthodoxen sind Bürger dieser Stadt wie alle anderen auch, und ihnen durfte man keine Rechte vorenthalten, nur weil sie sich in ihrer Weltanschauung und Lebensweise von den anderen unterscheiden.

Das Bauministerium handelt nach festgelegten Kriterien – für so und so viele Bürger muß beispielsweise eine Synagoge gebaut werden. Das Kriterium kann vielleicht für Haifa und Tel Aviv gelten. Die besonderen Bedürfnisse der jüdischen Bevölkerung in Jerusalem ignoriert das Bauministerium vollkommen. Hier beten etwa 50 Prozent der Juden am Schabbat in den Synagogen. Einen so hohen Anteil von Betenden gibt es in anderen großen Städten Israels nicht. Die einheitliche Richtlinie, nach der das Bauministerium handelt, benachteiligt die Einwohner Jerusalems, denn sie berücksichtigt nicht den Unterschied zwischen ihnen und den Einwohnern anderer Städte.

Solange dieser Mißstand nicht behoben wird und die israelischen Regierungen sich weiterhin verschlossen zeigen und die Siedler in den besetzten Gebieten bevorzugen, werden die Juden in den Jerusalemer Stadtteilen, den alten und den neuen, ihren Zorn gegen die Stadtverwaltung richten. Als ob diese, mit ihrem beschränkten Haushalt, das ausgleichen könnte, was die Regierungen unterlassen haben.

Noch mehr: Aus politischen Gründen, die man verstehen und rechtfertigen kann, hat die Regierung die neuen Wohnsiedlungen im Jerusalemer Raum in einer erheblichen geographischen Entfernung von Jerusalem, wie es vor dem Sechs-Tage-Krieg aussah, errichtet. Damit wurde der Stadtverwaltung eine nicht zu bewältigende Last auferlegt. Die Stadtverwaltung muß ihr Dienstleistungsangebot auf einen Umkreis von zehn, zwölf Kilometer ausdehnen. Je weiter vom Zentrum entfernt die Straßenreinigung, die Abfallbeseitigung, die Kanalisation und die Wasserversorgung funktionieren, um so mehr steigen ihre Kosten. Die Regierung hat sämtliche Lasten auf die Stadtverwaltung abgewälzt und sich selbst vor der Verantwortung gedrückt. Eine vorsichtige Schätzung ergibt, daß noch viele Jahre vergehen werden, bis die neuen Stadtteile untrennbarer Bestandteil der Stadt und geographisch integriert sein werden. Wie kann die Regierung sich von der Verpflichtung befreit fühlen, die Last dieser Integration zu tragen? Ist nur die Jerusalemer Stadtverwaltung für die Ausdehnung zuständig? Ruhen alle Pflichten nur auf ihr?

In den Jahren, in denen die Tel Aviver Stadtverwaltung von der *Mapai* geführt wurde, die auch die Regierung stellte und der Finanzminister der *Mapai* angehörte, konnte ich nachvollziehen, wenn auch nicht billigen, warum die Regierung Tel Aviv bevorzugte und Jerusalem vernachlässigte. Ich war immerhin für die Parteispitze der *Mapai* ein Angehöriger der *Rafi*, ein Getreuer Ben Gurions. Mein »Verrat« war unverzeihlich, und für die Spitze der *Mapai* gab es nichts Näherliegendes, als Jerusalem für die »Verfehlung« seines Bürgermeisters zu strafen. Aber es will mir nicht in den Kopf, warum Jerusalem jahrelang vernachlässigt wurde, nachdem die politischen Umstände sich geändert hatten! Die Regierungsgewalt ging von der *Mapai* an den *Likud* über. Nur die Benachteiligung Jerusalems blieb bestehen, nur das Ignorieren der Stadt und ihrer besonderen Bedürfnisse änderte sich nicht.

Jedesmal wenn die Jerusalemer Stadtverwaltung ihren Etat überzog, überkam mich große Furcht, und ich beschimpfte die Beamten, bisweilen mit harten Worten, die sie empörten. Aber die Realität zeigte, daß es leichter ist, die Regierung dazu zu bringen, einmal gemachte Schulden zu begleichen, als zu ihrer Vermeidung beizutragen.

Nach den Gesetzen der Logik und der intakten Ordnung müßte die Regierung wenigstens die laufenden Kosten für die Sicherheit einer problematischen Stadt wie Jerusalem tragen. Auch darüber zerbrachen wir uns den Kopf und ernteten mehr Mißerfolge als Erfolge. Alles wird stets auf Jerusalem abgewälzt. Manchmal habe ich den Eindruck, daß sich die Regierung zu Jerusalem so verhält, als wäre es nicht nur nicht die Hauptstadt, sondern als gehöre es gar nicht zu Israel. Das ist ein Verhalten, das mich sehr verletzt und bekümmert.

Mit unserer ganzen Kraft – und oft über unsere Kräfte hinaus – versuchen wir, sowohl unsere Verbindlichkeiten gegenüber den Bürgern zu erfüllen als auch der Pflicht, einen ausgeglichenen Haushaltsplan einzuhalten, zu genügen.

Minister und Beamte zeigen großes Interesse an Jerusalem, besonders die, welche in der Stadt wohnen. Ich erhalte Telefonanrufe und Klagen von ihnen: Eine Ampel in ihrer Straße ist defekt und behindert den Verkehr – sie haben eine Adresse, an die sie sich wenden: den Bürgermeister. Ein Teil des Gehweges vor ihrem Haus ist schadhaft – ja, richtig, ein persönliches Telefongespräch mit mir; Löcher in der Straßendecke, schadhafte Wasserhähne in der Schule, defekte Straßenbeleuchtungen – ich bin der Ansprechpartner für ihre Beschwerden.

Selbstverständlich hat kein Minister, kein Beamter, unabhängig vom jeweiligen Dienstgrad, weniger Rechte als jeder andere Bürger Jerusalems. Aber auch nicht mehr. Es besteht jedoch ein kleiner

Unterschied: Soweit es möglich ist, gehe ich den Klagen von Ministern und ihren Beamten nach, so wie ich es für jeden Bürger tue. Aber wenn ich zu ihnen komme, um mit ihnen über die Bedürfnisse Jerusalems zu reden, über die drückende Not der Stadt, über ihre Armut, über die Notwendigkeit, die Lebensqualität zu verbessern, so daß es für Bürger attraktiv ist, in Jerusalem zu bleiben, und neue Einwanderer zuziehen wollen, stoße ich häufig auf taube Ohren und hin und wieder auch auf Unwissenheit und Ablehnung.

Viele Fehler hätten vermieden werden können, wenn die Minister und Beamten wenigstens bereit gewesen wären, einen Rat von uns anzunehmen, bevor sie endgültige Tatsachen schufen. Das Thema Krankenhäuser ist hierfür ein Beispiel. Ohne jegliche Bedarfsanalyse wurden in Jerusalem Krankenhäuser gebaut, die nicht gebraucht werden. Ob die Regierung den Bau von Krankenhäusern anregte oder ob sie zustimmte und mit anderen Organisationen kooperierte, das Ergebnis ist, daß Jerusalem nach der Berechnung der Bettenzahl pro 1000 Einwohner an der Spitze aller israelischen Städte liegt. Selbstverständlich sind viele Betten nicht belegt, und die Krankenhäuser kämpfen gegen permanenten Geldmangel. Die Belastung liegt letztlich bei der Regierung, auch wenn die Kosten für den Bau von Krankenhäusern zumindest teilweise aus Spendengeldern und von jüdischen Organisationen aus dem Ausland getragen wurden. Grundlage für die Entscheidung, das Krankenhaus auf dem Scopus-Berg zu renovieren, war politisches Kalkül (und auch die Nostalgie hat eine gewisse Rolle gespielt, das darf man nicht leugnen). Wenn ich nach meiner Meinung gefragt worden wäre, hätte ich diese Renovierung unterstützt, aber ich hätte eine Empfehlung damit verknüpft, nämlich den Bau anderer medizinischer Institutionen zu reduzieren.

Die Beamten des Gesundheitsministeriums stecken die Köpfe zusammen und suchen nach Wegen, um die Kosten zu senken. Sie haben eine Lösung: Das Krankenhaus *Bikur Holim* wird geschlossen. Sehr einfach. Und dann muß ich hin- und herlaufen, erklären und überzeugen, daß das *Bikur Holim* nicht nur die älteste Einrichtung der Stadt ist, sondern auch das einzige Krankenhaus, das im

Zentrum der Stadt liegt. Aber die Beamten in den Finanz- und Gesundheitsministerien glauben, sie wüßten alles besser.

Es gibt keine andere Stadt in Israel – und nur sehr wenige in der ganzen Welt –, die mit so vielen Altertümern gesegnet ist wie Jerusalem. Die Stadt atmet eine vieltausendjährige Geschichte. Aber in Israel – man höre und staune – gibt es kein Gesetz zum Denkmalschutz. Die Stadtverwaltung hatte aus eigenem Antrieb der städtischen Bezirkskommission eine Liste von tausend Gebäuden überreicht, die man wegen ihres historischen oder kulturellen Wertes schützen sollte. Nichts geschah. Das Konservieren von tausend Gebäuden ist eine kostspielige Angelegenheit. Der Stadtverwaltung fehlen die Möglichkeiten, solche Aufwendungen aus eigenen Mitteln zu finanzieren. Aber trotz fehlender Unterstützung und mangelndem guten Willen von seiten der Regierung konnten wir diese wichtige Sache nicht fallenlassen. Es ist gut, daß die Jerusalem Foundation hilft, aber dies ist sicherlich nicht ausreichend.

Im Juni 1967, als wir in alle Teile der Stadt zurückkehrten, haben die Politiker (und nicht nur sie) eine Fülle von Floskeln und pathetischen Worten der Liebe und des Glücks geäußert. Aber dabei ist es geblieben. Als ich zum erstenmal hinausging, um über die Mauern der Altstadt zu spazieren – eines der bedeutendsten archäologischen Zeugnisse –, wurde mir ein großes Problem deutlich. Die Mauern befanden sich in einem Prozeß der Auflösung. Die Jordanier hatten dem Zustand der Mauern völlig gleichgültig gegenübergestanden, wie sie auch andere historische Schätze mißachtet und vernachlässigt hatten. Sie kümmerten sich nur um ihre neue Hauptstadt Amman und stellten für Jerusalem, das ihnen nichts bedeutete, keine Mittel zur Verfügung. Sie ließen große Mengen Wasser in die Mauern sickern. Die Mauern begannen zu reißen. Steine brökelten ab. Die Gefahr des andauernden, zunehmenden Verfalls zwang zu einem raschen Vorgehen. Aber die Regierung, damals schon, war anderweitig beschäftigt und nahm vermutlich an, die Stadt würde den Verfall schon aufhalten.

Die Regierung täuschte sich natürlich nicht. Die Stadtverwaltung ließ keinen weiteren Verfall zu. Wären wir nicht schleunigst zur Tat geschritten, hätte uns das niemand verziehen. Den Arabern ist dergleichen erlaubt. Bei ihnen sieht man darüber hinweg. Aber über uns wäre die ganze Welt voll Zorn hergefallen. Uns fehlte das nötige Geld. Wir hatten die erforderlichen Arbeitskräfte nicht. Doch unser Pflichtgefühl war stärker. Unser Team, klein und beschränkt – Ingenieure, Techniker und andere Fachkräfte –, widmete sich hingebungsvoll der Aufgabe. Drei, vier Jahre enormer Anstrengung waren erforderlich, um die Mauern zu restaurieren und vor dem Verfall zu bewahren. Die Regierung hat keinen Finger gekrümmt. Allein die Stadtverwaltung war dafür zuständig. Ich wiederhole: gut, daß wir die Jerusalem Foundation haben.

Die Gleichgültigkeit der Minister gegenüber den Belangen Jerusalems ist unvorstellbar. In Jerusalem gibt es ein französisch-christliches Krankenhaus für unheilbar Kranke. Das Hadassah-Hospital hat vor kurzem eine Abteilung für diese Fälle eröffnet, aber das christliche Institut ist die einzige große Krankenanstalt für unheilbar Kranke in Jerusalem.

Französische Christen führen das Krankenhaus nicht nur mit bewundernswertem Einsatz, sondern auch mit höchster Rücksichtnahme auf die Gefühle der Juden. Ich bestaune dies jedesmal aufs neue, gerade weil ich weiß, wie wenig Zartgefühl und guten Willen die Israelis gegenüber allem Fremden und jedem anderen Glauben aufbringen. Hier, in dem französisch-christlichen Krankenhaus, kommt alles zum Tragen, was am menschlichen Geist schön ist. Um den jüdischen Patienten die Angst zu nehmen, sie würden gezwungen, unkoschere Speisen zu sich zu nehmen, beschäftigen die Christen ständig einen Koscher-Verantwortlichen. Aus allen Zimmern wurden die Kreuze entfernt, damit die Juden sich seelenruhig auf die nahende schicksalhafte Begegnung mit dem himmlischen Königreich vorbereiten können. Sie suchten und fanden in Frankreich einen jüdischen Arzt, der kam und sich in Jerusalem niederließ, und überließen ihm die Führung des Krankenhauses, in der Annahme, daß er die Angehörigen seines Volkes besser verstehen würde.

Es ist mir nicht gelungen, nicht in einem einzigen Fall, einen Gesundheitsminister Israels dazu zu bringen, dieses ausgezeichnete Institut zu besuchen, sich einen Einblick zu verschaffen und ein gutes Wort darüber zu verlieren.

Einen Teil seiner Ausgaben deckt das Krankenhaus durch Rückforderung der Behandlungskosten von den Krankenkassen. Aber nicht alle Kranken sind in den Krankenkassen versichert. Es gibt auch Bedürftige, deren Familien die Kosten nicht tragen können. Die Christen organisieren diverse Spenden. Alle meine Bitten an die israelischen Gesundheitsminister, das Krankenhaus zu unterstützen und den französischen Christen zu helfen, wurden abgelehnt. Bei verschiedenen Gelegenheiten zweige ich Spenden von Juden und Nichtjuden für das Krankenhaus ab. Aber es leidet dennoch unter permanenter Geldnot.

Noch ein besonderes Krankenhaus existiert in Jerusalem, das St. Johns-Hospital. Um es bauen zu dürfen, kämpften die Gründer fünf Jahre lang mit den Jordaniern. Die Jordanier verlangten von ihnen, das Krankenhaus in Amman zu bauen. Sie blieben hartnäckig: nein, nur in Jerusalem. Schließlich erklärten sich die Jordanier einverstanden. Die Christen bauten ein eindrucksvolles Krankenhaus. Es behandelt im Jahr zwischen fünfzig- und sechzigtausend Augenkranke. Sein Ruhm reicht über die Landesgrenzen hinaus. Auch Bürger aus arabischen Ländern, aber insbesondere aus dem Westjordanland, kommen, um sich dort behandeln zu lassen. Ohne jegliche Diskriminierung behandelt das Krankenhaus alle Kranken, aus Jerusalem und von überall her.

Hätte man um eine ständige Unterstützung durch die Regierung gebeten, wäre sie ihnen vermutlich verweigert worden. Aber die Krankenhausbetreiber, die Christen, haben die Regierung von ihrer »Verpflichtung« abzulehnen, enthoben. Sie erhalten Unterstützung von Arabern aus Kuwait und Bahrein und aus anderen Quellen, und sie fürchten, daß israelische Zuwendungen das Ende der massiven Unterstützung aus arabischen Ländern zur Folge haben würde. Nur eine bescheidene Bitte hatten sie: Sie importieren Bettwäsche, Handtücher, Betten, medizinische Geräte und Medikamente aus dem Ausland. Die Regierung wurde nur darum gebeten, sie von dem Zoll für Importwaren zu befreien. Man versprach ihnen halbherzig, ihrer Bitte nachzukommen. Aber wie bitte? Eine Blankobefreiung? – Nein, unmöglich. Zuerst sollten sie die ganze Summe bezahlen, und erst dann, einmal im Jahr, würden sie eine Rückvergütung erhalten. Und auch um dieses Recht zu verwirklichen, müssen sie hin- und herrennen, von Beamten zu Beamten, von Behörde zu Behörde. Man macht ihnen das Leben schwer. Man verhandelt kleinlich über jedes Detail. Es fällt mir schwer, das Verhalten ihnen gegenüber zu beschreiben, die harten, starrsinnigen, überheblichen Worte. Sie müssen sich abmühen, um das wenige zu erhalten. Sie kommen zu mir, berichten, und ich schäme mich sehr.

Ein Bürgermeister ohne Autorität

Die Bürger verlangen vom Bürgermeister Jerusalems, wie es die Bürger von den Oberhäuptern ihrer Städte und Gemeinden überall verlangen, ein hohes Maß an Verantwortlichkeit für die Lebensqualität der Stadt, für geregelten Verkehr, für anspruchsvolle Erziehung, Synagogen, Gärten, Straßen und Gehwege. Aber die Befugnisse, die der Bürgermeister nach dem geltenden Recht hat, sind viel geringer als die Befugnisse eines Beamten mittleren Grades in jeder Regierungsbehörde.

Das Ganze grenzt ans Absurde, und wenn ich es nicht persönlich Hunderte von Malen erlebt hätte, könnte ich kaum glauben, daß man in einem modernen Staat am Ende des zwanzigsten Jahrhunderts so handelt.

Wir leben bis zum heutigen Tag mit Gesetzen der britischen Mandatszeit, die die Briten 1880 in Indien und 1930 in Israel eingeführt haben. Wir haben ein Kommunalgesetz, wie es in keinem demokratischen Land der westlichen Welt mehr existiert.

Das Gesetz überträgt sämtliche Befugnisse der Zentralregierung und hinterläßt die lokale Behörde inhaltslos und ohne jegliche Autorität. Warum für die Briten ein solches Gesetz erstrebenswert war, liegt auf der Hand: Der oberste britische Gouverneur und die Mandatsbehörden wollten alle Kompetenzen auf sich vereinigen und fürchteten die Entwicklung lokaler Zellen innerhalb der Bevölkerung Palästinas – ob Juden oder Araber –, die sich ausbreiten und Einfluß gewinnen könnten. Alle israelischen Regierungen, ausnahmslos, haben diese überholte Auffassung übernommen, als ob auch in ihren Augen die Kommunalbehörden und Bürgermeister die Befugnisse für sich selber wünschten. Die Zentralregierung will die alleinige Autorität behalten. Das deckt sich mit der Auffassung, die Lokalbehörde biete eigentlich keine Vorteile und sei überflüssig, da die Regierungsbehörden die Aufgaben besser wahrnehmen könnten. Ich kenne diese Einstellung seit vielen Jahren. Als Regierungsbeamter teilte ich sie. Erst als ich in die Jerusalemer Stadtverwaltung eintrat und die Bandbreite der Aktivitäten und den Umfang der Verantwortung, die dem Bürgermeister obliegt, sah, erst da habe ich die Bedeutung begriffen und das Gewicht, das die Lokalbehörden für das Leben der Bürger haben, die sich in jeder Angelegenheit, ob groß oder klein, an die Stadtverwaltung wenden. Als ich im Büro des Ministerpräsidenten saß, sind nie Bürger mit einer solchen Vielfalt von Problemen an mich herangetreten. Wer denkt, das britische Mandat gehöre der Vergangenheit an und zwischen der zentralen israelischen Regierung und den Kommunen herrschten Harmonie, Gespräch und fruchtbare Zusammenarbeit, der irrt sich gewaltig. Die Regierungen in Israel verhalten sich so, als ginge es um private Besitztümer der Minister. Das Privateigentum jedes Ministers. Oft ohne Koordination untereinander. Ein israelischer Minister und die Mannschaft seiner Beamten halten besessen an ihren Kompetenzen fest und werden es nicht zulassen, daß ihnen auch nur eine einzige zugunsten der Bürgermeister abhanden kommt.

Nicht, daß die Minister, die Knesset-Abgeordneten und die hohen Beamten nicht begreifen würden, daß gerade die Kommunalbehörden, die den Bürgern in den Fragen ihres Alltags beistehen, die sich um Straßen, Gehwege, Verkehrszeichen, Schulen, Straßenbeleuchtungen, Abfallbeseitigung und die Einhaltung der Ruhezeiten kümmern, die fundamentalen Zellen der Entwicklung demokratischen Lebens sind. Aber diese Einsicht reicht nur bis zu dem Punkt, an dem Minister und ihre Beamten sie in die Praxis umsetzen müßten. Auf Befugnisse verzichten? Sich mit dem kühnen Gedanken abfinden, daß die Stadtverwaltung und der Bürgermeister besser als jeder Minister und seine Beamten wissen, wo man ein Verkehrszeichen anzubringen hätte, wo man eine Straße planieren müßte, wann eine

Baugenehmigung zu erteilen wäre und wie man ein Geschäftszentrum ausbauen könnte – nur das nicht! Die Briten haben das verhindert, und die israelische Regierung tut es ihnen mit abstoßender Loyalität gleich.

Hier seien zur Konkretisierung einige Beispiele genannt: Die Stadtverwaltung wollte nach langen Überlegungen eine Straße von Katamonim in Richtung Regierungsviertel bauen. Diese Straße war wichtig. Die Einwohner des Stadtteils Neve Sha'anan, die in der Nähe der geplanten Straße wohnten, protestierten. Eine solche Straße würde ihre Lebensqualität einschränken. Ich habe lange Erfahrung mit diesem seltsamen Phänomen: Die Bewohner jammern und erheben in einem von zwei Fällen Einspruch. Wenn gute Straßen fehlen, verlangen sie, daß man welche anlegt, wenn welche angelegt werden sollen, gibt es ebenfalls Protest. Auch das Versprechen, auf der einen Seite der Straße einen schönen Park anzulegen, der ihren Stadtteil aufwerten und ihren Lebensstandard anheben würde, hat sie nicht überzeugt. Vielleicht trauten sie dem Versprechen, das inzwischen eingehalten wurde, nicht. Eine lange und ermüdende Verhandlungsphase begann. Die Einwohner in Neve Sha'anan nahmen sich einen Rechtsanwalt und drohten, mit ihren Klagen bis zum Obersten Gerichtshof zu gehen, eine Lösung, die bei vielen Bürgern Israels zur Gewohnheit wurde. Die höchste Autorität des Obersten Gerichtshofes erkenne ich an, aber in Israel wurde die Gepflogenheit, das Gericht anzurufen, ad absurdum geführt, was manchmal ein Zeichen für die Schwäche der Zentralregierung oder die wackelige Autorität der Kommunalbehörden ist.

Die Verhandlung vor dem Obersten Gerichtshof kann langwierig sein. Solange sie nicht abgeschlossen ist, sind der Lokalbehörde die Hände gebunden. Sie hat auch einen hohen finanziellen Einsatz zur Folge. Angesichts der vielen Rechtsanwälte, die die Einwohner einschalten, müssen auch im Auftrag der Stadtverwaltung Juristen tätig werden.

In der Angelegenheit der Straße von Katamonim zum Regierungsviertel, wie in anderen Fällen auch, zog ich eine Einigung mit den Bewohnern von Neve Sha'anan juristischen Verfahren vor. Erst als ich mich ihnen gegenüber verpflichtete, die neue Straße für Lastwagen zu sperren und nur für Privatfahrzeuge und Busse zuzulassen, waren sie bereit, ihren Widerstand aufzugeben.

Die Straße wurde planiert. Gemäß meinem Versprechen sorgte ich dafür, daß Verkehrsschilder mit Fahrverbot für Lastwagen aufgestellt wurden.

Aber was ist eine Abmachung zwischen Bürgern in Jerusalem und ihrem Bürgermeister wert? In den Augen der Beamten des Verkehrsministers zählt sie nicht viel. Man sagte mir: »Woher nehmen Sie das Recht, Straßenschilder aufzustellen? Sie müssen sofort entfernt werden!« In meiner Naivität fragte ich nach: »Wie bitte? Nicht einmal diese kleine Kompetenz habe ich? Schließlich habe ich es den Bürgern zugesagt.« Man gab mir offen zur Antwort: »Nein, die haben Sie nicht. Nach dem israelischen Gesetz wurde diese Befugnis uns übertragen, und nur wir sind ermächtigt, das Aufstellen von Verkehrsschildern anzuordnen.«

Es soll hier kein falscher Eindruck entstehen: Ich beschwere mich nicht über den zuständigen Beamten. Das israelische Gesetz hat ihm in der Tat die Kompetenz des obersten britischen Gouverneurs gegeben. Aber sein Minister, der Ministerpräsident und alle Ministerpräsidenten der Vergangenheit haben es ermöglicht, und ermöglichen es immer noch, daß man in Israel nach Regeln und Gesetzen lebt und handelt, die die Mandatsregierung uns auferlegte, um uns ihren Willen aufzuzwingen und um uns daran zu hindern, unabhängige, mit Autorität ausgestattete Einheiten und Selbstverwaltungen zu entwickeln.

Mein Versprechen an die Einwohner von Neve Sha'anan, das Befahren der neuen Straße durch Lastwagen zu verhindern, zählte natürlich nicht. Der Beamte hatte ja nichts versprochen, und er trug nicht die Verantwortung für meine Zusagen. Es hatte keinen Sinn, mit ihm zu streiten. Ich ging zum Verkehrsminister. Er hörte mir zu und gab Anweisung, das Verkehrsschild an seinem Platz zu lassen. Aber seine Weisung hatte keine wirkliche Gültigkeit. Viermal wurde das Schild entfernt, viermal wurde es wieder an seinen Platz gestellt. Minister kommen und gehen. Nur die Herrschaft der Beamten ist fest verankert, und auf die Befugnisse, die man ihnen übertragen hat, werden sie keinesfalls verzichten.

Im Augenblick steht das Schild an seinem Platz. Für wie lange? Wer weiß. Bis ein Beamter, ein weiterer Beamter, sich an den britischen Gouverneur erinnert und an die Befugnisse, die er der israelischen Regierung vererbt hat, und bis er, kraft seiner unantastbaren Autorität, anordnet, die Schilder zu entfernen und uns wieder einmal dazu zwingt, dem Verkehrsminister die Tür einzulaufen mit der Bitte, ein Versprechen, das ich Bürgern in Jerusalem gegeben habe, zu respektieren.

Es gibt keine allgemeingültigen Regeln. Bisweilen entsteht eine Diskrepanz zwischen der Autorität der Zentralregierung und der der Lokalbehörde. Manchmal kommt es zu Überschneidungen. Beispielsweise im Bereich der Gastronomie. Einmal wird der städtische Kontrolleur kommen, ein anderes Mal der des Gesundheitsministeriums. Beide haben das gleiche Ziel: Sauberkeit, Hygiene und ordnungsgemäße Toiletten. Es gibt keinen Grund auf der Welt, daß zwischen ihnen ein Kompetenzenstreit besteht. Wer braucht diese Duplizität? Schließlich kann das Gesundheitsministerium wegen Überlastung, permanenten Mangels an Geldern und an Personal unzählige Aufgaben, die ihm obliegen, nicht erfüllen. Warum verläßt es sich nicht auf die städtischen Kontrolleure, die die notwendigen Untersuchungen in Restaurants und Hotels durchführen? Wenn die Antwort darin besteht, daß der städtische Kontrolleur Bestechungsgelder entgegennehmen könnte, so ist sie aus der Luft gegriffen. Die öffentliche Kritik und die örtliche Presse (von der ich nicht immer begeistert bin) sind als Kontrolle ausreichend, um solche Mißstände aufzudecken und abschreckend zu wirken. Aber wenn die Gefahr dennoch besteht – warum sollte dann der städtische Beamte anfälliger für Korruption sein als sein Regierungskollege?

In den USA, in England, in Deutschland und in anderen Ländern der westlichen Welt stellen die Regierungen Budgets aus staatlichen Geldern für neue Wohnsiedlungen und für öffentliche Bauvorhaben zur Verfügung. Die Ausführung, einschließlich der Entscheidung, wo erweitert und gebaut werden soll, liegt bei den Kommunen, die keine Ambitionen in außenpolitischen Fragen und Sicherheitsangelegenheiten oder in Aufgaben der Volkswirtschaft haben und deren ganzes Streben auf die lokalen Angelegenheiten der Bürger gerichtet ist und auf das Angebot an Dienstleistungen zu deren Wohl, da sie am besten darüber informiert sind, was die Bürger brauchen und wo gebaut werden sollte und welche die besten Dienstleistungen sind, die sie bieten können.

Dieser Gedanke ist den Regierungen in Israel fremd. Hier entscheiden allein sie. Die Regierung stellt die Mittel zur Verfügung, die Regierung baut, die Regierung kümmert sich um Wohnraum – und macht allenthalben jede Menge Fehler.

Aus wichtigen politischen Gründen haben die israelischen Regierungen der verschiedenen Schattierungen den Lebensbereich Jerusalems nach allen Himmelsrichtungen erweitert. Sie bauten immer mehr neue Stadtteile. Die besonderen Konditionen, die den Bürgern in den neuen Stadtteilen geboten wurden, haben diese verlockt, aus dem Zentrum in die Peripherie zu ziehen. Das Zentrum von Jerusalem verlor Bürger und Geld. Aber in den neuen Stadtteilen vernachlässigte die Regierung ihre Pflicht, für Einkaufszentren, Clubs, Synagogen, Parks und die nötige Infrastruktur zu sorgen, die die Menschen, die an einen neuen Ort ziehen, dringend brauchen.

Als die Regierung die Siedlungen in Neve Ya'akov baute, haben wir bei den Ministern und ihren Beamten buchstäblich gebettelt: »Es genügt nicht, Häuser und Wohnungen zu bauen. Die Einwohner brauchen mehr als das. Neue Stadtteile sind nicht nur für das reine Wohnen da. Man baut Stadtteile nicht für Menschen, die nur nachts dort hinkommen, um zu schlafen. Sie müssen dort ihre Kinder großziehen. Sie wollen beten. Sie wollen dort einkaufen.«

Die staatlichen Ohren stellten sich taub. Hauptsache war, daß Wohnungen gebaut wurden. Der verantwortliche Minister legt seinen Bericht vor über die Anzahl der Wohnungen, die er bauen ließ, und wird allein nach dieser Leistung beurteilt und nicht nach irgend etwas sonst. Das Alltagsleben der Menschen, die darin wohnen werden, spielt eine untergeordnete Rolle. Das Ergebnis ließ nicht auf sich warten: Die Bewohner von Neve Ya'akov, die aufgrund der niedrigen Wohnungspreise kamen, stellten fest, daß ihre Lebensqualität sich erheblich verschlechtert hatte. Um ihre Grundbedürfnisse zu befriedigen, müssen sie sich zu den Geschäftszentren in Jerusalem begeben. Mit den öffentlichen Verkehrsmitteln gar keine so einfache Sache. Aber nicht nur die schlechten Verkehrsverbindungen und die Fahrtkosten der Bürger machten mir Kummer. Ein Einwohner fühlt sich mit seinem Wohnort verbunden und entwickelt ein Zugehörigkeitsgefühl, wenn die Menschen sich in den Geschäften, Frisiersalons, Cafés und Kinos ihres Wohnviertels treffen. Wenn all dies fehlt, fühlt er sich fremd und isoliert. Morgens fährt er zur Arbeit und kommt erst abends zurück. Um sich mit den grundlegenden Dingen zu versorgen, muß er sich wieder fortbewegen. So wird er des Heimatgefühls beraubt. Die Gegend, in der er wohnt, ist nichts als eine Schlafstätte. Es ist uns gelungen, diesen Mangel zum Teil zu beheben, mit Hilfe der Jerusalem Foundation, die Synagogen, Kindergärten, Gemeindezentren und Bibliotheken baute und öffentliche Grünflächen anlegte. Aber die Spenden haben nicht für alles gereicht.

Wir flehten die Regierungsbeamten an: Baut in Neve Ya'akov zwanzig, dreißig Läden! Unter den Neueinwanderern aus Georgien, die ihr dort angesiedelt habt, gibt es Schuster, Friseure, Uhrmacher und andere Handwerker. Die Bürger brauchen diese Dienste. Warum müssen sie wegfahren, um sie zu erhalten?

Keine unserer Bitten wurde erhört. In den neuen Stadtteilen gibt es so gut wie keine Einkaufszentren, Läden und Werkstätten.

Die Regierungen und ihre Behörden schreckten auch nicht vor einem krassen Gesetzesbruch zurück. Nicht nur, daß sie der Stadtverwaltung von Jerusalem keine Befugnisse in Bau- und Wohnungsangelegenheiten erteilten, sondern sie nahmen ihr auch Kompetenzen, die ihr gemäß der israelischen Gesetzgebung zustehen. Viele Jahre lang wurde die städtische Kommission nicht in die Stadtplanung einbezogen. Die Regierung ging willkürlich mit Plänen um. Der städtische Bauausschuß hatte in der Vergangenheit keinen Status. Was die Regierung machen wollte, das hat die Regierung auch getan. Viele Jahre lang ignorierte man selbst die minimale Pflicht, für Fragen des Städtebaus den Rat des städtischen Bauausschusses einzuholen, und so wurden die schrecklichen Regierungswohnsilos in Kiryat Hayovel, Kiryat Menahem und Ir Ganim (wörtl. Gartenstadt, Anm. d. Übs.) – einem Stadtteil, in dem es nicht einmal eine Spur von Garten gibt – ermöglicht. Deprimierende Slums von dem

Augenblick an, in dem der erste Bewohner seinen Fuß dorthin setzte. Kleine Wohnungen für kinderreiche Familien, enge Treppenhäuser, in denen zweihundert Kinder herumtoben. Es herrscht nicht eine Stunde Ruhe. Nicht einmal einen Augenblick lang. Ein hartes, bitteres Los traf die Menschen, die dort leben. Sehr wenig, und manchmal noch weniger als das, kümmerte man sich um das Wohl der Bürger. Es gibt keine nennenswerte Schule. Keine Synagoge. Kein Einkaufszentrum.

Noch nie entsprachen die vorhandenen Schulen den Bedürfnissen der kinderreichen Familien in Jerusalem. Heute fehlen uns rund sechshundert Klassen. Dieser Notstand wird nicht nur nicht beseitigt, er wird sogar immer schlimmer. Die Regierung zeigt sich großzügig und freigebig, wenn es um Versprechen geht, legt jedoch Geiz und Reserviertheit an den Tag, wenn sie erfüllt werden sollen. Man baut einen neuen Stadtteil, man erweitert einen bestehenden – die Beamten gehen ungeniert mit Versprechungen um: Natürlich werden wir Schulen bauen, Klassenräume anbauen. Die Kluft zwischen den Zusagen und der Realität ist eine Schande. Man verspricht etwas und hält es dann nicht ein. In Stadtteilen wie Ramot und Pisgat Ze'ev, die mit Tausenden von Menschen bevölkert wurden, hat man die Einwohner dazu verdammt, in permanentem Ausnahmezustand und mit einem schwerwiegenden Mangel an Klassen und Schulen zu leben, und diese Menschen wenden sich mit ihren Klagen – an die Stadtverwaltung.

Und noch ein zum Himmel schreiender Mißstand: In den Siedlungen in Judäa und Samaria, die die Regierung aus politischen Gründen gebaut hat, gibt es keinerlei Mängel. Dort hat sich die Regierung maß- und grenzenlos großzügig gezeigt. Nicht nur, daß jeder, der dort siedeln will, sich seinen Wunsch spottbillig, fast umsonst, fast ohne einen Pfennig aus der eigenen Tasche investieren zu müssen, erfüllen kann und die staatlichen Kassen ihn mit Riesensummen bewerfen, sondern auch eine hervorragende Straße wird ihn zu seiner Siedlung führen. Noch bevor die ersten Siedler eintreffen, wird dort eine neue, moderne Schule gebaut und bestens ausgestattet. Gute Bedingungen werden die Kinder dort vorfinden. Kleine Klassen, qualifizierte Lehrer. Vielseitige Aktivitäten für jedermann. Aber warum gibt es all das nur für diejenigen, die bereit sind, jenseits der grünen Linie zu leben, und nicht für die, die im Jerusalemer Raum bleiben wollen, der ein Teil des Staates Israel ist?

Noch eine weitere Gepflogenheit hat die israelische Regierung aus der britischen Mandatszeit übernommen. Jeder Bauplan kann vom städtischen Bauausschuß lediglich empfohlen werden. Die Genehmigungsbefugnis liegt bei der Bezirkskommission. Auch hier wird der ernannte Beamte dem von der Öffentlichkeit gewählten vorgezogen. Denn im Gegensatz zu dem örtlichen Bauausschuß, in dem gewählte Stadtverordnete sitzen, sind die Mitglieder der Bezirkskommission Beamte, Vertreter des Innenministeriums, des Bauministeriums und weiterer Regierungsbehörden. Es geht hier nicht um die Ehre der gewählten Volksvertreter, sondern um den unkorrekten Ablauf im Genehmigungsverfahren von Bauvorhaben.

Alle Beteiligten haben Nachteile durch diesen schwerfälligen Prozeß. Der Bauträger, der für sein gutes Geld ein Grundstück erworben und für die Planung bezahlt hat, muß Jahre warten, bis er die Genehmigung erhält, darauf Wohnungen, Büros oder Geschäftsräume zu bauen. In dieser Zeit bezahlt er Zinsen für das Geld, das er in den Kauf des Grundstückes investiert hat. Die entstehenden Kosten bezahlen die Käufer der Wohnungen oder der Geschäftsräume. Das bedeutet eine erhebliche, überflüssige Verteuerung.

Würde die Kompetenz, Pläne zu genehmigen – natürlich unter Bindung an die bekannten staatlichen Einschränkungen –, in die Hände des örtlichen Bauausschusses übergehen, würden alle davon profitieren. Aber welche Regierungsbehörde in Israel wäre bereit, sich von einer Befugnis, die ihr kraft Gesetzes zusteht, entheben zu lassen, auch wenn das Gesetz seinerzeit im Auftrag einer Fremdherrschaft, die bisweilen auch feindlich gesinnt war, erlassen wurde? Befugnisse verleihen den Ministern und ihren Beamten das Gefühl der Macht, und auf Macht verzichtet man nicht, selbst wenn alle Argumente der Logik und des gesunden Menschenverstandes es gebieten würden.

VII. Politik

Außen- und innenpolitische Beziehungen

Die Tätigkeit des Bürgermeisters von Jerusalem ist untrennbar mit Fragen der Außen- und Innenpolitik verbunden. Sein Aufgabenfeld ist ein kompliziertes Gewebe umfassender Aktivitäten: Wohnungs- und Straßenbau, Verbesserung der Lebensqualität auf allen Ebenen, die Förderung von Verständigung zwischen Juden, Christen und Moslems unter schwierigen, bisweilen unerträglichen Bedingungen, die Aufnahme internationaler Kontakte, das Werben um einflußreiche Freunde für Jerusalem und die Konsolidierung der Position Jerusalems als Hauptstadt Israels, vereint und unter israelischer Souveränität. Meine politischen Gegner, die mir vorwerfen, mich zu sehr in Fragen der Außenpolitik zu mischen und deshalb innerstädtische Angelegenheiten zu vernachlässigen, verstehen nicht, worin die Besonderheit dieses Amtes besteht, und ignorieren den Unterschied zwischen Jerusalem und jeder anderen Stadt.

Als James Baker zum Staatssekretär der USA in George Bushs Regierung ernannt wurde, schrieb ich ihm einen Brief, dessen Hauptanliegen folgendes war: »Sie kennen mich nicht persönlich. Vielleicht haben Sie von mir gehört. Ich nehme an, daß Sie in ihrer Tätigkeit nicht allzu häufig Kontakt zu Städten und ihren Bürgermeistern haben werden. Aber ob Sie wollen oder nicht – Jerusalem wird Sie beschäftigen. Es lohnt sich für Sie, sich der Probleme Jerusalems anzunehmen.« Baker antwortete mir mit einem herzlichen Schreiben: »Es ist mir bewußt, wie schwierig, kompliziert und verworren sich das Problem der Stadt Jerusalem, die vereint bleiben muß, darstellt.« Im Laufe der Zeit entwickelten sich gute Beziehungen zwischen uns. Wenn ich durch Washington kam, wurde ich auch mehr als einmal von Präsident Bush eingeladen.

Die israelischen Regierungen haben Jerusalems Internationalität nie unter dem Aspekt der zusätzlichen Belastung betrachtet, die diese dem Bürgermeister auferlegt. Die Pflege angemessener Beziehungen zu Baker, Bush und vielen anderen Staatsmännern der Welt, um ihnen die Probleme Jerusalems zu erläutern, um ihnen unsere Sichtweise näherzubringen, nämlich, daß man Jerusalem nicht erneut teilen darf und daß Jerusalem die Hauptstadt Israels und nur Israels ist – ist eine Beschäftigung, die Hingabe und Zeit erfordert. So auch der Empfang Hunderter, vielleicht Tausender wichtiger Delegationen und hochrangiger Persönlichkeiten aus der ganzen Welt. Präsidenten, Regierungschefs, Minister, Parlamentsmitglieder, amerikanische Senatoren und Kongreßabgeordnete, Rabbiner, Priester, Bürgermeister, Musiker, Wissenschaftler, Schriftsteller und Dichter, Ärzte und Historiker und noch viele andere, die Jerusalem als Gäste des Außenministeriums, bei Privatbesuchen oder anläßlich von Tagungen und Konferenzen aufsuchen. Nicht alle, aber viele von ihnen würden einen Besuch nicht als vollkommen ansehen, wenn sie nicht vom Bürgermeister Jerusalems empfangen würden. Ich empfange sie gern. Ich weiß, daß das ein bescheidener Beitrag zur Stärkung der Position Jerusalems ist. Überall, wo es darum geht, einen Unterstützer für unsere Belange zu aktivieren und zu beweisen, daß die Hauptstadt Israels vereint ist und es auch bleiben muß, braucht niemand mich um diese Bemühung zu bitten.

Die Beispiele für die Bedeutung der internationalen Beziehungen sind ungezählt. Sie verteilen sich über all die Jahre, in denen ich als Bürgermeister amtierte. Ich werde nur eines davon anführen.

Es hängt mit dem Besuch von George Shultz zusammen, dem Außenminister der USA, der sich entgegen unseren Befürchtungen vom ersten Tag seiner Amtszeit an als wahrer Freund Israels erwies. Ich unterhielt persönliche Beziehungen zu Shultz. Obwohl er nicht mehr als Außenminister fungiert, genießt er internationales Ansehen, und sein Einfluß ist immer noch beträchtlich. Bei einer Feier zu meinen Ehren in San Francisco gab Shultz eine wichtige Erklärung zur Einheit Jerusalem ab. Später erklärte er sich bereit, die Ehrenbürgerschaft von Jerusalem anzunehmen. In der Feierstunde, die wir für ihn veranstalteten, sagte er bewegt: »Jerusalem muß für alle Ewigkeit die vereinte Hauptstadt des Staates Israel bleiben.«

Dies ist der Kern des Konfliktes. Er war es, bevor die Prinzipienerklärung (»Zuerst Gaza und Jericho«) mit der PLO unterzeichnet wurde, bevor Israel und die PLO sich gegenseitig anerkannten, und ist es auch jetzt. Die Araber werden nicht von ihrer Forderung abrücken, Jerusalem – zumindest der Ostteil der Stadt – solle die Hauptstadt ihres eigenen Staates sein und Israel müsse sich von dort zurückziehen. Und wir werden auf keinen Fall und unter keinen Umständen auf das vereinigte gesamte Jerusalem verzichten. Unter den Voraussetzungen eines kompromißlosen, harten Kampfes ist die Unterstützung jedes Menschen mit internationalem Einfluß, insbesondere eines Menschen von der Bedeutung eines George Shultz, für Israel und für Jerusalem wichtig.

Meine Pflicht, die notwendige Zeit aufzubringen und meinen gesamten Einfluß auf Menschen wie ihn, und auch auf andere, geltend zu machen, steht außer Frage. Als Bürgermeister muß ich sie empfangen, Gespräche mit ihnen führen, Erklärungen abgeben, sie bei ihren Gängen durch die verschiedenen Teile der Stadt begleiten und sie überzeugen, daß Israel für die Entwicklung Ostjerusalems und die Verbesserung der Lebensqualität der moslemischen und christlichen Bürger unverhältnismäßig mehr getan hat als andere Mächte, denen die Stadt unterstand. Das erfordert Zeit. Das erfordert Aufmerksamkeit und Mühe. Das kostet Geld. Aber ich kann mir nicht vorstellen, wie man um diese Pflicht herumkäme.

Über meiner Beziehung zu meinem Geburtsland Österreich lag all die Jahre ein dunkler Schatten. Kein Mensch kann seine innere Verbundenheit mit seinem Geburtsort wegradieren. Kultureller Hintergrund, Sprache, Sitten und Gepflogenheiten verbinden ihn ein ganzes Leben lang mit dem Ort, an dem er geboren wurde. Ich kam 1911 in Wien zur Welt. Ich lebte, von kurzen Pausen abgesehen, in denen ich mich auf meine Missionen für meine Bewegung vorbereitete, die ganze Zeit bis zum Jahre 1935 dort. Vierundzwanzig Jahre sind eine lange Zeit, die einen Menschen prägt. Ich nahm mit nach Israel, was ich in Wien als Kind, Jugendlicher und Erwachsener verinnerlicht hatte: grenzenlose Toleranz, Offenheit für jede Meinung, Werte, die für Wien zur damaligen Zeit kennzeichnend waren. Eine tiefe Abneigung gegenüber jeder Form von Gewalt, der Wunsch nach Versöhnung und Schlichtung anstelle von Zwist und Hader. Das sind die Fundamente, mit denen ich aufgewachsen bin – wenngleich ich zugeben muß, daß ich im Laufe der Jahre, hier und da, in Stunden der Bedrängnis, gegen diese guten Prinzipien verstoßen habe. Ich war zornig und streitbar, schlug auf den Tisch und sorgte für Scherben – all dies ausgelöst durch politische Querelen.

In den Augen der Österreicher, die sich nach dem Zweiten Weltkrieg sehr bemühten, ihr Ansehen in der Welt zurechtzurücken und ihre völlige Identifizierung mit den Nazis und die Kollaboration mit ihnen aus der Erinnerung zu löschen – war ich ein österreichischer Jude, ein gebürtiger Wiener. Die Tatsache, daß ich eine Position und eine gewisse Berühmtheit erlangt habe, hat sie dazu veranlaßt, mich viele Jahre lang emsig zu umwerben, um mein Einverständnis mit einem Besuch in Wien zu erhalten. Sie brauchten mich für ihr Prestige. Nach dem Motto: Der Bürgermeister von Jerusalem besucht Wien. Ich habe abgelehnt. Ich habe ihnen auch immer wieder offen gesagt: »Ich kann eure Heuchelei, eure gespielte Naivität, euer Verstellen nicht leiden.« Sie antworteten: »Was hätten wir tun können? Schließlich waren auch wir Opfer der Nazis. Nazi-Deutschland hat uns 1938 besetzt und an das Dritte Reich angeschlossen. Wir haben die Vernichtung der Juden nicht initiiert. Der Naziriese hat uns gezwungen, wir sind frei von Schuld.«

Ich konnte diese Heuchelei nicht ausstehen. In Gesprächen mit österreichischen Staatsmännern, die unser Land besuchten, konnte ich mich nicht zurückhalten. Ich warf ihnen üble Dinge an den Kopf. Ich sprach aus, was viele in ihrem Innern dachten: »Ihr habt keine Ermutigung von seiten der Nazis aus Deutschland gebraucht. Ihr habt euch hochgradig identifiziert. Ihr wart extreme Antisemiten. Was euch von der Vernichtung der Juden abgehalten hat, war das Gefühl, als ein kleines Land allein nicht über die Kräfte zu verfügen, den systematischen Massenmord durchzuführen. Die deutschen Nazis boten euch diese Kraft, und ihr habt mit beiden Händen, mit hysterischer Begeisterung, danach gegriffen, nach der großen Gelegenheit, und ihr habt den Deutschen bewiesen, daß ihr im Haß auf die Juden und in der Versessenheit, sie in den Öfen zu verbrennen, nicht nur nicht nachstandet, sondern ihnen als Wegbereiter vorangeschritten seid. Mein Fuß wird euer Land nicht betreten, bis ihr eure Schuld eingesteht und verkündet, daß ihr bereit seid, Wiedergutmachungszahlungen für den Diebstahl des jüdischen Besitzes zu leisten.«

Sie hörten – und sie stöhnten.

Erst nachdem Kanzler Vranitzky offen die Schuld Österreichs bekannt und verlautbart hatte, daß die Österreicher sich aus eigenem Antrieb und ohne jeglichen Zwang von seiten der Deutschen bis aufs äußerste mit den Nazis bei der Vernichtung der Juden in Österreich und in Europa identifiziert hatten – erst danach taute meine Beziehung zu Wien, meiner Geburtsstadt, auf. Ich empfing den Bürgermeister von Wien in Jerusalem. Ich nahm seine Einladung an, seine Stadt zu besuchen. Nach fast sechzig Jahren. Wien ist immer noch sehr schön. Man hat mich mit Ehren und Prunk empfangen. Ich ließ es nicht zu, daß die protokollarischen Regeln meine Worte milderten: »Zahlt Wiedergutmachungsgelder an Israel!« forderte ich. »Ihr wart ebenso hirnverbrannte Nazis wie die Deutschen, bisweilen sogar noch schlimmere.«

Sie hörten zu, schwiegen und zogen Konsequenzen.

Ich erzählte ihnen: »Der letzte Rabbi Wiens, bevor ihr die Wiener Juden ausgerottet habt, war Rabbi Zwi Peretz Hajut. Er hatte seine Ernennung noch aus den Händen des Kaisers erhalten. Der Rabbi hatte in Wien das Gymnasium mit dem Namen Hajut gegründet – ein ausgezeichnetes jüdisches Gymnasium. 1924 habe ich bei Rabbi Hajut meine *Bar Mitzva* gefeiert. An dieses Ereignis werde ich mein ganzes Leben lang zurückdenken.«

Das österreichische Erziehungsministerium hat das hebräische Gymnasium in Wien wiederaufgebaut und kürzlich auch die notwendige Summe bereitgestellt, um das Rehavia-Gymnasium zu renovieren, und zwischen beiden Schulen wurden Beziehungen geknüpft. Nach Abschluß der Arbeiten wird auch das Rehavia-Gymnasium den Namen des Rabbi Peretz Hajut erhalten, der Zionist war und der Vorsitzende des zionistischen Exekutivausschusses. Die Stadt Wien hat beschlossen, ein Lehrerfortbildungsseminar in Jerusalem einzurichten.

Die Wunde ist nicht verheilt. Verheilen wird sie nie. Man darf nicht vergessen. Aber zu Österreich, das seine Schuld gesteht und um Verzeihung bittet, muß und soll man normale Beziehungen pflegen, ebenso wie zu Deutschland.

Verbindungen

In Tagen, die weit zurückliegen, war ich Israels und David Ben Gurions Gesandter in den USA. Ich hatte Anteil an den Bemühungen, Präsident Truman dafür zu gewinnen, Israel anzuerkennen. Obwohl er massivem Druck von seiten israelfeindlicher Strömungen im Außenministerium der USA ausgesetzt war, das schon damals enge Beziehungen zu den Arabern vorzog. Ich war ebenfalls beteiligt an den Bemühungen, von den USA erste Hilfestellung zu erhalten. Angesichts der Situation des Staates bei seiner Gründung erschien uns eine Summe von hundert Millionen Dollar gigantisch. Das Geld wurde für die Finanzierung der großen Last der Kriegsausgaben und für den Erwerb von Lebensmitteln so dringend benötigt wie die Luft zum Atmen. Gemessen an den Bedürfnissen der damaligen Zeit, war diese Zuwendung nicht geringer als die Milliarden von heute. Über den finanziellen Wert hinaus hatte die erste Unterstützung auch einen äußerst wichtigen politischen Aspekt. Das klare und eindeutige Signal, das die Unterstützung durch die USA setzte, die Unterstützung eines Staates, der erst gegründet und von seinen Feinden, die ihn vernichten wollten, überfallen worden war, wurde in der Welt aufgenommen und begriffen als Position der großen Weltmacht, die sich an die Seite des kleinen Landes stellte.

New York, sagt man, sei die größte »jüdische« Stadt der Welt. Diese Definition enthält einen wahren Kern. Es gibt keine andere Stadt der Welt, in der fast drei Millionen Juden leben – achtmal, vielleicht sogar neunmal so viele wie in Jerusalem oder in Tel Aviv.

Ein besonderes Verhältnis entwickelte ich zu dem früheren Bürgermeister von New York, Ed Koch – einem Juden von großer Herzlichkeit, einem Liebhaber Israels und Jerusalems, der unserem Staat in jeder schweren Stunde zur Seite stand, ohne jedes politische Kalkül. Koch ist ein offener Mensch, der sagt, was er denkt. Er hat nie gezögert, Israel zu unterstützen. Solange er Bürgermeister von New York war – eine der schwierigsten und undankbarsten Aufgaben im amerikanischen Regierungssystem –, wußte jeder amerikanische Präsident, daß er ohne Unterstützung Israels und Anerkennung seiner Bedürfnisse lieber auf einen offiziellen Besuch der größten Stadt der USA verzichten sollte, da New York unter Ed Koch ihn nicht willkommen heißen würde.

Noch in den Tagen, in denen er unter der Last des Bürgermeisteramtes der riesigen, vielseitigen und äußerst widersprüchlichen Stadt stand, die all die Jahre zwischen größtem Reichtum und äußerster Armut hin- und hergerissen wurde, Hauptstadt der Welt auf dem Gebiet der Kultur und Kunst, aber auch Zentrum der Armut, der Kriminalität, der Gewalt und der Drogen, hat Koch seine Liebe zu Jerusalem nicht nur in begeisterten Reden ausgedrückt, sondern auch mit seinen Besuchen. Auch nachdem er von seinem Amt befreit war, kam er weiterhin nach Jerusalem. Eine faszinierende Persönlichkeit. Die große amerikanische Presse steht seinen Artikeln offen. Jüdische Gemeinden in den USA werben um ihn, daß er auftreten und verschiedene Anlässe durch seine Gegenwart auszeichnen solle. Akademische Institutionen, jüdische und andere, öffnen ihm ihre Tore. Er hat unendlich viel Energie, schreibt, hält Reden und Vorlesungen, und jedes seiner Worte, schriftlich oder mündlich, ist von Liebe für Israel und Jerusalem geprägt.

Sein Besuch in Israel Anfang 1993 wurde ein wenig verdorben. Ich begleitete ihn auf einem Gang durch die Altstadt. Wir gehen gern dort gemeinsam spazieren. Wie immer verzichteten wir auch diesmal auf Begleiter und Wächter. Schließlich sage ich jedem Jerusalemer Juden, jedem israelischen Bürger und jedem Touristen immer wieder: »Kommt, bewegt euch frei. Habt keine Angst. Man braucht keine Polizeieskorte.« Aber ausgerechnet dieses Mal stand er da – vielleicht war es auch ein Kind –, vielleicht wußte er, wer mein Gast war, vielleicht auch nicht, jedenfalls warf er einen kleinen Stein, der Koch am Kopf verletzte. Blut rann aus der Wunde. Erst am Ende des Rundganges begaben wir uns in ein Krankenhaus, wo man die Wunde verband. Aus dem kleinen Stein wurde eine große Geschichte gemacht. Ich glaube, ich war mehr erschrocken als Ed Koch. Es kann sein, daß die Sache uns sogar ein paar Touristen kostete, die erschraken und Besuche in Israel absagten. Nur Koch selbst zeigte keinerlei Anzeichen von Schrecken.

In New York witzelte man, daß einer, der zum zweiten Mal für das Bürgermeisteramt kandidierte, diese Strafe verdient habe. Koch wollte wieder antreten, mußte seinen Platz jedoch am 13. September 1989 an David Dinkins abgeben.

Wir hatten nicht erwartet, daß Dinkins, der schwarze Bürgermeister New Yorks, Jerusalem und Israel lieben würde und sich wie sein Vorgänger mit uns solidarisch fühlen würde. Dinkins hat einen anderen Hintergrund und andere Bezüge. Aber in meinen Gesprächen mit ihm anläßlich meiner Besuche in New York und seiner Besuche bei uns erwies sich, daß auf dem Sessel des New Yorker Bürgermeisters ein loyaler Freund saß – ein Freund Jerusalems und Israels, und auch ein persönlicher Freund.

Bei seinem Besuch in Jerusalem besuchten wir verschiedene Gegenden der Stadt und unterhielten uns viel. Es ist nicht schwer, Ähnlichkeiten zwischen beiden Städten festzustellen, trotz aller Unterschiede. Jerusalem verfügt nicht über den großen Reichtum New Yorks, aber auch in Jerusalem gibt es bedrückende Armut. In beiden Städten muß man behutsame Brücken zwischen verschiedenen Bevölkerungsgruppen schlagen, und manchmal scheint es, daß keine von ihnen die Gegensätze der Interessen überwinden kann. In beiden Städten herrscht eine gefährliche Spannung zwischen verschiedenen Teilen der Bevölkerung, wenn auch die Identität der Bürger eine andere ist und das Wesen der Spannung sich unterscheidet: Bei uns besteht der schärfste Gegensatz zwischen Juden und Arabern, aber auch die jüdische Gesellschaft ist in verschiedene Weltanschauungen gespalten, in unterschiedliche Glaubensrichtungen und Lebensweisen, in Ultraorthodoxe und Säkulare, in Reiche und Arme, in orientalische und aschkenasische Juden. In New York gibt es keinen politischen Konflikt wie in Jerusalem, aber die Gegensätze zwischen Weißen und Schwarzen, zwischen extremem Reichtum und elender Armut, zwischen alteingesessenen Amerikanern und hispano-amerikanischen Bevölkerungsgruppen, in einer Stadt der Kriminalität, der Gewalt, der Drogen und der Korruption – sind nicht weniger schlimm und nicht weniger gefährlich als bei uns.

Ed Koch, David Dinkins und ich (und auch unsere Vorgänger und Nachfolger) planieren Straßen, bauen Schulen und Sportzentren, pflanzen Parks, kämpfen um Budgets, unterstützen Bedürftige – aber eine Sorge läßt uns nicht los: Wie überbrückt man die Gegensätze? Wie entschärft man den Streit? Wie reduziert man die Spannung? Wie schafft man irgendeinen Zusammenhang zwischen den Bürgern? Wie verringert man die Gefahren, und wie vermeidet man Ausbrüche von Gewalt und Haß?

In einem Augenblick der Offenherzigkeit hörte ich aus dem Munde von David Dinkins eine Art persönlicher Beichte: »Ich habe mich geirrt. Du hattest recht. Ich habe einst an die Kraft des Schmelztiegels geglaubt. Etwa so, als würde man all die Millionen New Yorker in ein riesiges Gefäß geben. Wir würden den Behälter schütteln, auf hohe Temperaturen erhitzen, einfrieren, wir würden ihn öffnen, und dem Behälter entstiegen neue Bürger. Ich hatte mich geirrt – und du hast recht behalten. Immer hast du behauptet, daß ein solcher Schmelztiegel nicht funktionieren wird. Man kann die Unterschiede zwischen den Bürgern nicht verwischen. Man kann sich keine neuen Bürger gießen. Nur dein Weg, Teddy, ist der richtige. Man muß ein Mosaik bauen. Jeder Stein in diesem Mosaik muß seine Farbe behalten, seine Schönheit, seine Einmaligkeit. Die verschiedenen Steine werden zu einem vielfarbigen Mosaik zusammengesetzt und ergeben gemeinsam ein schönes Bild.«

Ich empfand ein Gefühl der Genugtuung. Dennoch weiß ich nach Jahrzehnte währenden Versuchen, ein solches Mosaik in Jerusalem zu bauen, wie schwer es ist – manchmal ermüdend bis an die Grenzen der Verzweiflung. Aber das ist der Kern meines Wertesystems und auch meiner Träume: die Schönheit und der Charme der verschiedenen jüdischen und arabischen Gemeinden. Niemanden zu verurteilen, weil er anders ist als die anderen. Die Andersartigkeit zu respektieren. Keinen Glauben, keine Weltanschauung, keine Lebensweise geringzuschätzen. Die Ausdauer nicht zu verlieren bei dem unablässigen, schweren und komplizierten Versuch, all das Schöne, Andersartige und Besondere in ein Geflecht der Gemeinsamkeit einzubinden.

Ich weiß: Das zu sagen, ist nicht schwer.

Schlußbemerkungen

Ich schließe dieses Buch Ende September 1993 ab. In etwa einem Monat werden wir wieder an die Wahlurnen treten. Dies sind folgenschwere Tage.

Vor zwei Wochen folgte ich voll Spannung der feierlichen Unterzeichnung der Vereinbarung mit der PLO auf dem Rasen des Weißen Hauses in Washington. Ich konnte dem Ministerpräsidenten nachfühlen. Er hatte es schwer. Auch mir wäre es schwer gefallen, hätte ich an seiner Stelle gestanden. Und auch ich hätte unterschrieben.

Wir sind ein Volk mit einer langen Geschichte. Ein erfahrenes und weises Volk muß in seinem Herzen alle Erinnerungen der Vergangenheit bewahren – aber seine Repräsentanten müssen sich mit den Feinden an Verhandlungstische setzen, müssen in die Zukunft blikken. Wer nicht vergessen kann, der wird nie etwas Neues erfahren.

Die Vereinbarung mit der PLO in dieser Phase definiert nur den Rahmen und die positiven Absichten. Sie ist von großer Bedeutung bei dem Versuch, den Kreis des Hasses zu durchbrechen und eine neue Realität zu schaffen. Aber immer noch wiegt das Unklare und Verborgene schwerer als das Offene und Bekannte. Die wahre Prüfung für die Vereinbarung steht noch aus: Ist die Absicht der Araber ernstgemeint? Ist ihre Anerkennung Israels echt oder nur unaufrichtiges Gerede? Sind die Palästinenser bereit, wirklich bereit, in Frieden mit ihren jüdischen Nachbarn zu leben, oder haben sie lediglich die Strategie geändert und wollen Israel nur schwächen, bis die Gelegenheit kommt, ihren alten Traum zu verwirklichen und sich erneut mit Waffengewalt auf Israel zu stürzen? Begreift Israel, daß der Frieden die einzige Chance für Sicherheit bietet?

In Bosnien und Serbien erinnern sich die Bürger an Kriege, die vor Hunderten von Jahren stattgefunden haben, sie feiern die großen Siege, klammern sich an Symbole, horten Waffen und ziehen los, um ihre Nachbarn niederzumetzeln – weil sie Angehörige eines anderen Volkes sind. Weil sie einer anderen Religion angehören. Weil man ihnen eine Tat heimzahlen muß, die ihre Ur-Urgroßväter vor fünfhundert Jahren begannen haben. Weil die Stunde der süßen Rache gekommen ist. Die historische Rachgier sät Tod und Zerstörung, Sterben und Verwaisung, Mangel, Hunger, Flucht und Heimatlosigkeit.

Überall, in Ost und West, entlang der Breiten- und Längengrade unserer Welt, wo man Siege feiert und wo auf eine ruhmreiche Vergangenheit angestoßen wird, wo man schwört, für immer und ewig nicht zu vergessen – und bei dieser feierlichen Gelegenheit riesige Mengen von Bier, Whisky, Wodka oder Kognak, je nach Tradition, herunterspült, gehen die Menschen hinaus, vom Alkohol betäubt oder auch nicht, um neues Blut zu vergießen. Noch mehr Blut. Und noch mehr. Und über die Bildschirme erreichen die Ereignisse aus aller Welt direkt unsere Wohnzimmer, zeigen die Schmach, die Machtlosigkeit, den furchtbaren Preis der Erinnerungen und der Siege und Kriege: verhungerte Kinder, leblose Körper, Skelette, Witwen, die zusammenbrechen auf den Gräbern ihrer Männer, Waisen, ihrem Schicksal überlassen, und die Zerstörung und die Armut und die Entbehrung, den Mangel und die Hoffnungslosigkeit.

Wenn ein kleiner, bescheidener Teil von dem, was die ehemalige UdSSR für ihre Rüstung und militärische Stärke investiert hat, in die Verbesserung der Lebensqualität ihrer 280 Millionen Bürger in allen Ländern und Bezirken geflossen wäre, die unter dem sowjetischen Stiefel stöhnten, könnte die entsetzliche Not der vielen Hungernden in Rußland und den Ländern der GUS aus der Welt geschafft sein.

Ein kleiner, verhältnismäßig bescheidener Teil von dem, was der Irak für die Rüstung und seine militärischen Ziele, für die angestrebte Führungsrolle in der arabischen Welt vergeudet hat und immer noch vergeudet, hätte das Niveau des Lebensstandards seiner Bürger heben und das Land, als ein reiches Ölland, in einen entwikkelten, blühenden Staat, auch nach westlichen Maßstäben, verwandeln können.

Ein kleiner, bescheidener Teil von dem, was die reichen Saudis für Waffen und Kampfmittel verschwendet haben und noch immer verschwenden, die sie nicht einmal zu bedienen in der Lage sind, könnte das Problem der palästinensischen Flüchtlinge lösen, für deren Schicksal König Fahd so sensibel ist.

Ein kleiner Teil – ja auch das muß gesagt werden – von dem, was Israel für Rüstung und die Finanzierung seiner Sicherheitskräfte ausgeben mußte, wozu es durch die arabische Ablehnung, in Frieden miteinander zu leben, gezwungen wurde, hätte ihm auf wirtschaftlichem, industriellem und kulturellem Gebiet einen ehrenvollen Platz in der ersten Reihe der Länder der Welt einräumen können.

Alle diese Wunder sind nicht eingetreten, denn die niederen Triebe haben die Oberhand über den gesunden Menschenverstand gewonnen, die Toleranz hat der Rachsucht, den bösen Erinnerungen und der Feindschaft Platz gemacht.

Am Ende der Übergangsphase, wenn die Verhandlungen über die Dauerlösung eingeleitet werden, müssen wir den Palästinensern in aller Offenheit sagen: Jerusalem war noch nie eure Hauptstadt. Bis vor einigen Jahren habt ihr auch nicht gefordert, daß es eure Hauptstadt sein soll. Ihr habt euch als ein Teil von Jordanien gefühlt und Amman zu eurer Hauptstadt ausgebaut. Jerusalem habt ihr vernachlässigt. Ihr steht zwar auf dem Tempelberg, aber wenn ihr euch niederkniet und betet, wendet ihr euch in Richtung Mekka. Im Gegensatz zu euch hat jeder Jude in der Welt, in Israel und in allen Diasporaländern, in jeder entlegenen Ortschaft, seine Synagoge so gebaut, daß sie nach Jerusalem schaut, denn nach Jerusalem richtet er sein Herz und seinen Körper. Er hat keine andere Hauptstadt. In seinem Herzen hat er kein anderes Heiligtum. Nur Jerusalem.

All dies wird vielleicht möglich werden, wenn die Palästinenser und die übrigen Araber verstehen werden, daß Israel eine ewige und endgültige Tatsache ist, ohne Einschränkungen, und Israel wird nach einer nicht zu knapp bemessenen Zeit sein großes Militärpotential reduzieren, den Absichten der Nachbarn glauben und sich auf die Entwicklung des Landes und der Region konzentrieren können.

Es ist nicht auszuschließen, daß Jerusalem eine Rolle gespielt hat bei dem Beschluß des Regierungschefs Yitzhak Rabin, die PLO anzuerkennen und mit Yassir Arafat die Prinzipienerklärung zu unterzeichnen. Die palästinensische Delegation in Washington beharrte darauf, daß ein Teil Jerusalems in das palästinensische Autonomiegebiet und unter die Herrschaft der palästinensischen Behörde fallen soll. Keine Regierung in Israel kann sich damit einverstanden erklären. Aber von dem Moment an, in dem man auf dem Weg geheimer Gespräche mit der PLO erfahren hat, daß Arafat und seine Umgebung sich bereit finden könnten, eine Vereinbarung zu unterzeichnen, bei der Jerusalem in der Übergangsperiode nicht erwähnt ist, wurde die Versuchung groß, den Vereinbarungen mit Arafat und seiner Organisation eine Form zu geben.

Die Palästinenser und die islamische Welt werden nicht auf Jerusalem verzichten. Wir müssen ihre religiösen Bindungen an Jerusalem anerkennen, aber ihre politische Forderung, Ostjerusalem zu ihrer Hauptstadt zu ernennen, entschieden ablehnen. Jerusalem ist nur unsere Hauptstadt, aber als Heilige Stadt gehört es auch den Moslems und den Christen.

Uns steht ein harter Kampf bevor. Die Palästinenser werden begreifen müssen, daß keine Regierung in Israel und kein Jude – ob religiös, säkular, ob links oder rechts – auf Jerusalem verzichten kann. Ich habe es bereits gesagt und werde es immer wieder betonen: Den Arabern fällt es schwer, sich mit unserer Souveränität über Jerusalem abzufinden. Es genügt nicht, zu behaupten, daß wir in diesem ernsten Konflikt recht haben. Wir sind im Recht – daran zweifle ich nicht. Aber wir werden sie nicht davon überzeugen können – auch daran besteht für mich kein Zweifel.

In dieser Frage empfehle ich bis zur Ankunft des Messias folgende Verhaltensregeln, ob die Bürger Jerusalems mich nun für eine weitere Amtsperiode wählen oder den Irrtum begehen, sich für den *Likud* zu entscheiden: Es gibt nur ein Jerusalem. Ganz Jerusalem gehört Israel. Ganz Jerusalem ist vereint. Ganz Jerusalem ist die Hauptstadt Israels. Dennoch darf man die Rechte der Araber, Moslems und Christen in Jerusalem nicht beschneiden oder verletzen: Sie sind gleichberechtigte Bürger in jeder Hinsicht und Beziehung.

Worte genügen nicht. Lippenbekenntnisse reichen nicht aus. Man muß ihre Rechte in die Praxis umsetzen, an Ort und Stelle, im alltäglichen Leben. Was den Juden, den Bürgern Israels, erlaubt ist, muß auch ihnen erlaubt sein. Man darf keine Trennungen vornehmen. Es darf keinen Unterschied geben. Es muß vollkommene Gleichheit vor dem Gesetz herrschen – ohne Kompromisse. Bei der Gewährung von Bürgerrechten an die Araber Jerusalems sind wir weiter gegangen als alle anderen Länder der Welt in ihrem Verhalten gegenüber ihren Minderheiten. Wir ließen die Araber zwischen der israelischen und der jordanischen Staatsangehörigkeit wählen. Die Araber, die es vorzogen, Jordanier zu bleiben, haben das Recht, an den Jerusalemer Kommunalwahlen teilzunehmen und selbst zu kandidieren. Kein Land hat Einwohnern, die keine Staatsbürger sind, ein solches Recht erteilt. In der ganzen Welt können auch an den Kommunalwahlen sonst nur die jeweiligen Staatsbürger teilnehmen.

Wir haben den Arabern erlaubt, in die arabischen Staaten zu fahren, obwohl diese sich, abgesehen von Ägypten, mit uns in einem Kriegszustand befinden und unser Existenzrecht nicht anerkannt haben. Auch hierfür gibt es in keinem Land der Welt ein Beispiel. Ein Staat im Kriegszustand mit seinem Nachbarn erlaubt seinen Bürgern niemals, das feindliche Land zu besuchen.

Wir greifen nicht in die Lehrpläne der arabischen Schulen in Ostjerusalem ein. Wir lassen die Araber nach ihrem Geist unterrichten. Dies ist ein außerordentlicher Ausdruck für eine liberale Gesinnung, wenn man bedenkt, daß man dort gegen Israel hetzt und natürlich gegen Israels Souveränität über Jerusalem. Auch das sucht in der Welt seinesgleichen.

Man kann dieser Liste noch einiges hinzufügen. Alles wurde aufgrund administrativer Beschlüsse der israelischen Regierung unter Levi Eshkol schon 1967, kurze Zeit nach dem Sechs-Tage-Krieg, eingeführt. Alle israelischen Regierungen haben die Beschlüsse respektiert und in die Tat umgesetzt. Dennoch könnte man noch mehr tun.

In den nächsten drei Jahren wird es keine Verhandlungen über Jerusalem geben, so wurde es beschlossen. In diesen drei Jahren müssen wir Jerusalem stärken und unsere Vormachtstellung festigen. Wir müssen die Zahl der jüdischen Einwohner erhöhen, die Wirtschaft ausbauen, die Industrie und die wissenschaftliche Forschung fördern, nicht nachlassen in der Bemühung, den Lebensstandard der arabischen Bürger zu verbessern, damit sie ein Interesse daran haben, Einwohner des Staates Israel zu bleiben.

Unser höchstes nationales Interesse ist es, den Arabern Jerusalems und der ganzen Welt zu beweisen, daß sie keine Chance haben, unsere Herrschaft in unserer vereinten Hauptstadt zu erschüttern. Aber den Moslems sind ihre Rechte vorbehalten: Ihre Verwaltung des Tempelberges wird nicht angetastet. Der Moslemrat und der *Waqf* werden dieses Gebiet verwalten. Wir werden hohe Barrieren errichten für die »Getreuen des Tempelberges« und ihre Absicht, die Moslems zu provozieren oder zu vertreiben.

Aus jeder Sicht und von jedem Standpunkt aus hat die Idee der Bezirkskomitees ihre Effektivität unter Beweis gestellt. Ich werfe einen Blick in die Zukunft: In Jerusalem, der vereinten Hauptstadt Israels, unter der nicht zur Debatte stehenden Souveränität Israels werden arabische Bezirkskomitees existieren. In Kooperation mit der Stadtverwaltung von Jerusalem (wenn sie sich an den Wahlen beteiligen würden, könnten die Araber erheblichen Einfluß auf die Beschlüsse und Präferenzen der Stadtverwaltung gewinnen) werden die Araber ein selbständiges Leben führen im Bereich der Wirtschaft, der Entwicklung, der Erziehung, der Kultur und der Kunst. Mehr als das kann man nicht anbieten. Mehr als das können die Araber nicht erwarten.

Jerusalem – *ir hashalom* – Stadt des Friedens. Von allen Deutungen, die der Name Jerusalem erfahren hat, ist die Abstammung von dem Wort »Schalom«, die, die meinem Herzen am nächsten steht. Wenn die Tatsache, daß Jerusalem die vereinte Hauptstadt Israels ist, und nur Israels, von den Arabern anerkannt wird, wird man weitere, neue Ideen entwickeln, wie man der religiösen Sehnsucht der Moslems und Christen nach Jerusalem Ausdruck und Genugtuung verschaffen kann. In dieser Frage gibt es viel Spielraum für Großzügigkeit, aber keinen Spielraum für politische Kompromisse.

Dank

Ich hatte großes Glück: Im Ministerpräsidentenamt, in der Stadtverwaltung, im Israel-Museum und in der Jerusalem Foundation haben hervorragende Menschen an meiner Seite gearbeitet. Sie alle zu erwähnen würde den Rahmen dieses Buches sprengen. Aber einige muß ich anführen – voll Dankbarkeit und Zuneigung. Rafi Dovra, der sich im Rahmen seiner Tätigkeit in der Stadtverwaltung seit mehr als zwanzig Jahren um die sozialen Probleme der einzelnen Stadtteile und um die verschiedenen ethnischen Gruppen kümmerte und stets Verständnis und grenzenlose Hingabe zeigte. Wenn er mit komplizierten, vielschichtigen Problemen an mich herantrat und Lösungen vorschlug, konnte ich mich zu jeder Zeit auf ihn verlassen. An der Einrichtung der Bezirkskomitees hat er entscheidenden Anteil.

In den letzten Jahren kümmerte sich Ora Tov um mein Büro in der Stadtverwaltung. Ihre Freunde nennen sie voller Zuneigung die »kleine Ora« – in Anspielung auf ihre bescheidene Körpergröße. Klein – aber großartig. Ihr Talent für die Organisation des Büros und ihre Fähigkeit, sich aus komplizierten Situationen zu befreien, verdienen von meiner Seite, und auch von der Seite anderer, große Hochachtung.

Die Jerusalem Foundation, die von Jahr zu Jahr bedeutender wurde und die Armut der Stadt, wenigstens zum Teil, linderte, führt Ruth Heshin. Kein Wort des Lobes reicht aus, um ihre Verdienste auszuzeichnen. Sie hat so viele Vorzüge, und die Tatsache, daß ihre Familie seit acht Generationen in Jerusalem ansässig ist, fügt ihrer Motivation noch eine weitere Dimension hinzu.

Shula Eisner, jetzt Navon, lernte ich kennen, nachdem ich aus dem Ministerpräsidentenamt ausschied, noch bevor ich zum Bürgermeister von Jerusalem gewählt worden war. Der Beitrag von Shula für das Israel-Museum läßt sich kaum in Worte fassen. Ihre Loyalität, Hingabe, ihre angenehmen Umgangsformen und ihr Formulierungstalent in englischer Sprache waren notwendige Werkzeuge für die internationalen Beziehungen des Museums. Sie galt als die »Seele des Israel-Museums«.

Last but not least: Lia van Leer, die Initiatorin, der gute Geist und die Managerin der Jerusalemer Cinemathek – einer der wichtigsten kulturellen Einrichtungen der Stadt, die die »Kulturmeile« vervollständigt: vom Stadtmuseum in der David-Zitadelle über Mishkenot Sha'ananim und das Musikzentrum, das Isaac Stern einrichtete, über den Sultanspool, benannt nach Miles Hassenfeld, das Hahn-Theater zum großen Theater. Frau Van Leer, die vor rund zwanzig Jahren von Haifa nach Jerusalem kam, hat neben der Cinemathek auch das Archiv für jüdische Filme aus Osteuropa und den USA aufgebaut, eine äußerst wertvolle kulturelle Kostbarkeit. Das jährlich stattfindende Filmfestival zieht Jahr für Jahr Kinofans, Schauspieler und Regisseure aus dem In- und Ausland an.

Teddy Kollek: Wegsteine

Teddy Kollek wurde 1911 in Wien geboren. Später wird man sagen: »Das war die Zeit des österreichischen kultivierten Liberalismus. Eine Zeit der Toleranz, der Offenheit gegenüber Ideen, der Achtung vor dem Nächsten. Das war die Zeit, die große österreichische Juden hervorbrachte: Herzl, Freud, Werfel, Mahler und andere.« Der Erste Weltkrieg hat diese Welt zu Scherben zertrümmert. Auf ihren Ruinen wuchsen neue Lehren: der Sozialismus, der Kommunismus. Auch das Esperanto, eine Illusion: Die ganze Welt sollte in einer Sprache sprechen, die Mauern würden fallen, der Haß verfliegen. Dann kamen der italienische Faschismus und der deutsche Nationalsozialismus und haben im Jahre 1939 über das jüdische Volk und über die ganze Welt die entsetzliche Tragödie des Zweiten Weltkrieges gebracht. Von allen Lehren, die in dieser Zeit aufkamen und im Laufe der Jahre wieder verschwanden, blieb der Zionismus – realitätsfremd, nahezu absurd: ein Volk, das vor 2000 Jahren aus seinem Land vertrieben worden und über die ganze Welt zerstreut war, in dieses Land zurückzubringen. Er ist die einzige realitätsfremde Lehre, die sich inzwischen verwirklicht hat, wenn auch noch nicht ganz.

In den letzten sechzig Jahren hat Teddy Kollek viel geleistet, um den Zionismus an Ort und Stelle in die Praxis umzusetzen und zu festigen. Bereits 1923 hat er an der Jugendbewegung »Blau-weiß« in Österreich teilgenommen. Später arbeitete er im Auftrag der Bewegung in Europa.

1935 wanderte er nach Eretz Israel aus. Er war Mitglied einer Gruppe, die sich in Hatzer Kineret niederließ, bis sie im Jahre 1937 den Kibbuz Ein Gev am See Genezareth gründete.

Im Laufe der Jahre führte Teddy Kollek eine Reihe von Missionen aus: Im Jahre 1939, mit 28 Jahren, ging er im Auftrag der Jewish Agency nach England, um Jugendliche zu retten, die in Deutschland und der schon von den Nazis besetzten Tschechoslowakei in Lagern saßen.

Im November 1947, vor der Gründung des Staates, in der Nacht, in der die UNO-Vollversammlung den Beschluß über die Errichtung des Staates Israels faßte, ging Kollek in die USA als Leiter der Delegation der *Hagana*, der »Armee« Israels. Bis Anfang 1949 sorgte er dafür, daß lebensnotwendige Waffen nach Israel transportiert wurden, die zusammen mit Kriegsmitteln aus anderen Quellen dem jungen Staat bei seiner Gründung das nötige Minimum boten, um die schweren Gefechte gegen sieben arabische Länder zu bestehen.

Der Höhepunkt seiner Aktivität war sein Treffen mit dem Präsidenten der USA, Harry Truman. Nach kurzer Zeit erkannten die Vereinigten Staaten Israel an, und der Präsident gab die Anweisung, Israel 100 Millionen Dollar für seine dringendsten Bedürfnisse zukommen zu lassen – eine Riesensumme in Begriffen jener Zeit, die für den jungen Staat so lebensnotwendig war wie die Luft zum Atmen.

Im Jahre 1951 wurde Kollek zum Gesandten der israelischen Botschaft in Washington. Er war Partner bei den Bemühungen, eine besondere Beziehung zwischen Israel und den USA herzustellen. In dieser Zeit hat Kollek den »Bonds« in den USA gegründet, durch den amerikanische Juden und Freunde Israels Millionen von Dollars nach Israel fließen ließen.

Im Jahre 1952 rief ihn David Ben Gurion zu sich und ernannte ihn zum Leiter des Ministerpräsidentenbüros. Kollek gehörte zu den Vertrauten des ersten Ministerpräsidenten von Israel. Kurze Zeit amtierte er auch als Leiter des Ministerpräsidentenbüros unter Levi Eshkol.

Im Jahre 1965, etwa zwei Jahre vor der Vereinigung Jerusalems, wurde Teddy Kollek zum Bürgermeister Jerusalems gewählt.

Personenregister

Teddy Kollek und Amos Kollek

Ein Leben für Jerusalem

Aus dem Englischen von
Werner Peterich und Jizchak Barsam

Band 11269

Als Sohn einer in der österreichisch-ungarischen Donaumonarchie ansässigen jüdischen Familie wurde Teddy Kollek 1911 in Wien geboren. Nach dem Ersten Weltkrieg schloß er sich einer jüdischen Jugendorganisation an. Unter Einfluß des Zionismus sah es Kollek bald als sein Lebensziel an, in Palästina zu siedeln. 1934 erhielt er das Einreisevisum in das damals noch britische Mandatsgebiet und arbeitete in einem Kibbuz. In der Nazizeit und im Krieg half er von England und der Türkei aus gefährdeten Juden bei der Flucht. Er lernte viele einflußreiche Zionisten kennen, die maßgeblich am Aufbau des Staates Israel beteiligt waren. 1947 war er in geheimer Mission in Amerika. 1948 wurde er zunächst Leiter der Amerikaabteilung des Außenministeriums und ging dann für einige Zeit an die israelische Botschaft in Washington. Später war er Chef im Büro des Ministerpräsidenten Ben Gurion. 1965 wurde Teddy Kollek zum Bürgermeister von Jerusalem gewählt. In drei Nachworten arbeitet Teddy Kollek die für Jerusalem bedeutsamen Ereignisse auf und entwickelt seine Vorstellungen für die Zukunft dieser Stadt.

Fischer Taschenbuch Verlag

fi 1254 / 4

Amos Kollek

Es geschah in Gaza

Roman

Aus dem Amerikanischen
von Michael Bischoff
Band 12850

Assaf Ryke, Autor, Filmer und Sohn von Eltern, die namhafte Protagonisten der Pionierbewegung waren, ist zum Reservedienst nach Gaza beordert. Er wird Zeuge, wie sein bester Freund durch einen Terroranschlag in einem Jeep verbrennt. Die umstehenden Araber flüchten. Assaf bekommt einen Tip und stellt Stunden später den Täter: einen halbwüchsigen palästinensischen Jungen, der von Angst und Gewaltbereitschaft gleichermaßen durchdrungen ist. Es kommt zu einem Handgemenge, das für den Jungen tödlich endet. Die folgenden Ereignisse kulminieren in einer Lebenskrise Assafs, der sich schuldig am Tod des Palästinensers fühlt. Aus dem eher unbekümmerten ›großen Jungen‹ Assaf wird ein Zweifelnder. In New York, in einem Hotel unter Huren und anderen Gestrandeten, wo er schreiben wollte und Ablenkung zu finden hoffte, spürt er seine Erbärmlichkeit um so deutlicher. Das Militärgericht, dem er sich schließlich – zurück in Israel – stellt, hängt den Fall zunächst tief. Assaf bleibt mit seinen zermürbenden Fragen, seinem bedrängten Gewissen allein.

Fischer Taschenbuch Verlag

fi 2110 / 2